국가는
내 돈을
어떻게
쓰는가

Public Economics That You Should Know

국가는
내 돈을
어떻게
쓰는가

| 김태일 (좋은예산센터 소장) 지음 |

웅진 지식하우스

재정을 이해하고 판독할 수 있는 사람은 국가의 운명을 해명할 수 있다.

조지프 슘페터(Joseph A. Schumpeter)

차례

들어가며 | 왜 재정을 알아야 할까 · 8

1부 재정, 이렇게 움직인다

1장 · 정부는 왜 경제 활동을 하는가 | 정부의 역할 · · · · · · · · · · · 17
2장 · 누가 재정을 만들고 결정하는가 | 예산의 흐름 · · · · · · · · · 31
3장 · 나랏돈은 어떻게 걷고 어떻게 쓰나 | 세입과 세출 · · · · · · · 51
4장 · 세금은 누구에게 얼마나 걷어야 하는가 | 조세의 원칙 · · · · · 71
5장 · 국가는 왜 빚을 지나 | 국가채무 · 재정 위기 · · · · · · · · · · 92

2부 정부가 할 것인가, 시장이 할 것인가

6장 · 정부는 왜 시장보다 비효율적일까 | 고객 정치 · 예산 낭비 · · · · · · · 119
7장 · 공공재에 값을 매긴다면 | 비용편익분석 · 민자 사업 · · · · · · · · 142
8장 · 정부가 할 것인가, 민간이 할 것인가 | 민영화 · · · · · · · · · 166
9장 · 위기의 지방재정 | 지방재정 · · · · · · · · · · · · · · · · · · · 188

3부 변화하는 사회, 재정이 중요해진다

10장 · 1인당 GDP는 느는데 왜 살기는 더 힘들어질까 | 경제성장과 재정 · · · 215
11장 · 일자리가 늘어나도 살기는 힘들어진다? | 경제구조 변화와 재정 · · · · 241
12장 · 누군가 받으려면 누군가는 내야 한다 | 세대 간 분배 · · · · · · · · · 261
13장 · 바람직한 분배 상태는 어떤 것일까 | 재정의 소득분배 기능 · · · · · · 282

4부 재정이 미래를 결정짓는다

14장 · 복지는 성장의 걸림돌일까 | 복지 논쟁 · · · · · · · · · · · · · · · · 305
15장 · 우리 재정은 안전한가? | 재정의 지속가능성 · · · · · · · · · · · · · 325

나가며 | 시장의 역할, 정부의 역할, 시민의 역할 · · · · · · · · · · · · · · · 349
부록 | 참여 없이 세금 없다 · 364
주석 · 377

들어가며 | 왜 재정을 알아야 할까?

　이 책을 쓴 2012년 한 해의 최대 이슈는 대통령 선거였다. 그리고 대통령 선거 최대의 이슈는 '복지'와 '경제민주화'였다. 두 가지 이슈 모두 시장에 대한 정부의 개입을 요구한다. 복지는 정부가 나서서 시장이 만든 분배 불균형을 해결해야 한다는 요구다. 또 경제민주화는 정부가 나서서 시장경제 게임의 규칙을 바꿔야 한다는 요구다.
　시장과 정부는 사회를 지탱하는 두 축이다. 시기와 국가에 따라 시장이 정부보다 우월한 경우도 있었고 반대인 경우도 있었다. 우리의 경우, 개발을 중시하던 과거에는 정부가 시장을 이끌었다. 반면에 1990년대 중반 이후, 보다 분명하게는 IMF 경제위기 이후 공공에 대한 시장의 우위가 대세로 자리 잡았다. 그리고 이명박 정부 들어서면서 시장의 우위가 보다 확고해졌다.
　우리는 시장경제 체제를 택하고 있다. 따라서 마땅히 시장이 경제활동의 중추가 되어야 한다. 하지만 지난 10여 년을 돌이켜보면 시장만능주의가 도를 넘은 듯하다. 시장의 폐해에 대한 인식이 광범위하게 확산되었기에 이를 바로잡아야 한다는 요구가 복지와 경제민주화로 집약되어 나타났을 것이다.

 복지든 경제민주화든 정부 역할이 현재보다 확대될 필요가 있다는 데는 많은 사람들이 동의한다. 하지만 다른 한편으로 정부가 그 역할을 제대로 할 수 있을지 의심과 불안을 품은 사람들도 많다. 게임의 규칙을 정하는 경제민주화도 잘할 수 있을지 미덥지 않다. 막대한 규모의 예산이 필요한 복지는 직접적으로 내 세금이 늘어나는 일이므로 한층 더 불안하다. 과거 행태를 생각하면 앞으로 잘하리라 믿기 힘든 측면이 많다. 하지만 정부 역할이 지금보다 강화되어야 한다는 사실은 분명하다. 그렇다면 어떻게 해야 할까?

 '소비자가 왕'이라는 말이 있다. 민간에서 물건을 사고 팔 때는 결정권이 소비자에게 있으므로 모름지기 공급자는 소비자의 비위를 맞추려고 최선을 다해야 한다. 비슷한 말이 공공 부문에도 적용된다. 대한민국 헌법 1조에는 '대한민국의 주권은 국민에게 있고, 모든 권력은 국민으로부터 나온다'라고 적혀 있다. 공공 부문에서도 결정권은 소비자인 국민에게 있다. 공무원을 영어로 public servant라고 한다. servant는 하인이라는 말이다. 종종 언론에서 공무원을 일컫는 공복(公僕)이라는 말은 이 영어 단어를 번역한 것이다. 공무원이 공복이니, 국민은 주인이 되겠다.

 그런데 민간 경제활동에서 정말 소비자가 왕일까? 물론 살지 말지 여부는 소비자 결정에 달려 있다. 하지만 그것만 가지고는 부족하다. 장사꾼이 바가지를 씌우거나 사기를 쳐서 소비자를 등쳐먹는다면 그건 왕으로 대접받는 게 아니다.

 어떤 소비자가 장사꾼에게 당하기 쉬울까? 자기가 사려는 물건에 대한 정보가 부족한 소비자다. 내가 사 먹는 생등심의 원산지를 모르면 값싼 수입산을 횡성 한우인 줄 알고 비싼 값에 사 먹는다. 부모님께 사드리는 건강보조식품의 효능을 제대로 알지 못하면 흔한 비타민만도 못한 것에다가 그보다 수백 배의 값을 치를 수도 있다.

이 책은 정부의 경제활동을 다루고 있다. 선택의 결정권이 소비자에게 달려 있는 민간 부문 경제활동에서도 정보가 부족하면 바가지를 쓰고 사기를 당한다. 하물며 스스로 선택하거나 결정할 수 없는 공공 부문 경제활동은 오죽할까?

이 책을 쓴 첫 번째 이유가 여기에 있다. 국민이 정부의 경제활동, 즉 재정의 내용을 알고 있으면 정부는 절대로 국민에게 함부로 하지 못한다. 때문에 국민이 왕으로 대우받으려면 그만한 자격과 능력을 갖춰야 한다. 주인이 하인을 제대로 부리려면 하인이 무슨 일을 어떻게 하고 있는가를 알고 있어야 하는 법이다. 바가지 쓰지 말자. 공복이 주인을 위해 제대로 일하게 하자.

소비자가 사려는 물건의 가치를 제대로 몰라서 발생하는 문제를 경제학에서는 '정보비대칭(information asymmetry)'이라고 한다. 물건 가치에 대한 정보를 판매자만 알고 소비자는 모르는 비대칭 상황에서는 어떤 문제가 발생할까? 한두 번은 소비자가 바가지를 쓴다. 하지만 계속되기는 힘들다. 나중에는 바가지를 쓸 것 같은 물건, 즉 가치를 제대로 알기 힘든 물건은 아예 구매하지 않게 된다. 자연산 광어인지 양식 광어인지 알 수 없으면, 차라리 양식 광어를 사 먹는 게 속 편하다. 지리산에서 캔 더덕인지 수입 더덕인지 확인할 수 없으면, 그냥 수입산 더덕구이를 시켜 먹는 게 낫다. 더 비싼 돈을 주고서라도 자연산 광어와 지리산 더덕을 먹고 싶을 때도 있다. 하지만 진짜인지 확신할 수 없기 때문에 아예 사 먹지 않는다. 소비자 효용은 감소한다. 수요가 줄어드니 자연산 광어를 잡는 어부와 지리산 더덕을 캐는 약초꾼의 수입도 감소한다.

소비자가 구매하려는 물건의 가치를 제대로 모를 때 그 물건을 아예 사지 않으려고 하는 것은 자연스러운 일이다. 정부가 제공하는 재화와 서비스도 마찬가지다. 정부가 제공하는 재화와 서비스의 가치를 제대로 모르면 아예 구매를 포기하게 된다. 우리나라가 OECD 선진국들에 비해 세금을 적게 내고 그래서 복지지출도 적다는 사실은 이제는 많은 사람들이 알고 있다. 왜 우리는 적은 세금, 적은 복지를 선택했을까? 여러 가지 설명이 있겠지만 정보비대칭도 여기에 한몫한다. 정부가 제공하는 서비스가 정말 가치 있다고 확신한다면 세금 더 내자는 데 (달갑지는 않아도) 심하게 반대하지는 않을 것이다.

정부가 제공하는 재화와 서비스의 가치를 제대로 아는 것, 그래서 정보비대칭으로 인한 국민의 효용 감소를 막아보자는 것이 이 책을 쓴 두 번째 이유다.

정부는 국민에게서 걷은 세금으로 무엇을 하는지, 예산 낭비는 어디에서 어떤 방식으로 이루어지는지, 이런 것들을 보다 많은 국민이 알게 된다면, 그래서 정부의 경제활동을 감시하고 평가하는 눈들이 보다 많아진다면 정부가 좀 더 조심스럽게 세금을 사용하지 않을까? 이런 기대를 갖고 쓴 것이 이 책의 전반부 내용이다. 우리나라 재정의 규모와 사용 내역, 세금과 채무의 내용, 정부가 시장보다 비효율적인 이유, 정부가 일을 하는 방식 등을 담았다.

정부 역할을 늘리는 데 회의가 드는 이유 중 하나는 도대체 어떤 역할을 확대해야 하는지, 앞으로 어디에 중점을 둬야 할지 혼란스럽기 때문이다. 복지가 지금보다 확대되어야 한다는 건 알겠고 이를 위해 재원 조달이 필요하다는 것도 이해한다. 그러나 무엇부터 어떤 식으로 해야 맞는지는 헷갈린다. 초등교육이 모든 아이에게 무상으로 제공되고 있듯이 보육 서비스도 모든 유아에게 무상으로 제공하는 것이 타당할까, 아니면 저소득층 유아에게 집중 제공하는 것이 타당할까? 정치권도 언론도 입장에 따라 극과 극이다. 정말 둘 중 어느 한쪽이 맞고 다른 쪽은 틀린 걸까? 둘 사이의 타협점은 없을까?

물론 정답은 없다. 정부가 무엇을 얼마나 해야 하는가에 대한 의견은 개인의 입장과 가치관에 따라 다르기 마련이다. 하지만 선택은 각자의 몫이라 해도 먼저 문제가 무엇인지, 이를 둘러싼 우리의 여건이 어떤지는 제대로 알아야 한다. 그러고 나면 선택지의 범위를 좁힐 수 있을 것이다. 또 무엇이 최선인지는 알기 힘들어도 최소한 어떤 것이 잘못되었는지는 판단할 수 있을 것이다. 이런 바람으로 쓴 것이 후반부 네 꼭지의 내용이다. 문제의 본질은 사회경제 구조가 바뀌었다는 데 있음을 짚고 앞으로 가장 많이, 가장 빨리 늘어날 정부 지출은 무엇이며 왜 그런지, 다수가 동의할 수 있는 최소한의 분배 원칙은 무엇인지를 다뤘다.

'감세 정책은 서민과 중산층을 위한 것이다', '아니다, 부자들만 유리하다', '복지는 성장을 가로막는다', '아니다, 도움이 된다', '우리나라 재정 상태는 양호하다', '아니다, 위험하다', 정치권이나 언론의 공방을 통해 익숙해진 논쟁들이다. 양쪽 모두 아전인수 같은 주장을 늘어놓아서 어느 한쪽으로 확 쏠리지 않는다. 하지만 어느 쪽 입장을 취하느냐는 재정을 어떻게 운용할지 방향을 결정하는 데 매우 중요하다. 분명 어느 한쪽이 맞는 것도 있고, 양쪽 모두 일리 있는 면도 있다. 그렇다면 언제 어떤 상황에서 어느 쪽 말이 타당한지를 제대로 이해하자. 이런 목적으로 쓴 것이 마지막 두 꼭지다. 감세와 복지의 효과, 재정건전성 전망을 다루었다.

최근 우리 경제와 복지에 대한 저작들이 여럿 출간되었다. 사회 현안을 대중들에게 설명하고 처방을 제시하는 책들이 많이 나온 것은 좋은 일이다. 하지만 현상만 비판하고 원인에 대한 설명이 없거나, 진단과 처방이 균형을 잃은 경우도 많아 아쉬움이 있었다. 이 책에서는 그런 미진함을 보완하고 편파성을 극복하려고 했다. 되도록 원인에 대한 설명에 중점을 두었다. 가치관이 개입되는 문제에서도 가급적 객관적인(!) 시각을 유지하려고 애썼다.

책을 쓰면서 여러 사람의 도움을 받았다. 그중에서도 내가 활동하고 있는 시민단체 '좋은예산센터'의 최인욱 사무국장과 채연하 상근활동가의 도움이 컸다. 이들(그리고 다른 상근활동가들)과 함께 좋은예산센터 활동을 하면서 썼던 글들이 이 책의 밑바탕이 되었다. 뿐만 아니라 두 분은 이 책을 쓰는 데 직접 기여했다. 예산 운동 시민단체들의 활동을 소개한 부록은 최인욱 사무국장의 글이다. 9장의 일부 내용도 마찬가지다. 채연하 씨는 3장 내용의 일부(부담금 일기)를 작성했다. 그 밖에도 여러 부분에서 두 분의 도움을 받았다. 다음은 이 책을 만든 웅진지식하우스 이정규 편집자다. 덕분에 내용이 보다 체계를 갖추고 글이 더욱 명료해졌다. 책이 좋아지는 데 편집자의 공이 매우 크다는 사실을 새삼 깨닫게 해주었다. 이분들께 깊이 감사드린다.

학계 동료들 외에는 읽을 사람이 거의 없는 논문만 쓰다가 대중을 위한 책을 쓰려니 마음가짐도 달라져 신선했다. 집필하는 동안 오랜만에 글 쓰는 즐거움을 누렸다. 이 책이 재정에 대한 사람들의 궁금증을 해소하고 나름의 견해를 갖는 데 도움을 준다면 즐거움에 더해 보람도 느낄 것이다.

Public Economics That You Should Know

CHAPTER
1

정부는 왜 경제활동을 하는가

정부의 역할

서울 9호선 지하철 요금 기습 인상 논란

서울 지하철 9호선 요금 인상을 놓고 민간 운영 업체인 서울시메트로9호선(주)과 서울시가 갈등을 빚고 있다. 서울시메트로9호선은 15일 적자 운영으로 요금 인상이 불가피하다고 주장하며 서울시와 협의 없이 일방적으로 홈페이지와 역사에 최대 500원에 달하는 요금 인상을 공고했다. 서울시는 결정된 사안이 아니라고 즉각 반박했다. (…) 2009년 7월 개통한 지하철 9호선은 1~8호선 지하철과 달리 민간투자사업(BOT) 방식으로 건설됐다. 9호선 건설에는 공사비 8995억 원을 포함해 총 1조 1677억 원이 투입됐다. 시설물은 시에 기부채납하고 서울시메트로9호선 측이 30년 동안 관리·운영하는 구조다.[1]

0~2세 무상보육사업 중단 위기

　0~2세 영유아 무상보육 사업이 전면 중단될 위기에 놓였다. 전국시도지사협의회가 19일 지방재정 대책 마련을 위한 실무회의를 열고, 무상보육 확대로 인한 추가 지방 재정분에 대해서는 추경을 편성하지 않기로 의결한 데 따른 것이다. 이에 따라 0~2세 무상보육 사업은 대부분의 시·도에서 6~7월쯤 중단될 것으로 보인다. 협의회는 이날 "중앙정부가 무상보육 확대를 결정했기 때문에 재원은 국회와 중앙정부가 마련해야 한다"며 "향후 중앙정부가 지방정부에 일방적으로 재정 부담을 전가하는 것을 막기 위한 제도적 장치가 마련돼야 할 것"이라고 주장했다.[2]

경전철 때문에…… 용인시 예산 350억 강제 감축

　용인시가 무분별한 민자사업 추진의 대가로 시 예산 중 350억 원 정도로 추정되는 액수를 강제로 줄여야 하는 사태에 이르렀다. 이는 5153억 원에 이르는 용인경전철 사업비를 메우기 위한 것이다. 대신 민선 5기 핵심 사업과 교육환경 개선사업이 중단될 위기를 맞았다. 시는 행정안전부가 지방채 4420억 원 발행을 최종 승인해 시의회에 제1회 추가경정예산안을 제출했다고 15일 밝혔다. (…) 행안부는 지방채 발행 승인에 앞서 간부 공무원들의 기본급 인상분 반납 등 20여 가지 채무관리 이행규칙을 조건으로 제시했다. 이에 따라 김학규 시장을 비롯한 용인시 5급 이상 간부 공무원 122명은 올 급여 인상분인 기본급의 3.8%(1억 8500만 원)를 반납해야 한다. (…) 용인시는 최소수입보장협약에 부담을 느껴 경전철 개통을 미루고 있다.[3]

이 글을 쓰고 있던 2012년 4월 중순 발췌한 일간지 기사들이다.

매일 뉴스를 통해 접하는 정부의 정책과 사업들은 우리 일상에 크고 작은 영향을 미친다. 큰 폭으로 오른 전셋값 마련에 전전긍긍하는 서민들에게 공공임대주택 분양은 무엇보다 반가운 소식이다. 아이를 낳은 맞벌이 부부에게 무상보육은 육아 부담을 줄여줄 것이다. 건설 경기 침체로 부도 위기에 몰린 건설사들에게 4대강 사업은 구명줄 같았을 것이다.

이러한 정책들은 그 정책의 대상자들에게만 재산상의 득실을 안겨주는 게 아니다. 공공임대주택 수를 늘리면 민간 주택의 전셋값 안정에도 도움을 준다. 무상보육이 확대되면 출산율을 높이는 효과를 불러올 수 있다. 4대강 사업은 찬성하는 쪽 주장처럼 수해를 예방하고 관광자원을 개발하는 효과를 불러올 수도 있고, 반대하는 쪽 주장처럼 생태계를 파괴하고 수질오염을 초래할 수도 있다.

이처럼 정부의 정책과 사업은 국민들의 생활에 광범위한 영향을 미친다. 그래서 정부의 정책과 사업이 제대로 잘 결정되고 수행되는 것은 매우 중요하다. 이것이 시민들이 재정에 관심을 가져야 하는 첫 번째 이유다.

정부가 쓰는 돈은 다
내 주머니에서 나간다

시민들이 정부 재정에 관심을 가져야 하는 이유가 또 있다. 정부가 사업을 하는 데 쓰는 돈은 하늘에서 툭 떨어지는 것이 아니기 때문이다.

"우리나라 정부는 작년 한 해 동안 얼마나 지출했을까요?"

수업 첫 시간이면 학생들에게 늘 이렇게 물어본다. 자발적으로 답하는 사람이 없어서 몇몇 학생을 지명하면 주저하면서 답한다.

"10조 정도요."

"그보다는 큽니다. 다음 학생은?"

"30조 정도요."

"그보다도 큽니다. 다음 학생은?"

그러면 큰마음 먹은 듯이 답한다.

"100조요."

이렇게 금액으로 답하라고 하면 정부가 한 해 동안 얼마나 쓰는지 감조차 잡지 못하는 학생들이 대부분이다. 이번에는 질문을 바꿔서 GDP(국내총생산) 중에서 몇 %를 정부가 지출했겠느냐고 물어본다. 독자들도 한번 맞혀보기 바란다. 학생들은 대개 10%, 20% 정도일 거라고 답을 한다. 이 질문에도 역시 정답을 알고 답하는 학생은 없는 듯, 내 눈치를 보면서 떠오르는 대로 답하는 모양새다. 행정, 경제, 정치를 전공하는 학생들조차도 우리나라 정부가 한 해 동안 얼마나 지출하는지 잘 알지 못한다.

2010년 한 해 동안 우리나라 정부는 326조 5000억 원을 지출했다.[4] 2010년 우리나라 GDP가 1173조 원이었으니 GDP 대비 28%가량을 정부가 지출한 셈이다. 답을 알려주면 학생들은 생각했던 것보다 규모가 훨씬 크다는 반응을 보인다. 학생들 반응처럼 326조 원이면 엄청난 돈이다. 그만큼 많은 돈을 정부가 한 해에 쓰고 있다.

왜 정부 지출 규모를 알아야 할까? 정부가 지출하는 돈은 국민의 주머니에서 나오기 때문이다. 정부가 GDP의 30%를 지출했다는 것은 그만큼의 돈을 국민으로부터 세금과 사회보험료로 걷었다는 의미다. 내가 한 달에 400만 원을 번다고 가정하고 30%를 세금과 보험료로 내고 나면,

내가 쓸 수 있는 돈은 280만 원이 남는다(물론 기업도 세금을 내므로 실제 개인이 부담하는 금액은 이보다 적다.) 하지만 정부가 20%만 지출한다면 내가 쓸 수 있는 돈은 320만 원으로 늘어난다.

세금 해방일(tax freedom day)이라는 게 있다. 2011년도 세금 해방일은 3월 21일이었다. 무슨 날일까? 국민이라면 누구나 자신이 벌어들이는 소득 중 일부를 세금으로 내야 한다. 1년 365일을 꼬박 일하고 1월 1일부터 번 소득은 전부 세금으로 납부한다고 가정했을 때 세금을 다 내고 나서 순수하게 자신이 쓸 돈을 벌기 위해 일하기 시작한 날을 계산한 것이 세금 해방일이다. 2011년 세금 해방일이 3월 21일이라는 것은 1월 1일부터 3월 20일까지 79일간 번 돈은 다 세금으로 내고, 3월 21일부터 그해 12월 31일까지 번 돈이 순수하게 내가 쓸 수 있는 돈이라는 의미다. 365일 중에 79일이면 22%가 조금 넘는다.[5] 세금 해방일은 세금만을 계산한 것이다. 2011년 조세 총액은 244조 원이고 여기에 국민연금이나 건강보험같이 강제로 납부하는 사회보험료까지 합치면 320조 원이 된다. 사회보험료까지 포함해 계산하면 세금 해방일은 3월 21일보다 거의 한 달이나 더 미뤄진 4월 17일, 365일 중에 거의 30%에 이른다.

이처럼 정부 지출은 민간이 써야 할 돈을 가져다가 쓰는 것이기 때문에 이에 대하여 아는 것은 매우 중요하다. 단지 규모뿐만 아니라 도대체 어디에 어떻게 사용하는가를 알아야 한다.

정부 행정이 지녀야 할 덕목 중에 'value for money'라는 것이 있다. '돈값을 하라'는 말인데, 보다 고상하게 표현하면 '정부 지출은 같은 금액을 민간이 사용했을 때보다 사회적으로 더 큰 가치를 창출해야 한다'라는 의미다. 같은 돈을 정부가 지출하는 대신 민간이 썼을 때 더 큰 가치를 가져온다면 정부 지출은 정당성을 상실한다.

글쎄, 뉴스로 접하는 각종 정부 사업들을 보면 정부가 제대로 돈값을 하는 경우가 많지 않은 것 같다. 하지만 정부 사업에 대한 평가는 그렇게 단순하게 볼 수만은 없다. 얼핏 보면 저걸 왜 하나 싶지만 곰곰이 따져보면 정부에서 꼭 해야 할 일인 경우도 많다. 꼭 필요해 보여도 실제로는 하지 않는 편이 더 나은 사업도 제법 있다. 또 내 입장에서는 필요하지만 다른 사람 입장에서는 쓸데없는 낭비로 여겨지는 사업들도 꽤 있다.

과연 정부는 내가 석 달 넘게 일해 번 돈을 고스란히 가져다가 내가 쓰는 것보다 더 가치 있게 쓰고 있을까? 그리고 정부가 어디에 얼마를 지출해야 개개인이 쓸 때보다 더 가치 있게 썼다고 말할 수 있을까?

정부의 경제활동 1:
세 가지 기본 활동

정부가 국민에게서 돈을 걷고 그 돈으로 지출을 하는 것, 즉 정부의 경제활동을 재정(public finance)이라고 한다. 자본주의 사회에서 경제활동은 기본적으로 시장에서 이루어진다. 필요한 물건과 서비스가 있으면 시장에서 돈 내고 구입하면 된다. 짜장면이 먹고 싶으면 중국집으로 가면 되고, 머리를 손질하려면 미장원을 이용하면 된다. '일을 해서 돈을 벌고, 그 돈으로 필요한 물품을 구입해서 삶을 꾸려간다', 이게 우리 사회의 경제적 작동 원리다.

그러면 정부의 재정 활동은 어떤 경우에 필요한가. 시장이 제대로 하지 못하는 일을 하기 위해서 필요하다. 시장이 잘할 수 있는 일은 시장에 맡기고 사회에 꼭 필요하지만 시장이 못하는 일을 정부가 담당한다.

첫 번째는 시장에서 수급이 이루어지기 힘든 재화와 서비스를 공급하는 일이다. 외적의 침입을 막는 일(국방), 사회 법질서를 유지하는 일(치안), 도로·항만·댐 같은 사회간접자본(social overhead capital, SOC)을 건설하는 일 등이 대표적인 사례다. 국방이나 치안은 사람들이 삶을 영위하는 데 분명 없어서는 안 되는 서비스고, SOC도 정도의 차이는 있겠지만 필수적인 재화라고 할 수 있다. 하지만 이들을 시장에서 사고팔기는 어렵다. 사회에 꼭 필요하지만 시장에서 구매하기 힘든 재화와 서비스를 공공재(公共財, public goods)라고 한다. 동서고금을 막론하고 공공재를 제공하는 것이 재정의 기본적인 역할이다.

경제학에서 말하는 공공재

통상 정부가 제공하는 재화와 서비스를 공공재라고 부른다. 그런데 경제학적인 해석은 조금 다르다. 정부가 제공하기 때문에 공공재인 것이 아니라 공공재가 가진 특성 때문에 시장이 제공할 수 없으므로 정부가 대신 제공한다고 본다.

시장이 제공할 수 없는 특성이란 소비의 비경합성과 비배제성을 말한다. 비경합성은 영철이가 소비할 때 영순이가 추가되어도 영철이의 소비에 영향을 미치지 않는 것을 말한다. 비배제성은 설사 영철이가 소비에 대한 대가를 지불하지 않는다고 해서 영철이의 소비를 막을 수 없는 경우를 말한다.

'국방' 서비스를 보자. 국방 서비스는 외적의 침입으로부터 대한민국을 보호하는 것이다. 대한민국 영토에 살고 있는 한 누구든지 국방 서비스의 혜택을 보고 있는 셈이다. 그런데 외국인 근로자 알리가 한국으로 들어왔다. 알리는 그 순간부터 국방 서비스의 혜택을 누린다. 그렇다고 그전부터 한국에 살던 영철이와 영순이의 혜택이 감소하지도

> 않는다. 또 영순이가 탈세를 해서 대가를 지불하지 않는다고 해도, 외국으로 추방당하지 않는 한 국방 서비스 혜택을 계속해서 누릴 수 있다.
>
> 민간재는 다르다. 영철이가 먹고 있는 피자를 영순이가 함께 먹으면 영순이가 먹은 만큼 영철이 몫은 줄어든다. 하지만 영순이한테 피자 값을 나눠 내자고 했는데 영순이가 이를 거부한다면 먹지 못하게 막을 수는 있다. 이렇듯 민간재에는 소비에 경합성과 배제성이 존재한다.
>
> 비배제성이라는 특성 때문에 공공재는 비용을 내는 사람에게만 혜택을 제공할 수 없다. 게다가 비경합성이 있으니 굳이 소비를 제한할 이유도 없다. 그러니 '개별 구매 개별 소비'인 민간재와는 달리 시장에서 수급이 이루어질 수 없다. 그래서 정부가 공급을 맡아야 하고 비용은 강제로 걷어서 충당해야 한다는 것이다.

두 번째로 경제를 안정시키고 성장을 위한 기반을 마련하는 것도 재정의 역할이다. 수년 전 글로벌 금융위기로 경기가 침체되었을 때 정부가 돈을 풀어서 경제를 부양하려고 했던 것이 예가 될 것이다. 정보화사회를 선도하기 위해 정보통신 인프라를 구축하는 데 엄청난 규모의 돈을 투자하거나 미래 성장산업을 육성하기 위해 대규모로 연구개발(R&D)을 지원하는 사업 등도 여기 해당한다.

돈이 있는 사람이건 없는 사람이건, 대한민국 국민이라면 일정 수준의 혜택을 누리는 것이 바람직하다고 여겨지는 재화와 서비스를 제공하는 일도 재정의 역할이다. 이런 재화와 서비스를 가치재(merit goods)라고 한다. 교육과 의료가 대표적인 가치재다. 교육이나 의료는 시장에서도 수급이 가능하다. 하지만 시장에만 맡겨두면 소득 수준에 따라 소비의 불평등이 심해진다. 교육이나 의료는 자동차나 벽걸이TV와는 다르다.

돈이 없어서 자동차나 벽걸이TV를 사지 못한다면 아쉬울 수는 있지만 부당하다고 여기지는 않는다. 하지만 돈이 없어서 중학교에 진학하지 못하는 아이, 의학 기술로 충분히 고칠 수 있는 암인데도 돈이 없어서 치료를 포기하는 환자가 있다면 우리는 이를 보고 부당하다고 느낀다. 재정은 돈이 없어 공부를 못 하는 아이, 돈이 없어 치료를 포기하는 환자가 생기지 않도록 혜택을 제공한다.

소득분배를 개선하는 것도 재정의 역할이다. 사람들은 시장경제에서 일정 수준의 빈부 격차가 발생하는 것은 수용한다. 하지만 빈부 격차가 지나치게 심해지면 무언가 잘못되었다고 생각한다. 다수의 사람들이 용인하는 수준을 넘어서는 빈부 격차는 사회정의 차원에서도 문제가 되지만 사회 발전을 위해서도 바람직하지 않다. 따라서 시장에서 형성된 소득분배 상태를 개선하는 것 역시 재정의 중요한 기능이다.

가치재와 외부경제

경제학자들 중에는 경제에 '가치'가 개입하는 것을 꺼리는 사람들이 많다. 이들은 교육과 의료 등 가치재는 누구나 일정 수준 이상으로 누리는 것이 바람직하기 때문에 정부가 이를 제공할 책임이 있다'는 설명보다는 '외부경제(external economy) 효과 때문에 정부에 제공 책임이 있다'는 설명을 좋아한다.

외부경제는 자신의 행위가 남에게 의도하지 않은 이익을 주는 것을 말한다. 즉 A의 행위 때문에 B가 대가를 지불하지도 않고 이익을 얻으면 A의 행위에는 외부경제가 존재하는 셈이다. 거리 상점의 간판이 예쁘면 지나가는 행인의 눈도 즐겁다. 하지만 상점 주인 입장에서는 간판이 눈에 잘 띄어 손님이 많이 오는 게 중요하지 행인들 눈요기시키는 건 중요하지 않다(간판이 예쁘면 손님이 더 많이 올 수도 있지만 일단 이 가능성은 배제하자.) 상점 주인 재량에 맡기면 거리의 간판이 정비되기 힘들다. 그래서 정부가 간판 교체에 돈을 지원하기도 한다. 혹은 거꾸로 정부가 거리 미관을 해치는 '못생긴 간판'을 달지 못하게 규제할 수도 있다. 못생긴 간판이 거리 미관을 해친다는 것은 외부불경제(external diseconomy)가 존재한다는 것을 의미한다.

외부경제가 존재할 때 시장에만 맡겨두면 사회적으로 필요한 양보다 수급이 적으므로 정부가 개입하여 더 많은 수급이 이루어지게 한다는 논리다. 교육은 교육을 받은 사람에게만 이득을 주는 것이 아니다. 개인이 교육을 통해 자신의 역량을 계발하면 사회 전체의 인적자본이 확충된다. 기업은 양질의 노동력을 쉽게 얻을 수 있으므로 이익을 본다. 정부도 교육을 통해 '성숙한 민주시민(!)'이 많아지면 사회문제가 덜 발생하므로 이익을 본다. 의료도 마찬가지다. 질병을 제때 치료하면 완쾌된 본인만 좋은 것이 아니다. 사회 전체적으로 일할 수 있는 사람이 많아진 셈이므로 당연히 노동력 확보가 쉬워져 기업이 이득을 본다. 일하는 사람이 많아지면 조세수입도 늘어나니 정부 역시 이득이다.

경제학자들 중에는 재정의 소득분배 기능도 외부경제로 설명하는 사람이 있다. 우리 사회에 빈곤한 사람이 너무 많으면 빈곤한 사람 본인들 신세가 가장 딱하겠지만 다른 사람들도 마냥 편하지만은 않다. 선량한(!) 중상류층은 비록 자신은 호의호식을 하더라도 이웃에 굶주리는 사람이 있으면 마음이 아프다. 불량한(?) 중상류층은 혹시 빈민들이 자신들에게 해코지할까 봐 불안하다. 소득분배를 통해서 빈곤층의 생활이 개선되면 당사자인 빈곤층 본인들에게 가장 좋겠지만 이로써 사회도 안정될 것이고 중상류층의 마음도 한결 편해질 것이다. 외부경제가 존재하는 것이다.

여러분은 '가치'가 개입된 설명과 '경제학적 효율성'에 입각한 설명 중에서 어느 것이 더 마음에 드는가.

정부의 경제활동 2:
조세지출

정부의 경제활동에는 직접 돈을 걷고 쓰는 것 말고 다른 형태가 있다. 조세지출(tax expenditures)이다. 조세지출은 면세 제도를 통해 세금을 걷지 않는 것으로, (조세지출이 없었을 경우에 비해) 정부 재원의 감소를 초래한다. 정부가 실제로 지출하지는 않았지만, 동일하게 재원 감소 효과를 불러온다는 면에서 간접 지출에 해당한다. 또한 면세 수혜자 입장에서는 납부해야 할 세금을 내지 않음으로써 자신이 쓸 수 있는 소득(가처분소득)이 늘어난다. 이는 수혜자에게 같은 금액을 보조금으로 지원하는 것과 같은 효과가 있다. 정부 공식 발표에 따르면 2011년도의 조세지출 규모는 30조 원이 넘는다. 하지만 이는 과세 대상을 좁게 한정해서 계산한 것이며 실제 조세지출 규모는 이보다 훨씬 크다.

정부가 실제로 보조금을 지출하려면 필요한 예산을 확보하고 지출하는 과정에 국회 승인이 필요하다. 그리고 언론이나 시민단체 등으로부터 다양한 감시가 따라다닌다. 하지만 조세지출은 실제로 지출(걷은 재원을 사용함)하는 대신에 감면(걷어야 할 것을 걷지 않음)하는 형식으로 이루어지기 때문에 보조금 지출보다 눈에 띄지 않고 예산 통제로부터 자유롭다.[6]

정치인이나 관료처럼 혜택을 주는 입장과, 개인이든 기업이든 혜택을 받는 입장에서는 비가시적이고 통제가 약할수록 좋다. 그러나 재정 효율성을 고려하면 문제가 된다. 행위가 비가시적일수록 그리고 통제가 약할수록 비효율적이고 방만하게 될 가능성은 높아지기 때문이다. 이렇듯 재정은 어디에 얼마나 쓰느냐 하는 문제와 더불어 누구에게 얼마를 감면해 줄 것인가 하는 방식으로도 중요한 기능을 한다.

정부의 경제활동 3:
규제자로서의 정부

정부 재정 활동은 민간으로부터 돈을 걷고 지출함으로써 민간경제에 영향을 미친다. 그런데 정부는 돈에 의하지 않고도 민간경제에 영향을 준다. 규제를 통해서다. 정부는 특정 행위를 금지하거나, 하도록 강제함으로써 민간의 경제활동에 영향을 미칠 수 있다.

최저임금제도, 비정규직 차별금지, 대형마트 주말 영업 제한 등 규제를 통해 정부가 민간 경제활동에 영향을 미치는 사례는 무수히 많다.

규제는 정부가 직접 돈을 걷거나 지출하는 게 아니지만 규제를 하게 되면 민간경제 주체들 사이에 이득과 손해의 배분을 일으킨다. 최저임금 인상으로 임금이 올라가면 해당 노동자는 이득을 보고 고용주는 비용을 부담한다. 반대로 임금이 지나치게 많이 올라 고용이 줄어들면 노동자는 해고라는 손해를 보게 된다. 정부가 자동차 배기가스 저감 장치 부착을 의무화하면 자동차 가격이 상승해서 자동차 업체와 구매자는 손해를 보지만, 맑은 공기를 마시는 시민들은 이득을 보는 셈이다. 아울러 배기가스 저감 장치 생산 업체도 이득을 본다.

민간경제 주체들 사이에 이득과 손해를 유발하기 때문에 정부의 경제·사회적 규제 행위는 매우 중요하다. 오랫동안 논란이 되었던 한미 자유무역협정(FTA) 내용 중에 관세 철폐는 재정 행위에 해당한다. 하지만 그 밖의 다양한 내용들, 가령 서비스 업종 영업 제한 철폐나 투자자 소송 등은 규제 행위에 해당한다.

정부의 금융정책도 민간경제에 큰 영향을 미친다. 금융정책은 물가와 이자율, 환율 등에 대한 정책이다. 고환율 정책(원화에 비해 달러 가치를 비싸게 유지하는 정책)은 우리나라의 대표적인 수출주도형 성장 정책이다. 개발 연대 때는 물론 이명박 정부에서도 고환율 정책을 유지했다. 환율이 오르면 수출하는 기업들은 이득을 보는 반면 수입하는 기업이나 그 제품을 구매하는 소비자는 손해를 본다. 산업용 전기를 싼값에 공급하면 이를 사용하는 기업은 이득을 보지만 산업용 전기를 싸게 공급하느라 발생한 손실을 가정용 전기료 인상으로 충당한다면 일반 소비자는 손해를 본다.

경제의 파이 키우기와 파이 나누기

우리 사회의 경제 문제는 두 가지로 요약할 수 있다. 파이를 키우는 것, 그리고 만든 파이를 나누는 것이다. 파이를 키우는 것은 생산이고 나누는 것은 분배다. 파이를 만들 때는 효율성이 중요하고 나눌 때는 형평성이 중요하다. 시장에만 맡겼을 때 파이를 만들거나 나누는 것이 제대로 작동하지 않으면 정부의 역할이 요구된다.

주의할 점은 파이를 키우는 것과 나누는 것은 독립된 기능이 아니라는 사실이다. 파이를 나누는 방식이 공정하지 않다고 느끼는 사람은 파이를 키우는 데 적극적이지 않게 마련이다. 파이 키우는 데 남보다 훨씬 많은 기여를 했는데 내가 받은 파이 조각이 남과 비슷하다면 다음에는 이전처럼 열심히 하려고 하지 않을 것이다. 파이 키우는 데 기여가 적다고 해서 작은 쪼가리만 받은 사람이라면 다음 번에는 파이를 만들 여력조차 없어질 수 있다. 설사 여력이 있다고 해도 형편없는 몫을 받은 이의 기분은 비참해질 것이다. 또한 함께 파이를 만든 동료가 작은 쪼가리만 받는다면 큰 조각을 받은 사람도 마음이 편하지만은 않을 것이다.

파이를 더욱 크게 만들기 위해 재정이 해야 할 역할은 경제의 효율성을 높이는 것이다. 파이를 보다 바람직하게 나누기 위해 맡아야 할 재정의 역할은 경제의 형평성을 높이는 것이다. 그런데 잘 나누겠답시고 정부가 나섰다가 시장에 맡겼을 때보다 오히려 사람들의 불만만 커진다면 정부는 빠지는 게 좋다. 혹은 정부가 끼어들어서 좀 더 나아지기는 했지만, 더 신경 썼으면 더 많이 키우고 더 잘 나눌 수 있었다면 정부는 마땅히 반성하고 고쳐야 한다.

앞서 설명한 시장이 공급하지 못하는 물품을 제공하는 것과 경제의 안정, 성장을 이끄는 것은 파이를 키우는 쪽에 해당한다. 그리고 소득분배를 개선하는 것은 파이를 나누는 쪽에 해당한다. 의료와 교육 등 가치재를 공급하는 일은 파이를 키우는 측면과 나누는 측면을 모두 가지고 있다.

파이 키우기와 나누기는 한 번만 하고 마는 게 아니다. 계속해서 키우고 나눠야 한다. 기왕이면 첫 번째보다는 두 번째 파이가, 두 번째보다는 세 번째가 더 크고, 더 많은 사람들을 만족시키는 게 좋다. 파이를 계속해서 더 크게 잘 만들려면 무엇이 필요할까? 우선은 좋은 재료를 충분히 구입할 수 있도록 자금을 확보해야 한다. 재정의 역할로 본다면 지속가능성, 즉 빚을 지지 않고도 할 일을 충분히 할 수 있도록 재정을 꾸려야 한다. 또한 요리사의 솜씨가 좋아야 한다. 아무리 재료가 좋아도 요리사 실력이 젬병이면 크고 맛있는 파이 만들기는 애초부터 글렀다. 재정을 담당하는 정부의 역량이 중요한 이유다. 재정을 제대로 이해하려면 이처럼 파이 키우기, 나누기, 자금 확보하기, 요리 잘하기를 모두 알아야 한다.

다음 장부터 본격적으로 재정 이야기가 시작된다. 우선 한 해 나라살림은 어떻게 이루어지고, 그 규모는 얼마나 되는지부터 시작한다.

CHAPTER 2

누가 재정을 만들고 결정하는가

예산의 흐름

L교수는 대학에서 받은 월급은 몽땅 아내에게 준다. 아내는 이 월급으로 식비, 의복비, 교통비, 통신비, 교육비 등 일상적인 가계 지출을 한다. L교수에게는 월급 말고도 외부 강연료, 원고료 등 부수입이 조금 있다. 이 돈은 아내에게 주지 않고 자신의 여가 활동비로 사용한다. 아내도 이런 부수입과 지출을 알고 있지만 눈감아준다. 대신 남편 용돈은 별도로 주지 않는다. L교수는 부수입이 많은 달에는 제법 격이 있는 술자리를 즐기고 적은 달에는 삼겹살에 소주 한잔 하는 걸로 만족한다. L교수 수입 중에는 이밖에도 연말에 받는 보너스가 있다. 이 돈은 겨울방학 때 가족 해외여행비로 쓰기로 정해놓았다. 한편 L교수 부인은 조그만 점포 하나

를 가지고 있어서 여기서 매달 임대료 수입이 생긴다. 이 수입은 모두 '사교육비'라고 이름 붙인 통장에 입금하고 아이들 사교육비로 지출한다.

왜 L교수는 월급이든 부수입이든 보너스든 수입 전부를 아내에게 주고 나서 용돈을 받거나 해외여행 경비로 쓰게 하지 않았을까? 몽땅 아내에게 바치고 용돈을 타서 쓴다고 하자. L교수가 원하는 액수만큼 아내가 충분히 줄 리 없다. 다른 데 쓸 곳이 많다면서 용돈은 쥐꼬리만큼 줄 게 분명하다. 그러니 L교수 입장에서는 당연히 부수입은 본인이 챙기는 게 낫다. 아내도 남편의 부수입이 큰돈도 아닌데 그걸 받아 다시 용돈 주면서 '적다, 충분하다' 다투느니 부수입은 알아서 쓰게 하는 게 낫다고 생각한다. 보너스는 무조건 해외여행비로 사용한다고 못박아놓은 까닭도 그렇게 따로 묶어두지 않으면 다른 씀씀이가 생겨 해외여행 한번 가기 힘들기 때문이다. 그리고 L교수 부인 입장에서 아이들 사교육비는 무슨 일이 있어도 마련해놓아야 할 지출 0순위 항목이다. 그래서 매달 들어오는 임대료는 사교육비에 쓰려고 아예 따로 적립해놓는 것이다.

합리적으로 생각하자면 특별히 돈 쓸 일이 많은 달에는 임대료 수입에서 가져다 쓰고, 대신 다른 지출이 적어 자금에 여유가 있을 때 더 많은 돈을 사교육비로 적립하는 게 나을 것이다. 하지만 현실적으로 보자면 그런 식으로 운영했다가는 웬만해서 충분한 사교육비를 적립하기 힘들다.

L교수 예에서 보듯이 통상 가정살림을 꾸려나갈 때도 재원 사이에 칸막이를 친다. 이는 용도에 따라 각각 다른 회계(수입과 지출)를 적용하는 셈이 된다. 리처드 탈러(Richard H. Thaler)와 캐스 선스타인(Cass R. Sunstein)이 쓴 책 《넛지Nudge》에 이를 잘 보여주는 일화가 있다. 미국 영화배우 진 해크먼과 더스틴 호프먼은 무명 시절부터 친구였다. 둘 다 배고팠던 시절, 해크먼이 호프먼의 아파트에 갔더니 호프먼이 해크먼에게

돈을 꿔달라 했다. 해크먼은 흔쾌히 승낙하고 잠시 후 호프먼의 부엌에 가봤더니 주방 싱크대 위에 돈이 담긴 통들이 일렬로 놓여 있었다. 하나에는 '집세'라는 라벨이, 다른 통에는 '공과금'이라는 라벨이 붙어 있었다. 그 밖에도 다양한 항목이 적힌 라벨이 붙은 통들이 늘어서 있었고 통마다 돈이 담겨 있었다. 해크먼은 의아해서 돈이 이렇게 많이 있는데 나한테 왜 돈을 빌려야 하느냐고 호프만에게 물었다. 그러자 호프만은 '식료품'이라고 적힌 통을 가리켰다. 그 통은 텅 비어 있었다.

총액으로 보면 돈이 있고 돈 자체는 라벨이 없으니 집세 내는 날까지 시간이 남아 있다면 '집세' 통에 든 20달러로 일단 식료품을 구입하고 나중에 돈이 생기면 다시 채워 넣는 게 더 합리적이겠지만 사람들은 이처럼 돈의 용처에 칸막이를 쳐놓고 쓰는 경우가 많다. 왜? 그렇게 하는 것이 결국은 절약하는 길이고 보다 짜임새 있게 지출하는 방법임을 경험상 알기 때문이다. 그런데 이런 행태는 나라의 재정 운용에서도 나타난다.

예산은 각방을 쓴다

1년치 정부 살림의 계획이 예산이다. 돈을 어디서 얼마나 마련할지에 대한 계획이 세입 예산이고 어디에 얼마나 쓸지에 대한 계획이 세출 예산이다. 세입과 세출의 '세'는 한자로 어떻게 쓸까? 세금을 뜻하는 '稅'라고 생각하기 쉽지만 아니다. 한 해를 뜻하는 '歲'를 쓴다. 즉 1년간 들어오는 돈이 세입이고 1년간 나가는 돈이 세출이다. 매년 1월 1일부터 12월 31일까지 1년을 회계연도라고 한다.[1]

예산은 일반회계와 특별회계로 구분된다. 말 그대로 정부의 일반적인 활동을 위한 예산이 일반회계다. 일반회계 예산은 돈에 꼬리표가 없다. 소득세든 부가가치세든 재산세든 수입을 모두 모아서 이를 재원으로 국방, 치안, 외교 등 다양한 분야에 지출을 한다. L교수가 월급을 받아 식비든 통신비든 가계 지출에 사용하는 것은 정부의 일반회계와 같다. 이에 비해 특별회계는 특정한 지출을 목적으로 하는 예산이다. 정부가 특정 사업을 시행하려고 꼬리표를 달아놓은 돈이다. L교수 사례로 보자면 자기 용돈이라는 꼬리표를 단 부수입이나 해외여행 꼬리표를 단 보너스가 특별회계에 해당한다.

그런데 재정에는 일반회계와 특별회계 예산 외에 기금이 있다. 기금 역시 특정한 사업에 사용하기 위해 자금을 조성한다는 점에서는 특별회계와 비슷하지만 수입과 지출 구조가 조금 다르다. 특별회계가 그해 거둬들인 돈을 그해에 쓰는 돈이라면 기금은 명칭에서 알 수 있듯이 재원을 적립해두고 필요할 때 사용하는 돈이다. 또한 기금은 자체 수입원이 있는 경우가 많다. 예를 들어 국민연금, 고용보험 등 사회보장기금은 사회보험료를 걷는다. 국민주택기금은 국민주택채권이라는 수입원이 있다. 예산이 국회 통제를 엄격히 받는 데 비해 기금은 운용에 재량권이 있다. 운용 금액의 20~30%는 국회 심의 없이 변경할 수 있다. 기금은 L교수 부인이 별도로 임대료라는 수입원을 가지고 이를 저축했다가 아이들 사교육비라는 특정한 목적에 쓰는 것과 비슷하다.

공식적인 정의에 따르면 정부 재원은 예산과 기금으로 구성된다. 그러니까 기금은 예산에 포함되지 않는다. 그러나 정부 재정 활동에 쓰이는 재원이라는 점에서는 예산과 다를 바 없다. 규모도 작지 않다. 2012년도 재정 규모를 보면 지출 기준으로 일반회계 223.1조 원, 특별회계 59.5조 원, 기금 97.3조 원이니 작은 금액이 아니다(게다가 국민연금 등 적립된 기금 규모는 이보다 훨씬 크다).

　어떤 원천에서 돈이 들어왔건 모두 모아서 일반회계 수입으로 잡고, 여기서 어디 쓰든 모두 일반회계 지출로 사용하면 편할 텐데 왜 굳이 구분해서 걷고 쓰는 걸까? 재정이 합리적이라면 모든 수입을 한 군데 모은 다음에, 거기에서 필요한 지출을 하는 것이 맞다. 굳이 꼬리표를 붙여서 'A라는 항목에서 들어온 수입은 B라는 용도로만 지출해야 한다'라고 정해두는 것은 불합리해 보인다. 하지만 정부 경제활동이라고 해서 가계경제보다 합리적이란 법은 없다. 때로는 개별 정부 기관의 이해 때문에, 때로는 정치적인 이유 등으로 수입과 지출에 꼬리표가 붙는 일도 많다.

　정부 사업 중에는 구조적으로 일반회계에 통합해서 운영하면 부적절한 사업이 있다. 예를 들어 국민연금기금은 노후 생활을 대비하려는 국민들이 '맡겨둔' 돈이다. 그런데 '국민연금 보험료' 명목으로 거둔 돈을 일반회계와 통합해서 도로 건설이나 하천 정비에 쓰는 것이 합리적일까? 따로 분리하는 게 타당하다. 우체국은 우편 업무를 취급하면서 수입이 생긴다. 그런데 우체국이 벌어들이는 수입을 모조리 국고로 보내고, 매년 우체국이 쓸 예산만 일반회계에서 배정받아 경비로 쓰는 것도 그다지 적절하지 않다. 그래서 우편사업특별회계를 따로 둔다(물론 모든 특별회계와 기금이 일반회계와 분리 운용해야 할 필요성이 있는 것은 아니다. 딱히 따로 운영해야 할 이유가 없는 것들도 많다.)

　일반회계 사업 예산은 정부 부처가 기획재정부(기재부)에 신청하면 기재부가 검토한 후 부처별로 배정한다. 기재부가 배정한 뒤에도 국회 의결을 거쳐야 확정된다. 일반회계는 이렇게 과정이 더딜 뿐더러 이런 과정을 거치고 나서 예산을 확보한다는 보장도 없다. 하지만 특별회계와 기금은 개별 부처 소관이다. 물론 국가 재원을 개별 부처가 제멋대로 쓸 수 없고 기재부와 국회를 거치는 과정은 일반회계와 같다. 하지만 이미 확보된 재원을 사용한다는 승인을 받는 과정이므로 정부 부처 입장에서는 훨씬 간편하며 안정적이다. 그래서 각 부처에서는 당연히 특별회계와 기금을 선호한다. 뒤집어 생각하면 국민 입장에서 특별회계와 기금은 그만큼 비효율적으로 쓰일 가능성이 높다. 국가 전체로는 다른 사업보다 덜 중요한 사업인데도 재원이 확보된 특별회계와 기금 사업이기 때문에 집행되는 경우도 많다.

특별회계와 기금

2012년 현재 중앙정부의 특별회계는 18개다. 이 가운데 우편사업 등 5개 특별회계는 정부가 수행하는 공공사업이긴 하지만 기업 형태로 운영되기 때문에 기업특별회계로 분류하고, 나머지는 기타특별회계라 한다. 기타특별회계 중에는 환경개선특별회계(환경개선부담금을 재원으로 하는 수질보전 등의 사업), 농어촌구조개선특별회계(농어촌특별세와 수입농산물 관세수입을 재원으로 하는 농어촌 구조개선사업), 광역·지역발전특별회계(주세와 수도권과밀부담금을 재원으로 하는 지역균형발전사업) 등이 있다.

기업특별회계는 앞서 예로 든 우체국처럼 일반회계와 구분해서 회계를 따로 운용하는 게 합당한 측면이 있다. 하지만 기타특별회계 사업 중에는 수입과 지출을 따로 관리해야 할 이유가 없는 것들이 많다. 왜 그런지 교통시설특별회계(이하 교특회계)를 예로 생각해보자.

교특회계의 재원은 교통세(교통·환경·에너지세)다. 교통세는 목적세,

즉 특정 용도에 쓰도록 지정하고 걷는 조세 중 하나다. 그리고 교통세의 특정 용도는 이름대로 도로, 철도, 항만 등 교통 SOC를 짓고 관리하는 사업을 말한다. 교특회계를 운용하는 국토해양부 2012년 한 해 예산이 약 22조 원인데 그중 교특회계가 약 13조 원이다. 그러니까 부처 전체 예산의 절반 넘는 돈이 교통 SOC 목적으로 세금을 따로 걷고, 걷은 세금은 그대로 그 사업에만 쓰도록 되어 있는 구조다.

그런데 왜 국방이나 치안과 달리 교통 SOC 건설만 별도의 회계로 운영해야 할까? 교통세로 거둔 돈을 다른 조세수입과 마찬가지로 국고에 넣은 다음에 일반회계에서 SOC 건설 예산을 배정하면 안 될까? 안 될 이유가 없다. 일반회계로 존재할 때는 다른 사업들과 경쟁해서 우선순위에 따라 예산이 배정되지만 특별회계로 존재할 때는 재원이 있으니까 꼭 필요하지 않아도 사업을 하게 되기 때문에 낭비될 소지가 있다. 그래서 그동안 몇 차례 교통세를 일반세로 전환하고 교특회계 사업을 일반회계로 바꾸려는 시도가 있었다. 그러나 반대에 부딪혀 목적세 폐지 시한이 연장되었고 교특회계는 여전히 건재하다.

교특회계를 그대로 두어야 한다는 쪽은 일반회계 사업으로 전환되면 교통 인프라에 대한 투자가 줄어든다고 주장한다. 교통 인프라는 중장기 계획에 따라 진행되어야 하는데 복지지출 등 당장 돈을 써야 할 사업이 늘어나면 예산을 배정하는 우선순위에서 밀린다는 것이다. 그러고는 우리나라 교통 인프라가 선진국에 비해 한참 모자란다는 증거(!)를 내민다. 그럴 수도 있겠다. 그런데 일반회계와 별도로 존재해야만 사업을 제대로 잘할 수 있다는 주장은 특별회계와 기금 관계자라면 누구나 입을 모아 하는 말이다.

2012년 현재 설치되어 있는 기금은 총 65개다. 기금의 유형에는 사회보험 기금, 금융성 기금, 사업성 기금이 있다. 국민연금기금, 고용보험기금 등 사회보험 기금은 기금으로 존재하는 것이 타당하다. 신용보증기금, 외국환평형기금 등의 금융성 기금 역시 특성상 기금으로 존재하는 것이 타당하다. 하지만 사업성 기금은 사정이 조금 다르다. 사업성 기금의 명칭들을 몇 개만 훑어보자. 국민건강증진기금, 영화발전기금, 청소년육성기금, 과학기술진흥기금, 원자력연구개발기금, 중소기업창업및진흥기금……. 대체로 증진, 발전, 육성, 개발, 진흥 같은 '좋은 단어'가 따라붙는다. 이름만 봐도 얼마나 취지가 훌륭한지 알 수 있다. 그런데 이 사업들을 꼭 기금 형태로 운영해야 할까? 국민 건강을 증진하고, 청소년을 육성하고, 과학기술·관광·문화예술·중소기업을 진흥하고, 원자력을 연구하는 일들을 일반회계 예산으로 하면 안 될까? 왜 국방, 외교, 치안 등은 일반회계 예산으로 해야 하고 이 사업들은 기금으로 해야 할까?

특별회계나 기금에는 각 사업마다 다양한 이익집단이 존재한다. 예산의 효율성과 재정 운영의 합리성만 따진다면 폐지해야 마땅하지만 이들 때문에 폐지하기 어려운 경우가 많다. 칸막이를 치고 운영하는 특성이 있으니 예산 낭비를 가져오는 사업들은 일반회계보다는 특별회계나 기금 중에 더 많다. 특별회계와 기금 사업들에 특별한 주의가 필요한 이유다.

국민연금기금 운영

여러 가지 기금 중에서 규모로 보나 국민 생활에 미치는 영향으로 보나 가장 관심을 가져야 할 기금은 바로 국민연금기금이다. 국민연금기금 규모는 2012년 8월 기준으로 380조 원 정도다(정부 예산보다 많다!) 지금도 규모가 엄청난데 2040년경까지 GDP의 절반 정도로 늘어날 전망이다. 그런데 그 이후 10여 년 새 모두 소진될 전망이다. '내가 꼬박꼬박 내고 있는 국민연금이 바닥난다고? 그럼 내 돈은?' 국민 입장에서는 당연히 과연 내가 연금을 받을 수 있을지가 초미의 관심사다. 이는 12장과 15장에서 자세히 다루었으니 여기서는 적립된 국민연금기금의 운용 문제를 알고 넘어갔으면 한다.

국민연금기금 운용에는 몇 가지 기준이 있다. 우선은 수익성과 안전성이다. 국민들의 노후 대비 자금이니 높은 수익률을 올리면서도 안전하게 운용해야 한다. 하지만 보통 수익성과 안전성은 충돌한다. 수익성을 높이려면 주식 등 위험자산에 투자해야 하고 안전성을 높이려면 국공채 등 안전자산에 투자해야 하기 때문이다. 2012년 8월 기준으로 국민연금기금은 채권 67%, 주식 25%, 대체투자 8% 정도의 구성으로 운용 중이다. 민간의 자금 운용 행태에 비해 채권 비중이 압도적으로 높다. 수익성보다는 안전성을 중시하기 때문이다(정부는 2017년까지 주식 투자 비중을 30% 이상으로 높이겠다고 밝혔다.)

국민들이 내는 보험료 수입이 수급자에게 줄 급여 지출보다 많은 2040년께까지는 국민연금 적립금이 채권과 주식시장에 큰 규모로 유입된다. 그러면 채권과 주식 가격이 상승한다. 이때도 문제지만 더 큰 문제는 그 다음이다. 이후 급격히 증가할 급여 지출을 충당하려면 채권과 주식을 대량으로 되팔아야 한다. 국민연금이 금융시장에 돈을 맡기고 찾는 과정만으로도 시장에 엄청난 혼란을 일으킬 수 있다.

수익성과 안전성, 금융시장 교란 가능성은 매우 중요하지만 다소 전문적인 주제이고 (논란은 존재하지만) 전문가들이 해법을 제시하고 있으니 자세한 논의는 생략하자. 대신 또 다른 중요한 기준인 공공성을 따져보자. 공공성 관련해서는 두 가지 이슈가 있다.

첫 번째는 국민연금의 주주 권한 행사 여부다. 기금 규모가 워낙 크니 기금의 30%만 주식에 투자해도 엄청난 규모다. 그리고 투자 대상의 상당 부분은 국내 기업, 그중에서도 특히 대기업이다. 국민연금이 대기업들의 대주주가 되는 셈이다. 이 때문에 대기업의 사회적 책임성을 끌어올리기 위해 국민연금이 대주주로서 권한을 행사하자는 주장이 제기되고 있다. 이에 대해 대기업들은 정부가 연금기금을 이용해서 기업을 지배하려는 '연금 사회주의'라며 반대한다. 사실 미묘한 문제긴 하다. 시장에 대한 정부 개입을 우려한다면 주주권 행사를 제한해야 옳다. 반면 경제민주화 요구에서 알 수 있듯이 대기업들의 전횡을 공공이 견제해야 할 필요가 있다면 주주권 행사가 유효한 수단이 될 수 있다.

지금은 국민연금이 주주권 행사를 거의 하지 않고 있지만 지금보다는 적극적으로 주주권을 행사할 필요가 있다. 정부의 자의적인 행사는 제한하되 '국민연금 의결권 행사 지침'에 명시된 "환경·사회·기업지배구조 등 사회책임투자 요소를 고려한다"라는 조항만 충실히 지킨다면 주주권 행사는 마땅히 해야 할 일이다.

두 번째는 기금의 사회투자 자본 활용이다. 현재 채권과 주식 등 금융 투자에 집중되어 있는 기금 중 상당 부분을 국민임대주택이나 보육·요양·의료 등 공공 복지시설 건설에 투자하자는 주장이다. 국민연금기금은 국민들이 미래를 위해 적립한 돈이니만큼 대기업 주식과 채권에 투자하는 사업뿐 아니라 사회 전체에 도움을 주는 공공복지 인프라를 늘리는 데도 써야 한다는 주장이다. 국민연금 입장에서는 다른 데 투자할 때만큼 수익성과 안전성을 얻을 수 있다면 공공성까지 높여주는 복지 인프라 투자를 마다할 이유가 없다. 정부 입장에서도 공공복지 인프라가 태부족인 현실에서 국민연금기금은 매력적인 재원이다. 다만 한 가지 분명히 해야 할 사실이 있다. 기금 재원을 쓴다는 건 그만큼 정부가 빚을 지는 것이다. 국민연금기금을 사회투자 자본으로 사용하자는 것은 빚을 내서 공공복지 인프라를 건설하자는 것이다. 국민연금기금에서 빌리나, 해외에서 차입하나 정부가 빚을 진다는 점에서는 매한가지다. 필요하다면 할 수 있다. 다만 여기에는 먼저 국민들의 합의가 필요하다.

다시 강조하지만 국민연금기금 운용은 노후 대비 자금이라는 성격 면에서도, 엄청난 규모 면에서도 매우 중요하다. 앞으로 정부 재정 운용에서 주의 깊게 살펴야 할 항목이다.

예산 과정과 국회의 역할

한나라당은 정기국회 마감을 하루 앞둔 어제 오후 질서유지권을 발동해 야당 의원들을 끌어낸 채 국회 본회의를 열어 새해 예산안과 예산부수

법안을 날치기 통과시켰다. 국회는 아수라장으로 변했고 곳곳에서 부상자가 속출했다. 이런 난장판 속에서 이명박 정부는 '3년 연속 예산안 날치기 통과'라는 대기록을 세웠다.[2]

연말이면 접하는 국회 뉴스 단골 메뉴다. 매년 새해 예산 통과를 놓고 여당과 야당 간에 고성이 오가고 심지어 몸싸움까지 벌인다. 도대체 예산을 둘러싸고 여야 의견이 얼마나 다르기에 이럴까? 예산안은 내년도에 정부가 무슨 일을 얼마를 들여 하겠다는 계획이다. 따라서 정부가 해야 할 일에 대한 여야 간에 생각이 다르다면 충분히 갈등할 수 있다. 비록 모양새가 볼썽사납지만 좋은 예산을 만들기 위한 것이라면 박수칠 일이지 비난할 일이 전혀 아니다. 그런데 연말마다 연출되는 이런 모습이 정말 국민에게 더 좋은 예산이 무엇인가를 놓고 여야가 대립하기 때문일까?

연말에 이루어지는 국회 예산안 통과는 다음해 예산이 성사되기 위한 마지막 과정이다. 예산의 운영은 편성→심의→집행→결산의 단계를 거친다. 행정부가 다음 회계연도 예산안을 짜는 것이 편성이다. 기재부는 연초에 중앙 부처로부터 사업계획서를 받아 검토한 다음 '예산편성지침'을 작성하고 부처별 예산 한도액을 정해서 각 부처에 보낸다. 각 부처는 이 지침에 따라 예산 요구서를 만들고 기재부에 제출한다. 기재부는 이를 근거로 예산안을 편성하여 10월 2일까지 국회에 제출한다. 예산 편성 과정에만 약 9개월이 소요되는 셈이다.

이러한 과정에서 눈여겨볼 것이 하나 있다. 국가재정전략회의라는 기구다. 통상 4월 말에 개최하는데 대통령이 주재하고 각 부처 장관과 금융위원장 등 장관급 행정기관장, 민간 전문가가 참여한다. 이 회의에서 향후 5년간의 국가재정 운용 계획과 다음해 예산안 편성의 기본 틀이 정해진다. 부처별 예산 한도액도 이때 정해진다. 2004년에 도입된 이 제도의 취지는 대략 이렇다. '중장기적인 시각에서 재정 운용 계획을 세우자. 이에 입각한 우선순위에 따라 재정을 배분하자. 그리고 각 부처는 정해진 한도 내에서 자율적으로 예산을 편성하자.' 훌륭하다. 문제는 늘 그렇듯 취지대로 운영되지 않는다는 데 있다. 노무현 정부 때 만든 기구라서 그런지 이명박 정부 때는 실질적 중요성이 더욱 약화된 감이 있다. 그러나 국가재정전략회의는 잘만 활용하면 좋은 재정을 만드는 데 꽤 기여할 수 있다.

편성된 예산을 심의하는 과정은 행정부 견제를 담당하는 국회의 주요 기능이다. 1년 치 나라살림 계획을 잘 짰는지 검토해 확정하는 것이니 왜 그렇지 않겠는가. 그래서 예산안이 국회로 넘어오는 날(회계연도 개시 90일 전, 대략 10월 2일)과 심의 확정하는 날(회계연도 개시 30일 전, 대략 12월 2일)까지 헌법에 명기되어 있다. 두 달 안에 끝내야 한다. 넉넉한 기간은 아니지만 열심히 한다면 그다지 짧은 기간도 아니다.

심의를 위해 예산안은 먼저 국방, 교육, 복지 등 각 분야를 담당하는 상임위원회로 간다. 각 상임위원회에서 심사하고 내용을 정리한 예산안은 예산결산특별위원회(예결위)로 보내진다. 예결위에서 예산안에 대한 종합 심사가 이루어진다. 예결위에서는 먼저 2주에 걸쳐 행정부를 대표하는 국무총리와 부처 장관들에게 예산안에 대해 질의하고 답변하는 과정을 거친다. 예결위 활동의 핵심은 마지막에 열리는 계수조정소위원회다. 계수조정소위원회는 이름 그대로 예산액의 '마지막 숫자'를 조정하는 기구다. 여기서 실질적으로 최종 예산액이 결정된다.

계수조정소위원회가 열리는 동안 회의실 앞은 공무원들로 북적인다. 증액해줬으면 하는 항목이나 삭감하지 말았으면 하는 항목을 적은 쪽지들을 회의실 문틈 사이로 쉴 새 없이 주고받는다. 휴대폰도 불이 난다. 자기 부처 순서가 됐는지, 원하는 항목의 예산은 어떻게 결정되었는지, 어떤 의원에게 얘기하면 되는지…… 통화가 빗발친다. 지역구 국회의원들 역시 이때 자기 지역 예산 챙기기를 빼놓을 수 없다. 이렇게 세부적인 숫자에 대한 심사를 마치고 난 예산안은 본회의에서 심의·의결된다. 그제야 비로소 '예산안'이 '예산'이 되는 것이다.

이 예산에 따라 행정부가 이듬해에 사업을 집행한다. 1년간 예산을 집행하고 나면 국회는 그 다음해에 행정부의 집행 결과를 검사하는 결산 심사를 한다. 국회의 결산 승인이 이루어지면 한 회계연도의 예산 과정이 공식적으로 종료된다. 그러니까 한 해 예산의 수명은 3년이다. 2012년도 예산은 2011년 중에 행정부의 예산 편성과 국회의 심의를 거쳐 확정된 후 2012년 한 해 동안 행정부가 집행을 하고, 이듬해인 2013년에 국회의 결산 심사를 받아야 마침내 수명을 다한다.

국회가 예산의 질을 결정한다

행정부가 편성한 예산안이 국회에서 수정되는 비율은 얼마나 될까? 1%가 채 안 된다. 연말마다 예산안 통과를 둘러싸고 여야가 난리를 치지만 의외로 규모가 작다. 예산안 통과를 놓고 여야가 대립하는 이유는 특정한 정치적 쟁점 때문이다. 이명박 정부 초기에는 4대강 사업 때문에 대립했다. 그나마 4대강 사업은 많은 돈이 드는 사업이니 '예산'을 둘러싼 대립이기도 하다. 하지만 4대강 사업이 다 끝난 2011년에는 론스타 국정조사 문제 때문에 대립했다. 예산과 상관없는 쟁점으로 대립한 것이다.

사실 우리나라 국회는 예산에 대한 권한이 별로 없다. 이 때문에 예산에 대한 국회의 권한을 늘려야 한다는 주장이 나온다. 가령 국회가 예산 증액 권한을 가져야 한다는 주장(현행법으로는 행정부 동의 없이 국회가 예산을 증액할 수 없다), 예산안 편성 단계부터 행정부가 국회에 보고하고(이를 위해서는 국회를 가을이 아닌 이른 봄부터 열어야 한다!) 총규모와 항목별 재원 배분 등 큰 틀에 대한 국회 동의를 받아야 한다는 주장 등이 대두되고 있다. 국회의 행정부 견제 역할이나 대의민주주의의 취지를 살리려면 예산에 대한 국회 권한이 현재보다 강화되어야 하는 것이 맞기는 하다. 그런데 과연 국회의 예산권이 강화되었을 때 지금보다 더 나은 예산이 만들어질지는 잘 모르겠다.

행정부 편성 예산안의 국회 수정 비율이 1% 이하라는 것만 보면 국회가 국가재정에 미치는 영향은 별 것 아닌 것처럼 보일 수도 있겠다. 실은 그렇지 않다. 국회가 재정에 미치는 영향력은 막강하다. 국회의원은 정치가이자 입법가다. 정책을 결정하고 법을 만든다. 국회가 결정한 정책과 국회에서 제정된 법은 재정 수입과 지출을 규정한다. 복지 관련 지출은 대부분 입법을 통해 결정된다. 기초노령연금급여, 영유아보육지원 등 우리가 기억할 만한 최근 복지사업들은 모두 관련 법안이 국회에서 만들어졌기 때문에 시행되는 사업이다. 국민연금급여 수준도 입법 과정을 거쳐 결정된다. 조세와 보험료 같은 국민 부담도 당연히 입법을 통해 결정된다.

행정부의 예산 집행 결과를 검사하는 국회의 결산 심의도 중요한 기능이다. 5월 말까지 행정부가 결산서를 제출하면 6월부터 9월 정기국회 개시 이전까지(통상 8월) 심의를 마치게 된다. 결산 심의도 예산 심의와 마찬가지로 상임위 예비 심사→예결위 종합 심사→본회의 심의·의결 과정을 거친다. 그런데 결산 심의는 예산 심의보다 훨씬 더 부실하게 이루어진다. 이미 쓴 돈을 심사하는 일이니 앞으로 쓸 돈을 정하는 일에 비해 국회의원들이 관심을 두지 않기 때문이다. 제대로 된 결산 심사는 좋은 예산을 만드는 데 상당히 기여할 수 있다. 집행을 마친 예산의 문제점을 파악함으로써 보다 개선된 새 예산을 만들 수 있기 때문이다. 국회의 결산 심사 기능 회복은 많은 국회 개선 과제 중에서도 매우 중요한 문제다.

공식적인 국회의 예산 기능은 아니지만 국정감사도 정부의 예산 낭비를 막는 역할을 한다. 국정감사는 국회의원들이 자신을 선전하고 본인이 국회의원임을 만끽하는 좋은 기회다. 그래서 가끔은 돌출 행동을 하거나 별 내용도 없이 장관에게 호통만 치는 국회의원들도 있다. 그러나 이는 부수적인 문제고 국정감사라는 감시 제도가 있기 때문에 행정부가 일을 할 때 조심을 하게 된다. 즉 국정감사는 재정의 부실 운용을 막는 예방 효과가 있는 셈이다.

지금까지 재정을 담는 그릇인 예산의 내용과 만들어지는 과정을 간략하게 설명했다. 예산에 담겨진 수치, 즉 걷고 쓰는 규모가 얼마나 되는가는 다음 장에서 설명한다. 이번 장에서는 재정의 규모에 대한 좀 더 근본적인 문제를 다루고 마무리하려 한다.

큰 정부, 작은 정부

우리나라는 큰 정부일까, 작은 정부일까? 이 질문을 하면 대부분 큰 정부라고 대답한다. 현대 국가에서 정부 지출이 가장 많은 분야는 복지다. 우리나라 복지 재정의 특징은 저부담·저복지다. 적게 걷고 적게 쓴다는 말이다. 그런데 어째서 사람들은 우리나라가 큰 정부라고 생각할까? 큰 정부라고 말하는 사람들에게 그 이유를 물어봤더니 세 가지 유형의 답변이 나왔다. 하나는 어처구니없는 답변이고 또 하나는 상당한 오해였으며 마지막 하나는 제법 설득력 있는 답변이었다.

먼저 어처구니없는 답변. "복지에는 돈을 적게 쓰지만 4대강 사업처럼 토건 예산이 많으니 전체 재정지출 규모는 많을 것이다." 나중에 자세히 살펴보겠지만 SOC 예산이 많기는 많다. 하지만 적은 복지지출을 상쇄하기에는 어림없다. 우리나라 복지지출의 GDP 대비 비중은 다른 OECD 국가들에 비해 10%포인트 정도 작다. 10%포인트면 연간 120조 원이 넘는 돈이다. 4년을 끌었던 4대강 사업 예산이 정부 예산 22조 원에 수자원공사 예산 8조 원을 더해 대략 30조 원이었다. 저부담인데 어떻게 지출을 많이 할 수 있겠냐고 다시 물었더니 그래서 빚을 지는 게 아니냐는 대답이 돌아왔다. 우리나라가 최근 들어 빚을 많이 지기는 했지만 우리나라와 다른 OECD 국가의 국민부담률 격차만큼이나 엄청난 빚을 매년 지지는 못한다(국민부담률 격차는 뒤에 나온다.)

다음은 상당한 오해를 하고 있는 이들의 답변이다. "재정지출 면에서는 작은 정부일지 모르나 인력, 즉 공무원 규모 면에서는 큰 정부다." 많은 사람들이 우리나라에는 공무원이 지나치게 많다고 생각한다. 아마도 공무원들이 별로 하는 일 없이 놀고먹는다는 뿌리 깊은 오해(!) 때문인 듯하다. 하지만 재정 규모가 작은데 공무원 수만 많을 수는 없다. 사실 우리나라 공무원 규모는 다른 OECD 국가들에 비해 굉장히 작다. 재정 규모가 작은 것보다 더 작다. 의외라고 생각될 수도 있지만 사실이다. 얼마나 작은지 따져보자.

우리나라에서 공무원이라고 하면 통상 중앙·지방정부 공무원, 국공립 교원, 경찰소방 공무원 등을 가리킨다. 하지만 국가 간 비교를 할 때는 일반정부(general government) 종사자를 기준으로 한다. 이는 설립 주체, 재원, 업무 내용에 따라 공무원을 정의하는 것이다.

우리는 따로 공단을 만들어서 연금이나 의료보험 업무를 수행하지만 정부가 직접 담당하는 나라도 있다. 하는 일은 똑같고 정부 재정으로 운영되는 것도 마찬가지다. 그런데 공단이 담당하면 공무원이 아니고 정부가 담당하면 공무원이라고 간주하면 불합리하다. 그래서 정부 기관 소속이냐 아니냐가 아니라 설립 주체, 재원, 하는 일에 따라 정부 종사자를 정의한다. 즉 정부가 설립하고 대부분의 운영비가 정부 재원이며, 공공업무를 수행하면 공무원, 보다 정확히는 일반정부 종사자라고 부른다.

일반정부 종사자에는 우리가 흔히 말하는 공무원 외에도 사회보장기관 종사자, 기타 정부 산하 비영리기관 종사자, 군인이 포함된다(군인은 의무복무라도 정부에 의해, 정부 재원으로, 국방이라는 가장 중요한 공공업무를 수행한다!)

일반정부 종사자 기준으로 공무원 규모를 계산해봤다. 2010년 기준으로 우리나라 공무원은 공무원법상으로는 98만 7000명, 일반정부 종사자 기준으로는 약 160만 명이다.[3] 일반정부 종사자 기준으로 인구 1000명당 32명인 셈이다. 이에 비해 다른 OECD 국가 평균은 1000명당 70명이 넘어 우리보다 2배 이상 많다.

이처럼 다른 나라와 크게 차이가 나는 이유는 무엇일까? 우리나라는 교육과 복지 분야 일반정부 종사자 수가 다른 국가들보다 훨씬 적기 때문이다. 우리는 다른 국가에서 대부분 공립으로 운영되는 유치원과 중등교육의 많은 부분을 민간에서 담당한다. 의료·보육·요양 등 복지시설도 우리는 대부분 민간 시설이지만 다른 국가들은 공립이 훨씬 많다(그런데 복지 분야 종사자 규모는 민간을 포함해도 다른 국가들에 비해 규모가 작다.) 이런 이유 때문에 우리나라는 인력을 기준으로 하면 재정을 기준으로 할 때보다도 더욱 정부 규모가 작다.

　이 정도 설명해도 우리나라는 공무원이 매우 많다는 주장을 굽히지 않는 사람들이 꽤 된다. 여전히 통계에 잡히지 않는 공무원들이 많다고 한다. 누굴 말하는지 모르겠지만 그렇게 우기면 어쩔 수 없다. 그리고 이런 주장을 하는 사람들은 교육이나 복지 서비스 제공 인력은 적을지 몰라도 전형적인 공무원, 즉 공무원법상의 공무원 수는 많다고 주장하기도 한다. 하지만 교육 공무원 규모는 상당히 작고 경찰소방 공무원 규모도 OECD 평균보다 작다. 그렇다면 우리가 공무원이라고 할 때 흔히 떠올리는 중앙정부와 지방정부에서 일하는 공무원, 직접 서비스를 제공하는 일선 공무원 말고 책상에 앉아서 기획이나 관리, 규제 같은 일반적인 행정 업무를 담당하는 공무원 규모는 많을까?

　이런 공무원 규모를 다른 나라와 비교하는 것은 어렵다. 이에 대한 통계는 OECD에 존재하지 않기 때문이다. 그러나 개별 국가의 자료를 들춰서 몇몇 국가들과 비교한 연구는 있다. 이 규모 역시 우리나라는 다른 국가들에 비하면 상당히 작다. 의외라고 생각할 수 있지만 사실이다. 그런데 잠깐 생각해보자. 행정업무를 담당하는 공무원 규모가 작다는 것이 긍정적일 일일까? 그렇지만은 않다. 공무원 규모가 작으면 이른바 졸속 행정, 부실 집행, 전달 과정의 누수를 가져올 수 있기 때문이다. 정부 정책은 국민들에게 큰 영향을 미친다. 정부 정책을 만들고 집행하는 데는 효율성(efficiency), 즉 얼마나 적은 돈과 인력과 시간을 들였는지가 중요한 게 아니다. 효과성(effectiveness), 즉 얼마나 좋은 성과를 가져왔는지가 훨씬 더 중요하다.

마지막으로 제법 설득력 있는 답변이다. "정부의 규제 권한이 너무 커서 민간 부문에 지나치게 개입한다." 재정과 인력이 민간에 대한 금전적 개입이라면 규제는 말로 하는 개입이다. 규제에는 정부 재정이 직접 투입되지는 않는다. 그러나 규제를 받는 민간이 부담을 진다. 비정규직 차별을 금지하면 인건비가 올라간다. 오염 물질 배출을 규제하면 처리 비용이 늘어난다.

우리나라는 정부의 규제 권한이 커서 정부가 민간에 지나치게 개입을 할까? 많은 사람들이 그렇다고 대답할 것이다. 그런 면이 있기는 하다. 하지만 정부가 과도한 개입을 한다고 여기는 데는 현재보다는 과거의 기억 탓이 크다.

우리나라는 정부 주도의 경제개발 시대를 거쳤다. 정부 말 한마디에 따라 평범한 기업이 갑자기 고속성장을 하는가 하면 잘나가던 기업이 하루아침에 망하기도 했다. 정부가 '100억 불'이라는 수출 목표를 정하면 무슨 수를 써서라도 이를 채워야 했고, 며칠까지 고속도로를 개통하라고 하면 밤을 새워서라도 기일을 맞춰야 했다.

경제뿐 아니었다. 일상생활에서도 야간 통행금지, 결혼식 하객 식사 대접 금지, 수요일 점심 분식, 도시락 잡곡 30% 이상, 장발·미니스커트 금지처럼 세세한 부분까지 정부가 통제했다. 농촌에서는 아침마다 '새벽종이 울렸네'로 시작하는 노래를 들으며 기상했다.

수업시간에 학생들에게 이런 얘기를 들려주면 신기해하고 재미있어한다. 그리 오래된 일은 아니지만 이미 지나간 역사가 된 셈이다. 지금은 어떨까? 지금도 기업을 경영하거나 자영업을 하는 사람들은 정부 간섭이 심하다고 불평한다. 이를 보면 아직도 정부의 규제 권한이 큰 것 같기는 하다. 어려서부터 줄곧 '사람은 왼쪽, 자동차는 오른쪽'이라고 배우고 실천해왔는데 어느 날 갑자기 사람도 우측통행을 하라고 강제하는 것을 보면 여전히 일상생활에 대한 간섭이 많기는 하다.

하지만 '경제민주화'가 대통령 선거에서 주요 이슈가 될 정도로 대기업의 '전횡'이 심한 것을 보면 규제 권한이 그다지 센 것 같지 않다. 게다가 식의약품 안전성, 약자의 권익 보호 등이 아직도 충분치 않은데 정부가 규제 권한을 제대로 실행하고 있다고 하기 어렵다.

재정, 인력, 규제가 정부 규모를 결정하는 세 가지 요소라면 재정만큼이나 인력과 규제 권한 규모의 적정성, 그리고 그와 관련한 정부 역할을 따져보는 일은 정부가 제대로 일하는 데 상당히 중요하다. 이 책의 주제는 재정이므로 인력과 규제는 이쯤에서 이야기를 정리하지만 독자들이 좀 더 관심을 가졌으면 좋겠다. 다음 장에서는 재정 규모에 대해 본격적으로 다룬다.

CHAPTER 3

나랏돈은 어떻게 걷고 어떻게 쓰나?

세입과 세출

 예산은 길이가 짧은 이불이라는 말이 있다. 어깨를 덮으면 발이 차고, 발을 덮으면 어깨가 시리다. 모든 분야의 수요를 충족할 수는 없다. 항상 부족하기 마련이다. 부족한 재원을 적재적소에 배치함으로써 국민의 행복을 극대화하는 것, 그것이 좋은 재정이 갖춰야 할 덕목이다.
 재정 문제는 두 가지로 귀결된다. 하나는 '어디서, 어떻게, 얼마나 거둘까?', 다른 하나는 '어디에, 어떻게, 얼마나 쓸까?'다. 이 책에서 담긴 모든 내용은 결국 이 두 가지 문제를 다루고 있다. 4장부터 이 문제들에 대한 다양한 주제를 논의하고 있는데, 이번 장에서는 그에 앞서 우리나라의 세입과 세출의 특성을 개괄적으로 살펴보자.

우리는 다른 나라보다
세금을 적게 낸다

　2012년도 우리나라 세입 예산은 343조 5000억 원이었다. 조세수입이 205조 8000억 원으로 60% 정도를 차지한다. 가장 많은 액수를 걷는 3대 세목은 소득세, 법인세, 부가가치세다. 조세 이외의 수입은 세외수입과 기금수입이다. 세외수입에는 국가 재산의 임대·매매 수입, 각종 수수료, 사용료, 벌금 등이 포함되고 기금 수입에는 사회보험료와 각종 부담금이 포함된다.

일상의 곳곳에 숨어 있는 부담금

　부담금은 '특정의 공익사업과 특별한 관계에 있는 자에 대하여 그 사업에 필요한 경비를 부담시키기 위하여 과하는 금전지급의무'다. 이렇게 건조한 정의로는 무슨 말인지 이해하기 힘들다. 다음과 같은 30대 후반 직장인의 '부담금 일기'를 읽으면 확실하게 감이 올 것이다.

　어제 아파트 분양에 당첨됐다는 소식을 들었다. 5억 원짜리 아파트다. 당첨됐으니 기분이 좋긴 한데 아파트 값이 내려간다는 뉴스를 들으면 걱정도 된다. 어쨌든 분양금을 내려면 2억 원을 대출 받아야 한다. 그런데 대출을 받으려면 원리금 말고 주택금융신용보증기금출연금을 내야 한단다. 대출금의 0.2%니 40만 원이다. 그래도 이 돈이 나처럼 집을 장만하려는 서민들에게 쓰인다니 감당하자.

　부모님은 살고 있는 집을 담보로 노후연금을 받고 계신다. 거기에도 주택담보노후연금보증계정 부담금이 붙는다. 부모님 집도 5억 원이니 0.2% 부담금이면 연 100만 원이다. 적지 않은 금액이다.

분양된 아파트에 들어가려면 학교용지부담금을 내야 한단다. 분양가가 5억 원이니 0.8%면 400만 원이다. 그래, 우리 아이가 다닐 학교를 짓는 데 쓰는 돈이니 마땅히 내야 할 것도 같다.

돈 생각을 하니 머리가 아프다. 담배 생각이 난다. 담배에 불을 붙인다. 담배에는 세금 말고 뭐가 더 붙을까? 담배 한 개비당 17.7원, 한 갑당 354원의 국민건강증진부담금이 붙는다. 담배를 버리면 쓰레기가 늘어난다. 그러니 폐기물 부담금으로 한 갑당 7원을 내야 한다. 담배도 조금 줄여야겠다.

다음 주에는 오랜만에 해외 출장을 간다. 전자여권을 새로 발급받아야 한다. 5만 5000원이라고 하던데, 여기에는 국제교류기여금 1만 5000원이 포함되어 있다. 항공권을 끊을 때도, 출국할 때도 부담금을 낸다. 항공권 1매당 1000원의 국제빈곤퇴치기여금과 함께 출국납부금 1만 원을 추가로 내야 한다.

출장 가기 전에 아내와 오붓한 시간을 가지려고 이번 주말에는 영화를 볼 생각이다. 영화산업 진흥을 위해서 돈을 내야 한다. 영화 입장료의 3%다. 아내와 둘이 보는 데 1만 6000원이 들어가니 480원을 내는 셈이다. 영화 산업을 진흥한다고 하니 영화팬으로서 당연히 감수해야겠다.

오늘 퇴근길에 아이 기저귀를 사오라고 한다. 요즘은 기저귀값도 만만찮다. 일일이 빨기가 힘들어 일회용 기저귀를 쓰다보니 일주일에 한 번씩은 사야 한다. 일회용 기저귀도 결국은 재활용이 되지 않는 쓰레기다. 한 장당 5.5원의 폐기물 부담금이 붙는다. 하루 10개를 쓰니 매일 55원씩 폐기물 부담금을 내는 꼴이다. 환경을 위해서도, 우리 집 경제를 위해서도 천 기저귀를 생각해봐야겠다.

퇴근해 집에 오자마자 손을 씻으려고 욕실로 간다. 불을 켠다. 내가 사용하는 전기, 요즘은 전력난도 심하다고 하던데. 신문을 보면 한전이 전력 수급 안정을 위해 많이 노력한다고 한다. 그리고 이를 위해 역시 부담금을 걷는다. 전력산업기반기금을 마련하기 위한 것이다. 아끼고 아껴서 한 달에 5만 원을 전기료로 내는데 거기에 3.7%의 부담금이 붙으니 한 달에 1850원을 내고 있구나.

손을 씻으려고 물을 틀었다. 우리 가족이 사용하는 물이 그냥 나오는 건 아니다. 순수한 사업비용 외에 상수원 보호구역을 관리하고 그 지역에 사는 주민들에게 지원도 해야 한다. 이를 위해 역시 물이용 부담금을 내야 한다. 우리 집의 물 사용량은 한 달에 30톤 정도 된다. 가산금으로 톤당 170원이 부담금으로 붙으니 5100원을 추가로 내는 셈이다.

날이 추워져 난방을 위해 보일러를 튼다. 도시가스는 사시사철 사용하지만 겨울에는 난방 때문에 다른 철보다 사용량이 늘어난다. 우리 집의 겨울철 도시가스 사용량은 매달 900㎥ 정도 된다. 여기에 안전관리부담금으로 1㎥당 3.9원을 내니 3500원을 내야 한다.

내일은 지방 출장이다. 차를 가지고 간다. 장거리니까 휘발유를 30리터는 넣어둬야겠다. 기름값에도 1리터당 52원의 부담금이 붙는다. 석유 수급 및 가격 안정을 위해서 내는 돈이란다. 내일은 아침부터 1560원의 부담금을 내고 시작하는구나. 기름값은 언제쯤 떨어지고 안정되는 걸까. 사무실에 들렀다 가려면 남산3호터널을 지나야 하니 왕복 2000원의 혼잡통행료도 내야 한다. 잔돈도 미리 준비하자. 이렇게 또 하루가 지나간다.

일상에서 우리도 모르는 사이에 내고 있는 부담금이 꽤 된다. 2011년 말 기준으로 우리가 내는 부담금은 총 97개 항목에 14조 8101억 원이다.

GDP 대비 조세 비율을 조세부담률이라고 한다. 그리고 조세와 사회보험료를 합쳐서 GDP 대비 비율로 나타낸 것을 국민부담률이라고 한다. 우리나라의 조세부담률과 국민부담률은 다른 OECD 국가들에 비해 낮은 편이다. 2010년 기준으로 조세부담률의 OECD 평균이 24.7%인데 비해 우리는 19.3%다. 그리고 국민부담률의 OECD 평균은 33.8%인데 비해 우리는 25.0%다.

국민부담률은 OECD 34개국 중 30위다. 우리보다 국민부담률이 낮은 국가는 미국, 터키, 멕시코, 칠레뿐이다. 미국의 국민부담률이 우리보다 낮은 것은 의외일 것이다. 그 이유 중 하나는 미국에는 전 국민을 포괄하는 공적 의료보험이 없기 때문이다. 공적 의료보험이 없으므로 개인이 알아서 민간 의료보험에 가입하거나 의료보험 없이 지낸다. 민간 의료보험료만 더해도 우리보다 국민부담률이 높아진다.

선진국 중에서는 미국과 일본의 국민부담률이 다른 국가들에 비해 낮다. 그런데 미국과 일본은 매년 대규모의 재정적자가 발생하며 그로 인해 국가부채 규모가 매우 크다는 점도 아울러 기억하자.

국민부담률을 세부 항목별로 구분해서 다른 국가들과 비교하면 우리나라의 소득세 비중이 다른 국가들에 비해 유난히 작다는 사실을 알 수 있다. OECD 국가들 중에서 우리보다 소득세 비중이 낮은 국가는 체코와 슬로바키아밖에 없다. 소득세를 적게 내는 것은 우리나라 조세의 가장 두드러진 특징이다.

정부는 수년 전 법인세율을 낮췄다. 우리나라 기업들의 법인세 부담이 다른 국가들보다 많으므로 경쟁력 강화를 위해서 낮춰야 한다는 이유였다. 확실히 GDP 대비 법인세 비중을 보면 우리나라가 OECD 평균보다 다소 높다. 하지만 이것이 기업에 부담을 주고 있다는 뜻은 아니다. 이유는 두 가지다.

첫째, GDP 대비 법인세 비중이 높다는 것과 기업이 부담하는 법인세율이 높다는 것은 다소 다른 개념이다. 한 국가에서 창출된 소득인 GDP는 개인과 기업, 정부로 흘러간다. 그런데 우리나라는 GDP에서 기업 소득이 차지하는 비중이 다른 OECD 국가들에 비해 큰 편이다. 이 경우 GDP 대비 법인세 비중이 높다 해도 개별 기업이 부담하는 법인세율은

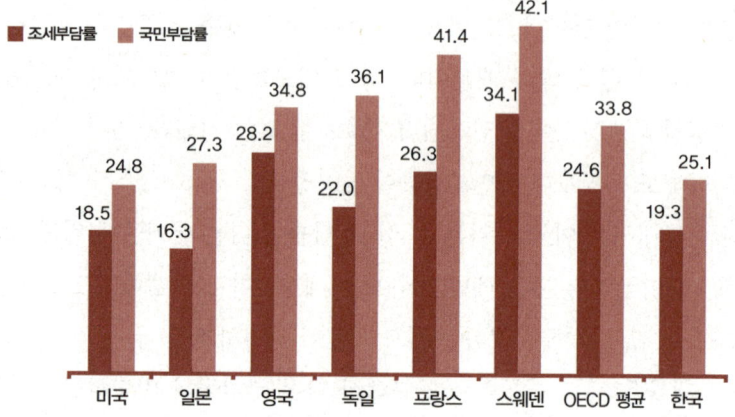

– OECD 국가별 국민·조세부담률 비교 –
(GDP 대비 비중, 2010년 기준, 단위: %, 출처: OECD Revenue Statistics)

(위)우리나라 조세부담률은 OECD 평균보다 낮고, 국민부담률은 OECD 34개 국 중 30위다. 미국은 공적 의료보험이 없어 국민부담률이 낮다. (아래)항목별로 보면 우리나라는 소득세 비중이 낮다. 영국은 의료 서비스가 사회보험이 아니라 조세로 제공되기 때문에 사회보험료가 낮게 보인다.

– OECD 국가들의 국민부담률 –
(GDP 대비 비중, 2010년 기준, 단위: %, 출처: OECD Revenue Statistics)

	미국	일본	영국	독일	프랑스	스웨덴	OECD 평균	한국
-개인소득세	8.1	5.1	10.0	8.8	7.3	12.7	8.4	3.6
-법인세	2.7	2.7	3.1	1.5	2.1	3.5	2.9	3.5
-재산세	3.2	2.7	4.2	0.8	3.7	1.1	1.8	2.9
-소비세	4.5	5.2	10.8	10.6	10.7	13.4	11.0	8.5
-기타 조세	0.0	0.1	0.2	0.3	2.5	3.4	0.5	0.8
조세부담률	18.5	16.3	28.2	22.0	26.3	34.1	24.6	19.3
-사회보험료	6.4	11.4	6.7	14.2	16.6	11.4	9.1	5.7
피고용자	2.9	5.2	2.6	6.2	4.0	2.7	3.2	2.4
고용자	3.3	5.2	3.8	6.7	11.3	8.7	5.3	2.5
자영자	0.4	1.0	0.2	1.3	1.3	0.2	1.0	0.8
국민부담률	24.8	27.3	34.8	36.1	41.4	42.1	33.8	25.1

낮아질 수 있다.[1] 실제로 GDP에서 차지하는 비중이 아니라 개별 기업이 부담하는 법인세율, 즉 실효세율은 OECD 평균보다 높지 않다.

둘째, 기업 부담에는 법인세 이외에 사회보험료가 있다. 기업이 부담하는 사회보험료 규모는 우리나라보다 다른 국가들이 훨씬 크다. 사회보험료 중에서 '고용자' 부담이 기업이 부담하는 사회보험료다. OECD 평균이 5.3%인데 비해 우리나라는 2.5%다. 절반에도 못 미친다.

사회보험료 비중은 기업 부담분뿐만 아니라 개인 부담분도 낮다. 사회보험료 비중이 낮은 이유는 주로 연금과 의료보험료 수준이 낮기 때문이다. 연금 보험료가 낮으면 장래에 큰 재정 부담을 불러오고, 의료보험료가 낮으면 의료 보장성도 낮아진다(12장에서 자세히 다룬다.)

참고로 미국과 영국의 사회보험료 수준에 대해서 한마디 하자. 우리나라를 제외하면 이 두 나라의 사회보험료 수준이 가장 낮다. 이는 사회보험 체계가 다른 국가들과 다르기 때문이다. 미국은 의료보험이 사회보험이 아니라서 빠져 있다. 영국은 의료 서비스가 사회보험 대신 조세로 제공된다. 사회보험에서 의료가 빠지기 때문에 역시 낮게 나타난 것이다.

옆의 표는 우리나라의 조세와 사회보험료 규모가 다른 국가들에 비해 어느 정도인가를 보여준다. 하지만 이것은 각각의 가구가 소득 중에서 얼마를 조세와 사회보험료로 내는가를 보여주지는 않는다. 따라서 개인이나 가구가 부담하는 조세와 사회보험료 규모를 알려면 다른 통계를 봐야 한다. 이제부터 이를 알아보자.

개별 가구의 부담 규모는
사회보험료〉간접세〉직접세

　　　　　　　　　　　대한민국의 평범한 샐러리맨이 부담하는 조세와 사회보험료 금액을 계산해보자. 월 소득이 350만 원, 즉 연소득이 4200만 원인 3인 가족이라고 가정하자. 시점은 2011년 기준이다.[2] 소득세는 약 113만 원(2.7%)을 내고 재산세는 14만 원을 낸다. 부가가치세는 245만 원을 내며 개별소비세로 14만 원을 낸다. 그리고 교통세, 주세, 담배세로 각각 59만원, 3만 원, 13만 원을 낸다. 여기에다가 사회보험료인 국민연금, 건강보험료(장기요양보험료 포함), 고용보험료는 최대한으로 잡으면 각각 189만 원, 130만 원, 23만 원을 낸다. 정리하면 세금으로 461만 원(직접세 127만 원, 간접세 334만 원), 사회보험료로 342만 원을 내서 모두 803만 원, 소득의 19.1%를 낸다. 직접세, 간접세, 사회보험료로 구분하면 사회보험료가 가장 많고 직접세가 가장 적다.

　위의 항목 중에서 가장 의외라고 여겨지는 것은 아마도 소득세 규모일 것이다. 월 소득 350만 원인 샐러리맨이 내는 소득세는 소득의 2.7%에 불과하다. 우리나라 조세의 특징으로 흔히 월급쟁이와 자영업자 간의 소득세 부담이 불공평하다고 말한다. 월급쟁이들은 유리 지갑이라 한 푼도 빠짐없이 소득세를 내는 데 비해 자영업자들은 이러저러한 방법으로 절세를 하기 때문에 소득세를 얼마 내지 않는다는 것이다. 하지만 한 푼도 빼놓지 않고 투명하게 세금을 낸다는 월급쟁이들의 소득세 규모도 결코 크지 않다. 사례로 든 월소득 350만 원 샐러리맨만 그런 것이 아니다. 연봉이 웬만큼 높지 않으면 다 마찬가지다. 소득세액이 소득의 10%를 넘으려면 대략 연봉이 1억 원 이상은 되어야 한다.

소득세 규모가 작은 이유

　　　　　　　　　　　근로소득세는 누진세율 구조다. 소득이 많으면 세율도 높아진다. 우리나라는 최저 6%(1200만 원 이하)에서 최고 35%(8800만 원 초과)의 누진세율 체계였다가 2012년에 38%(3억 원 초과) 구간을 새로 만들었다. 이 체계만 보면 소득 수준에 따라 소득세액이 크게 차이나고 1년에 8800만 원을 넘게 버는 근로자는 번 돈의 1/3 이상을 세금으로 낼 것 같다. 하지만 실상은 전혀 아니다. 1년에 1억 원 정도 버는 근로자라도 실제 납부하는 소득세액은 10% 남짓이다.

　첫 번째 이유는 누진세율이 구간별로 적용되기 때문이다. 가령 연봉이 1억 원이라면 8800만 원을 초과하는 1200만 원에 대해서만 35%가 적용된다. 나머지 8800만원도 구간에 따라 각각 1200만 원에 6%, 3400만 원에 15%, 4200만 원에 24%가 적용된다. 두 번째 이유는 (사실 이게 훨씬 더 중요한 문제인데) 소득공제 때문이다. 부양가족공제, 의료비공제, 교육비공제, 연금저축액공제 등 다양한 공제를 받기 때문에 실제 납부하는 액수는 명목적인 세율로 계산한 액수보다 훨씬 줄어든다.

　각 소득계층별로 소득세를 얼마나 납부하는지 다음의 표를 보자. 〈국세통계연보〉에 나와 있는 자료이니 틀림없다. 명목세율은 총급여액에 대해 소득세법상의 세율대로 세금을 부과했을 때의 세율이다. 실효세율은 각종 공제를 모두 받은 후에 실제로 내는 세금을 기준으로 계산한 세율이다.[3]

　각자 자신에게 해당하는 급여 구간의 소득세액과 실효세율을 확인해보라. 예상대로인가? 2010년도의 1인당 근로소득은 평균 2617만 원인데 납부한 세액은 1인당 평균 103만 원이다. 따라서 평균 실효세율은 3.9%다. 여기에 지방세인 주민세가 10% 가산되므로 이를 더하면 4.3%가 된다.

― 급여 규모에 따른 근로소득세 세율 ―
(2010년, 단위: 천원, 출처: 국세통계연보)

	1인당 급여액 평균	1인당 납부세액 평균	실효 세율	명목 세율	절감 세액
3억 초과	601,139	161,113	26.8%	32.5%	34,385
1억 초과~3억 이하	133,099	17,403	13.1%	23.9%	14,281
8000만 초과~1억 이하	88,637	6,502	7.3%	18.4%	9,834
6000만 초과~8000만 이하	68,396	3,448	5.0%	16.4%	7,747
4500만 초과~6000만 이하	51,985	1,564	3.0%	13.9%	5,656
3000만 초과~4500만 이하	36,919	564	1.5%	12.1%	3,894
1500만 초과~3000만 이하	21,743	134	0.6%	10.0%	2,048
800만 초과~1500만 이하	11,454	18	0.2%	6.5%	722
800만 이하	3,479	0	0.0%	6.0%	209
전체	26,170	1,029	3.9%	13.9%	2,603

우리나라 조세 특징 중 하나는 소득세가 적다는 것이다. 근로소득세는 누진세 구간별로 내기 때문에 최고 세율이 38%라고 해도 3억 원을 초과한 소득에 대해서만 38%를 적용한다. 또 다양한 공제 혜택이 있기 때문에 실제 납부하는 실효세율은 더욱 낮아진다.

소득세의 수직적 공평성을 따져보면

만일 소득공제 없이 급여액 전체에 대해서 소득세율을 적용했다면 1인당 363만 원을 납부했을 것이고 이때 세율은 13.9%가 된다. 소득공제 덕택에 1인당 평균 260만 원의 세금을 절약한 셈이다. 소득공제로 인해 2010년도의 경우 전체 근로자의 39.1%는 소득세를 전혀 내지 않았다. 이를 두고 언론에서는 우리나라 근로소득세는 저소득층에게 지나친 혜택을 주며 고소득층에게 너무 많은 부담을 주고 있다고 한다. 이 말대로라면 우리나라 소득세는 고소득층일수록 더 많은 부담을 해야 한다는 원칙을 매우 철저하게 지키는 셈이 된다.

확실히 근로소득세 부담은 고소득층에 집중되어 있으며, 저소득층은 거의 부담이 없다. 전체 근로자의 약 70%는 연소득이 3000만 원 이하인데, 이들이 내는 소득세는 자기 소득의 1%도 안 된다. 연소득이 6000만 원을 초과하는 근로자는 전체 근로자의 10% 미만인데 이들이 내는 세액이 전체 소득세액의 77%를 차지한다. 그리고 연소득이 1억 원을 초과하는 근로자는 전체 근로자의 2% 미만인데 이들이 내는 세액은 전체 소득세액의 44%를 점유한다.

우리나라 근로소득세가 고소득자에게 지나친 부담을 주는 것처럼 보이는 까닭은 상대 규모로 판단했기 때문이다. 고소득자의 소득세액은 저소득자의 소득세액과 비교하면 상대적으로 매우 크다. 그러나 절대 규모로 보면 전혀 그렇지 않다. 예를 들어 연봉이 8000만원에서 1억 원 사이인 근로자는 평균적으로 소득의 7.3%만 소득세로 낸다. 연봉이 8000만 원을 초과하면 전체 근로자 중 상위 4.1% 이내에 해당한다. 그럼에도 불구하고 소득세를 7.3%만 낸다면 소득 수준에 걸맞은 액수라고 하기는 어렵다.

"소득공제로 인해 소득세를 전혀 내지 않는 면세점 이하 근로자도 많고, 많은 근로자는 쥐꼬리만큼만 소득세를 내고 있다. 그러나 고소득자 역시 소득공제 덕에 담세력에 비하면 매우 작은 금액만을 소득세로 내고 있다." 이게 올바른 평가다.

이러한 우리나라 소득세의 특징은 다른 OECD 국가들과 비교하면 확연하게 드러난다. '평균소득'은 성인 풀타임 정규직 근로자의 평균소득을 의미한다. 그리고 67%와 167%는 각각 소득이 평균소득의 67%와 167%인 경우를 의미한다. 참고로 우리나라는 대략 '평균소득'이 3500만

- 주요 OECD 국가들의 소득수준별 실효세율 -
(2010년, 독신 근로자 기준, 단위: %, 출처: OECD Revenue Statistics)

	일본	미국	영국	독일	프랑스	스웨덴	OECD평균	한국
67% 소득	6.1	12.1	14.5	13.7	12.2	14.9	10.6	1.3
평균소득	7.7	15.3	16.3	18.7	14.1	17.7	15.0	4.1
167% 소득	12.2	21.8	22.8	27.1	20.2	30.6	21.5	8.3

우리나라 실효세율은 소득 수준과 상관없이 다른 나라에 비해 크게 낮다. 그리고 소득세율이 일정하게 낮으면 고소득층일수록 혜택이 크다.

원, 67% 소득이 2350만 원, 167% 소득이 5850만 원 정도다.

다른 OECD 국가들과 비교해보면 167% 소득에서 격차가 더 크기는 하지만 세 소득계층 모두 OECD보다 크게 낮다. 모든 소득계층에 걸쳐 일정하게 소득세율이 낮으면 고소득층일수록 더 혜택이 크기 마련이다. 만일 우리나라의 세 소득계층이 OECD 평균과 같은 세율로 소득세를 낸다면 각 계층별로 얼마나 더 내야 할까? 67% 소득계층은 219만 원, 평균 소득계층은 382만 원, 167% 소득계층은 772만 원을 더 내야 한다.

삼성전자와 하청업체의
법인세율을 비교하면

그렇다면 기업 소득에 부과하는 법인세는 어떨까? 법인세에도 소득세와 마찬가지로 다양한 공제 혜택이 있다. 이 때문에 법인세도 명목세율과 실효세율의 격차가 크고, 이윤이 많은 대기업일수록 공제 혜택을 많이 받는다. 소득세는 그래도 소득이 많으면 대부분 실효세율도 더 높다. 하지만 법인세는 다르다. 대기업의 실효세율이 중소기업보다 낮은 경우가 제법 있다. 연구및인력개발비세액공제나 투자세액공제 등 법인세 공제 항목들은 특성상 대기업에게 유리한 측면이 있기 때문이다.

삼성전자와 현대차 등 국내 굴지의 대기업들이 실제 납부한 법인세율은 웬만한 중소기업보다 낮다. 삼성전자의 2010년 법인세 실효세율은 11.9%다. 그리고 2009년에 삼성전자, 현대자동차, 포스코 3개 기업이 납부한 법인세액을 모두 합해서 실효세율을 계산하면 12.8%인데 비해, 과세 대상 35만 개 중소기업 중에서 법인세를 납부한 21만여 중소기업의 법인세액을 합해서 실효세율을 구하면 13.1%가 된다.[4]

거둔 돈은 어디에 어떻게 쓸까?

정부 지출은 크게 국방, 일반행정, 경제개발, 사회개발의 네 영역으로 구분한다. 정부 지출의 분야별 비중은 시대 상황이 달라짐에 따라 변하기 마련이다. 현재의 지출 비중을 과거와 비교해보자. 1995년과 2012년의 분야별 정부 지출 비중을 비교해보면 가장 두드러진 차이는 경제개발비와 사회개발비의 비중 변화다. 1995년에는 57.2%였던 경제개발비 비중이 2012년에는 22.2%로 크게 줄었다. 반면 1995년 사회개발비 비중은 20.0%인데 2012년에는 45.7%로 대폭 증가했다.

이번에는 국방, 경제개발, 사회개발, 일반행정의 세부 항목별 지출액과 비중을 살펴보고 그 특징을 알아보자.[5] 국방비 규모는 생각보다 크지

– 1995년과 2012년의 분야별 총지출 비교 –

〈1995년 예산개요〉(재정경제원)와 〈신재무행정〉(배득종, 박영사, 1997)을 참고하여 일반회계 이외에 특별회계와 기금을 분야별로 구분하여 통합한 국가 총지출

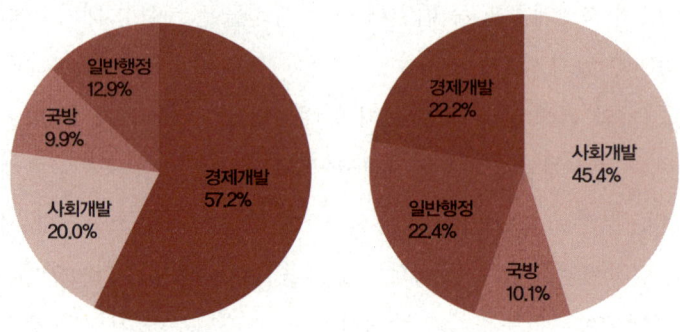

(위) 정부 지출 중 가장 큰 변화는 경제개발비가 줄어든 대신 사회개발비가 크게 늘어났다는 점이다. (아래) 사회개발비 중 보건, 복지, 노동 분야 지출이 가장 크다. 그런데 여기에는 건강보험 급여 지출이 제외되어 있다. 2012년 기준으로 건강보험 급여 지출(36조 원)까지 더하면 복지지출은 120조 원을 훌쩍 넘는다.

– 2012년도 분야별 국가 총지출 –

(단위: 조 원, %, 출처: 〈한눈에 보는 대한민국 재정 2012〉, 국회예산정책처)

	항목	액수	비중
국방	국방	33.0	10.1
일반행정	외교, 통일, 치안, 일반 공공행정	73.5	22.4
경제개발	R&D	16.0	4.9
	농림, 수산, 식품, 산업, 중소기업, 에너지	33.2	10.1
	SOC	23.1	7.1
사회개발	보건, 복지, 노동	92.6	28.3
	교육	45.5	13.9
	문화, 체육, 관광, 환경	10.6	3.2
	총지출	325.4	100

않다. 70~80년대에는 국방비 규모가 상당히 컸다. GDP의 6% 수준이었다. 이후 문민정부가 들어선 90년대에 GDP의 3.5% 수준으로 줄었고 2000년대에는 3% 이하로 더욱 낮아졌다. 이처럼 계속 줄었기 때문에 국방 관련자들은 우리나라 국방비가 적다며 방위력 증강을 위해서 대폭 늘려야 한다고 주장한다. 이 주장은 실제 예산에 반영되어 수년간 국방비 증가율이 전체 예산 증가율보다 높았다. 국방의 중요성은 두말할 나위가 없다. 예산 배분의 우선순위에서 맨 앞에 있어야 한다. 그러나 중요한 것과 많아야 한다는 것은 다르다. 우리의 방위력이 어떤 수준에 있어야 하고 이에 비추어 현재는 어떻고 방위력 증강을 위해 무엇이 중요한가에 따라서, 그리고 주어진 예산 제약 속에서 배분되어야 한다.

그런데 국방 관련 예산은 속성상 효과성을 파악하기 어렵다. 차기전투기(FX), 차기유도무기(SAM-X), 대형공격헬기 등 첨단무기 도입에 많게는 10조 원 이상이 들지만 이 돈을 들여 방위력이 얼마나 높아지는지는 알기 어렵다. 그만큼 다른 분야 예산에 비해 더욱 효과성 파악에 공을 들여야 한다. 참고로 우리나라 국방비 규모가 생각보다 작은 데는 징집병 제도라는 특성이 영향을 미쳤다는 점도 기억하자. 2012년 기준 사병 월급은 평균 10만 원에 채 미치지 못한다. 직업군인제를 택하고 있는 국가는 말할 것도 없고 우리처럼 징집병 제도를 택하고 있는 국가들과 비교해도 형편없이 낮은 수준이다.

일반인들은 우리나라의 연구개발 투자 규모가 작을 것이라고 짐작한다. 사실은 정반대다. 우리나라 연구개발 투자 규모는 GDP 대비 정부 예산 규모나 민간을 포함한 총규모에서나 모두 세계에서 몇 위 안에 든다. 연구개발 투자는 지식 기반 경제에서 성장의 원동력이라고 하니 연구개발 투자를 많이 하는 것은 좋은 일이다. 그런데 연구개발 분야도 국방과 특성이 비슷하다. 성과를 알기 어렵다. 물론 연구개발 사업 중에는 특성상 단기간의 가시적 성과에 집착하는 것이 부적절한 사업이 많다. 그런데 우리나라 연구개발 예산의 배분과 운영 과정을 보면 의미 있는 연구나 개발이 제대로 수행될 수 있도록 집행되고 있다는 생각은 별로 들지 않는다.

일반행정 예산 중에서 규모가 가장 큰 항목은 33조 원이 넘는 지방교부금이다. 지방교부금은 지방자치단체의 부족한 재정을 보충하기 위한 재원으로 지자체의 일반 예산에 편입된다. 마찬가지로 교육 분야 예산도 상당히 많은데 대부분(38조 원)은 지방교육재정교부금으로 지방교육청으로 이전되어 유아·초중등교육에 지출된다.

사회복지(보건·복지·노동) 지출 규모에 대해서는 주의할 필요가 있다. 여기에는 건강보험 지출이 빠져 있다. 사회보험임에도 불구하고 건강보험기금은 정부 기금이 아니라서 통상적인 정부 재정에 포함되지 않는다(단 국제비교 기준인 일반정부에는 포함된다.) 건강보험 급여 지출은 사회복지 세부 항목 중에 가장 지출 규모가 크며, 의료는 정부 복지정책 중에서도 핵심 분야다. 그런데도 정부 재정에서는 제외된다. 이는 건강보험제도가 처음에는 수백 개의 의료보험조합에서 출발했다는 배경과 관련이 깊다. 어쨌든 정상은 아니다. 정부 재정에서 제외된 건강보험기금의 지출 규모는 2012년 기준으로 대략 36조 원 정도다. 따라서 건강보험기금 지출을 포함하면 사회복지지출 규모는 120조 원을 훌쩍 넘는다. 건강보험 지출 다음으로 지출이 큰 항목은 국민연금과 공무원연금 등 공적연금 지출로 31조 원이 넘는다. 그 다음인 국민기초생활보장 지출은 8조 원가량 된다.[6]

정부 지출은 복지에서
가장 큰 차이가 난다

복지지출 120조 원. 어마어마한 액수다. 전체 정부 지출의 1/3을 차지하고 우리나라 GDP의 10%에 육박한다(2010년 9.2%.) 그러나 다른 OECD 국가들과 비교하면 매우 작은 규모다. OECD 국가들의 복지지출 규모 평균은 2010년 기준 GDP 대비 22%다. OECD 국가들 중에서 10% 미만인 국가는 멕시코, 칠레, 한국 3개국밖에 없다. 복지지출은 우리나라와 다른 OECD 국가 간에 차이가 큰 데 비해 나머지 정부 지출은 그렇지 않다. 그리고 우리나라를 제외한 다른 선진국들끼리 비교해도 복지지출 규모는 국가 간 편차가 제법 크지만 나머지 정부 지출은 국가 간 편차가 크지 않다.

재정의 역할을 생각하면 쉽게 이해할 수 있다. 복지는 선진국에서도 19세기 말이 되어서야 국가 기능의 일부로 인식되기 시작했고, 본격적으로 국민 전체를 대상으로 하는 복지지출이 이뤄진 건 2차 세계대전 이후부터다. 현대 국가에서 복지는 당연히 국가의 역할이다. 그러나 국방, 치안, SOC 만큼이나 '국가 존립'에 필수적인 것은 아니다.[7] 그래서 필수 기능들에 대한 지출이 일정 수준 이상으로 이뤄진 후에야 복지에 대한 지출이 가능해진다. 선진국과 중·후진국 간에 복지지출 격차가 큰 이유다.

하지만 경제 수준이 비슷한 OECD 선진국끼리도 복지지출에서 크게 차이가 난다. 복지는 국가 존립을 위한 필수 기능이 아니므로 국가가 국민에게 복지를 얼마나 제공할 것인가는 각 국가의 역사, 제도, 사회 구성원의 가치관 등에 따라 달라지기 때문이다. OECD 선진국들 중에서 복지지출 비중이 상대적으로 낮은 국가들은 모두 이주민들이 세운 신대륙

- OECD 국가들의 정부 지출 규모 비교 -[8]
(2010년, GDP 대비 비중(%), OECD National Accounts at a Glance - 2013 edition)

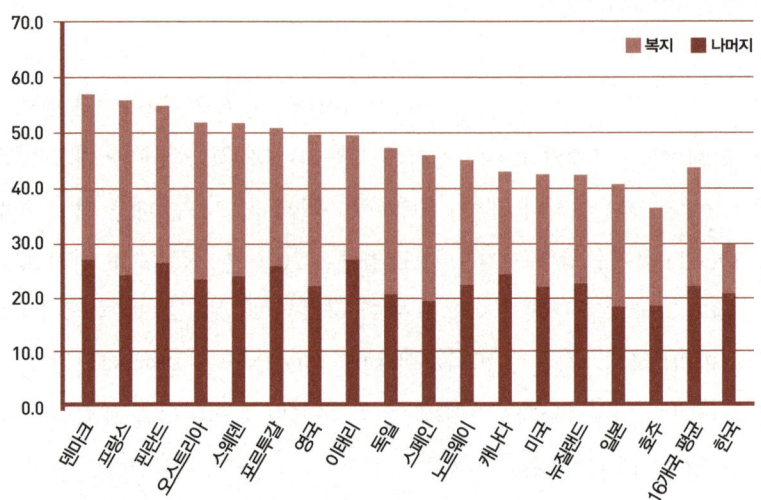

(위) 우리나라 정부지출의 1/3은 복지지출이다. GDP의 10%다. 그러나 다른 나라와 비교해보면 복지지출 규모는 작다. OECD 국가 중에서 복지지출이 GDP의 10% 미만인 국가는 멕시코, 칠레, 그리고 우리나라뿐이다. (아래) 복지지출을 제외한 나머지 지출을 다른 국가들과 비교해보면, 유달리 지출이 큰 항목은 눈에 띄지 않는다. 다른 분야 지출을 줄여서 복지지출을 늘리는 게 쉽지 않다는 뜻이다.

- 주요 OECD 국가의 분야별 정부 지출 규모 -
(2010년, GDP 대비 비중(%), OECD National Accounts at a Glance - 2013 edition)

	일본	미국	영국	독일	프랑스	스웨덴	OECD 평균	한국
일반행정	4.7	5.0	5.3	6.1	6.9	6.9	5.8	4.6
국방	0.9	5.1	2.7	1.1	2.1	1.6	2.2	2.6
치안	1.3	2.3	2.6	1.6	1.7	1.4	1.8	1.2
경제	3.9	4.1	3.1	4.7	3.4	4.6	4.0	6.1
주택	0.8	1.0	1.3	0.7	1.9	0.7	1.1	1.1
교육	3.6	6.5	6.9	4.3	6.0	7.0	5.7	4.7
환경	1.2	0.0	1.0	0.7	1.0	0.3	0.9	0.8
문화여가	0.4	0.3	1.1	0.8	1.5	1.2	0.9	0.7
합계	16.6	24.5	24.1	19.9	24.4	23.7	22.3	21.7

국가들(미국·캐나다·호주·뉴질랜드)이거나 아시아 국가(일본)다.

우리나라는 절대빈곤 국가에서 개발도상국을 거쳐 선진국 문턱에 오기까지 세계사에서 유례없는 짧은 시간이 걸렸다. 복지를 챙길 수 있을 만한 경제력을 갖춘 지 얼마 되지 않았고, 경제력은 갖췄지만 제도와 가치관은 아직 그에 미치지 못한다.

복지 재원을 마련하려면

앞으로 복지지출 규모가 커질 것은 분명하다. 늘어나는 복지지출을 충당하려면 조세를 늘리거나 다른 분야 지출을 줄여서 복지로 돌려야 한다. 증세는 국민들에게 인기가 없으므로 정치권에서는 우선 다른 분야 지출을 줄이는 방안을 대안으로 제시한다. 과연 다른 분야 지출을 줄여서 복지지출로 옮길 수 있는 규모는 얼마나 될지 따져보자. 옆의 표는 그림에 제시한 OECD 국가들 일부에 대해 복지 이외 분야의 지출 규모를 제시한 것이다.[9]

정치권에서는 이른바 '토건' 예산을 줄이고 국방 예산을 감축해, 복지 재원을 마련하자고 한다. '토건'은 표에서 경제 분야에 속한다. 우리나라의 경제 분야 지출이 다른 국가들에 비해 꽤 많기는 하다. 국방 역시 다른 국가들의 평균에 비하면 약간 높다. 다른 분야는 비슷하거나 낮다.

국방은 우리나라의 특수성이 있으므로 제외하고, 분야별로 평균을 초과하는 규모를 모두 합하면 약 2.2%다. 이 정도가 다른 분야 지출을 절감해 복지 재원으로 쓸 수 있는 최대치라고 할 수 있을 것이다. 최대치라고 한 이유는 다른 국가들 평균보다 지출이 많다고 해서 이를 평균만큼 줄이는 것이 쉽지 않기 때문이다. 그리고 예산의 특성상 특정 분야 지출을 한꺼번에 대폭 삭감할 수는 없으므로, 시간을 두고 서서히 확보해야 한다. 비록 절감 액수가 크지 않더라도 다른 분야 지출을 절감하는 일은 중요하다. 정부가 국민의 세금을 절약하려고 애쓰고 있다는 믿음을 줘야만 추가적인 국민 부담, 증세에 국민들이 동의할 것이기 때문이다.

세출구조조정 이외에 복지 재원을 마련하려면 결국 조세와 사회보험료를 더 걷어서 국민부담률을 높여야 한다. 앞서 보았듯 우리나라의 국민부담률은 다른 OECD 국가들에 비해 상당히 낮은 편이다. 필요성은 인정하지만 국민들의 조세에 대한 불신과 저항을 고려하면 쉽지는 않다. 국민부담률을 높인다면 어떤 항목을 얼마나 높여야 할까? 이를 판단하려면 '조세'의 특성에 대한 기본적인 이해가 필요하다. 이어지는 4장에서 다루려는 내용이다.

증세 없이 정부 지출을 늘릴 수 있는 방법이 있기는 하다. 빚을 지는 것이다. 미국과 일본이 택하고 있는 방법이다. 그동안 언론에서 남유럽 재정위기 등을 거론하면서 국가채무의 위험성을 계속 경고했기 때문에 이에 대한 국민들의 관심도 높아졌다. 긍정적인 현상이다. 그런데 우리나라 국가채무에 대해서는 많은 사람들이 오해하고 있는 것이 있다. 남유럽 재정위기의 원인도 마찬가지다. 국가채무는 현대 국가의 재정에서 가장 중요한 이슈이며, 이를 제대로 알아야 우리나라 재정 전망에 대한 올바른 평가가 가능하다. 5장에서 다루려는 내용이다.

사회보험료 인상에 더해 소득세까지 인상하는 것이 쉽지는 않을 것이다. 하지만 필요하다면 해야 한다. 독자들의 생각이 궁금하다. 그래도 여기까지 읽고 나니 생각보다 소득세 부담이 적다는 생각이 들지 않는가? 그리고 소득세 인상을 받아들일 마음이 조금은 생기지 않았는가?

CHAPTER

4

세금은 누구에게 얼마나 걷어야 하는가

조세의 원칙

'세금 전쟁'이 시작됐다. (…) 세금 문제는 오는 12월 대선의 최대 쟁점이 될 것으로 예상된다. 새누리당과 민주당은 법인세와 소득세 등 '부자 증세' 문제에서 뚜렷한 차이를 보인다. 정부는 새누리당과의 당정협의를 거쳐 법인세 최고세율을 인상하지 않기로 했다고 밝혔다. 법인세 최고세율은 2008년 25%에서 이듬해 22%로 낮아진 상태다. 정부·여당은 대신 대기업의 최저한세율을 14%에서 15%로 올려 비과세 감면 혜택을 조금 줄이기로 했다.(…) 반면 민주당은 법인세 최고세율을 25%로, '이명박 정부의 감세 이전 수준까지 원상회복시키겠다'는 방침이다. (…) 1%의 고소득자에 대해서도 증세를 추진하기로 했다.[1]

세금은 사람들이 재정에 대해 갖는 관심사 중 으뜸이라 할 만하다. 자기 주머니에서 돈이 나가는 것이니 당연하다. 지하철 요금이나 라면값 인상처럼 자잘한(!) 데도 신경이 쓰이는데, 하물며 뭉텅이로 나가는 세금은 오죽하겠는가. 그렇다고 세금에 대해 잘 아는 것은 아니다. 의외로 사람들은, 특히 월급을 받는 직장인들은 자신이 내는 세금이 얼마인지조차 잘 모른다.

이명박 정부 초기, 소위 '부자 감세'가 정치권의 주요 쟁점이 되더니 최근에는 거꾸로 '부자증세'가 쟁점이다. 복지 확충을 위해서는 세금을 더 많이 걷어야 하는데 부자증세를 해야 한다느니, 보편적 증세가 맞느니, 증세 없이도 구조 개혁으로 재원 마련이 가능하다느니 의견이 분분하다. 뭐가 맞고 뭐가 그른지 판단이 잘 안 된다. 신문을 봐도 언론사 성향에 따라 주장이 전혀 다르다.

모든 재정 정책은 직간접으로 내 생활과 연결되어 있다. 특히 세금은 내 주머니와 직결된 문제다. 세계사를 보면 세금 때문에 전쟁도 일어났고 새로운 나라도 생겼다(미국 독립전쟁의 발단은 세금 때문에 발발한 '보스턴 티' 사건이었다.) 우리 역사책에 나오는 많은 민중 봉기의 시작 역시 가혹하고 불공정한 세금 때문이었다.

그렇게까지 거창하게 생각하지 않더라도, 세금이 민생과 직결된 문제임은 분명하다. 세금을 내는 만큼 내 주머니의 돈이 나가기도 하지만, 또 국민들의 조세 부담 수준에 따라 정부 지출 규모도 달라진다.

부자증세가 타당한지 보편 증세가 바람직한지, 법인세는 더 올려야 하는지 아닌지, 자본소득 과세를 강화한다는 것은 무슨 소린지, 탄소세를 신설해야 한다는 주장은 어떤 의미인지, 최근 논란이 되고 있는 이런 세금 이슈에 대해서 제대로 이해하고 나아가서 나름의 의견을 가질 수 있다면 좋지 않을까?

  정부 재정도 가계 재정과 마찬가지로 수입과 지출로 구성된다. 수입의 원천은 세금이다. 따라서 세금을 아는 것은 정부 재정을 이해하기 위한 기본이다. 이런 뜻에서 이번 장에서는 세금에 대한 기본적인 지식들을 소개한다.

세금에 대한 상반된 견해

세금은 강제노동이다![2]

  정부의 역할은 국방과 법질서 유지 등 최소한으로 제한되어야 한다고 믿는 자유주의 정치철학자 노직(Robert Nozick)은 복지지출을 위해 세금을 걷는 것에 반대한다. 그의 주장은 이렇다.

  근로소득에 대한 과세는 강제노동과 마찬가지다. 국가가 내 수입의 30%를 내놓으라고 요구하는 것은 내 시간의 30%를 떼어 국가를 위해 일하라고 강제하는 것과 같다. 영순이의 취미는 음악회에 가는 것이고 영철이의 취미는 집 뒷산에 오르는 것이다. 영순이는 취미생활에 필요한 돈을 마련하느라 격주로 주말에도 근무한다. 영철이 취미는 돈이 들지 않으니 매주 산에 오른다. 과세가 없다면 영순이는 음악회에 한 번 갈 돈을 8시간 일하면 마련할 수 있다. 그러나 과세 때문에 2시간 더 일해야 그 돈을 마련할 수 있다.

  왜 국가는 등산을 하는 영철이에게는 2시간의 노동을 강제하지 않으면서 음악회에 가는 영순이만 2시간을 더 일하게 하는가? 누군가의 노동의 결과를 빼앗는 것은 그 사람의 시간을 빼앗는 것이고, 그 시간만큼 그 사람을 소유하는 것이다. 가난한 사람을 돕기 위해 특정인에게 강제노동을 부과하는 것이 부당하다면, 왜 가난한 사람을 돕기 위해 소득에 세금을 부과하는 것은 정당한가?

세전(稅前) 소득이란 없다![3]

이번에는 노직과 정반대의 견해를 들어보자. 법철학자인 머피(Liam Murphy)와 나겔(Thomas Nagel)의 주장이다.

자유주의자들은 세금을 정부가 내 돈의 일부를 가져가는 것이라고 생각한다. 하지만 이는 논리적으로 맞지 않다. 이는 개인이 세금이 없을 때의 소득을 소유하고 있고, 그중의 일부를 정부가 세금으로 떼가는 것을 전제하고 있다. 그러나 실제로는 '세금이 없을 때의 소득'이라는 것은 존재하지 않는다. 우리가 얻는 소득은 세금으로 운영되는 경제사회 체계에 의해 생성된 것이다.

세금이 없다면 정부도 없고, 정부가 없으면 경제사회를 구성하는 법체계도 없다. 이러한 법체계가 없으면 은행도, 기업도, 각종 경제적 계약도, 증권·자본·노동 시장도 없다. 소득과 재산 형성을 가능하게 하는 모든 제도가 없다. 즉 '세금이 없다면' 나의 '소득과 재산'도 생길 수 없는 것이다. 나의 소득과 재산은 자연적인 것이 아니다. 이는 세금으로 운영되는 법, 정치, 경제 체계에 의해 생성되고 유지되는 것이다. 내가 소유한 것은 '세금이 존재한 이후'의 소득일 뿐이다.

조세의 가장 중요한 덕목: 공평성

세금을 내는 것은 정부가 제공하는 재화와 서비스, 즉 공공재에 대한 대가를 지불하는 것이다. 개별적으로 구매해서 개별적으로 소비하는 민간재와 달리 공공재는 집합적으로 소비한다. 그래서 비용도 정부가 강제로 부과하고 징수한다.

민간재는 자기가 소비하고 싶은 만큼 구매하고 구매량에 따라 값을 치른다. 개별 소비이므로 소비량에 비례해서 지불해야 공정하다고 믿는다.

공공재는 다르다. 집합적으로 소비하며 비용은 강제로 부과된다. 누가 얼마나 낼 것인가를 국가가 정한다. 공공재 소비의 대가인 세금은 어떤 기준으로 부과하는 것이 공정할까?

민간재와 마찬가지로 생각하면 공공재 소비량에 비례해서 내야 할 것 같다. 쓰는 만큼 세금을 내야 한다는 편익 원칙(benefits principle)이라는 개념이다. 그런데 집합적으로 소비하는 공공재의 개인별 편익을 측정하기란 쉽지가 않다. 도로, 항만, 공원 등은 사람마다 이용량에 차이가 있다. 하지만 그 개인별 이용량을 일일이 어떻게 측정할 수 있을까? 통행료나 사용료, 입장료를 받을 수도 있다. 하지만 이는 세금이 아니다(정부 수입이기는 하지만 세외수입이다.) 한편 국방 서비스는 대한민국 사람이면 누구나 혜택을 누리고, 치안 서비스는 그 치안 구역 안에 있는 사람은 누구나 혜택을 누린다. 이런 서비스의 개인별 편익은 어떻게 다를까? 공공재로부터 각 개인이 받는 혜택을 구분해서 측정할 수 없는 한 조세 부담에서 편익 원칙을 제대로 적용하는 것은 불가능하다.

편익 원칙은 자신이 받은 공공재의 편익에 비례해서 세금을 내야 한다는 것이니 소득과는 무관하게 세금액을 정해야 할 것 같다. 그런데 편익 원칙을 적용하더라도 소득에 따른 차등 부과가 가능하다는 주장이 있다. 공공재의 편익은 소득 수준이 높을수록 더 많기 때문이라고 한다.

제비가 박씨를 물어다 주기 이전의 흥부와 놀부를 생각해보자. 형제가 사는 마을은 치안이 허술해서 도적떼가 심심찮게 출몰한다. 형제의 대응은 어떨까? 흥부네는 문을 활짝 열어놓고 지내도 도적떼가 올 것 같지 않다. 놀부네는 다르다. 많은 재물을 가진 놀부는 건장한 하인들을 동원해 집을 지켜야 한다. 방범용으로 개도 여러 마리 키울지 모른다. 성실한 사또가 부임해 치안을 철저히 한 덕분에 도적떼가 자취를 감추었다고 하

자. 흥부와 놀부 중 누가 더 혜택을 보겠는가?

국방이나 치안처럼 순수한 공공재라도 혜택의 크기는 저소득층보다 고소득층이 더 많다고 볼 수 있다. 공공재 혜택이 소득 계층에 따라 다른 예는 매우 많다. 2002년 월드컵 4강 진출로 국가 이미지가 좋아져서 수출 기업들이 덕을 봤다고 한다(이탈리아와 거래하는 기업은 제외해야겠다.) 교육에 대한 투자가 늘어나 인적자본 능력이 확충되면 이들을 고용하는 기업들이 혜택을 본다. 성장산업에 대한 R&D 투자가 활성화되면 성장산업에 진출하는 기업들이 혜택을 본다.

조금 억지스럽게 느껴지는가? 하지만 곰곰이 따져보면 상당히 설득력 있는 주장이다. 투자의 달인이자 세계에서 가장 돈 많은 사람 중 한 명인 워런 버핏(Warren Buffett)은 부유한 사람들이 더 많은 세금을 내야 한다고 주장해서 우리나라에서도 부자 증세, 일명 '버핏세' 도입 논란을 일으켰다. 부자가 더 많은 세금을 내야 한다는 주장은 뒤에서 언급할 능력 원칙에 입각한 것이다. 그런데 그의 말을 들어보면 편익원칙적인 사고도 담겨 있음을 알 수 있다. 그는 부자 증세를 얘기하면서 이런 말을 했다.

"나는 체력이 강한 편이 아니다. 나는 달리기도 잘 못한다. 내가 야생의 아프리카에서 태어났다면 나는 사자 밥이 되었을 것이다. 내가 가난한 나라에서 태어났다면 어느 장터 구석에서 사과를 팔고 있을지도 모른다. 내가 이처럼 큰돈을 벌 수 있는 사회에 태어난 것은 정말 행운이다. 이 사회가 나를 부자로 만들었다."

현대의 미국이라는 사회가 제공하는 여건 덕에 돈을 벌었으니 더 많은 돈을 내야 한다는 얘기다. 사법·경제·교육 등 사회를 구성하는 온갖 제도와 시설은 모두 정부가 제공하는 공공재다. 부자가 부자일 수 있었던 이유는 자신의 노력이나 행운 이외에 이러한 공공재의 혜택을 십분 활용했기 때문이므로 그만큼 더 많은 비용(세금)을 지불해야 합당하다는 얘기다.

그래서 편익 원칙을 적용하더라도 부유층이 더 많이 부담하고 빈곤층이 더 적게 부담해야 한다는 논리는 도출할 수 있다. 그러나 이는 곰곰이 따져보면 그런 측면이 있다는 것이지, 일반적으로 받아들여지는 논리는 아니다. 편익 원칙에 따르면 소득에 따른 차등 부과의 정당성은 그리 크지 않다.

조세 중에서 소비세는 비교적 편익 원칙을 따른 것이라고 할 수 있다. 물론 소비세는 공공재가 아닌 민간재 소비량에 비례해서 낸다. 그런데 민간재와 공공재의 소비 비율이 사람마다 큰 차이가 없다면, 이는 결국 공공재 소비량에 비례하는 셈이 된다. 다소 억지스럽지만 어느 정도 수긍할 수 있는 면도 있다.

공정한 조세의 기준으로서 편익 원칙보다 더욱 중요한 것은 능력(ability to pay) 원칙이다. 담세능력에 비례해서 세금을 내야 한다는 원칙이다. 이는 '동일한 희생'을 감수해야 한다는 논리로 뒷받침된다. 100만 원의 가치가 빈곤층과 부유층에게 동등할 리 없다. 빈곤층에게는 한 달 생계비에 달하는 돈이 부유층에게는 하룻밤 술값도 안 되는 돈일 수 있다. 따라서 조세로 감소하는 효용의 가치가 같으려면 소득 수준이 높을수록 더 많은 세금을 내야 한다는 얘기다.

능력 원칙은 수직적 공평성과 수평적 공평성으로 구분해서 설명한다. 수직적 공평성은 담세능력이 많을수록 더 많은 세금을 내야 한다는 것이다. 수평적 공평성은 담세능력이 같으면 동일한 세금을 내야 한다는 것이다. 둘 다 당연한 얘기 같지만 실제 적용하려면 복잡한 문제들이 많이 생긴다.

수직적 공평성의 문제

　　　　　　　　　　　부자가 가난한 사람보다 더 많은 세금을 내는 게 당연하다고 하더라도 구체적으로 얼마나 더 많이 내야 하는가 하는 문제가 남는다. 세금 논쟁은 따지고 보면 대부분 이 문제로 귀결된다. 부자가 가난한 사람보다 얼마나 더 낼 것인가에 따라 세 가지 유형의 세율이 존재한다.

　첫째는 비례세다. 소득에 상관없이 동일한 비율의 세금을 낸다. 1억 원 버는 사람이 1000만 원, 1000만 원 버는 사람이 100만 원을 내는 경우다. 둘째는 누진세, 소득이 높을수록 세율도 높아진다. 1억 원 버는 사람이 2000만 원, 1000만 원 버는 사람이 100만 원을 내는 경우가 이에 속한다. 셋째는 역진세, 고소득층이 더 많은 액수를 내지만 소득 대비 세금, 즉 세율로 따지면 소득이 높을수록 세금이 더 낮아지는 경우다. 1억 원 버는 사람이 500만 원, 1000만 원 버는 사람이 100만 원을 낸다면 세금의 절대액은 1억 원 버는 사람이 훨씬 많다. 그러나 세율로 따지면 각각 5%와 10%로 1억 원 버는 사람의 세율이 더 낮다.

　이 세 가지 세율 체계 중에서 어느 것이 더 수직적 공평성에 부합할까? 소득에 따라 차등을 두어 세금을 부과하는 정도가 클수록 수직적 공평성에 부합한다고 생각한다면 당연히 누진세를 적용해야 한다. 누진세 중에서도 누진 정도가 클수록 더 수직적 공평성을 충족한다고 생각할 수 있다.

　우리나라 조세체계에서 소득세는 누진세를 택한 대표적인 조세다. 그 밖에 상속세, 재산세 등 개인의 담세능력을 평가할 수 있는 세목은 모두 누진세를 택한다.

　그렇다면 세액이 '소비량에 비례하는 부가가치세 등 소비세는 어디에 속할까? 일반적으로 부유한 사람이 가난한 사람보다는 소비를 더 많이 하니 소비세도 더 많이 낸다. 그러나 소비량의 차이가 소득의 차이보다는 작을 것이다. 따라서 소득 대비로 본다면 소비세는 역진세에 해당한다.

소비세의 경우 생필품의 세율을 낮추고 사치품 세율을 높여서 역진성을 어느 정도 완화할 수는 있다. 하지만 그렇게 해도 잘해야 비례세에 가까워질 뿐 누진세는 되지 못한다.

따라서 한 나라의 조세수입 중에서 직접세 비중이 클수록 그 나라의 조세체계는 수직적 형평성에 부합한다고 할 수 있다. 우리나라는 어떨까? 개인이 부담하는 다양한 직·간접세를 고려하면 누진적일까 역진적일까? 우리나라는 앞에서 보았듯이 간접세 비중이 훨씬 높다. 개인이 부담하는 조세와 사회보험료를 모두 고려하면 우리나라의 소득 수준별 부담 체계는 아주 약간만 누진적이라고 할 수 있을 것이다. 참고로 나는 우리나라의 직접세가 소득분배 상태를 얼마나 개선하는가를 다른 OECD 선진국들과 비교 분석한 적이 있었다. 결과는 다른 국가들의 1/5 수준이었다.

동등희생의 원칙과 벌금

소득세는 동등희생의 원칙에 따라 소득이 높을수록 더 많은 세금을 내야 한다는 것에 대부분 동의한다. 그렇다면 벌금은 어떨까? 교통법규 위반 범칙금은 소득에 따라 차등 부과하는 것이 타당할까, 아니면 소득에 상관없이 모든 사람에게 동일한 금액을 부과하는 것이 타당할까?

몇 해 전 핀란드의 노키아 부회장이 시속 50킬로미터로 제한된 도로에서 시속 75킬로미터로 오토바이를 타고 달리다가 적발되었다. 그리고 14일분 급여에 해당하는 11만

6000유로(약 1억 3000만 원)를 범칙금으로 냈다. 이는 일수벌금제(Daily Fines System)를 적용했기 때문이다.

일수벌금제는 먼저 법규 위반 정도에 따라 기간을 정한다. 경미하면 1일, 중하면 10일 같은 식이다. 그리고 해당 일수에 법규 위반자의 소득을 곱해 벌금액을 산출한다. 이에 따라 정도가 3일에 준하는 똑같은 위반을 했더라도 월 소득이 100만 원인 사람은 10만 원을 벌금으로 내고 1000만 원인 사람은 100만 원을 낸다.

황당한 제도 같지만 이는 동등희생의 원칙을 적용한 것뿐이다. 구금이든 벌금이든 징벌에는 두 가지 목적이 있다. 하나는 자기가 저지른 잘못에 대해 응분의 대가를 치르게 하는 것이다. 또 하나는 위반을 하면 고통을 감수해야 함을 주지시킴으로써 위반하지 않도록 예방하는 것이다. 그런데 벌금형의 경우 동일한 벌금액이 주는 고통은 소득에 따라 다르다. 낡은 트럭을 몰면서 생계를 유지하는 사람에게 10만 원은 하루치 벌이를 초과한다. 그러나 고급차를 몰고 다니는 갑부에게 10만 원은 전혀 부담스러운 액수가 아니다. 잘못에 대한 대가든 예방이든, 부유한 위반자에게 가난한 위반자와 동일하게 10만 원을 부과한다면 그 목적을 달성하기 어렵다.

어느 쪽이 정의에 더 합당할까? 보는 관점에 따라 의견이 다를 것이다. 소득에 따라 벌금을 차등 부과하는 제도는 많은 유럽 국가에서 시행되고 있다.

수평적 공평성의 문제

능력이나 자격이 동일하면 동등하게 대우한다, 이 수평적 공평성은 조세뿐만 아니라 모든 행정이 지켜야 할 가장 중요한 원칙이다. 사람들은 어떤 경우에 분노하는가? 자신이 차별 대우를 받고 있다고 느낄 때, 다른 사람이 특혜를 받고 있다고 생각할 때 아닌가. 다 같이 몹시 힘들 때보다 남들은 편한데 나만 힘들 때가 더 참기 어려운 법이다. 수평적 공평성이 지켜지지 않으면 수직적 공평성을 요구하기도 어렵다.

조세의 수평적 공평성과 관련해 해묵은 논쟁이 바로 근로자와 자영업자 간의 소득세 부과 공평성이다. '유리 지갑'이라는 말처럼 근로소득자는 한 푼의 탈세 없이 고스란히 세금을 바친다. 이에 비해 자영업자는 소득이 많더라도 다양한 방법으로 이를 숨겨 실제 내는 세금을 훨씬 줄일 수 있다. 복지 재원을 조달하기 위해 소득세를 올리자고 하면 당장 '근로자만 봉이냐, 고소득 자영업자 세금부터 제대로 걷어라'라는 반발이 나오는 데서 알 수 있듯이, 근로자와 자영업자 간 소득세 부담의 불공평 문제는 많은 국민들에게 깊이 각인되어 있다(물론 3장에서 봤듯이 근로자가 내는 소득세도 많은 것은 아니다.)

근로자와 자영업자의 소득세 차이 문제는 차치하고라도 세금을 걷을 때 수평적 공평성을 제대로 고려하는 것이 그리 쉬운 일은 아니다. 예를 들어보자. 형철이와 기철이네 가구 소득은 똑같이 5000만 원이다. 그런데 형철이는 아내의 병원비로만 그해에 2000만 원을 지출했지만 기철이네는 식구 모두가 건강하다. 역시 가구 소득이 똑같이 5000만 원인 병철이와 경철이네가 있다. 병철이는 아내와 단 둘이 살고 경철이는 아내와 학교에 다니는 아이들 셋에 부모님까지 모시고 있다. 형철이네와 기철이네, 병철이네와 경철이네, 이 집들은 소득이 같으므로 같은 소득세를 내야 할까? 아니다. 소득액은 동일하더라도 담세능력이 다르므로 내는 세금이 달라진다.

담세능력 차이를 반영하기 위한 것으로서 소득공제제도가 있다. 부양가족당 일정 금액, 일정 규모 이상의 의료비, 자녀 교육비 지출 등을 소득에서 공제한 후 과세한다. 소득공제로 인해 형철이보다 기철이가, 경철이보다 병철이가 소득세를 더 많이 낸다.

소득공제제도는 뒤에서 설명하겠지만 정부의 특정 정책 목적 달성을 위해서도 활용된다. 그런데 소득공제제도는 3장에서 보았듯이 소득세의 수직적 공평성을 훼손하고, 소득세 수입을 대폭 축소시킨다.

워런 버핏보다 그의 비서가 세율이 더 높다

워런 버핏은 2011년 〈뉴욕 타임스〉에 기고한 칼럼에서 자신은 과세소득의 17.4%를 세금으로 냈지만 자신의 부하직원은 30% 이상의 세금을 냈다고 하면서 부유층에 대한 증세를 주장했다. 이러한 버핏의 주장은 사회적으로 큰 반향을 일으켰고, 버핏의 주장을 담은 세법 개정안('버핏 룰'이라고 한다)이 의회에 제출되었다. 버핏의 주장은 미국뿐만 아니라 우리 사회의 부자증세 논의에도 한층 힘을 실어주었다.

그런데 어떻게 해서 버핏이 소득의 17.4%를 세금으로 내는데 부하직원은 30%가 넘는 세금을 냈을까? 버핏의 소득은 대부분이 자본소득인데 비해 비서의 소득은 근로소득이기 때문이다. 미국의 자본소득 최고세율은 15%이고 근로소득은 35%이기 때문에 나타난 현상이다. 두 소득의 세율이 같아도 시원치 않을 텐데 오히려 일해서 번 근로소득 세율이 더 높고 불로소득 성격이 짙은 자본소득 세율이 더 낮다니, 잘못돼도 한참 잘못되었다는 생각도 들 법하다.

자본소득 세율이 낮은 데는 나름 이유가 있다. 투자 촉진이나 이중과세 등의 이유에서다. 하지만 주로 고소득층의 수입원인 자본소득의 세율이 근로소득의 세율보다 크게 낮은 것은 수직적, 수평적 어느 기준의 공평성으로 보더라도 문제가 있다. 우리나라도 개인 소액주주의 주식매매차익은 과세하지 않는 등 자본소득에 대해 관대한 편이다.

또 하나의 중요한 덕목:
효율성

공평성, 즉 '공정'하고 '형평'한 것은 조세가 지녀야 할 가장 중요한 덕목이다. 그런데 경제학에서 중시하는 조세의 덕목이 하나 더 있다. 모든 경제 관련 이슈에서 빠지지 않는 것, 바로 '효율성'이다. 조세의 효율성은 과세로 인해 발생하는 비효율성을 최소화해야 한다는 의미다. 그리고 과세로 인한 비효율성이란 세금 부과로 인해 (세금이 없을 때에 비해) 일을 덜 하거나 투자를 덜 하게 되는 상태를 말한다.

시장이 제공하는 재화와 서비스는 그에 해당하는 값을 치러야만 소비할 수 있다. 하지만 정부가 제공하는 재화와 서비스, 즉 공공재는 그렇게 할 수 없다. 공공재의 소비와 비용 부담을 직접 연결할 수 없다. 정부가 비효율적인 근본적인 이유다. 비용은 별도로 조달해야 한다. 그래서 소득이 생겼을 때 또는 민간재를 소비할 때 부과한다(재산은 소득을 축적한 것이니 재산에 대한 세금 부과도 결국 소득에 세금을 부과하는 셈이다.)

근로자에게 소득은 노동의 대가다. 경제학적으로 표현하면 여가(일하지 않는 것)를 포기하고 노동을 선택한 데 따르는 보상이다. 보상이 늘면 더 많이 선택하고 보상이 줄면 더 적게 선택하는 것이 일반적이다. 그런데 소득에 세금을 부과하면 노동에 대한 보상을 줄이는 것과 마찬가지다. 세금이 없을 때에 비해 노동을 덜 선택하게 된다. 근로자에게 소득이 노동의 대가이듯 기업에게 소득은 투자의 대가다. 근로소득세가 노동을 줄이듯이 법인소득세는 투자를 줄인다.

세금을 소득에 부과하면 구매할 돈이 줄고 소비에 부과하면 가격이 올라간다. 세금액만큼 구매력을 줄이는 것은 둘 다 같다. 그러나 노동과 투자에 미치는 영향은 동일하지 않다. 소득에 부과할 때보다 소비에 부과할 때 노동과 투자에 미치는 부정적인 영향이 적다.[4] 그래서 효율성을 중시하는 사람들은 소득보다는 소비에 과세하는 것을 선호한다.

그렇다면 소득에 대한 과세보다는 소비에 대한 과세가 더 나은 것일까? 두 가지가 고려되어야 한다. 하나는 소득 과세로 인해 노동과 투자가 얼마나 줄어드는가 하는 점이다. 이론적으로는 보상이 줄면 노동과 투자가 준다. 그러나 그 크기는 알 수 없다. 얼마나 줄어드는가는 이론이 아니라 현실의 문제다. 소득세의 한계세율이 아주 높다면 노동과 투자에 제법 부정적인 영향을 미칠 것 같기도 하다. 얼마 전 프랑스 정부가 연소득 100만 유로 이상의 고소득자에게 적용되는 최고세율을 75%로 높이겠다고 하자 프랑스 최고 부자이자 세계 4위 부호인 루이비통을 보유한 LVMH 그룹의 베르나르 아르노 회장이 벨기에로 귀화를 신청했다는 기사가 나왔다. 귀화 신청은 소득세율 인상과는 관계없는 결정이라는 해명이 있었지만 어쨌든 소득의 75%를 세금으로 내야 한다면 이민 가겠다는 생각이 들 법도 하다.

하지만 이는 아주 예외적인 경우다. 대부분의 국가에서 대다수 국민들에게 적용되는 한계세율은 그보다 훨씬 낮다. 우리나라는 특히 그렇다. 자기 마음대로 노동시간을 정할 수 있는 경우도 많지 않겠지만 설사 그럴 수 있다고 해도 세율이 25%에서 35%로 올랐다는 이유로 노동시간을 줄일 것 같지는 않다. 투자도 비슷하다. 세율이 조금 오르거나 내린다고 해서 투자가 크게 좌우되지는 않을 것이다.

또 하나 고려해야 할 것은 형평성 문제다. 소득에 대한 부과는 소비에 대한 부과에 비해 수직적 공평성이 높다. 세금을 내면 그만큼 소득이 줄어든다. 동일한 금액만큼 소득이 줄어들 때의 어려움, 혹은 경제학적 용어로 후생(welfare) 감소는 저소득층일수록 크다. 같은 규모로 세금을 걷는다면 개인소득 감소로 인한 사회 전체적인 후생 감소는 소비세가 소득세보다 더 크다.

 소비에 대해 세금을 부과하면 소득에 부과할 때보다 확실하게 효율적인 측면이 하나 있다. 징세, 즉 세금을 걷을 때의 효율성이다. 소비에 대한 부과는 제품 가격 인상을 통해 간접적으로 부과되는 데 비해 소득에 대한 부과는 직접 개인에게 부과된다. 사람들은 보이지 않는 것보다는 보이는 것에 더 민감하다. 소득세 인상보다는 소비세 인상에 대한 저항이 적다. 우리나라는 자영업자 소득이 투명하지 못하다는 불신이 크다. 근로소득에 비해 자본소득을 우대한다는 인식도 제법 있다. 이러한 수평적 공평성 문제 때문에도 소득세 인상에 대해서는 거부감이 크다.

 소득에 대한 부과와 소비에 대한 부과의 장단점을 모두 고려하면 둘 중에 어느 것이 더 좋다고 하기는 어렵다. 어느 나라든 소득과 소비에 세금을 부과한다. 어느 쪽 세수 비중이 더 높은가도 나라마다 다르다. 하지만 대체로 소득에 대한 과세(소득세+법인세) 비중이 소비에 대한 과세 비중보다 높다. 우리나라는 소득과 소비에 대한 과세 비중이 엇비슷해서 다른 OECD 국가들에 비해서는 소비세 비중이 상대적으로 높은 편이다.

조세의 또 다른 기능:
장려하거나, 억제하거나

 앞에서 소득이 같아도 지출 수요의 차이에 따라 담세능력이 달라지므로 이를 고려하기 위해 소득공제제도가 존재한다고 했다. 그런데 소득공제제도는 정부가 특정 정책 목적을 달성하는 유인책으로도 사용된다. 신용카드와 현금영수증 사용액에 대한 공제는 투명한 거래 관행 정착을 위한 것이다. 연금저축에 대한 공제는 국민 스스로 미리미리 노후 대비를 하게 하려는 것이다. 이러한 공제제도는 법인세에도 있다. 연구개발을 촉진하기 위하여 연구개발세액공제를 하고 있으며 투자를 장려하기 위해 임시투자세액공제(고용창출투자세액공제로 바뀌었다)를 하고 있다. 비록 다양한 공제제도들이 수직적 형평성을 훼손하더라도 정책 목적을 달성하는 데 효과가 있다면 나름의 타당성이 있다. 그런데 공제제도 중에는 실제 효과는 별로 없으면서 세금만 줄여준다는 평가를 받는 것들이 제법 있다(연구개발세액공제와 투자세액공제도 그런 평가를 받고 있다.)

공제제도는 저축, 연구개발, 투자 등 특정 행위를 유도하기 위해 세금을 활용하는 것이다. 반면 특정 행위를 억제하기 위해 세금을 활용하는 경우도 있다. 전자가 세금을 면제해줌으로써 경제적 이익을 주는 반면에 후자는 세금을 매김으로써 경제적 불이익을 준다. 후자의 고전적인 사례는 술과 담배에 중과세하는 것이다. 우리나라의 경우 맥주와 소주에 붙는 온갖 세금을 모두 더하면 세율이 100%가 넘는다. 담배는 더하다.

소주의 판매원가가 500원이면 여기에 주세 360원, 교육세 108원, 부가가치세 97원이 붙어서 출고가는 1065원이 된다. 세율은 판매원가의 100%가 넘는다. 2500원짜리 담배 한 갑에는 담배소비세 641원, 지방교육세 321원, 부가가치세 227원, 국민건강증진기금 부담금 354원, 폐기물 부담금 7원이 포함되어 있다. 세금이 1565원이다. 세율은 160%가 넘는다. 어떤가? 애주가와 애연가 입장에서는 부당하다고 생각될 수도 있다. 하지만 우리보다 더 높은 세금을 부과하는 나라들도 꽤 있다. 참고로 우리나라에서 2700원인 말보로 한 갑이 독일에서는 약 8000원이고 영국에서는 약 1만 2000원이다.

왜 술과 담배에는 유난히 높은 세금을 매길까? 첫 번째 이유는 몸에 해롭기 때문이다. 가격을 비싸게 해서 소비를 줄이려는 목적이다. 이런 세금은 조금 과격한 용어지만 죄악세(sin tax)라고 부른다.

하지만 단순히 술과 담배를 하면 건강에 해롭다는 것만으로 높은 세금을 매기기에는 당위성이 조금 약하다. 정부가 개개인의 생활을 간섭하는 권위주의 시대 때는 그렇다고 쳐도, 오늘날 같은 자유민주주의 시대에 내가 마시고 피워서 내 몸 나빠지겠다는데 정부가 웬 참견이냐고 하면 답변이 다소 궁색해진다. 그래서 두 번째 이유가 있다. 다른 사람에게 혹은 사회에 피해를 준다는 것이다. 최근에는 주폭(酒暴)이라는 신조어까지 등장했다. 술 취해서 행패 부리는 것이 사회문제화 된 것은 사실 어제 오늘의 일이 아니다. 음주운전도 고질적인 문제다. 본인의 직접흡연뿐만 아니라 주위 사람의 간접흡연도 몸에 해롭다. 본인 건강만 해치면 상관없지만 애꿎은 남에게까지 피해를 주기 때문에 정부가 간섭하고 불이익을 준다는 얘기다. 술과 담배의 폐해는 여기서 그치지 않는다. 술을 많이 마시고 난 다음 날에는 아무래도 일의 능률이 떨어진다. 사회 전체적인 생산성을 떨어뜨린다. 술, 담배에 찌들어 건강이 나빠지면 병원 신세를 많이 진다. 건강보험료 부담이 늘어난다(술, 담배를 많이 해서 일찍 죽으면 그만큼 의료나 연금 지출이 줄어들기 때문에 사회적으로 이득이라는 주장도 있기는 하다. 하지만 이는 너무 비정한 얘기 같다.) 한국조세연구원의 추정에 의하면 술과 담배로 인한 사회적 비용이 2009년 기준으로 한 해에 25조 원가량 된다고 한다. 이처럼 자신의 행위가 남에게 의도하지 않은 피해를 주는 것을 경제학에서는 외부불경제라고 말한다.

술과 담배 이외에 최근에는 비만을 줄이기 위한 죄악세도 등장했다. 비만세는 포화지방을 많이 함유한 식품에 매기는 세금이다(아무리 비만을 줄이는 목적이라고 해도 몸무게를 기준으로 세금을 매길 수는 없는 노릇이다!) 의료학회 연구에 따르면 비만은 예방할 수 있는 사망 원인 중에서 2위라고 한다(1위는 흡연이다.) 비만인은 정상 체중인보다 의료비가 30% 이상 추가 지출된다고 한다. 비만세는 덴마크, 프랑스 등 유럽 국가에서 처음 도입했고 많은 국가들이 도입을 검토 중이다.

죄악세에 대한 가장 큰 반대는 역진적이라는 것이다. 죄악세는 물품에 부과하는 소비세이므로 개인의 담세능력을 고려할 수 없다. 게다가 술과 담배는 상류층보다는 중하위층에서 더 많이 소비하는 경향이 있다. 패스트푸드 같은 비만을 유발하는 식품들도 상류층보다 중하위층에서 더 많이 소비한다. 죄악세가 역진적인 것은 맞지만 그렇다고 본인은 물론 남에게도 피해를 주는 행위에 대해 아무런 조치가 없다면 그것도 정당하다고 보기는 어렵다.

그나저나 술에 대한 중과세가 음주를 줄이는 데 효과가 있을까? 대표적인 서민 술인 소주는 원체 가격이 싸서 100%가 약간 넘는 현행 세율을 150%로 올린다고 해도 가격이 그다지 올라가지 않는다. 할인점과 편의점의 가격이 다르지만 대개 1100원 정도에 팔린다고 하면, 세금을 150%로 올려도 1400원 정도가 된다. 이 정도 가격 인상 때문에 소주 소비가 줄 것 같지는 않다. 오히려 다른 비싼 술의 가격 인상 때문에 소주 소비가 더 늘지 않을까?

외부불경제를 억제하기 위해 세금을 부과하는 경우는 그 밖에도 많다. 대표적으로 환경오염 행위에 대해 세금을 부과하는데, 이와 관련해 최근 많이 논의되는 것이 탄소세다. 온실가스 배출을 줄여 지구온난화를 방지하기 위해 이산화탄소 배출에 부과하는 세금이다. 탄소세 도입은 유럽연합(EU) 국가들을 중심으로 확산되어 왔다. 지구온난화를 방지하기 위해 이산화탄소 배출량을 줄여야 한다는 데는 누구나 동의한다. 하지만 탄소세 부과에 대해서는 반대가 많다. 경제에 미치는 영향 때문이다. 화석연료에 기반을 둔 산업 체제에서 탄소세의 부과는 엄청난 비용 증가를 가져올 것이기 때문이다. 예를 들면 EU가 역내에 들어오는 항공기에 탄소세를 부과하기로 결정한 데 대해 미국과 중국 등 다른 국가들이 반대하며 갈등을 빚었다.

 탄소세가 경제에 부담을 주는 것은 사실이다. 그러나 지구온난화 방지는 반드시 해야 하는 일이고 이산화탄소 감축에는 전 세계가 보조를 맞추고 있다.[5] 우리나라 역시 조만간 탄소세를 도입하지 않을 수 없을 것이다(더구나 우리나라는 녹색성장을 내세우지 않았는가!) 탄소세는 지구온난화를 방지하면서 재정 확충에도 기여한다. 일석이조다. 산업에는 부정적인 영향을 미친다. 그러나 이는 그동안 공짜로 배출했던 이산화탄소에 대가를 지불하는 것이므로 사회 전체로 보면 오히려 자원 배분을 효율화하는 것에 해당한다. 명칭은 다소 이상하지만 '녹색성장'은 앞으로 대세가 될 수밖에 없다.

 조금 다른 의미에서 외부불경제 시정과 관련된 과세로서 금융거래에 대한 과세가 있다. 토빈세는 노벨 경제학상 수상자인 토빈(James Tobin)이 40여 년 전에 처음 주장한 것으로서 단기 외환거래에 세금을 부과하는 것이다. 외환거래의 비용을 높임으로써 투기자본의 단기적인 유출입으로 인한 통화가치의 급등락과 그로 인한 외환위기를 막으려는 것이다. 투기자본의 급격한 유출입이 야기하는 경제 혼란을 일종의 '외부불경제'로 간주하는 셈이다. IMF 외환위기 경험을 생각하면 충분히 일리 있는 세금이다.

토빈세 도입은 최근의 글로벌 금융위기 이후 진지하게 논의되었는데 단기적인 외환거래뿐만 아니라 국제적 자본 이동이 이루어지는 금융거래 전반으로 확대하자는 주장이 나오고 있다. 토빈세가 도입되면 투기적인 금융거래가 감소하고 금융시장의 안정성이 높아질 수 있다. 하지만 토빈세는 국제적인 공조가 이루어져야 제대로 효과를 발휘할 수 있다. 특정 국가에서만 금융거래에 과세하면 금융거래가 역외금융시장으로 이동할 수 있기 때문이다. 유럽을 중심으로 논의가 이루어지고는 있지만 미국을 비롯한 주요 국가가 반대하고 있는 상황에서 토빈세의 도입을 위한 국제 공조가 쉽게 이루어질 것 같지는 않다. 얼마 전 정부는 2016년부터 파생금융상품 거래에 세금을 부과하겠다고 발표했다. 이는 과도하게 이루어지는 파생상품 거래(우리나라가 세계 최고 수준이다)가 가져오는 금융시장 불안정을 완화하기 위해서다.

정의로운 세금이 가능할까?

지금까지 조세에 대한 다양한 얘기를 했는데 핵심은 두 가지다. 첫째, 조세는 정부 지출 재원을 마련하기 위한 것이다. 둘째, 조세정책에서는 공정성이 가장 중요하다.

조세는 정부 지출 재원을 마련하는 것이므로 조세 규모가 적정한가를 따지려면 정부 지출 규모가 적정한가를 따져야 한다. 정부 지출은 두 유형으로 구분할 수 있다. 하나는 국방, 치안, SOC 등 통상의 공공재 공급을 위한 지출이다. 또 하나는 교육, 의료, 보육, 연금, 빈곤층 지원 등 복지 관련 지출이다. 공공재 공급이 필요하다는 데는 모두가 동의한다. 비록 공공재의 적정 규모에 대해서는 견해가 다르기는 해도 차이가 크지는 않다. 복지지출의 필요성에도 대체로 동의한다. 하지만 내용과 규모에 대해서는 의견 차이가 심하다. 따라서 조세 규모에 대한 논쟁은 거의가 복지지출 규모에 대한 논쟁으로 연결된다.

조세가 지녀야 할 가장 중요한 덕목이 공정성임은 대부분 동의한다. 그러나 무엇이 공정한 조세인가에 대해서는 의견이 갈린다. 핵심은 어디에 얼마나 과세해야 하는가다. 소득과 소비에 대한 과세, 개인과 기업에 대한 과세, 개인들의 소득계층 간 과세가 주요 논점이다. 앞에서 잠시 언급했던 법철학자 머피와 나겔의 조세에 대한 견해를 추가로 소개하면서 이번 장을 마무리하자.

개인이 소득과 재산을 획득하는 사회경제 체계는 조세를 재원으로 유지된다. 따라서 조세의 공정성 여부를 따지려면 조세가 뒷받침하는 사회경제 체계에서 생성된 소득과 재산의 공정성 여부를 따져야 한다. 과세 전의 소득과 재산을 주어진 것으로 간주하고 그에 대한 세금 부과의 공정성만을 따지는 것은 논리적인 모순이다.

널리 만연된 생각이나 관습은 마치 불변의 자연법처럼 간주된다. 소유권도 그런 경향이 있다. 하지만 실상은 그렇지 않다.

남북전쟁 이전의 미국 남부의 노예 소유주들은 노예해방운동을 자신들의 소유권을 침해하는 부당한 행위라고 생각했다. 그 당시 노예 소유권은 헌법에 의해 보장되는 합법적인 권리였다. 따라서 노예해방운동이 '정의'에 합치하는가를 판단하려면 노예 소유를 합법화하는 사회체계가 정의로운가를 우선 평가해야 한다.

CHAPTER
5

국가는 왜 빚을 지나

국가채무·재정위기

　2010년경부터 그리스, 스페인, 이탈리아 등 남유럽 국가들의 재정위기가 본격화되면서 우리나라에서도 국가채무에 대한 관심이 높아졌다. 주요 보수 언론은 남유럽 재정위기는 복지에 지나치게 많은 돈을 쓴 탓이므로 우리나라도 복지지출 확대에 따른 재정위기를 경계해야 한다고 주장했다. 때마침 한국조세연구원은 '장기재정전망'이라는 자료를 내놓으면서 '현행 복지제도를 그대로 유지만 해도' 2050년에는 복지지출이 GDP의 20%를 넘게 되며 이를 부담하려면 2050년의 국가채무 규모는 GDP의 130% 이상이 될 것이라고 발표했다. 복지제도를 더 이상 늘리지 않더라도 저출산 고령화로 변화하는 인구 구조 때문에 복지 수혜자는 늘고 재원을 감당할 세수는 줄어들 것이기 때문이다.

 국가채무 관리는 재정의 지속가능성 여부를 결정하는 핵심이다. 그래서 우리나라뿐 아니라 대부분 국가의 재정 운용에서 국가채무 관리는 가장 중요한 문제다. 따라서 현행 제도만 유지해도 2050년에는 복지지출 수준이 GDP의 20%가 넘고 국가채무가 130% 이상이 된다는 것이 정말 타당한 추계인지 따져보는 것, 나아가 우리나라 재정의 지속가능성을 평가하는 것은 정부 재정을 이해하기 위해 꼭 짚고 넘어가야 할 내용이다. 그런데 이 이야기를 하려면 먼저 국가채무에 대한 대강의 이해가 필요하다. 그래서 이번 장에서는 국가채무에 대해 알아보려고 한다. 국가채무의 발생 이유와 효과, 우리나라 채무 규모의 역사적 변천 등이다. 이를 통해 우리나라는 어떤 빚을 얼마나 지고 있고, 그 이유는 무엇인지, 어떻게 평가해야 하는지를 알 수 있다. 재정의 지속가능성에 대한 얘기는 15장에서 다룬다.

국가는 왜 빚을 지나

 국가가 빚을 지는 이유는 개인이나 기업이 빚을 지는 이유와 다를 게 없다. 사람들이 빚을 지는 가장 흔한 경우는 갑작스레 일상적인 지출을 뛰어넘는 큰돈을 써야 할 때다. 부모님이 큰 수술을 받아야 한다든가, 아들 녀석이 느닷없이 결혼 통보를 해서 갑자기 혼인 준비를 해야 한다든가……. 국가도 마찬가지다. 통상적인 국가 운영에 소요되는 경비의 규모를 넘어서는 큰돈을 쓸 일이 생겼을 때 빚을 진다. 어떤 경우일까? 가장 대표적인 경우가 전쟁이다. 전쟁은 나라의 명운이 걸린 일이다. 당연히 엄청나게 많은 돈이 들어간다. 아깝다고 경비를 줄이기도 어렵다. 어떻게든 경비를 마련해야 한다. 그래서 20세기 이전까지 국가가 채무를 지는 가장 큰 이유는 전쟁 경비 조달이었다. 역사 기록을 보면 로마는 기원전 2세기 카르타고와 치른 포에니 전쟁 때 경비를 조달하기 위해 국채를 발행했다. 이 전쟁 이후 로마는 세계 최강대국이 되었으니 국채를 발행한 보람이 있기는 하다. 미국은 건국 당시 이미 국가채무를 안고 있었다. 독립전쟁 비용 조달 때문이었다.

프랑스대혁명의 발단은 국왕과 귀족층의 사치스런 생활 탓에 일반 시민의 삶이 피폐해졌기 때문이라고 알려져 있다. 그리고 사치의 대표적인 예로 지금은 관광 명소인 베르사유 궁전을 들고 있다. 단두대의 이슬로 사라진 마리 앙투아네트 왕비가 굶주림에 지친 시민들에게 빵이 없으면 케이크를 먹으면 될 것 아니냐고 했다는 일화도 사치스런 궁정 생활을 묘사하는 데 빠짐없이 등장한다(이 이야기는 사실무근에 악의적으로 퍼뜨린 소문이라는 게 정설이다. 원래 루소의 《참회록》에 나온 일화인데 이 책이 나올 당시 앙투아네트는 어린아이였다.) 그런데 그 엄청난 베르사유 궁전을 짓느라 들어간 경비도 당시 전쟁으로 인한 경비에 비하면 별것 아니다. 루이 14세 때 짓기 시작한 베르사유 궁전 건축 예산을 추정해보면 대략 8000만 루블이 넘는다. 그런데 잦은 전쟁을 치렀던 루이 14세의 임종 당시 프랑스 채무는 28억 루블이었다. 영국 역시 천문학적인 빚을 져서 조달한 전비로 전쟁을 치러가면서 대영제국을 건설했다.[1]

승전국이라면 그나마 다행이지만 패전국은 막대한 배상금 때문에 더 많은 빚을 졌다. 1차 세계대전(1914~1918)을 치르면서 영국과 프랑스는 미국에게 각각 36억 달러, 40억 달러의 빚을 졌다. 이를 갚기 위해 승전국들은 베르사유 강화조약을 통해 독일에게 금으로 1320억 마르크를 배상금으로 물렸다. 이 엄청난 규모의 배상금이 히틀러의 등장과 2차 세계대전을 불러온 원인이 되었음은 잘 알려진 일이다.

물론 갑작스럽게 큰돈이 필요할 때만 빚을 지는 건 아니다. 개인 가구는 가장의 실직 등으로 수입이 끊기거나 줄어들면 일시적으로 빚을 지게된다. 국가도 마찬가지다. 경기가 침체되어 조세수입은 줄고 경기를 부양하기 위해 돈을 풀어야 하면 빚을 질 수밖에 없다. 1930년대 대부분의 중남미 국가들은 대공황의 여파로 세수가 줄고 통화량이 늘어난 탓에 국가부도 사태를 맞았다. 가장 최근의 예로는 2008년 글로벌 경제위기 대응 과정에서 각국의 국가채무가 급격하게 늘어난 것을 들 수 있다. G20 국가들은 2007년부터 2009년까지 2년 사이에 GDP 대비 국가채무 비중이 평균 20%포인트 이상 증가했다. 뒤에 나오지만 우리나라 역시 이 기간에 국가채무가 급격히 증가했다.

자영업자는 사업 자금을 마련하려고 빚을 진다. 사업이 잘 되면 빚을 갚고도 남지만, 사업이 망하면 쪽박을 차야 한다. 국가도 마찬가지다. 과거에 우리나라를 비롯한 많은 개발도상국들이 경제개발 자금을 마련하기 위해 해외차입을 했다. 정부가 SOC 건설을 위해 직접 차관을 들여오기도 하고 민간이 돈을 빌리는 데 정부가 보증을 서기도 했다. 사업이 성공해서 채무를 다 갚으면 좋지만 실패하면 부도 사태에 몰리게 된다. 1980년대 중남미 외채위기는 외자 도입으로 경제개발을 추진하다 실패한 탓이 크다. 우리나라도 경제개발 과정에서 정부와 민간이 많은 외자를 도입했다. 다행히 큰 무리 없이 갚을 수 있었고 결과적으로 국가와 민간의 채무가 경제성장의 밑거름이 되었다(1997년 IMF 외환위기는 경제개발을 위한 외자 도입과는 별 관련이 없다.)

국채보상운동

우리나라에서 국채 문제가 공론화된 첫 사례는 국채보상운동일 것이다. IMF 외환위기 때 제2의 국채보상운동을 한다며 금 모으기를 해서 더 유명해졌다. 하지만 부녀자들이 금가락지를 모았다는 정도 이외에 상세한 내용은 대부분 잘 모르는 듯해서 정리해봤다.

일본은 1904년 한국 경제 예속을 위한 교두보로 일본인 메가다를 한국의 재정고문에 앉혔다. 메가다는 1905년 조선의 문란한 화폐를 정리한다며 화폐정리채 300만 원을 들여왔고, 화폐개혁으로 인한 금융공황을 해결한다며 150만 원을 차입했다. 1905년 조선 통감부 설치 이후에는 교육제도 개선, 금융기관 확장 정리, 도로항만시설 건설, 일본인 관리 고용 등 각종 명목으로 고리의 차관을 들여와 국채가 급증했다. 1907년 2월까지 1300만 원의 국채가 쌓였는데 이는 당시 1년 치 정부 예산과 맞먹는 규모였다.

1907년 1월 말 대구 지역 애국지사들이 서상돈을 중심으로 모여 국채 보상 문제를 의논하고 2000만 동포가 석 달만 담배를 끊고 그 돈으로 빚 갚는 운동을 전개하기로 했다. '국채보상 취지문'을 작성해 전국에 반포했고 언론도 이를 크게 보도했다. 또한 국채보상운동 총괄 기구인 국채보상기성회를 설립했다. 이 운동은 곧바로 전국으로 확산되었다. 고종 황제도 담배를 끊고 동참하는 등 전 국민이 참여했다. 여성들은 패물폐지부인회를 결성하여 가락지 등을 기부했다. 평민은 물론 하층민의 호응이 높았는데, 당시 신문에는 앉은뱅이 걸인이 구걸한 돈을 기부했다는 기사가 실리기도 했다. 이러한 호응으로 국채보상운동이 처음 논의된 이후 4개월 만에 230만 원이 모금되었다.

그러자 일제 통감부는 〈대한매일신보〉 국채보상기성회 총무 양기탁을 의연금 횡령 누명으로 구속하는 등(곧바로 석방되었다) 갖은 방법으로 국채보상운동을 억압했다. 이후 국채보상운동은 점차 퇴조하다 결국 중단되었다. 1909년 남은 의연금 처리를 위해 국채보상의연금 처리회의가 결성되어 민립대학 건립을 추진했지만 통감부의 반대로 무산된 채 1910년 한일 합방이 되었다. 이후 의연금 일부를 일본에게 뺏겼으나 일부는 학교 설립 등 교육 사업에 사용되었다.[2]

자영업자의 사업 투자와는 다르지만 일반 가구는 내 집 마련을 위해 빚지는 경우가 많다. 사업에 투자한 것은 아니지만 미래의 자산 가치 상승을 기대하고 집을 구입한 것이라면 이 역시 투자의 일종이라고 볼 수 있다. 최근 심각한 사회문제로 떠오른 하우스 푸어(house poor)는 집값이 오르리라는 기대를 가지고 빚을 내서 집을 샀지만 기대와는 달리 집값이 오르지 않아 발생한 것이다. 국가도 유사하다. 빚을 내서 대규모의 부동산 개발을 했지만 부동산 경기 침체로 손실을 보기도 한다. 우리나라는 정부 자체보다 공기업에서 이런 문제가 자주 발생한다(이에 대해서는 15장에서 다룬다.)

지금까지 살펴본 것을 바탕으로 개인이나 국가가 빚지는 이유를 유형별로 정리하면 평상시와 달리 일시적으로 대규모 지출 수요가 발생할 때, 일시적으로 수입이 감소할 때, 미래를 위해 투자를 할 때 등이다.

이 밖에 빚을 지는 이유가 하나 더 있다. 만성적으로 지출이 수입을 초과하는 경우다. 웬만큼 돈을 벌지만 워낙 낭비벽이 심한 사람, 혹은 알뜰하게 살림을 하지만 원체 버는 돈이 적은 사람들은 상시적으로 지출이 수입을 초과할 수밖에 없다. 가계부는 만성적자를 기록하고 빚을 갚을 길은 요원해진다. 국가도 그런 경우가 있다. 최근의 미국과 일본의 심각한 국가채무 문제가 이에 해당한다. 유럽의 복지국가들 중에도 유사한 문제를 겪는 나라들이 있다. 많은 사람들이 우리나라 국가채무를 걱정하는 것도 이처럼 만성적인 적자가 발생하고 이것이 쌓여서 국가채무가 되는 경우가 생길 수 있기 때문이다.

국가채무의 효과

정부가 빚을 지면 어떤 일이 발생할까? 국가채무가 경제에 미치는 영향은 두 가지 측면으로 구분할 수 있다. 먼저 민간에 미치는 영향이다. 누군가 빚을 진다는 것은 그만큼 다른 누군가는 저축을 했다는 것을 의미한다. 내가 은행에서 3000만 원을 빌릴 수 있는 것은 다른 누군가가 그만큼 은행에 저축했기 때문에 가능하다. 경제 전체적으로 100만큼 저축액이 있다고 하자. 이 액수만큼 민간이 빌리든가 정부가 빌릴 수 있다. 정부가 50을 빌리면 민간이 빌릴 수 있는 액수는 50만 남는다. 민간이 돈을 빌리는 이유는 기업이 투자하기 위해서일 수도 있고 가계가 소비에 충당하기 위해서일 수도 있다. 어느 경우든 정부가 많이 빌리면 민간은 적게 빌릴 수밖에 없다. 한정된 재원을 두고 정부와 민간이 경쟁하는 셈이다.

물론 이 설명은 문제가 있다. 국내에서만 돈을 빌린다고 가정하고 있기 때문이다. 현실에서는 당연히 해외에서도 빌려올 수 있다. 해외에서 빌려오면 정부가 빚을 진다고 해서 민간이 사용할 수 있는 재원이 줄어들지 않는다. 그러면 문제가 해결될까? 아니다. 빚은 언젠가 갚아야 한다. 갚을 때는 결국 국내 재원이 줄어들 수밖에 없다.

정부가 빚을 내서 지출하면 그만큼 민간에서 쓸 수 있는 재원이 줄어든다는 면에서는 정부가 빚을 내는 것은 세금을 걷는 것과 마찬가지다. 그러나 빚을 내서 지출하는 것과 세금을 걷어 지출하는 것에는 근본적인 차이가 있다.

세금을 걷어 지출하는 것은 현재 세대 부담으로 현재 세대에 쓰는 것이다. 그러나 빚을 져서 지출하는 것은 미래 세대에 부담을 지우고 현재 세대에 쓰는 것이다. 이러한 세대 간 부담과 혜택의 불일치가 국가채무와 세금의 차이점이다. 즉 국가채무는 세대 간 형평성 문제를 불러온다(올해에 빚내서 사업을 하고 이듬해에 바로 갚는 식으로 단기간에 채무와 변제가 이루어지면 세대 간 문제는 물론 국가채무를 걱정할 이유도 없다. 국가채무를 걱정하는 이유는 장기간에 걸쳐 누적되기 때문이다.)

세금과 국가채무의 효과는 동일하다?

경제학 이론은 정교하고 명쾌하다. 마치 물리 공식을 다루는 것 같다. 단 하나, 경제학 이론에 문제점이 있다면 현실과 맞지 않을 때가 많다는 점이다.

국가채무와 관련해서 '리카도의 등가법칙'이라는 이론이 있다. 이 이론은 세금과 국가채무의 효과는 동일해서 세대 간 형평성 문제가 발생하지 않는다는 것이다. 그 이유는 국가재정에 능통하고 자식을 끔찍이 사랑하는 부모 덕분이다. 논리는 이렇다.

정부는 100이라는 지출을 위해 세금을 걷을 수도 있고 빚을 질 수도 있다. 세금을 걷으면 현재 세대의 소득이 100만큼 감소한다. 빚을 지면 자식 세대의 소득이 100만큼 감소한다. 많은 부모들은 저축해서 모은 재산을 자식들에게 물려준다. 정부가 당대의 지출을 위해 빚을 지면 부모들의 소득은 줄지 않지만 미래에 자식들의 소득이 줄 것이다. 따라서 부모들은 정부가 (빚을 안 졌다면) 세금으로 걷었을 100만큼 더 저축해서 자식들에게 물려줌으로써 자식들의 소득 감소를 상쇄하려 한다는 것이다. 즉 정부가 세금으로 100을 걷거나 그 금액만큼 저축해서 자식 세대에게 물려주거나 어차피 현재 세대가 소비할 수 있는 재원이 줄어드는 것이며 미래 세대의 부담은 없다는 것이다.

이 이론이 그럴듯하다고 여겨지는가? 혹시 자식 사랑이 유별난 대한민국 부모들에게 국가채무가 자식에게 미치는 효과를 열심히 교육시키면 실제 이런 현상이 발생할 수도 있겠다.

정부가 세금으로 지출을 감당할 수 있는데도 일부러 빚을 지지는 않는다. 세금만으로 감당이 안 되므로 부득이하게 빚을 지는 것이다. 부득이하다고 해도 빚을 내는 이유가 좀 더 정당화되는 경우가 있고 걱정스러운 경우가 있다. 빚지는 이유가 다르기 때문이다.

앞에서 국가가 빚을 지는 이유를 일시적인 지출 증가, 수입 감소, 미래를 위한 투자, 만성적 적자로 구분했다. 전쟁이나 천재지변, 외부 충격에 의한 급작스런 경제위기처럼 정부가 통제하기 힘든 상황이 발생해 일시적으로 지출이 증가하거나 수입이 감소하는 상황은 제외하자. 이 경우는 어쩔 수 없다. 정당성이 있든 걱정스럽든 빚을 질 수밖에 없다.

정부가 통제할 수 있는 상황은 미래를 위한 투자와 만성적 적자다. 미래를 위한 투자는 현재 투자해서 미래에 혜택을 본다. 정부가 SOC를 건설하면 비용은 단기간에 집중적으로 투입되지만 혜택은 장기간에 거쳐 발생한다. 이런 경우는 SOC 건설 비용을 국가채무로 충당하는 것이 정당화될 수 있다. 미래 세대 부담으로 미래 세대가 혜택을 보는 셈이기 때문이다.

만성적 적자는 대개 일상적 소비지출이 수입을 초과했을 때 발생한다. 소비지출은 현재 세대에 혜택이 돌아간다. 국가채무로 소비지출을 충당한다면 현재 세대를 위해 미래 세대에 부담을 지우는 것이므로 정당성이 약하다. 걱정해야 마땅하다. 복지지출은 대부분 소비지출이다. 그래서 복지지출을 충당하기 위해 빚을 지고, 이런 상황이 만성적으로 이어지는 것은 당연히 경계해야 한다.

미래를 위한 투자 지출은 빚을 져도 좀 정당성이 있고 소비지출은 아니라는 설명은 그럴듯하다. 하지만 구체적으로 따져 들어가면 문제가 복잡하다. 투자와 소비의 구분이 애매한 경우가 있기 때문이다.

연구개발과 교육에 대한 지출은 투자일까, 소비일까? 연구개발 지출은 미래의 생산성을 높이기 위한 지출이다. 교육 역시 인적자본 능력을 향상시켜 미래의 생산성을 높이기 위한 지출이다. 그렇다면 어린이집 보육료 지원을 위한 지출은 어떨까? 이건 연구개발이나 교육 분야 지출과는 달리 확실히 소비지출처럼 보인다. 하지만 꼭 그렇게 볼 수도 없다. 어린이집에 아이를 보내는 것이 아이의 인적자본을 향상시키는 효과는 없지만, 부모가 일을 할 수 있게 함으로써 더 많은 사람이 일을 하게 된다. 따라서 GDP가 증가한다. GDP가 늘어나면 사회 전체의 자본도 늘어날 것이고 세금도 더 많이 걷을 수 있다. 더 풍요로운 세상을 미래 세대에게 물려주는 데 기여할 수 있다. 더구나 보육료 지원으로 출산율이 높아지면 미래의 노동력이 증가한다. 이야말로 확실한 투자다. 그러니 국가가 보육료 지원 사업에 쓰는 돈을 마냥 소비지출이라 보기 어려운 것이다.

반대의 경우도 있다. 앞에서 SOC 지출은 투자에 해당한다고 했다. 그러나 하지 않는 편이 나은 사업, 비용이 혜택보다 더 큰 SOC 지출도 제법 있다. 이런 사업들은 미래 세대가 지게 될 부담에 비하면 그들에게 돌아갈 혜택이 적다.

이처럼 구체적으로 따지고 들어가면 무조건 현재 세대만 혜택을 보거나 전적으로 미래 세대만 혜택을 보는 정책은 거의 없다. 상대적인 비중 문제겠지만 그 비중을 명확히 하기도 어렵다. 사실 어느 정도 규모의 국가채무가 적정한가, 균형재정(수입과 지출이 일치해 재정적자가 발생하지 않는 상태) 유지가 필요한가 아닌가는 이론적으로 정답이 있는 것은 아니다. 어찌 보면 경제이론의 문제라기보다는 사회적 합의 문제에 가깝다.

국가채무 문제를 설명하기 위해서는 복잡하고 정교한 이론이 필요하지 않다. 그보다는 다수가 동의할 수 있는 건전한 상식에 의한 판단에 따르는 것이 더욱 합당하다. 국가채무를 상식에 따라 판단하면 대략 다음과 같은 내용에는 다수가 동의할 수 있을 것이다.

- 경제위기 등 예외적인 상황에서 빚을 지는 것은 어쩔 수 없다.
- 투자 목적이라도 정부가 빚지는 것은 신중해야 한다. 빚을 져야 한다면 상환 계획이 분명해야 한다.
- 만성적으로 지출이 수입을 초과하는 것은 막아야 한다.
- 국가채무가 아예 없는 상태가 가장 바람직한 것은 아니다. 그러나 일정 수준에서 관리하는 것은 필요하다.

일정 수준에서 관리할 필요가 있다는 말은 약간 부연 설명이 필요하다. 우리나라의 국가채무는 2011년 기준으로 대략 GDP의 34%다. 전문가들은 이 정도면 부채가 많은 편이 아니라고 한다. 만일 이 수준을 유지하는 것을 국가채무 관리 목표로 정했다고 하자. 이를 위해 앞으로는 반드시 균형재정을 달성해야 할까? 그렇지는 않다. GDP가 늘어나기 때문이다. 우리나라 경제성장률을 대략 3%로 잡고, 물가상승률이 3%라면 명목 GDP는 매년 6% 정도 늘어난다. 따라서 국가채무가 매년 6% 정도만 늘어나더라도 GDP 대비 국가채무를 34%로 계속 유지할 수 있다(물론 이 6%에는 채무 이자도 포함해야 하므로 실제로 매년 6%씩 빚을 더 질 수는 없다.) 즉 국가채무를 GDP 대비 일정 비율로 유지한다는 것이 균형재정을 유지해야 한다는 말은 아니다.

국가채무와 대외채무

국가채무와 종종 혼동되는 용어가 대외채무, 즉 외채(外債)다. 이 둘은 관련이 깊지만 확실히 구분되는 개념이다. 국가채무는 말 그대로 정부가 진 빚이다. 즉 '누가 빌렸는가'가 기준이다. 이 빚에는 자국 내에서 민간에게 빌린 것도 있고 외국으로부터 빌린 것도 있다. 외채는 외국에 진 빚이다. 즉 '누구한테서 빌렸는가'의 문제다. 외채에는 정부가 빌린 것도 있고 민간(주로 금융기관)이 빌린 것도 있다. 국가채무 중 일부만 외채에 포함되고 또 외채 중 일부만 국가채무에 포함된다.

2011년 말 기준 우리나라의 국가채무는 420조 원(GDP 대비 34%)이며, 외채는 4000억 달러(GDP 대비 36%)다. 공교롭게 국가채무와 외채 규모가 유사하다. 하지만 모든 나라가 그렇지는 않다. 일본의 경우 국가채무는 전 세계에서 가장 많지만 외채는 훨씬 적다. 남유럽 국가들은 국가채무도 많지만 외채는 훨씬 많다. 미국은 둘 다 상당히 많다(106쪽 그림 참조.) 참고로 2011년 기준 우리나라 외채 4000억 달러 중에서 통화당국의 외채를 제외하면 정부가 진 빚은 500억 달러가 조금 넘는다.

앞에서 다룬 역사 속의 국가채무는 거의가 외채, 즉 다른 나라에 진 빚이다. 빚 갚는 것을 연기하는 모라토리엄(moratorium)이라든가 아예 갚지 못해서 국가부도 사태에 이르는 디폴트(default)는 모두 외채에 대한 것이다. 국가채무가 많아도 자국 내 민간에게서 빌린 것이면 부도 사태가 발생하지 않는다. 국채를 보유한 국민들이 정부에게 어느 날 갑자기 빨리 돈 갚으라고 독촉하지도 않겠지만, 정 안 되면 돈을 찍어내는 중앙은행으로부터 차입하면 되기 때문이다. 물론 이 과정에서 인플레이션이 발생하는 등 경제에 악영향을 미치기는 할 것이다. 그래도 국가부도 사태는 발생하지 않는다. 하지만 외국에서 빌린 돈은 다르다. 외채는 외국 돈, 즉 달러로 갚아야 한다. 자국 화폐를 마구 찍어낸다고 그만큼 달러로 바꿀 수 있는 것이 아니다. 환율이 상승해서 자국 화폐가치가 떨어지기 때문이다. 이렇게 되면 돈을 빌려준 채권국들은 채무국가의 신용이 불량하다고 판단해서 더 이상 돈을 빌려주지 않고 오히려 빌려준 돈도 빨리 회수하려 하기 때문에 상황은 더욱 악화된다.

우리나라의 1997년 외환위기도 국가채무 때문에 발생한 것이 아니다. 민간 금융기관이 외국에 진 빚을 상환하지 못해서 발생한 것이다. 비록 민간 금융기관이 외국에 진 빚이지만 갚지 못하면 경제에 큰 타격이 오고 국가신용도가 추락하므로 결국에는 정부가 책임지게 되는 것이다.

우리나라는 오랜 기간 국가채무 문제라고 하면 주로 외채 문제를 걱정했다. 국채보상운동 역시 엄밀히 말하면 외국에 진 빚, 즉 외채를 갚기 위한 운동이다. 사실 국가채무 총규모보다는 외국에 진 빚, 외채 규모에 더 신경을 써야 될 측면이 있기는 하다. 자국 내에서 빌린 국가채무는 결국 한 나라 안에 존재하는 재원이 민간(채권자)에서 정부(채무자)로 이전된 것이지 총량이 감소한 것은 아니다. 정부채무는 미래 세대에 부담을 넘긴 것이라고 했지만, 엄밀히 말하면 정부채무가 자국 내에서 진 것이면 채권자 역시 미래 세대다(물론 미래의 채무자(납세자)와 채권자 사이의 불평등 문제는 심각할 것이다.) 그러나 외채는 다르다. 정부채무가 외채로 이루어지면 미래의 자국민이 미래의 외국인에게 갚아야 한다. 즉 미래의 자국 재원이 외국으로 유출되는 것이다.

우리나라 외채가 4000억 달러를 넘는 것에 대해서 우려하는 목소리가 있다. 특히 외채 중에서 단기외채 비중이 높은 편이라서 더욱 걱정한다 (2011년 기준으로 30%대다.) 물론 외채 증가, 특히 단기외채 증가는 조심해야 한다. 그러나 IMF 외환위기 경험 덕에 이에 대한 대비는 비교적 양호하다. 정부의 외환보유고는 많다. 그리고 고무적인 것은 2008년 글로벌 금융위기 때를 제외하면 IMF 외환위기 이후 경상수지는 계속 흑자를 내고 있다는 점이다. IMF 외화위기 때는 경상수지 적자 보전을 위한 외채가 많았다. 그러나 지금의 외채는 경상수지 적자 보전을 위한 것이 아니다. 대부분 금융거래에 따른 것이다.

남유럽, 일본, 미국의 재정위기

국가채무와 대외채무, 재정위기의 관계를 보다 명확히 이해하는 데는 다른 나라 사례를 살펴보는 것이 도움이 된다. 최근 많은 논란이 되었던 남유럽, 일본, 미국을 보자. 다음 쪽 그림은 2011년 기준으로 사례 국가들의 GDP 대비 국가채무와 대외채무 규모를 보여준다. 남유럽 국가들은 국가채무도 많지만 대외채무는 훨씬 많다. 그리고 일본은 국가채무가 매우 많지만(전 세계에서 가장 많다) 대외채무는 6개국 중에서 가장 적다. 미국은 둘 다 GDP 규모만큼 된다.

남유럽 재정위기는 만성적인 경상수지 적자 탓이다

그리스부터 시작된 남유럽 국가들의 재정위기는 민간 금융기관과 정부가 외국에 진 빚을 갚지 못해서 거의 국가부도 직전까지 몰린 상황을 말한다. 확실히 남유럽 4개국의 대외채무는 매우 많다.[3]

남유럽 재정위기가 (변제 능력을 초과한) 대외채무에서 비롯되었다는 사실은 이 국가들의 재정위기가 복지지출 때문이 아니라는 사실을 보여준

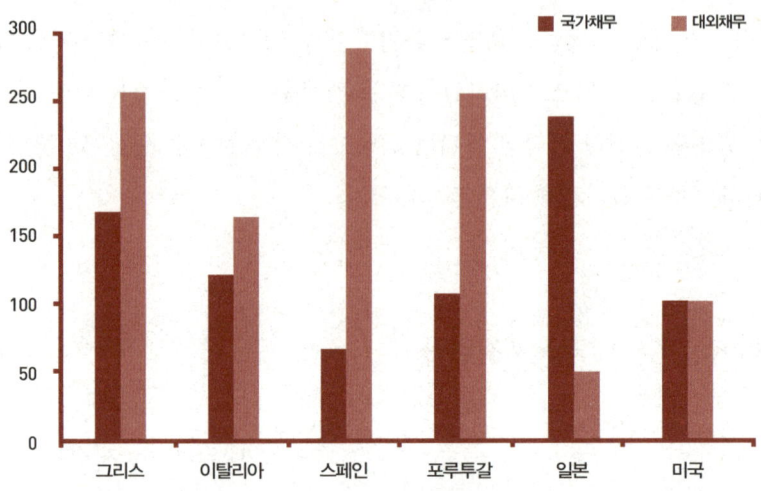

국가채무와 대외채무, 재정위기는 국가마다 상황이 다르다. 남유럽 국가들은 대외채무가 많은 것이 특징이다. 일본은 외채보다는 국가채무가 많다. 외채 규모가 적어 국가부도 등이 일어날 가능성은 희박하지만 만성적인 재정적자에 시달리고 있다. 미국은 재정적자로 인한 국가채무, 경상수지 적자로 인한 대외채무 둘 다 매우 많다.

다. 복지지출 증가는 정부 지출 증가를 의미한다. 그리고 이는 대외채무보다는 국가채무와 관련이 깊다(참고로 금융위기 직전인 2007년만 해도 스페인과 포르투갈의 GDP 대비 국가채무 비중은 각각 42%와 75%로 양호한 수준이었다. 그리고 남유럽 국가들의 복지지출 규모는 다른 유럽 국가들에 비하면 낮은 편이다.) 남유럽 재정위기의 원인은 국가마다 조금씩 다르지만 EU 단일통화인 유로를 쓰는 유로 존 가입으로 독자적인 환율정책을 사용하지 못하는 상황에서 취약한 제조업 기반으로 인한 지속적인 경상수지 적자가 근본 원인이었다. 그리고 과거에는 고금리 국가였으나 유로 존 가입으로 금리가 낮아지자 대거 유입된 해외자본이 부동산에 몰리면서 형성된 부동산

버블이 금융위기 이후 붕괴된 것도 큰 영향을 미쳤다.

수출보다 수입이 많아서 적자가 늘어나면 자국의 화폐가치가 떨어져서 환율이 상승한다. 환율이 상승하면 수출품 가격은 내려가고 수입품 가격은 올라가서 수출은 늘고 수입은 준다. 그래서 적자가 개선된다. 이것이 환율의 역할이다. 그런데 유로 존 가입으로 환율 효과를 볼 수 없게 됨에 따라 경상수지, 특히 무역수지 적자가 지속되었다. 이런 만성적인 경상수지 적자 보전을 해외차입에 의존함으로써 대외부채가 늘어난 것이다.

물론 복지지출의 영향도 전혀 없지는 않다. 그리스와 이탈리아는 연금 급여 수준이 매우 높다. 과도한 연금 지출이 재정 경직성을 초래했고 만성적인 적자재정에 일조했다. 적자재정이 일상화되면 세수를 늘려서 적자를 메워야 한다. 그러나 그리스와 이탈리아는 지하경제 규모가 크고 조세 투명성이 약해서 세수 기반이 취약하다. 그래서 세수 확충이 힘들다. 지출을 줄이든지 세수를 늘리든지 해야 하는데 둘 다 못하니 국가채무가 많아질 수밖에 없다. 그리스가 진 대외채무의 상당 부분이 국가가 진 빚이다.

일본은 재정적자에 허덕인다

2011년 기준으로 일본의 국가채무는 GDP 대비 200%가 넘어서 OECD 국가들 중에서 가장 많다(반면에 일본은 복지지출 규모가 OECD 국가들 중에서 가장 작은 그룹에 속한다.)

일본의 국가채무는 1990년대부터 늘기 시작했다. 1991년 부동산 거품이 붕괴된 이후 일본 정부는 대규모의 경기 부양책과 감세 조치를 실행했다. 1992년부터 2000년까지 수차례에 걸쳐 130조 엔을 경기 부양에 투입했는데 대부분 도로 건설 등 토목 위주의 공공사업에 흘러들어갔다. 이와 함께 민간 수요 진작을 위해 세 차례에 걸쳐 소득세와 법인세 감세 조치를 단행했다.

　이처럼 수입은 줄이고 지출은 늘린 결과 국가채무는 1991년에 GDP 대비 60%에서 20년 뒤인 2011년에는 GDP 대비 230%까지 늘어났다. 일본의 조세부담률은 OECD 선진국들 중에서 가장 낮은 수준이다. 지금도 세수보다 많은 국채를 발행해서 재정을 충당하고 있다. 사정이 이런데도 일본 정부는 증세 정책을 쉽사리 선택하지 못한다. 5%인 부가가치세율을 2015년까지 10%로 올리는 증세안이 오랜 격론 끝에 의회 해산을 조건으로 2012년에 간신히 통과되었다(결국 집권당이 선거에서 참패해 정권이 바뀌었다.)

　일본의 국가채무가 남유럽과 다른 점은 대부분이 자국 채무이고 외채 규모는 작다는 점이다. 자국 채무가 대부분이므로 국가부도 사태가 발생할 가능성은 거의 없다. 문제는 언제까지 만성적인 재정적자를 자국 채무로 충당할 수 있을 것인가 하는 점이다. 일본의 무역수지는 2011년, 31년간 이어오던 흑자 행진을 마감하고 적자로 전환되었다. 경기 침체가 장기화되어 일본의 저축률은 계속 낮아지고 있다. 국가채무가 끝없이 누적돼서 일본 정부 재정의 지속가능성이 없다고 판단되면 자국 채권자들도 더 이상의 국채 매입을 거부하고 매도로 돌아설 수 있다.

　2012년 국제신용평가 회사인 피치(Fitch)는 과도한 국가채무를 이유로 일본의 국가신용등급을 두 단계 하락한 A+로 정정했다. 그리고 몇 개월 뒤 우리나라의 국가신용등급을 기존의 A+에서 AA-로 한 단계 올렸다. 마침내(!) 우리나라 국가신용등급이 일본을 앞지르게 된 것이다(하지만 국제신용평가사의 평가는 별로 신뢰할 만한 게 못 된다. 글로벌 금융위기 때 파산한 미국 리먼브러더스(Lehman Brothers)는 파산 신청을 할 때까지도 A등급을 받았다. 그리고 거의 국가부도 사태까지 갔던 아일랜드도 2009년 이전까지 AAA등급을 받았다.)

미국은 재정적자, 경상수지 적자, 둘 다 아주 많다

미국의 경제 상황은 흔히 '쌍둥이 적자(twin deficits)'라고 불린다. 만성적인 재정적자와 경상수지 적자를 일컫는 말이다. 재정적자가 쌓이면 국가채무가 되고 경상수지 적자가 쌓이면 대외채무가 된다.

미국의 재정적자는 과도한 군비 지출과 낮은 조세부담률 탓이다. 2차 대전 이후 글로벌 금융위기 이전까지 미국의 재정적자가 급증한 시기는 두 차례다. 처음은 레이건 행정부 때, 그 다음은 조지 W. 부시 행정부 때다. 레이건 대통령 때는 구소련과의 군비 경쟁으로, 부시 대통령 때는 이라크와 아프가니스탄 전쟁으로 군비 지출이 팽창했다. 또한 레이건과 부시는 모두 소득세를 낮췄다(미국은 일본과 함께 선진국 중에서 조세부담률이 낮은 대표적인 국가다.) 만성적인 적자를 겪고 있는 와중에 글로벌 금융위기를 수습하느라 대규모 재정지출을 함으로써 국가채무는 더욱 늘어났다.

경상수지 적자의 거의 대부분을 차지하는 무역 적자는 수출보다 수입이 많아서 발생한다. 미국은 대표적인 과소비 국가다. 자국에서 생산하는 것보다 많이 소비하니 무역 적자가 발생할 수밖에 없다.

다른 나라가 미국 같은 상황이었다면 진작 재정위기를 겪고, 화폐가치는 폭락하고, 국가부도 사태까지 몰렸을 것이다. 하지만 미국은 끄떡없이 버티고 있다. 왜? 가장 큰 이유는 미국 돈인 달러가 세계 공통화폐이기 때문이다.

미국에 물건을 수출해서 달러를 번 국가들은 그 돈으로 미국 국채를 산다. 세계 공통화폐가 달러니 미국 국채는 안전하다는 생각에서 매입하는 것이다. 또한 달러가 전 세계 결제 수단이므로 미국 이외의 국가들은 외국과의 결제에 필요한 달러, 즉 외환보유고를 일정량 유지해야 한다. 미국 입장에서 보면 외환보유고는 갚지 않아도 되는 채무인 셈이다.

돈을 찍는 것만으로도 돈을 번다 | 시뇨리지 효과

시뇨리지(seigniorage) 효과란 화폐 발행기관이 화폐를 발행해 얻는 이익을 말하며 화폐발권차익이라고도 한다. 시뇨리지는 중세 유럽의 영주를 가리키는 'seignoir'에서 나온 말이다. 당시에는 화폐를 만드는 권한이 영주에게 있었다. 민간에서 금과 은을 가져와 화폐 주조를 의뢰하면 화폐 주조권자인 영주는 그 금속의 일정 몫을 화폐를 만드는 비용과 이윤(seigniorage)으로 떼어냈다. 그런데 재정이 부족해지면서 영주는 점차 시뇨리지를 늘렸다. 즉 비싼 금과 은에 값싼 구리를 섞어 화폐를 만들었다. 이에 따라 화폐 주조에 들어간 금속의 실제 가치와 화폐 액면가치의 차이가 점점 벌어졌고 그 결과 화폐가치가 하락하는 인플레이션이 발생했다. 인플레이션으로 시민들은 손해를 보지만 화폐 발행권자인 영주는 이익을 얻었다. 이런 의미에서 시뇨리지를 인플레이션 세금이라고도 한다.

물론 현대에는 통화 당국이 무작정 화폐를 발행하지는 못한다. 그러나 현대에서도 중앙은행이 무이자의 화폐를 발행해 이자가 생기는 금융자산을 취득함으로써 시뇨리지를 얻는다. 가령 한국은행이 1억 원을 발행해 이자율 5%로 대출해주면 이자인 500만 원에서 화폐 발행비용을 차감한 만큼 시뇨리지를 얻게 된다. 이러한 시뇨리지는 국제적으로도 발생한다. 미국이 국제결제에 필요한 달러를 발행하고 공급하면서 막대한 시뇨리지를 얻고 있는 것이다.

미국은 달러가 세계 공통화폐이므로 외환 부족으로 국가부도가 날 염려를 하지 않아도 되며 국채를 발행해 재정적자 문제도 해결할 수 있다. 다른 국가들이 미국 경제를 떠받치고 있는 셈이다.

그러나 달러화 특권으로 경상수지 적자와 재정적자를 해결하는 것은 한계가 있다. 쌍둥이 적자를 해소할 가망이 보이지 않는다면 채권국들은 더 이상 미국 국채를 매입하지 않고 매도로 돌아설 수 있다. 그러면 미국 경제는 큰 타격을 받고 달러 가치는 폭락할 것이다. 물론 이렇게 되면 세계 경제는 엄청난 혼란을 겪을 테니, 이는 채권국들도 바라지 않는 상황이다. 따라서 급작스럽게 해외 자본 유입이 중단되는 사태는 발생하기 어렵다. 그러나 세계 통화로서의 달러의 역할이 감소한다면 이런 변화가 서서히 진행될 수는 있다.

지금까지 살펴본 남부유럽, 일본, 미국 사례의 시사점은 다양하지만 한 가지만 꼽으라면 바로 이것이다.

"재정위기의 본질은 변제 능력을 초과한 대외채무다. 그리고 이는 결국 경상수지 적자 때문에 발생한다."

당연하다. 나라든 기업이든 가정이든 버는 돈보다 쓰는 돈이 더 많은 상태가 지속되면 결국 망할 수밖에 없다.

우리나라 국가채무의 변천

외채 문제는 이 정도로 마무리하고 국가채무 문제에 집중하자. 다음 쪽 그림은 1982~2011년까지 30년간 우리나라의 GDP 대비 국가채무 비중을 나타낸 것이다. 1997년 외환위기 이전 15년은 국가채무 비중이 감소하는 추세였으나 외환위기 이후 15년은 간혹 완만하게 유지되거나 감소하기도 했지만 대체로 빠르게 증가하는 추세임을 알 수 있다.

사실 2011년 기준으로 GDP 대비 34% 정도라면 결코 걱정할 수준은 아니다. 하지만 많은 사람들이 국가채무 문제를 걱정하는 것은 현재의

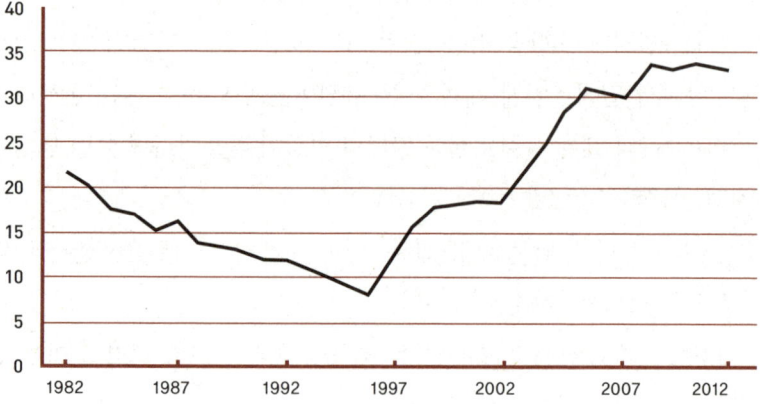

― 우리나라 GDP 대비 국가채무 비중 ―
(단위: %)

2011년 기준으로 국가채무는 GDP 대비 34%다. 현재 문제는 규모보다 속도다. 앞으로 국가채무가 빠르게 증가할 가능성이 높다. 게다가 앞으로 발생하는 채무는 만성적인 적자일 가능성이 높다.

― 우리나라 국가채무 추이 ―
(단위: 조원)

	1997	1999	2001	2003	2005	2007	2009	2011
GDP 대비 비중	11.9%	18%	18.7%	21.6%	28.7%	30.7%	33.8%	34.0%
국가채무 총계	60.3	98.6	121.8	165.8	247.9	299.2	359.6	420.5
−일반회계	−	20.1	24.5	29.4	40.9	55.6	97	135.3
−공적자금	−	−	−	14.4	42.4	52.7	49.5	45.7
−외환시장안정	4.2	10.8	14.1	33.5	67.1	89.7	104.9	136.7
−국민주택기금	16.6	24	31.7	36.8	39.7	43.6	48.5	48.9
−기타	39.5	43.7	51.5	51.7	57.8	57.6	59.7	53.9

규모 때문이 아니다. 문제는 속도다. 지난 15년간 빠르게 증가했듯이 향후에도 국가채무가 빠르게 증가할 가능성이 높기 때문이다. 게다가 빚을 지는 이유도 일시적인 수입이나 지출 변동 때문이 아니라 만성적인 적자 때문일 가능성이 높기 때문이다.

향후의 채무 전망을 위해 먼저 지난 15년간 채무가 급격히 증가한 원인을 파악해야 한다. 지난 15년이면 김대중, 노무현, 이명박 정부 시기다. 각 정권별 국가채무 증가 원인을 간략히 살펴보자.

표에서는 국가채무를 일반회계, 공적자금, 외환시장 안정용, 국민주택기금, 기타의 다섯 가지 유형으로 구분했다. 정권별 채무 증가 원인을 제대로 파악하려면 그 전에 먼저 이 다섯 가지 채무 유형의 성격을 알아야 한다. 2장에서 설명했듯이 일반회계는 국방, 치안 등 국가의 일상적인 지출을 담당하는 회계다. 따라서 일반회계 채무는 정부가 일상적인 지출을 세입으로 충당하지 못하고 적자를 냈을 때 발생한다. 공적자금 채무는 정부가 민간의 채무보증을 섰다가 민간이 갚지 못해서 국가채무로 전환된 것이다. IMF 외환위기 이후 민간 기업을 살리기 위해 정부는 많은 공적자금을 투입했다. 하지만 민간 기업들이 공적자금 중 상당 부분을 결국 갚지 못해서 국가채무로 전환되었다. 외환시장 안정용 채무는 정부가 외환보유고를 유지하기 위해 진 빚이다. IMF 외환위기는 갚아야 할 외채를 제때 상환하지 못해서 발생했다. 즉 정부의 외환보유고가 부족했기 때문이다. 이런 상황이 재발하는 것을 막으려고 정부는 외환보유고를 대폭 늘렸다. 외환보유고를 늘리는 방법 중 하나가 외국환평형기금채권(외평채)을 발행해 그 돈으로 달러를 보유하는 것이다. 국민주택기금은 국민주택사업 재원 마련을 위해 국민주택채권을 발행하면서 진 빚이다. 그리고 기타는 특별회계와 기금 등에서 진 빚이다.

국가채무의 유형을 정리했으니 이제 각 시기별 채무 증가 원인을 살펴보자. 외환위기 직전인 1997년 국가채무는 GDP 대비 11.9%로 상당히 낮은 수준이었다. 이 당시 일반회계 채무는 없었으며 기타 채무가 가장 많고 그 다음이 국민주택기금 채무였다. 그런데 외환위기로 세수가 감소하고 경기 부양을 위한 재정지출을 확대되자 1999년에 일반회계 채무가 발생했다. 한편 외환위기 대응 과정에서 대규모 공적자금이 투입되었으나 이는 2001년까지는 국가채무로 전환되지 않은 상태였다.

노무현 정부 시기인 2003~2007년에는 일반회계, 공적자금, 외환시장 안정 채무가 모두 상당히 증가했다. 이 기간의 일반회계와 공적자금 채무 증가는 거의 외환위기 수습 과정에서 투입된 공적자금 때문에 발생했다. 2001년까지 투입된 공적자금 규모는 100조 원이 넘는데 그중에서 49조 원은 민간이 갚지 못한 채무가 국채로 전환된 것이다. 일반회계 채무도 상당 부분은 공적자금 채무 상환 과정에서 발생했다. 그리고 외환시장 안정용 채무가 급증한 이유는 외환위기 상황의 재발을 우려해 외환보유고를 늘렸기 때문이다. 국민주택기금 채무는 당시 국민주택사업을 확장하면서 증가했다.

이명박 정부 시기 채무 증가의 가장 큰 특징은 일반회계 채무가 급격하게 증가했다는 점이다. 2007년 55.6조 원이던 일반회계 채무가 2011년에는 135.3조 원으로 4년 새 80조 원이 늘었다. 주된 이유는 2008년 글로벌 금융위기 때문이다. 감세 정책과 경기 침체로 세수가 감소한 상황에서 경기 활성화를 위한 재정지출을 대폭 늘렸기 때문에 대규모 재정적자가 발생했다. 한편 외환시장 안정 채무도 많이 늘었는데 이 역시 글로벌 경기 침체 상황에서 외환위기 재발을 방지하기 위해 늘린 것이다.

지금까지 1997년 이후 국가채무의 변화를 간략하게 훑었다. 지난 15년간 우리나라 국가채무가 급격하게 증가한 원인은 두 번의 경제위기, 즉 1997년 외환위기와 2008년 글로벌 금융위기에 대응하기 위해서였다.

물론 반론이 가능하다. 가령 이명박 정부의 감세 정책으로 인한 세수 감소가 일반회계 적자 증가의 주요 원인이 아닌가, 글로벌 금융위기 극복 과정에서 그렇게 많은 재정지출이 필요했는가, 지출의 상당 부분은 4대 강 사업 등 경제위기 극복에 꼭 필요했다고 보기 힘든 사업에 들어간 게 아닌가. 맞다. 각론으로 들어가면 시비를 가릴 것이 여럿 있다. 그러나 총론으로 보면 예외적인 상황에서 진 빚이며 만성적인 적자 때문은 아니라고 보는 게 온당하다.

잠재채무도 중요하다

지금까지 다룬 이야기를 종합하면 이렇다. 우리나라 국가채무는 많은 편이 아니다. 지난 15년간 국가채무가 급증했으나 이는 경제위기 수습 과정에서 발생한 예외적인 상황이지 만성적인 적자는 아니다. 다른 OECD 선진국들과 비교해봐도 우리나라의 공식적인 국가채무 규모는 작은 편이다.

그렇다면 왜 많은 사람이 국가채무가 문제라고 할까? 주로 두 가지 때문이다. 하나는 공기업 채무, 또 하나는 미래에 발생할 공적연금 지출 때문이다. 국가채무에 대한 공식적인 정의는 '정부가 직접적인 상환 의무를 지는 확정채무'다. 이 기준에 따르면 공기업 채무와 미래의 공적연금 지출은 모두 국가채무에 포함되지 않는다. 공기업은 공공기관이지만 정부가 아니다. 그래서 공기업이 망해도 정부가 공기업 채무를 승계할 의무는 없다. 미래의 공적연금급여 지출액은 제도에 따라 얼마든지 바뀔 수 있고 미래에 지급할 연금급여를 두고 정부가 국민에게 빚진 것이라고 하기는 어렵다.

그러나 여기서 중요한 것은 이것이 국가채무에 포함되느냐 아니냐가 아니다. 어디서, 누가 빚을 지든 결국 국민에게 부담으로 돌아오게 되어 있다. 따라서 앞으로 국민 부담이 얼마나 늘어날지, 재정 지속이 가능한지가 훨씬 중요한 문제다. 이런 측면에서 본다면 국가채무가 아닐지라도 공기업 채무는 미래 세대에게 문제가 된다. 그리고 미래의 공적연금 지출은 그보다 훨씬 큰 문제다(이에 대해서는 15장에서 자세히 논의한다.)

2부

정부가 할 것인가,
시장이 할 것인가

Public Economics That You Should Know

CHAPTER
6

정부는 왜 시장보다 비효율적일까?

고객정치 · 예산 낭비

    2009년 5월 영국 방송 〈BBC〉는 '황당 뉴스'라는 제목으로 강원도 양양공항을 보도했다. 승객이라고는 찾아볼 수 없는 공항 대합실을 비추면서 '세계에서 가장 조용한 국제공항일 것'이라고 비아냥거렸다. 그리고 친절하게도 양양공항뿐 아니라 한국의 지방 공항 14곳 중 11곳이 적자 상태라는 설명을 덧붙였다.[1] 한마디로 국제적 망신을 당했다. 창피해도 할 수 없다. 모두 사실이기 때문이다.

    2002년 문을 연 양양공항은 이른바 '동해안 신공항'을 표방하면서 의욕적으로 만든 국제공항이다. 3500억 원이 넘는 돈이 들어갔다. 하지만 이용객이 하루에 서른 명이 채 되지 않을 정도(2008년 26명)로 파리만 날렸다. 2008년 한 해 적자만 100억 원에 이르렀고, 그해 10월엔 국제선은 물론이고 정기 취항하는 국내선이 하나도 없는 공항이 되었다.[2] 다른 지방 공항도 마찬가지다. 경북 예천군에 있는 예천공항은 2002년 400억 원 가까이 예산을 들여 확장 개장했다. 그러나 수요가 없어 거의 빈 공간으로 방치하다가 1년 반 만인 2004년 결국 폐쇄됐다(예천공항은 2000년대 중앙고속도로가 개통되면서 항공 이용 수요가 줄어 노선이 줄어들고 있는 상황에서 공항 확장을 강행했다.) 그뿐만이 아니다. 2005년 개항을 목표로 1300억 원 넘는 돈을 들였으나 개장도 하지 못한 채 2010년 비행훈련센터로 전환한 울진공항, 사업비 500억 원을 투입했으나 공사 중단 상태로 방치된 김제공항 등 '황당 공항' 사례는 끝이 없다.[3]

지금도 지방 공항의 운영 적자는 계속되고 있다. 매년 500억 원에 달하는 흑자를 내는 세 개 공항의 수익금으로 적자를 메우면서 간신히 운영되고 있다. 폐쇄해버린 지방 공항은 그나마 사업비만 날리고 매년 발생하는 운영 적자는 줄였으니 오히려 예산을 절감한 셈이다.

당신 돈 같으면 그렇게 썼겠나

정부 사업도 사람이 하는 일이니 한두 번 실패는 있을 수 있다. 하지만 매번 실패하고도 같은 일을 반복하는 건 어떻게 봐야 할까. 지방 공항의 사정이 이런데도 여전히 동남권 신공항, 울릉도 공항, 제주 제2공항 등 지역마다 공항을 늘려달라는 요구가 끊임없이 나오고, 그때마다 정치권은 '적극 추진'을 약속한다.

공항뿐 아니다. 그동안 실행된 각종 SOC 사업 중에는 예산 낭비라고 언론의 질타를 받은 사업이 매우 많다. 흔히 연말이면 되풀이되는 보도블록 교체 공사는 예산 낭비로 지목되는 대표적인 사례다. 하지만 멀쩡한 보도블록 교체는 그나마 작은(!) 예산 낭비에 속한다.[4] 많은 돈이 투입된 대형 국책 사업이나 지자체가 수행한 다양한 SOC 사업 중에는 하지 않는 편이 더 좋았을 사업이 참 많다. 왜 정부 SOC 사업은 예산 낭비 시비가 끊이지 않을까? 왜 똑같은 유형의 예산 낭비 사업이 되풀이될까?

'당신 돈 같으면 그렇게 썼겠나.' 2011년 2월 〈중앙일보〉가 정부 예산 낭비를 막자는 취지의 기획기사를 연재하면서 붙인 제목이다. 내 돈이 아니라는 것, 그래서 정치인이나 공무원이 예산을 아끼는 마음 없이 헤프게 사용한다는 점은 확실히 공공이 민간보다 비효율적인 이유, 정부가 예산을 낭비하는 근본 원인이 된다.

하지만 남의 돈으로 사업을 하고 조직을 운영하는 것은 민간 기업도 마찬가지다. 민간 기업의 전문경영인이나 직원들에게 회사 돈은 자기 돈이 아니다. 그들은 일을 한 대가로 급여와 보너스를 받을 뿐이다. "당신 돈 같으면 그렇게 썼겠나?"라는 말은 원래 정주영 현대그룹 창업자가 직원을 질타하면서 한 말이라고 한다. 민간 기업에 고용된 사람들 역시 회사 돈은 자기 돈처럼 아낄 유인이 적다.

전문경영인이든 정치가든, 민간 기업 직원이든 공무원이든 남의 돈으로 사업하고 조직을 운영하는 것은 매일반이다. 그러나 민간 기업보다 정부에 낭비가 많은 것은 분명하다. 그렇다면 내 돈이 아니라는 이유 외에 다른 이유를 더 찾아야 한다.

이를 위해서는 먼저 정부의 비효율성이 무엇을 의미하는지를 생각해보고 정부와 민간의 어떤 차이가 정부의 비효율을 가져오는지를 알아야 한다.

정부 산출물 특성이
정부 비효율성을 야기한다

민간 기업보다 정부가 낭비가 많고 느슨해 보이는 이유가 무엇인지 주변에 물어보면 이런 답변이 돌아온다. "민간에는 경쟁이 존재하지만 공공 부문에는 경쟁이 없다", "민간은 이익을 내야 하지만 공공은 그럴 필요가 없다", "민간은 열심히 일을 하지 않으면 잘리지만 공공은 그렇지 않다"…… 요컨대 민간 기업에서는 치열한 경쟁 때문에 열심히 일을 해야 하지만 공공 부문은 그렇지 않다는 것이다. 맞는 말이다. 그런데 이는 민간 기업 종사자와 공무원의 근무 태도 차이, 예를 들면 삼성전자에 근무하는 사람이 서울시청에 근무하는 사람보다 더 열심히 일하는 이유를 설명한 것이다.[5] 일반인들은 이런 근무 여건과 태도의 차이 때문에 정부가 민간보다 비효율적이라고 생각한다. 그러나 정부 재정 활동 전체로 볼 때, 정부가 시장보다 비효율적인 이유는 근무 여건과 태도보다 좀 더 근본적인 데 있다.

경제학에서는 사람들에게 재화와 서비스를 제공하는 것을 자원 배분(allocation of resources)이라고 한다. 그래서 정부의 공공재 제공 기능을 자원 배분 기능이라고 한다. 또 경제학에서는 정부가 필요한 이유를 바로 시장이 제공하기 힘든 재화와 서비스를 적정하게 공급함으로써 사회 전체적으로 '효율적인 자원 배분'을 달성하는 데 있다고 본다.

이런 의미에서 경제학에서 정부가 비효율적이라는 표현은 자원 배분 기능을 효율적으로 하지 못하는 상태를 가리킨다. 우리가 흔히 정부가 예산, 국민의 혈세를 낭비한다고 비판할 때 떠올리는 모습도 대체로 여기 해당한다. 예산 낭비라고 하면 어떤 모습이 떠오르는가? 앞서 예로

든 텅 빈 지방 공항, 지방자치단체의 호화 청사, 한적한 지방도로 등을 떠올릴 수 있다. 논란의 여지는 있지만 어떤 이들은 4대강 사업, 다른 이들은 수많은 복지정책을 떠올릴 수도 있겠다.

이런 것들을 왜 예산 낭비라고 생각할까? 정책이나 사업의 성과가 들인 돈에 미치지 못한다고 여기기 때문이다. 그 돈을 다른 데 사용하는 게 국민의 행복을 위해 보다 가치 있다고 생각하기 때문이다. 즉 우리 사회의 가용 자원을 적재적소에 배분하지 않았다고 여기기 때문이다.

정부가 국민들에게 무엇을 얼마나 제공할 것인가를 정하는 것이 정책 결정이다. 따라서 경제학에서 말하는 정부 효율성은 정책 결정이 국민을 위하여 얼마나 바람직하게 되었는가를 의미한다.

정부 효율성에는 다른 측면도 있다. 주어진 정책과 사업을 수행하는 데 비용이 얼마나 들어가는가 하는 측면이다. 삼성그룹 임원이 정부 기관의 근무를 체험한 후에 같은 일을 삼성에 맡기면 1/3 인력만으로도 충분히 해낼 수 있다고 장담했다는 일화가 있다. 누군가 지어낸 말인지도 모르지만, 어쨌든 같은 일을 해도 정부는 민간 기업보다 더 많은 비용을 쓴다는 점은 대부분 공감할 것이다. 이처럼 같은 일을 해도 더 많은 비용을 쓰는 것도 정부 비효율의 또 다른 측면이다. 이는 정해진 정책과 사업을 얼마나 적은 비용으로 달성하는가 하는 문제로서 정책과 사업 집행의 효율성이라고 할 수 있다. 앞에서 말한 공공과 민간의 근무 태도, 즉 공무원이 회사원보다 열심히 일하지 않는다는 것은 정부의 집행 효율성이 민간 기업보다 떨어지는 한 가지 이유에 해당한다.

두 가지 유형의 효율성은 모두 중요하다. 정부가 제 할 일을 열심히 한다면 두 가지 효율성이 모두 높아야 한다. 하지만 예산 낭비라는 면에서는 '잘못된 정책 결정'이 '느슨한 정책 집행'보다 더 나쁜 영향을 미친다. 공무원이 민간 기업 임직원보다 느슨하게 일하는 이유에 대해서는 익히 알려져 있으니 여기서는 주로 비효율적인 정책 결정이 이루어지는 이유에 대해 알아보자. 이는 정부가 제공하는 재화와 서비스의 특성 때문이다.

정부가 비효율적인 이유 1:
비용 부담자와 혜택 수혜자의 불일치

국방, 치안, 도로 등 공공재가 시장에서 제공되기 힘든 이유는 비용 부담자와 혜택 수혜자가 일치하지 않기 때문이다. 시장에서는 비용을 부담하는 사람과 혜택을 얻는 사람이 같다. 내 돈 내고 내가 필요한 물품을 구입한다. 점심으로 내 돈 내고 4000원짜리 짜장면을 사 먹었다면 이는 짜장면이 내게 적어도 4000원만큼 가치가 있기 때문이다. 내가 낸 돈보다 가치가 적다면 사 먹을 리 없다. 이에 비해 정부 생산물 수급에서는 비용 부담자와 혜택 수혜자가 일치하지 않는다. 국방이나 치안 서비스를 각자가 돈 내고 필요한 만큼만 구매할 수는 없다. 따라서 정부는 세금을 걷어서 비용을 충당한다. 국민이 내는 세금으로 국민에게 필요한 재화와 서비스를 제공하므로 비용 부담자와 혜택 수혜자도 모두 국민이다. 그러나 내가 낸 세금이 나에게 제공되는 혜택과 직접 연결되지는 않는다. 세금을 많이 낸다고 더 많은 혜택을, 적게 낸다고 더 적은 혜택을 받는 것도 아니다.

산출물의 비용과 혜택이 같은 사람에게 귀속되지 않는다는 점이 정부가 시장보다 비효율적인 근본 이유다. 시장에서도 비용 부담자와 혜택 수혜자가 다르면 비효율이 발생할 수 있다. '어제 친구가 한턱낸다고 해서 일식집에서 근사하게 먹었어. 맛있긴 한데 너무 비싸. 내 돈 내고 먹으라면 못 가지'라고 생각한 경험이 있을 것이다. 혹은 선물로 받은 갈비 세트 가격을 확인하고는 '차라리 이 값만큼 상품권을 주지' 하고 아쉬워했던 경험이 있을 것이다. 뷔페식당에 가면 과식을 하게 되는 이유도 비슷하다. 뷔페식당은 1인당 정해진 가격을 치른다. 개인이 먹은 양과는 관계없다. 그러니 먹은 것에 비례해서 값을 치르는 일반 식당보다 많이 먹게 되고 이왕이면 대게찜, 스테이크처럼 비싼 음식을 집중 공략한다. 그러고는 다음 날 늘어난 몸무게를 보고 후회한다.

정부가 비효율적인 이유 2:
성과의 불확실성

비용 부담자와 혜택 수혜자의 불일치는 정부 비효율, 예산 낭비의 근본 이유다. 그런데 이를 더욱 부추기는 특성이 있다. 정부 산출물은 대개 성과를 분명히 알기 어렵다는 점이다.

이명박 정부 사업 중 가장 말이 많았던 것은 단연 4대강 사업이다. 4대강 사업에 대한 무수한 비판은 한 줄로 정리할 수 있다.

'들어가는 비용에 비하여 혜택이 크지 않다.'

그렇다면 정부는 왜 그 많은 반대를 무릅쓰고 강행했을까? 역시 한 줄로 정리할 수 있다.

'사업의 혜택이 들어가는 비용보다 훨씬 많다.'

같은 사업을 두고 한쪽은 혜택이 비용보다 적다고 주장하고 다른 쪽은 혜택이 비용보다 많다고 항변하니 둘 중 하나가 틀린 것은 분명하다. 어느 쪽이 틀렸을까? 불행히도, 아니 어쩌면 다행히도 어느 쪽이 틀렸는지 명확하지 않다. 4대강 사업에는 정부 예산 22조 원이 투입되었다. 4대강 사업을 찬성하는 쪽은 이로 인해 홍수·가뭄 예방과 주변 관광 개발 효과를 얻을 수 있다고 한다. 반대하는 쪽은 이러한 효과가 없거나 미미하다고 한다. 뿐만 아니라 이 사업 탓에 강의 생태계가 파괴된다고 한다. 반대로 찬성하는 쪽은 사업 덕에 생태계에 오히려 도움이 될 수도 있다고 한다.

예산이 22조 원이나 투입된 사업이니 홍수·가뭄 예방이나 주변 관광 개발 효과가 있기는 할 것이다. 강물의 흐름을 바꾸고 흙바닥을 시멘트로 메웠으니 생태계에 미치는 영향이 없을 리도 없다. 하지만 각각의 효과가 어느 정도인지는 명확하지 않다. 사업이 완공된 지금도 효과를 명확히 알기 어렵다.

4대강 사업을 반대하는 쪽이나 찬성하는 쪽이나 모두 전문가들을 동원해서 혜택과 비용 크기를 계산했다. 양쪽이 꺼낸 결과는 너무 달랐다. 4대강 사업 찬성 쪽 전문가는 혜택이 비용보다 최대 3배라고 했다. 반대하는 쪽 전문가는 혜택이 비용의 1/4에도 미치지 못한다고 했다.[6] 4대강 사업은 100원을 투자해 300원이 남는 장사일까, 25원도 못 건지는 장사일까? 양쪽 전문가들은 스스로 얻은 추정 결과를 믿었을까, 속으로는 아니면서 겉으로만 그렇게 주장했을까? 스스로 믿었다면 실력이 의심스럽고 아니라면 심경이 궁금하다. 실력 문제였는지 양심 문제였는지는 모르겠다. 하지만 어쨌든 4대강 사업의 성과라는 것이 객관적으로 추정하기 어렵기 때문에 생긴 문제임은 분명하다.

이 글을 쓰고 있을 무렵 차세대 전투기 사업도 논란이 되었다. 뉴스에 등장한 전문가는 "8조 원이 넘는 무기를 구매하면서 7월에 제안서 받아

10월에 결정하는 나라는 세계 어디에도 없다"라고 비판했다. 이 인터뷰에 이 사업의 문제점이 요약되어 있다. F-35의 록히드마틴사, F-15의 보잉사, 유로파이터의 EADS(유럽항공방위우주산업)가 입찰에 참여했다. 그런데 이미 오래전부터 차세대 전투기로 F-35가 내정되어 있다는 소문이 무성했다. 입찰을 시작하기도 전에 이미 내정되었다는 소문이 도는 것도 문제지만, 내정된 F-35는 아직 개발이 끝나지도 않은 미완성품이어서 더욱 논란이 되었다.

내정 여부는 모르겠다. 어쨌든 공식적으로는 정해진 절차에 따라 세 가지 기종을 평가하고 가장 높은 점수를 받은 기종을 선정할 것이다. 평가 항목은 운용 비용(30%), 임무 수행 능력(33.61%), 군 운용 적합성(17.98%), 경제적·기술적 혜택(18.41%) 네 가지라고 한다. 항목 명칭을 보면 그럴듯해 보인다. 하지만 구체적으로 어떤 기준으로 각 항목을 평가할 것인지를 생각해보면 선뜻 와닿지 않는다. 각 평가 항목마다 모호한 부분들이 상당히 포함되어 있다. 세 기종의 성능이 뚜렷하게 차이나지 않는 한, 특정 기종에 더 높은 점수를 주는 것이 그리 어려울 것 같지 않다(논란이 심해지자 결국 차세대 전투기 기종 선정은 다음 정권으로 넘어갔다.)

비행기 성능을 따지는 것은 정부 사업 중에는 그래도 결과가 명확한 편이다. 이보다 훨씬 모호한 것들이 많다. 그리고 정책 결정의 수준이 상위 단계일수록 불확실성은 더 증가한다. 비행기 60대를 구매하는 차세대 전투기 사업의 목적은 국방력 증강이다. 그런데 8조 원이 넘는 예산을 들여 국방력을 향상시키는 데 전투기 60대 구입이 최선일까? 과연 공군력 강화에 이 돈을 사용하는 것이 육군이나 해군력 강화에 사용하는 것보다 국방력 증강에 더 도움이 될까? 공군력 강화라는 측면에서 봐도 전투기 60대 구매가 헬기나 수송기, 미사일 구입보다 더 효과적일까? 보다 본질적으로 들어가서 8조 원을 국방에 추가 사용하는 것이 교육이나 복지에 추가 사용하는 것보다 국민들의 행복에 더 도움이 될까?……

물론 대부분의 정치가와 공무원은 국민이 내는 세금을 헛되이 사용하지 않기 위해 노력할 것이다. 이것까지 의심하지는 말자. 그러나 정부 산출물은 성과가 불확실한 것이 많아 극소수의 정치가나 공무원이 실제로는 들어가는 비용보다 혜택이 적지만, 이를 은폐하거나 위장하고 사업을 추진해도 제대로 간파하기 어렵다는 사실은 분명하다. 또한 설사 진정성을 갖고 최선을 다해도 해당 정책의 성과를 제대로 알기 어렵기 때문에 의도와는 달리 비용에 미치지 못하는 혜택이 돌아올 수도 있다.

정부 일은 시장이 아니라 이해관계자가 결정한다

비용과 혜택의 불일치와 성과의 불확실성은 정부가 시장보다 비효율적인 가장 중요한 이유다. 이러한 특성 때문에 시장과 달리 정부 산출물의 수급에 가격기구가 작동하지 않는다. 시장에서는 가격기구에 의해 무엇을 얼마나 어떻게 생산할지 결정된다. 가격이 오르면 더 많이 생산하라는 신호고, 가격이 내리면 줄이라는 신호다. 그러나 정부 산출물은 그렇지 않다. 가격기구가 작동할 수 없기 때문에 정부 산출물의 수급은 이해관계자들의 상호작용 속에서 정치적으로 결정된다. 이해관계자는 세 집단으로 구분할 수 있다. 정책을 결정하는 정치인, 정책의 비용을 부담하고 혜택을 받는 정책 대상자, 정책을 집행하는 공무원이다. 이 세 집단의 상호작용 속에서 정부는 무엇을 얼마나 생산할지 결정하며, 어떻게 생산하는지도 정해진다.

어느 집단이든 자기 이익을 우선하는 것은 인지상정이다. 이들도 크게 다르지 않다. 그런데 '비용과 혜택 불일치'와 '불확실한 성과'라는 정부 산출물 특성과 '자기 이익 우선'이라는 세 집단의 욕구가 맞물리면, 결국 비효율적인 결과를 낳게 된다.

공무원의 행태는 정책 결정보다는 집행 과정의 비효율에 영향을 미친다. 공무원은 자기 분야 정책에 대한 전문성을 갖고 있다. 이에 따라 정부의 정책 중 대다수는 공무원에 의해 결정되며, 이 정책들 중에 비효율적인 것들도 많다. 그런데 공무원이 만든 정책 중 비효율적인 것들은 대부분 그 정책과 관련한 이해집단의 영향과 정치인의 압력 탓이다. 이런 의미에서 정책 결정에서의 비효율을 따질 때는 공무원의 행태보다는 이해집단과 정치인의 행태가 더 중요하다.

정치인은 본인 부고를 제외하고는 어떤 식으로든 언론에 오르내리는 것을 좋아한다는 말이 있다. 작년에 어느 국회의원은 근거 없는 주장으로 다른 정치인을 비방하며 유명세를 탔다. 표를 먹고 사는 정치인은 대중에게 자신을 알리는 일이 무엇보다 중요하다.

사회문제 발생은 정치인에게 좋은 기회다. 그 문제를 가장 효과적으로 해결할 수 있는 대안을 제시하는 것도 중요하다. 그러나 그보다 우선인 것은 대중에게 생색낼 수 있는 대안이다. 사회문제는 복잡하다. 이해관계가 얽혀 있다. 하나의 대안이 문제를 말끔히 해결하는 경우는 거의 없다. 하나를 풀면 다른 게 튀어나온다. 다각도로 검토하고 점진적으로 접근해야 하는 경우가 대부분이다. 그러나 정치인 입장에서는 아니다. 정책의 비용과 혜택이 분리되어 있고 게다가 성과도 불확실하니 대중들은 더 좋은 대안이 무엇인지 파악하기 어렵다. 그러니 정치인 입장에서는 당연히 더 큰 문제를 일으키더라도 일단 어필할 수 있다면 더 좋은 대안이다. 성실한 정치인보다 선정적인 정치인이 보상받는 한 예산을 낭비하는 정책 결정은 피할 수 없다.

당신이 임기 4년 정치인이다. 다음과 같은 A, B, C 사업이 있다. 셋 중 어느 사업을 택하겠는가?

A: 임기 중에는 비용만 들어가고 임기 후에 혜택이 발생. 비용보다 혜택이 월등히 큼.
B: 임기 중에 비용과 혜택이 모두 발생. 비용보다 혜택이 다소 큼.
C: 임기 중에는 혜택만 발생하고 임기 후에 비용 발생. 비용과 혜택이 비슷함.

국민 입장에서는 A를 택하는 게 좋다. 하지만 정치인 입장에서 보면 다르다. 임기 중에 비용만 발생하는 사업은 생색이 나지 않는다. 임기 후에 혜택이 발생하면 후임자만 좋을 뿐이다. 재주는 뭐가 부리고 돈은 왕서방이 챙기는 셈이다. 그보다는 B나 C가 더 매력적이다. B를 택하더라도 '비용<혜택'이니 예산을 낭비하는 것은 아니다. C를 택하더라도 비용과 혜택이 비슷하니 전혀 타당성이 없지 않다. 게다가 자신은 생색만 내고 비용은 후임자가 고민하면 된다. 진정으로 국민을 위하는 이상적인 정치인이라면 몰라도, 대다수 현실 정치인의 시계(time horizon)는 임기 중으로 제한되기 쉽다. 이른바 포퓰리즘이라고 비난받는 정책이 나오는 데는 이처럼 실(實)보다 명(名)이 중요한 근시안 정치인의 행태가 결정적이다.[7]

소수 이익집단의 힘 |
누구를 위하여 종은 울리나?

정부 정책의 비용 부담자와 혜택 수혜자는 모두 국민이지만 동일인에게 비용과 혜택이 돌아가지 않는다. 어떤 이는 주로 비용만 부담하고 혜택은 다른 이가 누리기도 한다. 어떤 이는 혜택보다 더 큰 비용을 부담하지만 다른 이는 비용보다 훨씬 더 많은 혜택을 누린다. 비용 부담자와 혜택 수혜자는 각각 자신의 이익을 우선시하며, 이들의 입장은 정책 결정 과정에 반영된다.

		혜택	
		다수에게 분산	소수에게 집중
비용	다수에게 분산	I	II
	소수에게 집중	III	IV

비용 부담자와 혜택 수혜자의 특성 중 비효율적인 정책을 채택하게 하는 데는 두 집단의 규모가 중요하다. 비용 부담자와 혜택 수혜자의 규모는 위의 표처럼 유형화할 수 있다. 비용-혜택, 다수-소수의 구분에 따라 네 가지 유형이 가능하다. 비효율적인 정책 결정인 '비용이 혜택보다 큰 경우'는 비용 부담자와 혜택 수혜자의 규모가 서로 다를 때 발생할 가능성이 높아진다. 즉 '비용이 다수에게 분산되고 혜택이 소수에게 집중되는' II유형과 '비용이 소수에게 집중되고 혜택이 다수에게 분산되는' III유형의 경우에 발생 가능성이 높아진다.

고객정치 |
비용 다수-혜택 소수

　　　　　　　　　　앞에서 다룬 텅 빈 지방 공항 사례는 비용이 혜택보다 큰 예산 낭비의 전형적인 예다. 이 사례는 II유형에 해당한다. 공항 건설 비용은 국민의 세금으로 충당하지만 혜택은 건설업자와 일부 지역 주민들에게 집중된다. 지방 공항 건설로 인한 혜택은 1000억원이고 비용은 1조 원이라고 하자. 그리고 혜택을 보는 사람은 1만 명이고 비용 부담자인 납세자는 2000만 명이라고 하자. 혜택을 보는 사람 1인당 1000만 원 이득이 발생하고, 비용을 부담하는 사람 1인당 5만 원씩 지출이 발생된다. 1인당 혜택이 훨씬 크므로 혜택을 보는 소수는 합심해서 공항 유치를 위해 노력할 가능성이 높다. 하지만 비용을 부담하는 납세자는 그렇지 않다. 게다가 혜택을 보는 집단은 건설업자나 국회의원 선거에서 표로 직접 연결되는 지역 유권자들이다. 동질성이 높다. 그러나 납세자는 제각각이고 공항 건설 비용을 자신이 내는 세금과 직접 연결시키기도 힘들다.

　　국민 다수가 반대했던 4대강 사업을 강행한 목적은 소위 토건족의 이익 때문이었다고 생각하는 사람들이 꽤 있다. 이들의 생각대로라면 4대강 사업은 II유형에 해당하며 역시 비용이 혜택보다 큰 경우다. 그 밖에도 II유형에 해당하는 사업이면서 사회 전체적으로 '비용〉혜택'인 사례는 부지기수다. 예산 낭비라고 지탄하는 사업들은 대부분 여기에 해당한다. 정치인이나 관료들이 자신들의 고객이라 할 수 있는 소수 이익집단을 위한 결정을 한다는 의미에서 II영역의 정책 채택을 '고객정치(client politics)'라고 부른다. 그리고 정책 결정권자들이 이들의 로비대로 움직이는 것을 두고 이익집단에게 포획(capture)되었다고 한다. 정책 결정권자들이 이익집단에 포획되고, 그래서 이들 간에 공생(共生) 관계가 형성되어 있다는 것에 대해서는 굳이 설명하지 않아도 잘 알고 있는 일이다.

SOC 건설 이외에 각종 보조금 지원도 II유형에 해당한다. 다양한 직능 단체들이 받는 보조금 중에는 별 성과가 없어 폐지가 마땅한 것들이 제법 된다. 하지만 보조금 지원은 SOC 건설보다도 더욱 눈에 띄지 않는다.

미국의 농업보조금정책[8]

1900년경 미국 근로자의 35%가 농업에 종사했다. 100여 년 뒤인 2002년에는 이 비율이 2.5%로 떨어졌다. 농업 종사자는 소수임에도 매년 250억 달러가 넘는 연방정부 보조금이 이들에게 지원된다. 이 보조금 지원으로 미국인들은 가구당 연평균 390달러를 추가로 부담하는 반면 보조금 수혜자인 농민은 연평균 1만 9600달러를 받는다.

왜 미국 소비자는 농업 지원에 이처럼 많은 비용을 지불할까? 정부 담당자는 대규모 농업 기업과 외국 경쟁자들로부터 농민들을 보호하기 위해서라고 한다. 부시 대통령은 2002년 농장 보조금 법안에 서명하면서 "이 법안은 농민의 독립성을 높여주고 미래의 농민을 보전하는 데 기여할 것"이라고 했다. 이러한 견해의 유일한 문제점은 이것이 사실과는 전혀 다르다는 데 있다.

미국에서 생산되는 400여 종의 농산물 가운데 8종만이 보조금을 받는다. 그리고 보조금은 생산량에 비례해 지급되기 때문에 경작 규모가 클수록 더 많은 혜택을 누린다. 이에 따라 전체 보조금의 2/3는 1년에 25만 달러 이상의 소득을 올리는 상위 8%의 농가에 지급된다. 이들 중에는 1995~2004년 10년간 100만 달러 이상을 받은 9000여 개 기업농이 있으며, 심지어는 포춘지 선정 500대 대기업도 있었다.

이처럼 많은 액수가 들고 효과도 애초 목적과는 괴리가 있는 보조금 정책이 어떻게 계속 유지될 수 있을까? 농업보조금정책은 전형적인 고객정치이기 때문이다! 비용은 세금을 내는 일반 국민에게 넓게 분산된 반면, 혜택은 소수의 농민, 특히 대규모 기업농에게 집중된다.

이러한 농업보조금정책은 미국에만 국한된 것은 아니며 EU를 비롯한 많은 국가에서 실시하고 있다. 우리나라도 예외는 아니다. 물론 농업은 중요하고 농민 지원은 필요하다. 특히 많은 국가와 FTA를 체결하고 있는 상황에서는 더욱 그렇다. 그러나 과거에도, 그리고 지금도 다양한 유형의 농업 보조금이 애초의 목적과는 상당히 다르게 집행되고 있는 것도 사실이다.

Ⅱ유형에 해당하는 것에는 정부가 직접 예산을 지출하지 않는 것들도 있다. 특정 집단에게 혜택을 주는 각종 규제 정책이 여기에 해당한다. 고환율 정책의 혜택은 수출을 많이 하는 대기업에게 돌아간다. 변호사나 의사 등 특정 직업군의 진입을 어렵게 하거나 중소기업 보호업종 지정처럼 업종을 제한하는 정책은 그 업종 집단들에게 혜택을 준다. 이러한 규제에는 정부 예산이 직접 투입되지는 않지만 물가 상승, 높은 가격, 낮은 품질 등의 형태로 일반 국민이 비용을 부담하게 한다.

물론 이러한 규제 정책들을 시행하는 데는 나름대로 '공익'을 위한다는 명분이 있다. 하지만 처음에는 공익을 위해 시행한 규제 정책이 시대와 상황이 변해서 오히려 공익을 저해하는데도 불구하고 없어지지 않고 계속 유지되는 경우가 제법 있다. 유지되는 이유는 물론, '고객정치' 때문이다.

고객정치와 지대추구 행위

정부 비효율, 부패를 설명하는 이론 중에 지대추구(rent-seeking) 행위라는 것이 있다. 지대(地代), 즉 땅값은 어떻게 결정될까? 과거 서울의 강남 일대는 미나리 밭 천지였다. 당시 밭 가격은 곡창지대의 논보다 낮았을 것이다. 그러나 강남 개발 붐에 따라 미나리 심던 밭 가격은 천정부지로 치솟았다. 땅값이 오르는 이유는 자명하다. 다른 상품과는 달리 공급이 제한되어 있으므로 수요가 늘어도 물량이 증가하지 않기 때문이다. 땅 부자가 얻은 부를 통상 불로(不勞)소득이라고 한다. 자신의 노력과 상관없이 단지 땅값이 오른 덕에 부자가 되었기 때문이다.

이처럼 공급이 제한된 덕에 발생하는 불로소득, 즉 지대는 부동산 외에도 일상의 경제 행위에서 광범위하게 발생한다. 이 경우는 주로 경쟁의 제한으로 인한 이득의 형태로 나타난다. 과거 정부가 특정 기업에게만 개발 허가권을 내주거나 차관을 제공했던 사례가 대표적이다. 관급 공사를 수주하게 해주거나 정부가 보조금을 지원하는 것도 유사하다. 정부와의 관계에서 발생하는 각종 이권과 특혜는 모두 지대에 해당한다.

정부 공사, 보조금, 허가권 등에 따른 이득을 얻기 위한 노력을 지대추구 행위라고 한다. 지대가 존재하지 않는 경쟁 시장에서는 공급자들이 보다 질 좋은 제품을 싼값에 내놓아 소비자의 선택을 받으려고 노력한다. 그러나 지대가 존재하는 시장에서는 소비자 선택을 받으려는 노력 대신에 정부가 부여하는 지대를 획득하기 위해, 또는 이미 얻은 지대를 계속 유지하려고 노력한다. 그 과정에서 로비와 뇌물 제공 같은 행태가 나타난다. 고객정치의 전형적인 유형이다.

경쟁을 제한해 지대가 형성되면 경쟁 시장보다 가격이 비싸진다. 그만큼 소비자나 납세자에게 피해가 간다. 하지만 손실은 여기에 그치지 않는다. 지대추구 행위 과정에서 벌어지는 왜곡된 행동(혁신을 통해 수익을 얻으려는 기업가 정신의 소멸, 부정부패 등)이 사회에 미치는 폐해는 그보다 훨씬 크다.

지대추구 행위는 정부와의 관계에서만 존재하는 것이 아니다. 민간 기업 간의 관계

> 에서도 흔하다. 최근 경제민주화를 위해 없어져야 할 악습으로 지목받는 '일감 몰아주기'도 그 예에 해당한다. 경쟁 제한으로 이득을 보기 때문이다. 정부와의 관계에서건 민간기업 간의 관계에서건 지대추구 행위는 공정한 사회 기강(!)을 저해함으로써 눈에 보이는 것보다 훨씬 큰 비효율을 낳는다.

기업가적 정치 |
비용 소수-혜택 다수

Ⅱ유형과 정반대가 Ⅲ유형이다. 혜택은 다수에게 비용은 소수에게 집중되는 경우다. 기업 간 담합 금지, 환경오염 규제, 산업 안전 규제 등이 이에 해당한다. 이 규제 정책에 대한 비용은 해당 기업이 부담한다. 그리고 혜택은 소비자, 일반 국민, 근로자에게 돌아간다. 비용이 집중되는 소수는 그 정책의 실행을 막으려고 노력할 것이다. 혜택을 보는 다수는 그 정책이 실행되면 좋다. 하지만 비용 부담자만큼 절실하지 않거나 조직적으로 대응하지 못한다. 아예 그 정책의 필요성을 잘 모르는 경우도 많다.

그렇다면 어떤 경우에 Ⅲ유형의 정책이 결정될까? Ⅱ유형을 고객정치라고 하는 것과 대비해서 Ⅲ유형을 기업가적 정치라고 한다. '기업가적'이라는 표현은 영어의 'entrepreneurial'을 번역한 것이다. 그런데 영어의 entrepreneur는 단순히 기업을 경영하는 사람이라는 뜻이 아니라 혁신을 통해서 사회 발전을 이끄는 기업가라는 의미를 담고 있다. 애플의 스티브 잡스 같은 사람이 해당하겠다. 따라서 'entrepreneurial'의 의미를 충실히 전달하자면 '제대로 정치' 정도로 번역하는 게 더 좋을 것 같다.

'제대로 정치'는 어느 경우에 실현될까? 진정으로 국리민복(國利民福)을 위하는 제대로 된 정치가가 주도해 정책이 실현되는 경우도 있을 수 있다. 하지만 안타깝게도 이런 경우는 드물다. 통상은 사회문제가 심각해져서 정치권의 해결을 촉구하는 여론이 끓어올랐을 때 이루어진다. 시민단체나 언론에서 문제를 제기하고 이슈화에 성공했을 때 이루어지기도 한다. 그런데 Ⅲ영역의 정책들이 정말 필요할 때 제대로 잘 실현될까? Ⅱ유형의 경우를 유추해보면 그다지 그럴 것 같지 않다. 비용이 집중되는 소수 집단이 손 놓고 멍하니 바라보고 있을 리 없기 때문이다.

Ⅲ영역의 정책 채택은 두 가지 특징을 지닌다. 첫째, 정책이 채택되더라도 실제 내용은 의도한 효과를 달성하기 힘들 만큼 변형되는 경우가 많다. 대기업이 오염 물질을 몰래 배출하다 적발되는 사건이 터지면 여론이 들끓고 정치권은 기업의 환경오염 규제 법안을 만든다. 법안 제정까지는 여론이 관심을 보이므로 골격은 상당히 엄격해 보이도록 만들어진다. 그러나 실제 실행 안에는 이러저러한 예외 규정이 삽입되기 마련이고 결국에는 종이호랑이가 되기 십상이다.

둘째, 필요한 정책이지만 채택되지 않는 경우가 많다. 그 정책이 실현되었을 때 손해를 보게 될 소수 집단이 반대 여론을 조성하고 로비를 벌이는 등 다양한 방법으로 정책 실현을 막기 때문이다. 미국이 선진국으로는 유일하게 그토록 오랫동안 공적 의료보험을 가지지 못했던 이유가 미국의사협회(American Medical Association, AMA) 같은 의료집단의 반대 때문임은 잘 알려진 일이다. 불특정 다수에 대한 총기 난사 사건이 끊이지 않음에도 불구하고 미국에서 아직도 총기 규제가 입법화되지 못하는 이유가 미국총기협회(National Rifle Association, NRA)의 막강한 정치력 때문이라는 사실도 잘 알려져 있다.

그 밖에도 Ⅲ영역에서 필요한 정책이 소수 집단의 저지로 채택되지 못한 사례는 매우 많다. 우리나라에서 재벌의 지배구조를 개선하기 위한 논의가 무성함에도 불구하고 별 진전이 없는 이유도 익히 짐작할 수 있다.

필요한 정책이 실현되지 않는다는 것은 새 정책이 채택되지 못하는 것뿐만 아니라, 기존 정책을 바꾸지 못하는 것도 포함된다. Ⅱ영역의 정책은 사회 전체적으로는 비용이 혜택보다 큰데도 계속 유지되는 경향이 있다고 했다. 이를 반대로 생각하면 '기존 정책의 폐지나 변경'이라는 정책 채택이 Ⅲ유형에 해당하기 때문에 이루어지지 않는 것으로도 볼 수 있다.

예를 들면, 2012년 7월부터 일반약의 슈퍼 판매가 허용되었다. 일반약 슈퍼 판매 허용은 마땅히 이루어져야 할 정책이지만 이를 시행하기까지 10여 년을 끌었다. 그리고 우여곡절 끝에 시행되었지만 여전히 슈퍼 판매가 허용된 품목은 극히 제한적이다. 필요한 정책이 제대로 실행되지 못하는 것은 명시적이지는 않지만 역시 사회 전체적으로 '비용〉혜택'이 발생하는 것에 해당한다.

이익집단 정치와 포퓰리즘

복지가 우리 사회의 주요 의제로 등장하면서 '포퓰리즘'이란 용어도 심심찮게 등장했다. 정치학에서 포퓰리즘이란 용어는 상황에 따라 다른 의미로 사용된다. 하지만 우리 사회에서 쓰이는 포퓰리즘 개념은 비교적 명확하다. '정치적 지지를 얻기 위한 것', 그리고 사회 전체적으로는 '비용〉편익.' 사람들은 으레 자신에게 편익이 오는 정책은 지지하고 비용이 발생하는 정책은 반대한다. 따라서 포퓰리즘이란 그 정책으로 편익을 얻는 집단의 지지를 얻기 위하여 사회 전체적으로 더 큰 비용을 초래하는 정책을 채택하는 것으로 이해할 수 있다.

흔히 포퓰리즘이라고 하면 정책 실행으로 이익을 보는 집단이 다수인 경우를 떠올린다. 그러나 실제로 비용이 편익보다 큰 정책은 정책 수혜 집단이 소수로 제한적일 때 훨씬 더 많이 발생한다. 이는 이익집단 행태에 대해 지금까지 논의한 내용을 떠올리면 쉽다. 수혜 집단이 다수인 정책은 비용이 많이 들고 눈에 잘 띈다. 정책 채택에 앞서 많은 논쟁을 거치게 된다. 그래서 명백히 사회 전체적으로 '비용>편익'인 정책은 채택되기 어렵다. 따라서 입장과 가치관에 따라서 포퓰리즘 여부가 논란이 되는 경우는 있지만, 대다수가 포퓰리즘 정책이라고 동의할 만한 것은 드물다.

하지만 수혜 집단이 소수인 경우는 다르다. 대상이 소수이므로 다수인 정책에 비해 사회적인 이슈가 덜 된다. 정책을 성사시키기 위한 수혜 집단의 압력은 훨씬 거세다. 당연히 수혜 대상이 다수인 포퓰리즘 정책보다 발생 가능성이 훨씬 크다. 앞에서 말한 '비용 다수-편익 소수'인 고객정치가 바로 수혜 집단이 소수인 포퓰리즘 정책의 전형적인 예다. 고객정치는 수혜 집단의 지지를 얻기 위한 것이며, 사회 전체적으로 비용이 편익보다 크다. 앞에서 예로 든 지방 공항은 고객정치 중에서는 그래도 가시적이라서 비판을 많이 받았다. 하지만 눈에 잘 띄지 않는 분야에서 이루어지는, 그래서 비판조차 별로 받지 않는 고객정치 포퓰리즘은 더욱 심각하다. 예산 낭비를 막고 정부 효율성을 높이기 위해서는 고객 정치 포퓰리즘을 막는 일이 최우선이다.

앞에서 수혜 집단이 다수이면서 명백히 포퓰리즘인 정책은 드물다고 했다. 그런데 편익 다수의 포퓰리즘 정책이 빈번하게 발생하는 경우가 있기는 있다. 해야 할 정책을 대중의 눈치를 보느라고 하지 못하는 것,

바로 '안 하는 포퓰리즘'이다.[9]

　대중의 인기에 연연하여 못하는 것이므로 역시 포퓰리즘이라고 할 수 있겠다. 수혜 집단이 다수라도 '하는 포퓰리즘'은 가시적이지만 '안 하는 포퓰리즘'은 눈에 잘 띄지 않는다. 보이면 비판할 수 있으나 안 보이면 어렵다. 비판이 있으면 조심하게 되고 거세지면 고치게 된다. 그러나 비판이 없으면 행동할 유인이 없다.

　'안 하는 포퓰리즘'은 다양한 분야에서 발생한다. 재정과 관련해서는 거의 '수입'에서 발생한다. 조세나 사회보험료 인상이 필요하지만 국민 다수에게 부담을 주고, 그래서 인기가 없어질 게 뻔하니 인상하지 않는 경우가 여기 해당한다. 3장에서 봤듯이 우리나라 복지지출 수준은 다른 OECD 국가들에 비해 매우 낮고 국민부담률 역시 상당히 낮다. 복지지출과 국민부담률이 어느 정도여야 적정한지는 나라마다 다르다. 그러나 우리나라가 예외적으로 '낮은 복지-낮은 부담' 구조이며, 지금보다 복지지출과 국민부담을 높여야 한다는 데는 전반적인 합의가 이루어져 있다.

　지출을 늘리는 정책이야 누구라도 못할 게 없다. 문제는 부담을 높이는 정책이다. 사람 심성이라는 것이 없다가 생기는 것보다 있다가 없어지는 것에 더 민감하다. 복지 증가의 혜택보다는 부담 증가(가처분소득 축소)의 비용이 더 크게 느껴지는 것이 인지상정이다. 더군다나 내가 내는 세금과 내가 받는 복지가 직접 연계되지도 않는다.

　어느 정도로 복지를 확대해야 적정한지는 사람마다 생각이 다르다. 하지만 한 가지는 분명하다. 국민부담 증가에 '안 하는 포퓰리즘'이 작용하는 한 복지 확대는 우리 사회에 필요한 수준보다 적을 수밖에 없고 적정 수준보다 '낮은 복지-낮은 부담' 구조가 이루어진다.

정부와 시장은
작동 원리가 다르다

지금까지 정부가 시장보다 비효율적인 이유를 설명했다. 비용과 편익의 분리 및 성과의 모호성이 근본 이유이며, 여기에 '자기 이익 우선'이 결합해서 각종 낭비와 비효율이 발생한다. 그런데 한 가지 오해하면 안 될 것이 있다. 이러한 설명의 결론이 "시장은 좋고 정부는 나쁘다" 혹은 "시장은 유능하고 정부는 무능하다"가 전혀 아니라는 점이다.

성과의 모호성도 그렇지만 특히 비용-편익 분리 때문에 공공재의 수급에는 가격기구가 작동할 수 없으며 그래서 시장에서 수급이 이루어질 수 없다. '자기 이익 우선'은 전형적인 시장의 특성이다. 애덤 스미스(Adam Smith)가 《국부론》에서 묘사했듯이 시장에서 벌어지는 개인들의 사익 추구 행위가 사회 전체의 이익을 가져오는 이유는 가격기구가 작동하기 때문이다.

정부가 시장보다 비효율적인 것은 맞다. 그러나 이것은 두 부문이 제공하는 재화와 서비스가 다르고 작동 원리가 상이하기 때문이지, 시장이 더 잘하거나 정부가 더 유능하지 못해서는 아니다.

따라서 정부의 효율성을 높이고 성과를 향상시키려면 시장과는 다른 접근이 필요하다. 그렇다면 어떻게 해야 할까? 이에 대해서는 다음 장에서 얘기하자.

CHAPTER
7

공공재에 값을 매긴다면

비용편익분석·민자사업

Dear Sir,
　당신은 나에게 조언을 구했지만, 내가 그 일에 충분한 사전지식을 갖고 있지 않기 때문에 어떤 결정을 내리라고 충고하기는 어렵습니다. 그러나 당신이 어떤 방법으로 결정을 내려야 할지에 대해서는 말씀드릴 수 있습니다. 사실 그처럼 어려운 문제는 어떤 결정을 내려야 할지가 바로 떠오르지 않습니다. 왜냐하면 우리가 내릴 결정의 장단점이 동시에 머리에 떠오르지는 않기 때문입니다. 어떤 생각이 떠올랐다가 이내 그것이 사라지고 또 다른 생각이 떠오릅니다. 그러면서 여러 가지 생각들이 얽히고, 또한 그것들의 불확실성은 우리를 당황케 합니다. 이러한 상황에 부딪쳤을 때 문제를 해결하는 방법을 알려드리겠습니다.

우선 종이 한 장을 꺼내 한가운데에 세로로 줄을 그어 양쪽으로 나눕니다. 그리고 나서 오른쪽에는 좋은 점들을, 왼쪽에는 나쁜 점들을 적습니다. 그리고 며칠간 생각하면서 그 문제의 좋고 나쁜 점에 관해 순간순간 떠오르는 내용들을 모두 적습니다. 모든 항목들을 한눈에 볼 수 있도록 정리하고, 각각의 항목에 점수를 매깁니다. 그리고 양쪽에 똑같은 점수를 받은 항목이 있으면, 그 두 항목을 동시에 지워버립니다. 만약 오른쪽에 있는 좋은 점 한 항목이 왼쪽에 있는 나쁜 점 두 항목과 동일한 비중을 갖는다고 생각하면, 세 항목을 모두 지웁니다. 그리고 좋은 점 두 가지 항목이 나쁜 점 세 가지 항목과 같은 비중을 지닌다고 생각하면, 그 다섯 가지 항목을 모두 지워버립니다. 이런 식으로 하면 마침내는 양쪽에 몇 개의 항목만 남을 것입니다. 그때 하루 이틀쯤 더 생각해서 양쪽에 새롭게 추가할 중요한 항목이 더 이상 생기지 않으면, 그것을 바탕으로 결정을 내립니다.

비록 각 항목의 비중이 엄밀한 산술적인 수치로 주어지지 않는다고 해도, 그런 식으로 모든 것을 잘 구분하고 비교해 고려한 뒤라면, 더욱더 잘 판단할 수 있고 성급한 조치를 취할 가능성은 훨씬 줄어듭니다. 나는 이 방법을 통해 지금까지 상당한 도움을 받았습니다.

나는 당신이 가장 현명한 결정을 내리기를 진심으로 기원합니다. 당신의 영원한 친구로부터.

런던, 1772년 9월 19일
B. 프랭클린[1]

복잡한 상황에 놓였을 때, 난관에 부딪혔을 때 주변에서 많이 해주는 충고가 있다. 적어보라는 것이다. 그 일을 해서 좋은 점과 나쁜 점, 또는 그 일을 해야 할 이유와 하지 말아야 할 이유를 구분해서 적고 나면 선택이 보다 분명해진다. 벤저민 프랭클린(Benjamin Franklin)이 친구에게 보냈다는 저 편지에 왜 그렇게 해야 하는지, 그리고 어떻게 해야 하는지가 잘 드러나 있다. 개인뿐 아니다. 기업도 정부도 이런 셈법에 따라 이해득실을 따진다. 이것이 비용편익분석(cost-benefit analysis)이다.

앞서 정부가 시장보다 비효율적인 이유는 가격기구가 작동하지 않기 때문이라고 했다. 정부 정책과 사업은 비용과 편익(혜택)이 분리되어 있고 성과가 모호한 탓에 가격기구가 작동하지 않는다. 그래서 '비용〉편익'이라도 시행되고 계속 유지되는 경우가 많다. 비용과 편익의 분리는 바꿀 수 없는 조건이다. 그러나 성과가 모호하다는 점, 즉 투입되는 비용과 그로부터 산출되는 편익의 크기를 알기 어렵다는 문제는 어느 정도 해결할 수 있다. 정부가 특정 정책이나 사업을 하기 전에 그에 드는 비용이 얼마고 그로부터 얻을 수 있는 편익은 얼마인지를 따져보면 된다.

정부 정책의 비용과 편익의 크기가 명시적으로 알려지면 '비용〉편익'인 것으로 나타난 정책이나 사업은 정당성이 없으므로 시행하기 어렵다. 따라서 비용과 편익 크기를 추정하는 것, 즉 비용편익분석이 제대로만 이루어지면 정부의 효율성을 높이고 예산 낭비를 막는 데 매우 유용한 수단이 된다. 그래서 비용편익분석은 정부의 다양한 정책과 사업에 대하여 이루어지고 있다. 이를 보면 정부도 나름 효율성을 높이기 위해 노력한다고 평가할 수 있다.

'시장처럼 가격기구가 작동할 수 없으니, 인위적으로라도 가격을 매김으로써 비용과 편익을 분명하게 인식하자. 그래서 불필요한 정책은 하지 않도록, 예산 낭비를 방지하도록 하자.' 이런 취지에서 비용편익분석을 실시하는 것이라면 과연 그렇다. 문제는 비용편익분석이 이런 착한 동기로만 이루어지는 것은 아니라는 데 있다.

김연아 금메달의 가치는 5조 원?

현대경제연구원은 평창에서 올림픽을 개최할 경우 직접 효과는 21조 1000억 원에 달할 것이라고 진단했다. 경기장, 교통망, 숙박시설 등 동계올림픽 개최를 위한 총 투자 규모는 7조 2555억 원이며, 그 경제적 효과는 16조 4000억 원에 달할 전망이다. 여기다 관광객 방문과 올림픽 대회 경비 지출 등 연관 소비 지출의 경제적 효과는 4조 7000억 원으로 추산된다. (…) 또한 간접 효과로서 올림픽 개최 이후 10년간 경제적 효과가 43조 8000억 원에 달할 것이라고 분석했다.[2]

2018 평창 동계올림픽의 경제적 효과가 무려 65조 원이라는 게 믿기는가? 65조 원이라는 금액이 어떻게 산출된 것인지 잠깐 살펴보자. 직접효과 계산 내역은 기사에 제시되어 있으니 간접효과 43조 8000억 원을 어떻게 산출했는지 살펴보자(엄밀하게 따지자면 경제적 효과 분석은 통상적인 비용편익분석과는 다소 다르다. 하지만 경제적 효과 추정은 대략 비용편익분석에서 '편익'을 따지는 것에 해당한다.)

평창 올림픽을 개최한 덕에 외국인들은 한국으로 관광 오고 싶다는 생각을 훨씬 더 많이 하게 된다. 이로 인해 늘어나는 관광객 수는 올림픽 이후 10년만 따져봐도 1년에 100만 명씩, 1000만 명이다. 이들이 한국에

뿌리고 가는 돈은 18조 5000억 원이고 파급 효과까지 더하면 32조 원이 넘는 경제적 효과가 창출된다. 게다가 평창 올림픽 덕택에 대한민국 국가 브랜드 가치가 높아지며 덩달아 대한민국 기업들의 브랜드 가치도 높아진다. 이러한 기업 브랜드 가치 상승을 국내 100대 기업에만 한정해 돈으로 환산해도 11조 6000억 원가량 된다.

믿거나 말거나, 평창 올림픽 개최는 엄청나게 수지맞는 장사인 셈이다. 들어간 비용에 비해 막대한 이익을 보는 것은 비단 평창 올림픽뿐만이 아니다. G20 정상회담의 경제적 파급 효과는 최소 20조 원(삼성경제연구소)에서 30조 원 이상, 최대 450조 원 이상(국제무역연구원)으로 추정했다. G20 정상회담에 들어간 비용이 얼마인지는 모르겠지만 아무튼 이익에 비하면 새발의 피일 것이다. 정부도 450조 원 이상이라는 수치는 좀 민망했던지 20조 원과 30조 원이라는 수치를 주로 홍보했다. 그 밖에도 많다. 2010년 남아공 월드컵에서 달성한 원정 16강 진출의 경제적 효과는 4조 원 이상, 밴쿠버 동계올림픽에서 김연아 선수가 딴 금메달의 가치는 5조 원이 넘는다고 한다.

스포츠 행사나 금메달의 경제적 효과야 크게 부풀려졌다고 한들 정부 재정을 낭비하는 것도 아니고 국민 생활에 큰 영향을 미치는 것도 아니니 그냥 연예 기사 보듯이 웃어넘기면 그만이다. G20 정상회담 유치 역시 돈 벌자고 벌인 일은 아니었을 테니 실제 경제적 효과가 450조 원이 아니라 450만 원이었다고 해도 우리가 크게 분개할 일은 아닐 것이다.

그러나 정부 재정이 대거 투입되거나 사람들의 생활에 큰 변화를 초래하는 정책이라면 얘기가 달라진다. 이런 정책의 비용편익분석이 왜곡되고 그에 따라 정책 결정이 잘못 이루어진다면 심각한 문제다.

정부의 비용편익분석은 재량으로 하는 경우와 의무적으로 해야 하는 경우로 구분된다. 재량으로 하는 경우는 주로 찬반 논란이 분분한 정책에 대해 비용보다 편익이 크다고 홍보해서 정책을 정당화하기 위해서다. 한미 FTA 효과 분석이 이에 해당한다. 한미 FTA의 경제적 효과는 대외경제정책연구원과 한국개발연구원 등 10여 개 국책연구기관이 모여서 2007년과 2011년 두 차례 분석했다. 2007년은 FTA의 체결 시점이고 2011년은 효력 발효 시점이다. 2007년 분석에는 이후 10년간만 따져도 실질 GDP를 5.97% 증가시킨다고 나타났고 2011년 분석에는 5.67% 증가시킨다고 했다. 국내 최고의 국책연구기관들이 한데 모여서 두 번이나 분석을 했고 두 결과가 유사하게 나왔으니 틀림없이 그만한 경제성장을 가져올 것이다. 하지만 자꾸만 과연 그럴까라는 의심이 든다.

정책 정당화를 위한 비용편익분석은 당연히 비용보다 편익이 크게 나오게 마련이다. 어차피 그럴 것이라 생각하고, 그래서 누구도 진지하게 받아들이지는 않는다. 게다가 비용편익분석 여부와 상관없이 정책은 실시되었을 것이다. 그러니 설사 분석 결과가 왜곡되었다고 해도, 비용편익분석 때문에 하려던 사업을 그만두거나 규모를 축소하는 식으로 실질적으로 달라지는 일은 거의 없다. 다만 정부의 거짓말이 하나 더 추가되고 정부에 대한 불신이 조금 더 깊어질 뿐이다(분석에 들어간 비용만큼 정부 예산이 낭비되기는 한다.)

대규모 정부 예산이 투입되는 사업은 사전에 비용편익분석을 실시하도록 의무화되어 있다. 물론 이 경우에도 비용편익분석 결과, 사업이 가져다주는 편익보다 사업에 드는 비용이 크면 해당 사업을 할 수 없다고 법규로 정한 것은 아니다. 다만 떳떳하게 실행하기는 힘들 것이다.

그런데 한번 생각해보자. 단지 '재량'이 아닌 '의무'로 한다고 해서 비용편익분석이 제대로 이루어질까? 내심으로는 사업을 실행하겠다고 미리 정해놓고 겉으로만 비용편익분석 결과에 따라 결정하겠다고 공언하면, 그래서 분석을 하는 전문가에게 '알아서 잘하라'는 무언의 메시지(!)가 전달된다면 제대로 된 결과가 나올 리 없다.

그래서 사업 시행 기관으로부터 독립된 기관이 비용편익분석을 하도록 제도가 마련되어 있다. 하지만 이런 제도가 있다고 해서 그대로 운영된다는 보장은 없는 법이다.

비용편익분석이 제대로 이루어지고 취지대로 활용되도록 하는 일은 예산 낭비를 막고 행정 효율성을 높이는 데 매우 중요하다. 낭비의 대명사로 알려진 '토건 예산'을 제대로 쓰는 데 특히 필요하다.

그런 의미에서 어떻게 하면 비용편익분석을 제대로 실시하고 취지대로 활용할 수 있는지 따져보자. 이를 위해 먼저 비용편익분석이 대체 무엇인지, 왜 그렇게 문제가 많은지 알아보고 제대로 된 비용편익분석을 할 수 있는 방안을 함께 생각해보자.

비용편익분석 방법

비용편익분석은 비용과 편익을 추정하고 크기를 비교하는 것이다. 비용편익분석 과정을 보면 아래와 같다.

① 편익과 비용 항목 가려내기
② 편익과 비용을 화폐가치로 측정
③ 편익과 비용을 현재가치로 환산
④ 편익과 비용 비교

이 중에서 핵심은 ①과 ②의 과정이다. 그런데 어떤 정책을 실행했을 때 발생할 비용과 편익을 제대로 가려내고 측정하는 것이 그리 간단한 문제는 아니다.

편익과 비용 항목 가려내기

비용편익분석을 하려면 어떤 정책을 실행할 때 발생하는 모든 긍정적인 효과와 부정적인 효과를 파악해 긍정적인 것은 편익으로, 부정적인 것은 비용으로 설정해야 한다. 직접적인 영향은 물론 간접적인 영향, 유형적인 효과와 무형적인 효과도 포함해야 하니 모든 편익과 비용을 제대로 가려내기란 매우 어렵다.

예를 들어 유흥업소 영업을 밤 12시까지로 제한하는 정책을 시행한다고 하자. 이 정책을 실행하는 데 정부가 직접 부담하는 화폐적 비용은 그리 많지 않다. 하지만 관련 공무원들이 12시 이후 영업 단속을 해야 하니 업무 부담이 비화폐적 비용으로 발생한다. 그리고 규제 대상인 유흥업소에는 막대한 수입 감소를 불러올 것이다. 뿐만 아니라 심야 손님이 줄어서 택시기사와 대리기사들 수입도 줄어들 것이고, 술 소비량이 줄어 주류업계도 손실을 볼 것이다. 한편 주당들은 밤늦도록 술을 마실 수 없으니 삶의 즐거움이 감소할 수도 있겠다.

반면에 술을 적게 마시게 되니 그만큼 건강은 좋아질 것이다. 새벽까지 술 마시고 회사에서 조는 일이 줄어들 테니 업무 능률도 제법 오를 것이다. 사회 전반의 도덕성도 조금 올라갈지 모른다. 집에 일찍 들어오니 부부 싸움도 줄어들 것이고, 유흥비 지출 대신 가족들과 외식이나 주말 여행을 더 자주 한다면 가족 간의 유대가 더욱 돈독해질 수 있고, 외식업계와 여행사 수입이 증가할 수도 있다.

편익과 비용을 화폐가치로 측정

심야영업 제한 정책 예에서도 알 수 있듯이 정책이 초래하는 비용과 편익에는 비화폐적인 요소들이 많다. 삶의 즐거움 감소, 건강 증진, 업무 능률 향상, 가족 간 화목 증대……. 이처럼 다양한 효과들의 크기를 합하거나 서로 비교하려면 먼저 각각의 크기를 공통된 척도로 바꿔 나타내야 한다. 공통된 척도로서 대표적인 것은 물론 화폐가치, 즉 돈이다. 그런데 즐거움, 건강, 업무 능률, 화목을 돈으로 환산하면 얼마나 될까? 이를 계산하는 것이 그리 쉽지는 않다.

고속철도 건설로 서울에서 부산까지 가는 시간이 2시간 단축되었다면 이를 돈으로 환산한 가치는 얼마일까? 고속철도가 천성산을 관통해 이 지역 환경 생태계가 파괴되었다면 그 피해는 화폐가치로 얼마나 될까? 음주 단속을 강화해서 교통사고 사망자가 1년에 30명 줄어든다면? 월드컵 유치를 통해 올라간 국가 브랜드의 화폐가치는? 시간, 환경, 생명, 홍보의 가치 측정은 비용편익분석에서 종종 부딪치는 문제들이다.

이쯤에서 한 가지 짚고 넘어가야 할 게 있다. 비용편익분석의 기본 철학에 대한 것이다. 생명이나 환경의 가치는 돈으로 환산해서 비교할 수 없다며 비용편익분석을 비판하는 사람들이 많다. 생명이나 환경마저 경제성을 따지는 것이 비정하기는 하다. 하지만 때로는 이를 따지는 것이 그렇지 않은 것보다 생명과 환경의 가치를 더 귀하게 여기는 길이 되기도 한다.

과거 우리나라의 산업안전 규제는 선진국들에 비해 상당히 빈약했다. 규제를 강화하면 안전사고를 줄일 수 있다는 사실을 몰랐기 때문이 아니다. 규제를 강화하면 그만큼 기업의 안전시설 설치 비용이 늘어나기 때문에 눈감았을 뿐이다.

산업안전 규제를 강화해 사고를 미리 막는 것은 정부가 의당 해야 할 임무다. 그런데 얼마나 강화해야 할까? 무한정 강화할 수는 없는 노릇이다. 규제 강도에 따른 편익(사고 감소 정도)과 비용(안전장치 비용)을 고려해 일정 수준을 정할 수밖에 없다. 소비자 안전 규제도 마찬가지다. 자동차 차체를 더 튼튼하게 만들도록 정하면 사고가 나더라도 피해를 줄일 수 있다. 하지만 그렇게 하면 자동차 가격이 올라가고 기름도 더 많이 든다. '차체의 튼튼함'은 최소 수준을 어떻게 정해야 할까? 역시 편익(피해 감소)과 비용을 비교해서 결정할 수밖에 없다. '생명의 가격'을 높게 책정하면 규제 강도가 세지고 낮게 책정하면 약해진다. 생명의 가치를 다른 비용과 비교할 때와 그렇게 하지 않을 때, 어느 경우에 안전규제가 더 강화될까? 이를 고려하지 않는 우리보다는 고려하는 미국의 안전규제 강도가 훨씬 세다. 아이러니 같지만 정부 정책에서 '생명이나 환경의 가치는 지고지순하므로 감히 비용과 편익으로 취급할 수 없다'라고 부정하기보다는 이들을 명시적으로 고려할 때 더 많은 생명을 보호하고 환경을 보존할 수 있을 것이다.

비용편익분석이
신뢰받지 못하는 이유

비용과 편익의 항목을 부적절하게 선정해서, 가령 비용에 넣어야 할 항목은 빼고 편익에 넣지 말아야 할 항목은 끼워 넣어 분석 결과가 달라진다면 이는 정말 노골적으로 비용편익분석을 왜곡하는 행위다.

대표적인 예가 새만금 사업이다. 대규모 서해안 간척사업인 새만금 사업은 1991년에 시작되었다. 공사가 진행 중이던 1998년 환경단체들이 이 사업의 경제적 타당성과 환경 파괴에 대해 문제를 제기했다. 논란 끝에 1999년 5월부터 2000년 6월까지 14개월 동안 민관 합동조사반이 비용편익분석을 실시했다. 총 10개의 시나리오를 만들어서 비용과 편익을 비교했는데 모든 경우에 편익이 비용보다 컸다. 가장 낙관적인 경우는 편익이 비용의 3.81배, 가장 비관적인 경우에도 편익이 비용의 1.25배였다. 그런데 이 분석은 문제가 많았다. 경제학 전공자의 필독서인 《미시경제학》의 저자 이준구 교수는 이 비용편익분석의 문제점에 대한 논문을 발표했다. 이준구 교수는 새만금 사업 비용편익분석에 대해 "생각할 수 있는 모든 방법을 통해 사업에서 기대되는 편익을 부풀리고" "비용편익분석에서 해서는 안 될 일들이 무엇인지를 생생한 예로 보여준다"라고 평가했다.

새만금 사업의 비용편익분석을 할 때만 해도 아직 재정사업 결정에 비용편익분석을 적용하는 것이 보편화되기 이전이었다. 그래서 노골적으로 비용을 줄이고 편익을 늘리는 것도 가능했다. 요즘은 그 정도까지는 아니다. 아예 비용에 포함해야 할 항목을 빼거나 편익에서 제외해야 할 항목을 넣는 짓은 하기 힘들다. 그보다는 비용과 편익의 규모를 적당히 가감해서 결과를 조정하는 경우가 많다. SOC 사업처럼 비용편익분석을 실시하는 전형적인 사업들은 그로 인해 발생하는 편익과 비용 항목에 어떤 것들을 포함해야 하는지에 대해 어느 정도 합의가 되어 있다. 생명, 시간, 환경 등 무형 가치를 돈으로 환산하는 방법 역시 일정하게 정해져 있기 때문에 임의로 계산하기는 어렵다. 하지만 비용과 편익의 규모는 아직 발생하지 않은 미래의 일이므로 너무 터무니없이 확대하거나 축소하는 게 아니라면 명백히 반박하기 어렵다. 이 때문에 사업 채택을 원하는 쪽은 편익 규모는 크게 하고 비용 규모는 작게 하려는 유혹을 받으며, 채택이 싫은 쪽은 그 반대의 유혹을 받는다.

앞에서 사례로 든 평창 올림픽의 경제적 간접효과가 43조 8000억 원이라는 엄청난 액수로 나온 것은 편익 규모를 크게 잡았기 때문이다. 평창 올림픽이 계기가 되어서 한국을 방문하는 외국인이 있기는 할 것이다. 하지만 과연 그 규모가 앞으로 10년 동안 매년 100만 명이나 될까? 평창 올림픽 덕에 한국이 외국에 좀 더 알려지기는 할 테고 이는 한국 기업의 이미지 제고에도 도움이 되기는 할 것이다. 하지만 그 효과가 과연 11조 원이 넘을 만큼 클까?

4대강 사업은 어떻게 타당성조사도 받지 않았을까?

앞에서 대규모 정부 예산이 투입되는 사업은 시행 이전에 비용편익분석을 거치도록 의무화되어 있다고 했다. 이를 위한 대표적인 제도가 예비타당성조사다. 예비타당성조사는 말 그대로 사업의 시행 여부를 결정하기 전에 미리 사업의 타당성을 평가하는 과정이다. 사업의 타당성은 비용편익분석 결과에 '정책적 타당성'과 '지역 균형발전 기여 정도'라는 항목을 더해 평가한다.

예비타당성조사는 총사업비가 500억 원 이상이고 국가재정이 300억 원 이상 투입되는 사업, 5년간 500억 원 이상 소요되는 복지사업 등에 시행한다. 이전에는 사업을 시행하는 부처에서 외부에 의뢰해 시행하던 것을

1999년부터는 기획재정부 주관 하에 한국개발연구원(KDI)이 시행한다.

비용편익분석을 기획재정부 주관 하에 KDI가 한다는 것은 분석의 타당성 확보에 중요하다. 예산을 배정하는 기획재정부와 예산을 받는 사업 시행 부처는 이해가 상반되기 때문이다. 자연히 기획재정부 산하 기관이 분석한 결과와 사업을 시행하는 부처가 의뢰한 기관이 분석한 결과가 달라지게 마련이다. 이를 잘 보여주는 통계가 있다. 사업을 시행할 부처가 직접 외부에 분석을 의뢰했던 시기인 1994~1998년 5년 동안 33개 사업 분석이 이루어졌다. 그런데 그중 1개 사업만이 타당성이 부족하다는 결과가 나왔다. 이에 비해 KDI가 분석을 맡은 1999~2008년의 10년 동안에는 378개 사업 중 43%인 162개가 타당성이 부족하다는 결론이 나왔다.

물론 KDI가 분석한다고 해서 늘 공정한 것은 아니다. 정치적으로 결정된 사업은 KDI가 분석해도 제대로 된 결과가 나오기 힘들다. 가까운 후배가 타당성 분석을 담당하던 시절에 나에게 이런 말을 한 적이 있다. "맞아요. 정치적으로 결정된 것을 쉽게 타당성이 없다고 평가하지는 못해요. 하지만 규모를 줄이거나 내용을 수정해서 조금 더 합리적으로 보이게는 만들 수 있어요." 비록 여전히 한계는 있지만, 비용편익분석 담당 기관에 대한 사업 시행 기관의 입김 작용을 어렵게 만든 것은 비용편익분석의 타당성을 높이고 예산 낭비를 줄이는 데 어느 정도 기여한 것으로 평가할 수 있다.

이명박 정부 내내 그토록 말이 많았던 4대강 사업의 비용편익분석 결과는 어떻게 나왔을까? 비용이 컸을까? 편익이 컸을까? 궁금한 독자들이 제법 있을 것이다. 둘 다 아니다. 4대강 사업은 아예 공식적인 비용편익분석 절차, 즉 예비타당성조사도 거치지 않았다. 사업비 500억 원 이상이고 정부 돈이 300억 원 이상 투입된 국책사업은 예비타당성조사를 받도록 되어 있는데, 어떻게 정부 예산이 22조 원이나 투입되는 사업임에도 예비타당성 조사를 피했을까?

예비타당성조사를 의무화한 것은 국가재정법이다. 여기에는 조사를 면제할 수 있는 예외 규정이 있다. 그중 하나가 '재해복구지원' 사업이다. 재해복구는 시간을 다투는 긴급한 사업이므로 시일이 걸리는 예비타당성조사를 면제하도록 해두었다. 그런데 4대강 사업을 검토하던 2009년 3월, 정부는 이 요건을 살짝 바꿨다. '재해복구지원' 사이에 '예방'이라는 말을 끼워 넣어 '재해예방·복구지원'으로 바꾼 것이다. 재해를 복구하는 사업뿐 아니라 재해를 사전에 예방하기 위한 사업도 시급을 다툰다고 본 것이다.

그 결과 4대강 사업의 주 내용인 보 설치, 강둑 보강, 하천 준설 등은 모두 재해예방 사업으로 간주되어 타당성조사를 받지 않았다. 자전거길 조성, 생태하천 조성 등 지엽적인 사업만 조각조각 따로 떼어 예비타당성조사를 받았다.

정부는 왜 4대강 사업의 예비타당성조사를 그토록 피하려고 애썼을까? 입맛대로 주무를 수 있는 고무줄 비용편익분석마저도 자신이 없어서? 글쎄, 다소 무리하면 편익이 비용보다 크게 만드는 것은 가능했을 것 같다. 다만 워낙 국민의 관심이 크고 말 많은 사업이니만큼, 결과를 두고 야당과 시민단체에서 왈가왈부할 게 뻔하고 그 과정에서 시일이 지체되는 것을 피하려 그랬을 것이다. 좌우지간 대단하다(참고로 2012년 2월 10일 부산고등법원 재판부는 "보의 설치는 재해예방사업이라고 볼 수 없으며, 보의 설치와 준설이 6개월도 걸리지 않는 예비타당성조사에서 면제시켜야 할 정도로 시급성을 요하는 사업이라고는 도저히 인정할 수 없다"고 밝혔다.)

지방재정의 예비타당성조사: 투자심사제도

예비타당성조사는 300억 원 이상의 국고(중앙정부 재정)가 투입되는 경우에만 실시하다가 2012년부터는 500억 원 이상이 투입되는 공기업 사업에도 적용하기로 했다. 하지만 지방재정으로 이루어지는 대규모 SOC 사업은 중앙정부 지원을 300억 원 이상 받지 않는 한 예비타당성조사를 거칠 필요가 없다.

지방재정으로 이루어지는 대규모 SOC 사업에 대해서도 타당성 분석을 받는 제도가 마련되어 있기는 하다. 투자심사제도다. 사업비가 200억 원 미만인 경우는 지방정부가 심사하고 200억 원이 넘으면 중앙정부(행정안전부)가 심사한다.

하지만 투자심사는 계획 수립 이전에 미리 타당성을 검증하는 제도가 아니다. 사업 수행 기관의 타당성조사 실시 이후 사업계획 선반을 검토해 투자 적격성을 판단하는 것이다. 직접 타당성 분석을 하는 것이 아니라 사업 시행 기관이 해놓은 결과를 보고 판단할 뿐이다. 제대로 된 분석과 평가가 이루어질 리 없다. 지방재정으로 이루어지는 사업에 대해서도 KDI의 예비타당성조사에 버금가는 제도가 시행되어야 한다.

이와 관련해 박원순 서울시장은 산하연구기관인 서울연구원에 공공투자관리센터를 만들어서 서울시 재정 사업에 대해 KDI의 예비타당성조사와 같은 분석을 거치겠다고 했다. 환영할 조치다. 하지만 우려되는 부분도 있다. KDI의 비용편익분석이 제법 공정성을 지닐 수 있는 이유는 KDI가 사업 시행 부처와는 이해관계가 다른 기획재정부 산하기관이기 때문이다. 그런데 서울시가 추진하려는 사업에 대해 서울시 산하기관이 얼마나 독립적으로 당당하게 비용편익분석을 할 수 있을까? 박원순 시장 재임 기간에는 예산 낭비를 막겠다는 시장의 의지가 투철하니 제대로 이루어질 수 있을 것도 같다. 그러나 시장이 바뀌면 가능할까?

민간이 맡으면
정부 효율성을 높일까?

정부가 시장보다 비효율적인(또는 비효율적이어도 괜찮은) 이유를 다시 한 번 되새겨보자. 비용과 편익이 분리되어 있으며, 성과가 불확실해서 비용과 편익의 크기를 명확히 알기 어렵기 때문이다. 비용과 편익의 분리는 정부 활동의 본질적인 특성이니 어쩔 수 없지만 비용과 편익이라도 명시적으로 계산하자는 것이 정부 사업에 비용편익분석을 도입한 이유였다.

그런데 앞서 보았듯이 비용과 편익의 크기를 제대로 추정하기는 힘들다. 여러 가지 이유가 있지만 가장 중요한 것은 바로 비용과 편익이 분리되어 있다는 정부의 특성 때문이다. 비용과 편익이 분리되어 있기 때문에 실제보다 비용은 적게, 편익은 크게 만든다고 해도 내가 손해 볼 일은 없다.

그렇다면 아예 시장을 활용하는 것은 어떨까? 시장에서는 비용도 편익도 같은 주체에게 돌아간다. 그러니 민간 기업이 사업을 맡는다면 비용이 편익보다 크다는 것을 알면서도 사업을 하지는 않을 것이다. 이런 논리에 따른 것이 바로 민간투자사업이다. 이는 민간자본으로 SOC나 공공건물을 짓는 사업을 말하고, 수익형 민자사업인 BTO(Built-Transfer-Operation)와 임대형 민자사업인 BTL(Built-Transfer-Lease)로 나뉜다.

BTO는 민간이 건설한 후 일정 기간 동안 운영권을 가지는 방식이다. 그래서 운영 수익으로 비용을 충당하고 이익을 남긴다. 도로를 건설하고 통행료를 받는 것이 이에 해당한다. BTL은 민간이 건설한 후 정부가 임대료를 내고 사용하는 방식이다. 학교 기숙사, 군대 숙소를 건설하고 임대하는 것이 이에 해당한다.

민간이 자기 돈을 들여서 건설하고 수입을 얻는다? 그렇다면 비용과 편익이 일치한다. 게다가 들이는 비용이 얻을 수 있는 수입보다 크다면 애초에 할 리가 없다. 또한 일을 설렁설렁 하지도 않을 것이다. 이익을 많이 내려면 가급적 비용은 줄이고 수입은 늘려야 한다. 비용을 줄여야 하니 건설 과정을 꼼꼼히 챙길 것이고, 수입을 늘려야 하니 관리와 운영을 철저히 할 것이다. 과연 정부가 직접 사업을 할 때보다 효율성이 높아질 것이다.

'사소한' 문제 하나만 제외하면 민간투자사업은 나무랄 데 없는 제도다. 높아진 효율성의 혜택이 정부와 국민이 아니라 투자한 민간에게 돌아간다는 점이다. 운영 수입을 늘리려면 이용료를 비싸게 받아야 한다. 임대 수입을 높이려면 임대료를 비싸게 받아야 한다. 민자 도로와 터널의 통행료가 정부가 건설한 도로와 터널의 통행료보다 비싸다는 사실은 이용해본 사람이라면 누구나 알고 있다. 정부가 민자사업에 지불하는 임대료를 모두 합하면 정부가 직접 짓고 사용하는 것보다 더 많다는 것도 능히 짐작할 수 있다. 민자사업에 참여한 민간의 이익이 많다는 것은 그만큼 이용료를 지불하는 시민들의 부담이 크고, 정부가 지불하는 임대료가 많다는 것이기 때문이다.

여기서 그치지 않는다. 시장에서 활동하는 민간 기업은 사업이 잘되면 이익을 남기지만 안 되면 손해를 본다. 그러나 정부 사업에 투자한 민간 기업은 다르다. 손해 보기가 무척 힘들다. 임대형 사업은 정부가 빌려 쓰는 조건으로 시설을 짓는다. 임대 기간과 임대료는 민간의 적정 수입을 보장하도록 법에 규정되어 있다. 원천적으로 손해를 볼 수가 없다. 수익형 사업은 이용료가 수입이다. 이용자 수에 따라 수입이 수시로 변한다.

하지만 아무리 이용자가 적어도 민간 기업이 손해를 보기가 힘들다. 최소운영수입보장(Minimum Revenue Guarantee, MRG) 제도 덕택이다. 이용자 수가 예측에 못 미치더라도 정부가 최소 수입을 보장해주는 제도다. 최소 수입을 하루 1000만 원으로 정했지만 실제 수입이 600만 원뿐이라면, 차액인 400만 원을 정부가 지원해준다. 역시 민간업자가 손해를 보고 싶어도 볼 수 없다.

뉴스에 등장하는 민자사업 문제는 이 최소운영수입보장제와 관련한 것이 대부분이다. 인천공항철도, 용인 경전철, 서울 지하철 9호선 등 사업명만 들어도 관련 뉴스를 기억하는 이들이 많을 것이다. 내용인즉슨 이용자는 적은데 최소운영수입보장 때문에 정부가 막대한 돈을 민자 사업자에게 주고 있다는 것이다.

인천공항철도 건설 계획을 세울 때, 개통 첫해인 2007년에는 매일 20만 명 이상이 이용하고 이후에 수요가 증가해 2021년에는 80만 명 이상이 이용할 것이라고 예측했다. 그러나 개통 후 2년간 실제 이용 인원은 예측치의 7%에 불과했다. 최소운영수입은 예측치의 90%로 정했고 30년간 보전해주기로 했다. 2007~2011년 5년 동안 운임 수입 예측치는 1조 2520억 원이었으나 실제 수입은 809억 원, 예측치의 6.5%였다. 이에 따라 5년 동안 정부는 7945억 7000만 원을 지급했다. 이것도 정부 보전액이 너무 많다는 여론이 들끓자 재협상을 하고 코레일(한국철도공사)이 민간 지분을 인수해 보전액을 낮춘 덕에 줄어든 금액이다. 30년간 보전액 규모가 13조 원에서 절반으로 줄었으니 그나마 다행이라고 해야 할까?

용인시는 2010년 6월에 용인 경전철을 완공하고도 이용객이 예측치를 크게 밑돌 것으로 예상되자 바로 이 MRG 부담 때문에 개통을 미뤘다. 그러자 운영 업체가 소송을 제기했고 용인시가 패소해 8500여억 원(이자 포함)을 물어주게 되었다. 2013년 4월부터 개통해야 하는데 이대로라면 시 예산으로 민간 건설업자에 30년간 보전해주어야 할 돈이 2조 5000억 원으로 예상된다.

사례는 이밖에도 많다. 이미 개통한 부산김해 경전철과 의정부 경전철 역시 적자 규모가 막대하다. 부산김해 경전철은 개통 첫해인 2011년에 17만 명 이상이 이용하고 2030년에는 32만 명이 이용할 것이라고 예측했으나 개통 첫해 실제 이용 인원은 3만 명, 예상 수요의 18%였다. 이에 따라 20년간 민간 업체에 보전해줘야 할 금액이 약 2조 원으로 예상된다. 2012년 7월에 개통한 의정부 경전철 역시 비슷한 상황이다. 의정부 경전철의 실제 이용 승객은 개통 전 예측 수요의 15%에 불과하다. 이 때문에 매달 약 20억 원씩 적자가 발생하고 있다. 그나마 의정부 경전철은 MRG가 사회적인 문제가 된 이후 협정을 맺은 덕에 실제 수입이 추정 수입의 50% 미만이면 MRG를 적용하지 않는다는 규정이 있다. 그렇다고 문제가 해결된 것은 아니다. 그 대신 민간 사업자가 파산하면 원금과 이자를 물어주게 되어 있다.

서울 지하철 9호선은 개통 후 2년간 4670억 원을 MRG 보전액으로 지급했다. 이후에도 9500억 원 이상을 더 지급해야 할 것이라고 예상되어 보전액은 총 1조 4000억 원 규모로 전망된다.

최소운영수입보장제, MRG에 대한 비판이 거세지자 정부는 2009년에 MRG 제도를 폐지했다(대신 민자 사업자의 손실분에 대한 원가는 보전해주기로 했다.) 하지만 그 이전의 MRG 적용 사업에 대한 적자 보전은 앞으로도 수십 년간 계속된다.

민자사업을 하는
진짜 이유

"예상되는 비용보다 수입이 적다면 민간 기업은 사업에 투자할 리 없다. 따라서 민간투자사업이 성사되었다는 것은 적어도 편익이 비용보다 크다는 사실을 의미한다." 앞서 민간 투자가 정부 사업의 효율성을 높일 수 있는 이유라고 말한 내용이다. 그러나 수익형 사업에 MRG가 존재하고 임대형 사업의 정부 임대가 보장되어 있는 한 이는 성립하지 않는다.

비록 MRG 제도는 폐지되었지만 여전히 원가 보전은 보장되어 있다. 임대형 사업은 100% 임대가 보장된다. 이러한 구조 아래서는 민간투자사업이 정부재정사업에 비해서 '비용〉편익'인 사업을 걸러낼 수 있다는 기대는 불가능하다. 그렇다면 민간투자사업의 장점은 무엇일까?

정부가 민간투자사업을 고집하는 이유는 사실 효율성 향상을 위해서가 아니다. 단지 재원 조달이 쉽기 때문이다. 정부가 직접 사업을 수행하려면 많은 재정이 필요하다. 하지만 한정된 국가 예산 안에서 사업비를 따내는 것이 그리 만만치 않다.

경제학적으로만 따지자면 민자사업으로 짓든 정부가 빚을 내 직접 짓든 별반 차이가 없다. 수익형의 경우는 나중에 이용료 수입으로 빚을 갚으면 된다. 임대형의 경우는 임대료 지불할 돈으로 빚을 갚으면 된다. 하지만 정치적으로는 확연한 차이가 있다. 빚지는 것은 눈에 띄지만 민간투자를 받는 사업은 그렇지 않기 때문이다.

민자사업은 필요한 것일까? 이에 답하려면 민자사업이 없었다면 어땠을까를 따져봐야 한다. 민자사업 대신 정부 사업으로 해야 했다면 지금까지 이루어진 민자사업의 상당수는 실행되지 않았을 것이다. 그중에는 정말 필요한 사회기반시설도 있을 것이다. 반면에 꼭 필요하지는 않지만 당장 돈이 들지 않으니 일단 짓고 본 시설도 있을 것이다.

앞서 말했듯이 정치인은 근시안이다. 자기 임기 중에 비용만 들고 편익은 나중에 오는 정책은 좋아하지 않는다. 하지만 민간투자사업은 정반대다. 성사시키면 치적이 된다. 비용은 들지 않거나 나중에 들어간다. 자기와는 상관없다. 당연히 정치인에게 구미가 당기는 일이다. MRG 보전금은 제쳐두더라도 임대형 사업을 남발한 탓에 과중한 임대료가 재정에 큰 압박이 되는 지자체와 지방교육청이 제법 많다.

민자사업을 옹호하는 사람들은 민자로 하면 정부가 직접 하는 것보다 비용을 더 절감할 수 있다고 한다. 정부가 직접 사업을 할 때는 이러저러한 사정으로 당초 예정보다 공사 기간이 연장되고 사업비가 늘어나는 경우가 많다. 하지만 민자로 할 경우는 계약한 대로 이루어지니 결과적으로는 직접 하는 것보다 더 싸게 먹힌다는 말이다.

말은 그럴듯한데 지금까지 이루어진 사업의 결과를 보면 별로 그렇지 못하다. 국회예산정책처 분석에 따르면 공사비 과다 책정 등으로 정부가 직접 할 때보다 민자사업이 오히려 비용이 더 든다고 한다. 상식적으로 생각해도 그럴 것 같다. 건설 비용 자체는 정부가 직접 할 때보다 덜 들어갈지도 모른다. 그러나 민간 기업은 이윤을 남겨야 한다. 이윤 창출이 존재 이유인 민간 기업이 절감한 비용을 공공의 이익으로 남겨둘 리 없다. 민간 기업을 활용한다고 해서 정부나 국민이 지불해야 하는 비용이 더 줄어들지는 않는다는 말이다.

정리해보자. 지금까지 이루어진 민자사업만 두고 따진다면 득보다는 실이 많았다. 사실 당연하다. 정부 재정으로 하는 SOC 사업도 낭비성 사업이 부지기수인데 하물며 '공짜'나 할부 외상으로 하는 사업이야 오죽할까?

비용편익분석의 정부와 민간의 차이

민자사업에 참여하는 민간 기업은 들어가는 비용과 얻을 수 있는 수입을 비교해서 참여 여부를 결정한다. 그런데 민간 기업이 하는 비용편익분석은 정부의 비용편익분석과는 다르다.

정부의 비용편익분석은 사업 시행이 초래한 모든 변화를 대상으로 삼는다. 그러나 민간 기업은 자신이 투입한 비용과 얻을 수 있는 수입만을 계산한다. 가령 도로를 내고 터널을 뚫어 발생한 생태계 파괴는 정부측 비용편익분석에서는 비용에 포함되지만 민간 기업은 그 때문에 보상을 해야 하지 않는 한 비용에 포함하지 않는다.

도로가 뚫려서 지역 경제가 활성화되면 정부 비용편익분석에서는 편익이 되지만 민간 기업 입장에서는 그 때문에 통행료 수입이 증가하지 않는 한 편익이 아니다. 자치단체가 지은 체육 시설 때문에 인근의 민간 헬스센터가 문을 닫으면 정부 비용편익분석에서는 비용이지만 체육 시설을 지은 민간기업의 비용에는 포함되지 않는다.

민자 도로의 통행료가 정부가 직접 건설한 도로보다 비싼 것도 비용편익의 체계가 다른 탓이 크다. 민간 기업은 통행료로 건설비를 충당해야 한다. 정부 입장에서는 통행료로 건설비를 충당하든 통행료를 싸게 하고 세금으로 충당하든 마찬가지다. 게다가 도로 건설의 혜택이 도로 이용자뿐만 아니라 경제 활성화로 이어져 전체에게 돌아간다면 세금으로 충당하는 것이 더 합리적이다.

정부와 민간의 비용편익이 다른 탓에 민간 기업 입장에서는 '비용〈편익'이라도 사회 전체 입장에서는 '비용〉편익'인 경우가 왕왕 생긴다. 민자사업을 결정할 때 주의해야 하는 또 하나의 조건이다(물론 반대의 경우도 있겠지만, 그 경우에는 민간이 사업에 참여할 리가 없다.)

정부 사업의 효율성을
높이는 방법은?

1장에서 말했듯이 'value for money', 즉 돈값을 해야 한다는 것은 행정이 지켜야 할 기본 가치다. 들인 돈보다 가치 없는 일을 한다면 행정은 정당성을 상실한다. 그래서 들인 돈(비용)보다 하는 일(편익)의 가치가 더 높은가를 판단하기 위해 비용편익분석을 한다. 또 비용보다 이익이 클 경우에만 일을 맡는 민간 기업을 활용한다. 그러나 결과는 앞에서 본 것처럼 신통치 않다.

시장과 정부는 근본 작동 원리가 다르다. 그런 상태에서는 시장 기능 일부를 정부에 이식한다고 해서 정부가 시장처럼 작동하지 않는다. 비용과 편익이 분리된 상태에서는 비용과 편익의 크기를 제대로 측정하기도 어렵다. 비용과 편익이 일치하는 민간 기업을 활용한다고 해도 그 비용과 편익이 기업 입장에서 계산된다면 정부 효율성 향상에는 도움이 되지 않는다.

그럼 어떻게 해야 할까? 정부 효율성 향상을 위해 시장 원리를 도입할 수는 있다. 그러나 그것만으로는 부족하다. 시장 원리가 정부 효율성에 도움이 되려면 거기에 정부 원리가 보태져야 한다.

보태져야 할 정부 원리는 구체적인 정책이나 사업의 내용에 따라 달라지겠지만 모든 경우에 공통된 것이 있다. '투명한 정보 공개'다. 비용편익분석 결과, 수요 예측치, 민간투자사업의 계약 내용 등이 투명하게 널리 공개된다면 타당성 없는 사업들이 태연하게 수행되기는 힘들다.

따지고 보면 '정보 공개'는 시장이 효율적으로 작동하기 위한 조건이기도 하다. 시장에서는 판매자와 구매자 사이에 제품에 대한 정보가 동등하게 공개되어야 한다. 그래야만 어느 한쪽이 다른 쪽에 비해 부당한 이득을 취할 수 없다. 그래야만 서로가 만족할 수준에서 경제활동이 성사된다. 그래야만 보이지 않는 손이 작동하는 것이다.

시장은 강제하지 않더라도 자연스레 정보가 공개되는 상황을 전제한다. 그러나 정부는 그렇지 않다. 정부는 인위적으로 강제해야 정보가 공개된다. 누누이 강조했듯이 '투명한 정보 공개'는 정부 효율성 달성을 위한 기본 조건이다.

예비타당성분석이나 민자사업이 본격화된 지 10여 년이 지났다. 초기에는 터무니없는 사업들이 많이 시행되었다. 그러나 그동안 많은 문제 제기가 있었고 주위의 경각심도 높아졌기 때문에 이제 그 정도는 아니다. 하지만 민자사업의 속성상 조금만 방심해도 예산 낭비를 초래할 위험은 충분하다. SOC 사업, 소위 토건 사업은 오래 전부터 예산 낭비의 주범으로 지목되어 왔다. 비용편익분석(예비타당성조사)과 민자사업은 토건사업이 주 대상이다. 앞으로 토건 사업을 효율화하고 예산 낭비를 막는 데는 이들이 얼마나 제대로 이루어지는가가 관건이 된다.

민자사업은 정부 재원 부족을 해결하고 효율성을 높이기 위해 SOC와 공공시설의 건설과 운영에 민간을 활용하는 것이다. 이처럼 정부 사업에 민간을 활용하는 것을 '민영화'라고 한다. 그런데 국민 생활에 미치는 영향으로 보자면 민자사업보다 더 중요한 민영화 이슈들이 있다. 공기업과 의료 등 사회서비스의 민영화다. 인천공항 민영화와 고속철도(KTX) 민영화, 영리병원 허용, 공공 보육시설 확충 등이 모두 이와 관련되어 있다. 공기업과 사회서비스 민영화 문제는 다음 장에서 이야기한다.

CHAPTER 8

정부가 할 것인가, 민간이 할 것인가

민영화

    1장에서 정부 재정의 세 가지 역할은 자원 배분(공공재 공급), 경제의 안정과 성장, 소득분배라고 말했다. 그런데 뒤의 두 가지는 20세기 들어와서야 정부의 역할로 편입된 것들이다. 고전적 시장경제에서는 공공재 공급만 정부 역할로 인정했다. 지금도 극단적인 시장경제주의자들은 정부는 공공재 공급 기능만 해야 한다고 주장한다.
    이처럼 공공재 공급은 동서고금을 막론하고 정부가 존재하는 최소한의 이유다. 공공재는 집합적으로 소비가 이루어진다. 각자 돈을 내고 각자 소비하는 민간재(private goods)와는 성격이 다르다. 시장에서 공급하기가 힘들고 집합적으로 소비하므로 필요한 재원도 강제로 세금을 걷어서 조달한다.

개별 구매, 개별 소비가 가능한 것은 시장에 맡기고 공동 구매, 공동 소비를 해야 하는 것은 정부가 담당한다. 이것이 '자원 배분' 기능의 원칙이다. 원칙에는 예외가 있는 법이다. 개별 구매, 개별 소비가 가능하지만 정부가 공급에 책임을 지는 재화와 서비스가 있다. 교육, 의료 같은 가치재와 공기업이 생산하는 재화와 서비스가 여기에 해당한다.

교육과 의료는 대한민국 국민이라면 누구나 일정 수준의 혜택을 누리는 것이 바람직하기 때문에 정부가 공급에 책임을 진다. 공기업 생산물에는 전기, 상하수도, 가스, 공항 같은 SOC와 금융 서비스 등이 있다. 공기업 생산물은 민간의 일상생활과 기업의 생산 활동에 매우 긴요한데다 독점적 성격을 갖기 때문에 정부가 공급을 책임진다.

공공적인 목적에서 정부가 공급할 책임을 지고 있지만 가치재와 공기업 생산물은 개별 소비자가 구매하고 소비한다. 따라서 민간에서도 생산이 가능하다. 공공과 민간 어디서든 생산할 수 있다면 누가 생산을 담당해야 더 효율적일까? 대부분 민간이 맡는 게 더 효율적이라고 답할 것이다. 그렇다면 '생산은 민간에게 맡기되 수급 과정에 정부가 개입하여 공공 목적을 달성할 수는 없을까?'라는 의문이 들 법하다. 이것이 바로 '민영화' 논리다.

이명박 정부는 취임 때부터 공기업 민영화를 주요 정책 과제로 들고 나왔다. 그리고 진위와 상관없이 '건강보험 민영화' 괴담이 돌기도 했다. 최근에는 인천공항과 고속철도 민영화가 논란이 되었다. 영유아 보육지원 사업이 확대되면서 정부의 보육료 지원이 보육의 질은 높이지 못한 채 민간 보육업자만 좋은 일 시킨다며, 차라리 그 돈으로 공공 보육시설을 더 지으라는 주장도 제기되었다.

공기업 민영화를 해야 할까, 말아야 할까? 의료나 보육 같은 가치재의 생산과 공급에서 공공과 민간의 역할은 어떻게 설정해야 할까?

공기업 민영화

공기업 민영화를 해야 하는지 아닌지에 답하려면 정부가 왜 기업을 운영하는지부터 따져봐야 한다. 어떤 기업들이 공기업일까? 한국전력공사, 한국석유공사, 한국토지주택공사, 한국도로공사, 한국철도공사, 한국수자원공사, 인천국제공항공사, 한국조폐공사, 산업은행 등이 있다. 지방 공기업으로는 각 지역 상하수도공사, 지하철공사, 지역난방공사, 도시개발공사 등이 있다. 공기업 이름만 봐도 공기업의 특성이 무엇인지, 왜 정부가 운영하는지 짐작할 수 있다.

- 전기, 수도, 난방 등 일상생활에 없어서는 안 될 것들을 생산한다.
- 도로, 철도, 지하철, 댐, 항만 등 대규모 사회간접자본을 생산한다.
- 특정 정책 목적을 지닌 금융기관이다.
- 자연 독점적 성격을 갖는다.

마지막의 '자연 독점적 성격'에 대해서는 약간 설명이 필요하다. 공기업이 독점기업임은 당연하다. 정부가 특정 사업을 특정 공기업만 할 수 있도록 허가했기 때문이다. 돈 찍는 사업은 조폐공사만 할 수 있고, 전기생산은 한전만 할 수 있다. 그런데 '자연 독점적 성격'이란 정부의 허가 여부와 상관없이 시장에 맡겨두었을 때도 순전히 경제적 효율성이라는 이유로 독점기업이 되는 것을 의미한다.

　수도를 생각해보자. 각 가정에 물을 공급하려면 수도관이 필요하다. 만약 수도 회사 다섯 군데가 있어서 서로 경쟁한다면 각각의 회사가 따로 수도관 공사를 해야 한다. 강물을 받아 수돗물로 바꿔서 가정까지 보내는 과정은 엄청난 작업이다. 같은 지역 안에 5개 회사가 경쟁하는 것과 1개 회사가 담당하는 것 중 어느 쪽 공급 비용이 적게 들까? 당연히 1개 회사가 운영하는 편이 낫다. 면적은 유사하지만 100가구가 거주하는 A지역과 100만 가구가 거주하는 B지역에 물을 공급한다면, 가구당 공급 비용은 A지역이 쌀까, B지역이 쌀까? 당연히 B지역이 싸다. 공급이 증가할수록 단가가 싸지는 것을 규모의 경제(economy of scale)라고 한다. 규모의 경제가 존재하면 한 기업이 전체 지역에 공급을 담당하는 것이 비용이 가장 적게 든다. 즉 독점기업이 가장 비용 효율적이다.

　단가를 싸게 하려면 독점기업이 공급해야 한다. 그런데 독점기업은 자기 마음대로 가격을 올릴 수 있다. 전기, 수도, 도로, 지하철 등은 일상생활과 생산 활동에 필수적이므로 비싸다고 사용하지 않을 도리가 없다. 이윤 극대화가 목적인 민간에 맡겨두면 무슨 일이 생길지 안 봐도 뻔하다. 안 되겠다. 정부가 맡아서 운영해야 한다. 이것이 공기업의 존재 이유다.

　그렇다면 민영화 논리는 무엇일까? 공공 부문은 주인이 없다, 이윤에 둔감하다, 신분이 안정되어 있어 같은 일을 해도 민간보다 비효율적이다, 공기업은 운영이 방만하고 서비스 마인드도 불충분하다. 따라서 민영화를 해야 한다. 이런 논리다.

　어느 쪽 말이 더 설득력이 있을까? 양쪽 모두 일리 있다. 공기업은 '공공'과 '기업'의 성격을 모두 갖고 있기 때문에, 이 두 가지의 상대적인 중요성과 장단점을 비교해서 판단해야 한다.

공기업 민영화 역사

우리나라의 공기업 민영화는 1960년대 후반부터 수차례에 걸쳐 이루어졌다. 1968년에는 한국기계공업, 한국철강개발, 대한염업주식회사 같은 제조업체와 대한해운공사, 대한조선공사, 대한통운 같은 운수업체가 민영화되었다. 또한 인천중공업, 대한항공, 워커힐호텔 등도 추가로 민영화되었다. 1980년에는 한일은행, 제일은행, 신탁은행, 조흥은행이 민영화되었다. 1990년대 들어 김영삼 정부 때는 대대적인 민영화 계획을 세웠으나 준비 부족 등의 사정으로 이루어지지 못하고 정권이 교체되었다.

IMF 외환위기를 겪은 이후 김대중 정부는 공공 부문 개혁과 구조조정 자금 마련을 위해 해외 매각 허용 등 적극적인 민영화를 추진했다. 이에 따라 한국종합화학, 한국중공업, 포항제철(포스코), 한국통신(KT), 담배인삼공사(KT&G) 등이 민영화되었다.

지금 시점에서 보면 이 기업들이 공기업이었다는 게 오히려 신기하게 생각될 정도다. 과거에는 산업자본이 많지 않은 상태에서 정부 주도 경제개발을 추진하면서 대규모 자본이 들어가는 산업은 공기업으로 시작하는 경우가 많았다. 이후 경제가 발전하고 민간 부문이 성장함에 따라 공공성이 높지 않은 공기업들은 민영화되었다.

공공성 정도는 개별 공기업마다 다르다. 화폐, 전력, 수도처럼 공공성이 매우 높은 공기업이 있는가 하면 공공성이 상대적으로 낮은 공기업도 있다. 공공성이 낮아서 민간 기업과 별 차이가 없는 경우는 민영화를 하더라도 별반 문제될 게 없다. 오히려 민영화의 장점이 더 크다. 과거의 공기업 민영화는 대부분 이에 해당한다.

그동안 수차례의 민영화를 거치면서 공공성이 약하고 기업성이 큰 공기업들은 대부분 민영화되었다. 이제 남은 공기업들은 대개 공공성과 기업성을 둘 다 갖추고 있다. 이처럼 공공성과 기업성을 둘 다 갖춘, 즉 본래 의미의 공기업은 민영화를 해야 할까, 말아야 할까? 공공성과 기업성을 비교 형량해서 결정해야 한다는 원론적인 이야기 말고 좀 더 구체적인 기준은 무엇일까? 이론이 어느 한쪽 손을 들어주지 못할 때는 실제 경험을 들여다보는 것이 도움이 된다.

외국에는 공항이나 철도는 물론이고 전기, 수도 등 모든 분야 공기업의 민영화 사례가 존재한다. 인천공항 민영화가 한창 논란일 때 시사주간지들이 외국 사례를 많이 다뤘다. 내가 본 주간지들은 진보 성향이라서 그런지 거의가 부정적인 얘기들이었다. 민영화로 나빠졌다는 사례는 많다. 하지만 민영화로 좋아졌다는 사례도 그에 못지않게 많다. 다양한 사례와 연구들을 종합해보면 다음 두 가지는 분명해진다.

첫째, 민영화를 하면 공기업이었을 때보다 경영 성과가 올라갈 수 있다. 단 어디까지나 기업 입장에서 성과가 오르는 것이지 소비자나 직원 입장에서는 아닐 수 있음에 유의하자. 서비스 가격을 올리거나 직원을 줄이고 노동강도를 높이는 식으로 경영 성과를 올리는 경우가 많기 때문이다. 영국 철도는 민영화 실패 사례로 흔히 거론된다. 1997년에 민영화가 완료된 이후 첫 2년간 선로와 역 등 기간시설을 담당한 회사인 레일트랙(Railtrack)은 매년 10억 파운드의 정부 보조금을 받았다. 그리고 매년 3억 5000만 파운드를 주주에게 배당금으로 지급했다. 그러나 선로 유지 보수와 안전 관리에는 소홀했다. 1999년 충돌사고로 31명이 사망하고, 2000년 전복사고로 4명이 사망했다. 이후 레일트랙은 선로 보수, 희생자 보상금, 승객 감소 등으로 경영이 악화되어 2001년 파산했고 철도 시설 부문은 다시 국유화되었다. 한편 민영화 4년 동안 레일트랙 노동자들은 인력 감축, 하청기업으로 이동, 수당 감소, 근무시간 연장 등을 겪어야 했다.[1]

둘째, 민영화와 적절한 정부 규제가 병행하지 않는다면 공공성은 훼손된다. 민간 기업은 이익 극대화를 추구한다. 가격을 올리는 게 이익이면 가격을 올린다. 또한 이익이 나지 않는 지역까지 서비스를 제공할 이유는 없다. 정부 규제 없이 민영화만 했을 때 발생할 수 있는 일이고 실제로 그랬다. 민영화 사례를 분석한 연구들을 보면 적절한 정부 규제 없는 민영화는 실패로 이어진다고 경고한다. 대표적인 사례가 2000년대 초반 정전 사태와 요금 급등을 불러온 캘리포니아 전력 민영화다. 민영화 이전 미국의 전력 산업은 주별로 민간 기업이 독점 운영하되 정부가 전기 요금과 발전량을 엄격히 통제하는 방식이었다(따라서 비록 공기업은 아니지만 공기업과 다름없이 운영되었다.) 가령 전기 요금은 원가에 적정 이윤을 보상하는 수준에서 주정부가 결정했다. 그런데 캘리포니아 주정부는 1990년대 중반 이후 규제를 풀고 경쟁을 도입해 전력거래소를 만들고 시장을 통해 전력 수급이 이루어지도록 했다. 그 이후 1999년에 1메가와트(MWh)당 평균 33달러이던 도매요금이 2000년에는 117달러로 4배 가까이 올랐다. 또한 2000년에는 수십 차례의 제한송전이 이루어졌고, 2001년 1월에는 대규모의 계획정전이 이루어졌다. 결국 캘리포니아 정부는 전력거래소와 도매 전력시장을 폐쇄하고 전력 산업 정상화를 위해 공적자금을 투입해야 했다. 캘리포니아 주민과 정부는 막대한 손해를 입었지만 민간 발전회사와 전력 중개회사들은 큰 이득을 얻었다.

이 일이 우리에게 주는 시사점은 무엇일까? 첫째, 전기, 수도, 철도 등 주요 사회기반시설은 민영화 대상에서 제외하는 게 타당하다. 나중에 정부에 대한 국민들의 신뢰가 더 쌓이고 민영화된 기업을 규제하는 정부 역량이 더 커진 다음에는 모르겠지만 아직은 시기상조다. 둘째, 주요 사회기반시설 이외의 공기업들이라도 민영화를 하려면 그에 대한 준비와 계획이 철저해야 한다.

이런 기준에서 인천공항 민영화(지분 매각) 계획은 어떻게 봐야 할까? 공기업 민영화의 근거는 효율성을 높인다는 것이다. 그런데 인천공항은 이미 효율적인 경영과 우수한 서비스로 정평이 나 있다.[2] 그래서 이미 효율적으로 잘하고 있는데 왜 굳이 민간에 지분을 팔려고 하느냐는 비판이 나온다. 정부가 밝힌 이유는 시설 투자를 위한 재원 확보다. 인천공항이 발전하려면 시설 투자를 더 많이 해야 하고 이를 위해 지분을 매각해 필요한 재원을 마련한다는 주장이다. 세금을 쓰거나 빚을 지느니 지분을 매각한다는 생각 자체를 탓할 수는 없다. 그리고 인천공항 민영화는 이명박 정부 이전에 계획된 사업이기도 하다. 문제는 과연 정부가 지분을 매각해 얻은 돈을 계획대로 사용할지, 시민들이 우려하는 안전사고나 가격 인상이 발생하지 않도록 적절하게 규제할 수 있을지 하는 점이다.

공기업 민영화는 분명 필요한 측면이 있다. '외국 자본', '헐값' 등으로 표현되는 감정적인 반대만으로는 그리 당당하지 않다. 그러나 우리 정부가 민영화 이후에도 기업의 공공성을 담보할 수 있을지, 이전보다 사회 전체적인 효율성이 높아질 수 있도록 제대로 된 민영화 계획과 집행 역량을 가지고 있는지 걱정스러운 것도 사실이다.[3]

의료 민영화 논쟁

공기업 민영화도 중요한 문제지만 그보다 우리 사회에 더 시급하고 중요한 문제는 사회서비스 민영화다. 사회서비스란 교육, 의료, 보육, 요양 서비스처럼 가치재 성격이 강해서 정부가 지원하는 서비스를 말한다.

이명박 정부 초기에 건강보험을 없애고 민간 의료보험으로 대체한다는 의료보험 민영화 '괴담'이 유포되었다. 결국 사실이 아니라고 판명되었지만 꽤 오랫동안 떠돌았다. 이런 괴담이 퍼진 데는 이유가 있었다. 이명박 정부 인수위원회에서 '건강보험 당연지정제' 폐지, 영리병원 허용, 민간 의료보험 활성화를 추진하려 했기 때문이다. 이 정책들은 건강보험을 민간 의료보험으로 대체하는 '의료보험 민영화'는 아니다. 하지만 의료 서비스를 시장화하는 '의료 민영화' 정책이다. 영리병원 허용은 의료 공급기관을 시장화하는 것이고, 민간 의료보험 활성화는 의료 재정기관을 시장화하는 것이다. 그리고 당연지정제 폐지는 영리병원과 민간 의료보험 활성화를 위한 기반이다.

당연지정제란 모든 병원이 건강보험의 적용을 받는 제도다. 이것이 폐지되면 어떻게 될까? 당연지정제가 폐지되면 건강보험과 동일한 기능을 하는 민간보험이 등장할 것이다. 병원들은 건강보험 적용을 받을지, 아니면 민간보험 적용을 받을지 선택할 수 있다. 어떤 병원들이 건강보험 대신 민간보험을 택할까? 삼성생명이 민간보험을 운영한다면 삼성병원은 건강보험보다는 민간 의료보험을 선택하지 않을까? 그렇게 되면 삼성병원에서 진료를 받으려는 사람은 삼성병원과 계약을 맺은 보험에 가입하거나 100% 자기 부담으로 병원비를 내야 한다.

사실 이 설명은 한쪽으로 치우친 감이 있다. 다른 쪽에서 보면 당연지정제 폐지가 의료 공공성을 더 높이는 정책이 될 수도 있다. 즉 모든 병원이 지금처럼 무조건 건강보험의 적용을 받는 것이 아니고 건강보험공단이 심사를 거쳐 선택한 병원들과 보험 적용 계약을 맺게 되면, 의료의 질이 떨어지는 병원은 보험 혜택을 받지 못해 환자들의 외면을 받게 될 것이다. 이에 따라 병원들은 건강보험 적용을 받기 위해 의료 수준을 높이려 노력할 것이다.

당연지정제를 폐지하면 과연 이 둘 중에서 어느 쪽이 실제 상황이 될까? 우리나라 동네 개인병원은 영리병원이지만 큰 병원(법인병원)은 모두 비영리병원이다. 영리와 비영리의 차이는 투자자가 수익을 가져갈 수 있느냐의 여부다. 영리병원은 일반 기업처럼 수익이 생기면 투자자에게 배당할 수 있다. 비영리병원은 그렇게 할 수 없다. 우리나라 상황에서 영리병원이 허용되면 기존 비영리병원 중 어느 곳이 영리병원으로 전환할지, 그리고 영리병원들은 어떤 형태의 의료행위를 할지 쉽게 짐작할 수 있다. 더불어 당연지정제가 폐지되면 경쟁력 있는 영리병원은 건강보험 적용을 받는 대신 민간보험과 계약하는 편이 수익을 더 많이 낼 것이다.

인수위에서 검토한 이후 이 정책들은 어떻게 되었을까? 건강보험 당연지정제 폐지는 없던 일이 되었다. 하지만 의사협회에서 당연지정제에 대한 위헌소송을 청구한 상태라 아직도 불씨는 살아 있다. 그리고 건강보험 적용을 받지 않는 영리병원이 경제자유구역 내에 허용되었다. 건강보험과 민간보험 중 양자택일하는 제도는 없지만 건강보험을 보충하는 민간보험은 활성화되었다.

이 정도 상황이면 전면적인 '의료 민영화'는 아니지만 일정 수준 혼합된 것으로 평가할 수 있겠다. 그런데 의료 민영화가 무조건 나쁜 것일까? 비영리병원을 없애고 모두 영리병원으로 만든다든가, 건강보험을 없애고 민간보험으로 대체한다든가 하는 완전한 의료 민영화는 의료에 대한 정부 책임을 방기하는 것이므로 안 된다. 하지만 공공 의료를 기본으로 하되 어느 정도 민영화를 덧붙인다면 오히려 자극제가 되어 서비스 질을 높이고 운영을 효율화할 수 있지 않을까? 언론에서는 앞으로 의료 서비스가 국가의 성장 동력이 될 것이라고 하는데 그러려면 일정 부분 시장화가 필요하지 않을까?

'공공서비스 제공에 시장성을 접목하여 효율성을 높인다.' 참으로 매력적인 말이고 IMF 경제위기 이후 공공 부문 개혁의 모토이기도 했다. 물론 타당한 측면이 있다. 하지만 공공서비스는 시장에서 제공할 수 없거나 제공하기 부적절해서 정부가 대신 공급하는 서비스다. 즉 '시장성'은 공공서비스의 기본 특성과 상충된다. 따라서 시장성의 접목은 자칫하면 공공서비스 제공의 본래 목적을 훼손할 수 있다.

의료 서비스도 마찬가지다. 모든 국민이 일정 수준 이상으로 의료 서비스를 누리게 한다는 목적을 유지하면서 민영화, 시장화를 도입해서 효율성을 높이는 일은 정말 힘들다. 왜 그럴까?

일단 현재 가장 널리 퍼진 민영화 정책인 건강보험을 보충하는 민간보험부터 따져보자. 건강보험을 보충하는 민간보험이란 실손형 민간 의료보험을 말한다. 실손(實損)은 실제 손해라는 말이다. 실손형 보험은 본인부담금에 대한 보험이다. 진료비 중에서 건강보험 부담분을 제외하고 본인이 부담해야 할 금액을 커버해주는 보험이다. 2006년부터 도입되었으니 그리 오래되지는 않았지만 실손형 보험에 가입한 사람들이 상당히 많다.

실손형 보험은 건강보험을 대체하는 것이 아니다. 건강보험 제도는 그대로 유지하면서 본인 부담분에 대해서만 작동한다. 또 가입이 자유롭다. 가입하지 않은 사람은 이전과 달라진 것이 없다. 가입하지 않아도 이전과 변함이 없고 가입이 자유로우니 실손형 민간보험의 도입은 사람들의 '선택'을 늘려준 셈이다.

경제학적 관점에서 '선택'이 늘어나면 효용을 증가시킨다. 새로운 옵션이 싫은 사람은 선택하지 않으면 된다. 이전과 동일하니 이 사람의 효용에는 변화가 없다. 기존 옵션보다 새 옵션이 더 큰 효용을 주는 사람은 새 옵션을 선택한다. 즉 실손형 민간보험은 다른 사람에게 손해를 미치지 않으면서 가입자의 효용을 증대시킨다. 경제학에서는 다른 사람에게 손해를 미치지 않으면서 누군가의 효용을 높이는 것을 파레토 개선(Pareto Improvement)이라고 한다. 파레토 개선이 이루어지면 사회 전체의 효용은 증진된다. 당연히 이 제도는 있는 것이 좋다. 그런데 이 제도 도입을 두고 반대가 심했다. 사람들에게 '선택'을 늘려주고 파레토 개선을 가져다주는 제도를 왜 반대했을까?

탈출하거나, 항의하거나, 충성하거나

어떤 책이 유명해지는 데는 여러 가지 요인이 있겠지만, '잘 지은 제목'도 중요한 이유로 꼽을 수 있겠다. 처음에는 주목받지 못하다가 제목을 바꾼 뒤에 베스트셀러가 된 사례를 심심치 않게 볼 수 있다. 잘 지은 제목의 중요성은 소설이나 교양서에서 훨씬 크겠지만, 가끔은 전문서 중에도 멋진 제목으로 유명해진 책들이 있다. 그중 하나가 허시먼(Albert O. Hirschman)이 쓴 《탈출, 항의, 충성 Exit, Voice, and Loyalty》이다. 물론 이 책의 내용은 훌륭하다. 하지만 책의 주제를 딱 세 단어로 명료하게 보여주는 이 멋진 제목이 아니었다면 지금만큼 유명해지지는 않았을 것 같다.

이 책은 허시먼이 나이지리아 경제자문역으로 근무한 경험에서 비롯되었다. 당시 나이지리아에는 화물 수송을 담당하는 국영철도가 있었다. 하지만 서비스가 형편없고 비효율적으로 운영되었다. 허시먼은 그 이유를 민영 운송 수단인 트럭 때문이라고 봤다. 국영철도의 화물 수송에 불만인 고객들은 국영철도 대신 민간이 운영하는 트럭을 이용했다. 그러니 국영철도에 대한 불만의 목소리가 크지 않았고, 덕분에 이윤에 둔감한 국영철도는 질 낮은 서비스와 비효율적인 운영을 유지했다는 것이다. 만일 민간에서 운영하는 트럭이라는 대체재 없이 국영철도만 이용해야 했다면, 국영철도에 불만을 가진 사람들이 계속 항의를 했을 것이고 이는 결국 국영철도의 개선으로 이어졌을 것이라는 분석이다.

이 책에 따르면 어떤 조직에 불만을 품은 이해관계자는 조직을 떠나거나(exit) 조직에 항의(voice)하거나 그냥 묵묵히 견디거나, 셋 중 하나를 택하게 되어 있다. 묵묵히 견디는 것은 조직의 개선에 별 영향을 미치지 못하므로 논외로 하고, 결국 떠나거나 항의하게 된다.

항의의 강도는 조직을 떠나는 것이 얼마나 어려운가에 비례한다. 가령 다수의 경쟁 기업이 존재하는 제품의 소비자는 A사 제품이 마음에 들지 않으면 그 회사 제품 대신 다른 회사 제품을 구매하면 된다. 굳이 A사에 품질을 개선하라고 요구할 필요가 없다. 하지만 A사가 독점 생산하는 제품이라면 다른 회사 제품을 구매할 수 없으므로 A사에 항의하는 수밖에 없다.

떠나는 것과 항의하는 것 사이의 선택은 다양한 조직에서 많은 논점을 생산한다. 허시먼은 공립학교를 예로 든다. 공립학교의 교육에 불만을 가진 학부모들이 있다. 모두가 공립학교에 다녀야 하고 다른 대안이 없다면, 이 학부모들은 교육 개선을 위해 여러 가지 방법으로 학교에 항의를 할 것이다. 학교에서는 이들의 항의에 신경을 쓰게 될 것이고, 이는 결국 교육 개선으로 이어진다. 이번에는 공립학교와 더불어 비용은 높지만 시설과 환경이 훨씬 좋은 사립학교라는 대안이 있다고 하자. 공립학교에 불만이 많은 학부모들은 이제 항의하는 대신 사립학교로 자녀들을 전학시킬 수 있다. 어떤 학부모들이 사립학교를 원할까? 경제적으로 여유가 있거나 자녀 교육에 관심이 많은 사람들이다. 이들은 사립학교라는 대안이 없었다면 가장 적극적으로 공립학교에 교육 개선을 하라고 항의를 했을 사람들이다.

이들이 사립학교로 떠나고 나면 공립학교는 어떻게 될까? 적극적으로 항의할 사람들이 떠나고 나면, 공립학교는 교육을 개선하려 애쓸 동기가 사라진다. 따라서 사립학교에 보낼 형편이 되지 않는 학부모의 자녀들은 계속 질 낮은 교육 서비스를 받게 된다. 충분히 수긍할 수 있는 얘기이며, 실제로 미국에서 벌어지는 현상이다. 미국의 중산층 이상은 사립학교나 환경이 좋은 교외 공립학교를 다니고 여건이 되지 않는 저소득층 자녀들은 환경이 열악한 공립학교에 다닌다.

공립학교 사례를 의료보험으로 바꿔보자. 건강보험의 낮은 보장성에 불만을 가진 사람들이 있고 이들에게 다른 대안이 없다면 이들은 건강보험의 보장성을 높이라고 정부에 다양한 형태로 항의(여론 형성, 시민운동, 정치가에게 압박 행사 등)하고, 이것이 받아들여지면 보장성은 높아질 것이다. 하지만 본인부담금을 커버해주는 민간보험이 존재하니 이제 건강보험의 낮은 보장성에 불만을 가진 사람들은 민간보험에 가입하면 된다. 민간보험에 가입하면 더 이상 건강보험 보장성 강화를 위해 항의할 이유가 없다.

때로는 경쟁이
독점보다 못할 수도 있다

다수의 경제학자들은 실손형 민간보험을 활성화하는 정도가 아니라 아예 건강보험과 같은 기능을 하는 민간보험을 만들어 국민들이 둘 중 하나를 선택할 수 있게 하자고 주장한다. 소비자에게 선택권을 주고 공급자끼리 경쟁하게 함으로써 소비자 효용을 높이고 효율성을 증진시킬 수 있다는 논리다.

경쟁이 효율성을 높이고 선택이 소비자 효용을 높이려면, 소비자가 실제로 어느 것이든 선택할 수 있어야 한다. 또한 소비자 선택권이 제대로 발휘되려면 공급자와 소비자 사이에 정보비대칭이 없어야 한다.

그러나 공공과 민간 사이의 선택은 민간 제품 간의 선택과는 질적으로 다르다. A사 휴대폰이 마음에 안 드는 소비자는 B사 휴대폰을 살 수 있다. 그러나 공립학교 교육에 불만이라고 해서 모두가 자녀를 특목고 같은 사립학교에 보낼 수는 없다. 비싼 등록금을 감당할 수 있고 입학을 위한 뒷바라지를 할 수 있는 학부모만 가능하다. 그러므로 일반 공립학교와 특목고 같은 사립학교는 누구나 자유롭게 선택할 수 있는 '경쟁' 관계에 있는 대안이 아니다.

공적 의료보험과 민간 의료보험은 체계가 다르다. 공적 의료보험은 재분배 기능을 갖춘 반면 민간 의료보험은 그렇지 않다. 이런 상황에서 공공과 민간 의료보험 중 하나를 선택하게 하면 어떻게 될까?

중산층 이상의 다수 국민이 민간 의료보험을 선택할 것이다. 공적 의료보험에 머무는 사람들은 대부분 비싼 민간 보험료를 감당하기 어려운 서민층일 것이다. 민간 의료보험이 없었다면 함께 보험료를 부담했을 사람들이 떠났으므로, 공적 의료보험 재정은 악화된다. 또한 정부가 공적 의료보험에 재정을 투입할 동기도 줄어든다. 결국 '싼 보험료-낮은 혜택'의 공적 의료보험과 '높은 보험료-높은 혜택'의 민간 의료보험으로 이원화된다.

공적 의료보험은 민간 의료보험이라는 경쟁 상대로 인해 훨씬 더 효율적으로 운영될까? 본질적으로 이윤에 둔감한 공적 의료보험 운영기관은 감시하고 비판할 가능성이 높은 사람들이 이미 민간 의료보험으로 떠났으므로, 오히려 더 홀가분하게 이원화 체제에 만족하고 개선 노력을 기울이지 않은 채 '싼 보험료-낮은 혜택'에 머물 공산이 크다.

우리나라의 경우는 실손형 민간 의료보험이 존재하지만 아직은 건강보험을 위축시킬 정도는 아니다. 정치권에서는 건강보험의 보장성을 높이겠다고 한다. 현재까지 정부는 건강보험 당연지정제를 고수한다는 입장을 밝히고 있다. 따라서 당분간은 우리 사회의 의료보험 체계가 이원화되는 일은 없을 것 같다. 그러나 의료 서비스 산업화 목소리가 더욱 커지고 경제자유구역 내 영리병원 허용 등 환경 변화에 따라 의료 민영화 논의가 어떤 식으로 확대될지는 알 수 없다.

공적 의료보험을 운영하는 서유럽 국가나 조세로 의료비를 지불하는 캐나다에도 민간 의료보험은 존재한다. 하지만 그들은 이에 대해 우리처럼 염려하거나 반대하지 않는다. 왜 그럴까? 이는 공적 의료보험의 보장성이 충분히 높아서 굳이 민간 의료보험에 가입하지 않더라도 의료비가 별 부담이 되지 않기 때문이다. 캐나다는 입원비가 무료다. 하지만 꼭 필요한 의료 수요라고 보기 어려운 치과 치료 등은 보장해주지 않기 때문에, 원하는 사람들은 민간 의료보험에 가입하여 이 비용을 해결한다. 서유럽 국가들에도 우리처럼 실손형 민간 의료보험이 존재한다. 그러나 공적 의료보험의 본인부담금이 적기 때문에 민간 의료보험 가입자는 많지 않다.

공적 의료보험이 모든 의료비를 충당할 수도 없고 그것이 바람직하지도 않다. 그러니 민간 의료보험이 이를 보완할 수는 있다. 하지만 민간 의료보험이 긍정적인 역할을 하려면 공적 의료보험의 보장성이 높다는 전제가 있어야 한다. 중병에 걸려도 의료비가 부담되지 않을 만큼 공적 의료보험의 보장성이 충분하다면 민간 의료보험에 가입하지 않더라도 걱정할 필요가 없다.

꼭 필요한 의료 서비스 제공은 공적 의료보험에서 담당해야 한다. 그리고 민간 의료보험은 의료적 필요보다는 좀 더 다양한 욕구를 충족하는, 이를테면 고가의 치과 진료나 특실 이용 등을 담당하게 하는 것이 바람직하다.

우리나라는 민간이 많은 가치재를 공급한다

그렇다면 서비스 제공기관, 즉 병원·보육·요양 시설 등의 민영화는 어떨까? 우리 행정의 특징 중 하나는 가치재 공급을 민간이 담당하는 경우가 많다는 점이다. 우리나라 중등교육의 상당 부분은 사립학교가 맡고 있다. 병원도 대부분 민간 시설이다. 우리는 이를 당연하게 생각한다. 하지만 유럽의 학교와 병원은 대부분 공공이며 민간 시설은 아주 적다. 미국은 유럽보다 민간이 많은 편이지만 그래도 우리에 비하면 공공 비율이 훨씬 높다.

국민 모두가 일정 수준 이상 가치재를 누릴 수 있도록 보장하는 것은 정부 책임이다. 이를 위해 외국은 정부가 직접 공급하는 방식을 택한 반면에, 우리는 민간이 공급하되 정부가 재정 지원을 하는 방식을 택했다.

교육과 의료 외에 최근에는 보육·요양 등 돌봄서비스도 정부가 제공해야 할 가치재로서 중요해졌다. 2008년에 노인장기요양보험이 도입되었고, 영유아보육지원사업은 2000년대 중반 이후 지원 대상이 크게 확대되었다. 그 밖에도 2007년부터 사회 서비스 바우처(boucher)제도를 도입해 다양한 서비스를 제공하고 있다. 이런 돌봄서비스 역시 주로 민간에서 운영하고 정부는 재정을 지원한다.

가치재 공급을 공공이 담당할 때와 민간이 담당할 때 어떤 차이가 있을까? 교육은 사립학교라도 재정 지원과 규제, 서비스 제공자(교원)에 대한 처우 등에서 공·사립의 차이가 거의 없으므로 논외로 하고, 의료와 돌봄서비스에 대해 생각해보자.

공공과 민간의 차이점의 핵심은 민간은 이윤 극대화를 추구하는 반면 공공은 그렇지 않다는 데 있다. 가치재 공급은 공기업과 달리 독점이 아니므로 참여하는 민간업자가 매우 많다. 즉 경쟁이 존재한다. 그렇다면 이윤 극대화를 추구하는 민간이 더 좋은 서비스를 더 저렴하게 제공할까? 전혀 그렇지 않다. 이는 가치재 특성과 수급 체계가 일반적인 민간재와는 다르기 때문이다.

시장이 효율적으로 작동하려면 소비자 선택권이 보장되어야 한다. 이를 위해서는 소비자가 구매하려는 물품의 품질을 제대로 알아야 한다. 제품의 특성 정보를 공급자만 알고 소비자는 모른다면 공급자는 얼마든지 소비자를 속일 수 있다. 소비자가 제품의 품질을 제대로 알면 공급자는 소비자를 속일 수 없으므로 더 좋은 제품을 더 싼 가격에 내놓아 소비자의 선택을 받으려고 노력한다.

하지만 의료는 그렇지 못하다. 공급자와 소비자 사이에 정보비대칭이 존재한다. 아파서 병원에 갔는데 의사가 병이 심각하다고 말하면 걱정이 태산같이 커지고, 괜찮다고 하면 그제야 마음이 놓인다. 환자는 병원에서 MRI를 찍으라면 찍어야 하고 병원에 계속 오라고 하면 그렇게 해야 한다. 질병에 대한 정보는 공급자인 의사만 가지고 있고 소비자인 환자는 가지지 못한다. 히포크라테스 선서를 하고 인술을 펼치는 의사를 일반 장사꾼과 똑같이 취급할 수는 없겠지만 의사도 사람일진대 환자의 무지를 이용해 돈을 벌고 싶은 욕심이 없을 수는 없다.

의료가 전형적인 사례지만 돌봄서비스도 마찬가지로 공급자와 소비자 사이에 정보비대칭이 존재한다. 소비자 선택권이 제대로 발휘되려면 경쟁 업자들이 제공하는 서비스의 질을 모두 파악하고 가장 좋은 것을 선택할 수 있어야 한다. 하지만 보육이나 요양서비스는 당사자인 영유아나 노인뿐 아니라 보호자인 부모나 자식도 서비스 질을 제대로 파악하기 어렵다. 그리고 여러 곳에서 제공하는 서비스를 비교해 가장 우수한 곳을 선택하기란 현실적으로 불가능하다.

돌봄서비스는 서비스가 한정되어 있고 가격도 정부 규제를 받기 때문에 의료와 같은 공급자 유인수요가 존재하지 않는다. 대신 서비스 제공자는 서비스 품질을 낮춤으로써 이윤을 극대화하려 한다. 보육서비스 제공 기관은 정해진 보육료 외에 다양한 명목으로 돈을 더 받기도 한다. 최선을 다해서 양질의 서비스를 제공하려는 유인은 별로 없다.

공급자 유인수요와 의료비 지불체계 변화

의료는 어떤 처치를 받아야 하는지, 병원에 몇 번을 와야 하는지 등 이용에 대한 결정권이 소비자인 환자가 아니라 공급자인 의사에게 주어져 있다. 이에 따라 의료는 소비자뿐만 아니라 공급자도 수요를 창출할 수 있다. 공급자가 창출하는 수요를 공급자 유인수요(induced demand)라고 한다.

공급자 유인수요가 존재하면 필요 이상의 의료 이용이 발생할 수 있다. 왜 그런지는 굳이 설명할 필요가 없을 것이다. 그런데 이런 지나친 의료 소비는 의료보험이라는 지불 방식 때문에 더욱 늘어난다.

의료보험이 존재하므로 환자 본인이 내는 진료비(본인부담금)는 실제 가격보다 낮다. 그만큼 환자의 비용 의식은 낮아진다. 이에 따라 의사의 유인수요가 아니라도, 환자 본인 역시 그다지 필요하지 않아도 병원을 찾게 된다. 그리고 의사도 별 부담 없이(!) 필요 이상의 유인수요를 창출할 수 있다.

실손형 민간 의료보험이 도입되었을 때 건강보험 재정지출이 늘어날 것을 걱정하는 사람들이 있었다. 실손형 민간 의료보험은 본인부담금을 커버하므로 환자의 비용 의식은 더욱 낮아져서 의료 이용이 더 많아질 가능성이 높다. 마찬가지로 건강보험의 보장성을 높이는 경우에도 의료 이용이 필요 이상으로 늘어날 것을 걱정하는 사람들이 있다.

의료는 연금과 더불어 정부의 복지지출 중에서 규모가 크며 고령화로 향후 지출 증가 속도도 빠를 것이다. 따라서 필요 이상의 의료 소비를 억제하는 것은 정부 재정 절감에 매우 중요하다.

필요 이상의 의료 소비를 억제하기 위한 핵심 대안 중 하나가 의료비 지불 체계를 바꾸는 것이다. 얼마 전 도입을 둘러싸고 의료계가 크게 반발했던 포괄수가제가 그 예다. 그 밖에도 총액예산제, 의료지불계좌 등이 논의되고 있다.

이 문제를 어떻게 해결해야 할까? 이 분야의 학자들이 내놓는 대안은 공공시설 확충이다. 민간 서비스 제공자가 정보비대칭을 이용해 이윤을 극대화하고자 해서 생기는 문제니만큼 이윤을 극대화하려는 유인이 없는 공공이 담당하라는 것이다.

공공 병원은 아무래도 민간 병원보다 과잉진료를 덜 할 것이다. 대부분의 부모들이 아이를 구립 어린이집 같은 공보육 시설에 보내고 싶어 하지만 빈자리가 없어서 할 수 없이 민간 시설에 맡기는 형편이다. 민간보다 인력과 시설이 우수하고 처우도 좋아서 보다 질 좋은 서비스를 제공할 여건이 되기 때문이다.

서비스의 질과 형평성 보장은 국가의 책임이다

공공 병원과 복지시설을 대폭 확충하는 것은 가능하기만 하면 아주 좋은 대안이다. 그렇다면 얼마나 확충해야 할까? 정답은 없지만 학자들은 대체로 전체 시설 중 공공이 담당하는 비율로 30%를 제안한다(현재는 10%에도 이르지 못한다.) 사실 공공시설을 확충하라는 요구는 어제오늘 일이 아니다. 오래전부터 요구해왔지만 아직도 실현되지 않고 있다.

나 역시 공공시설의 확충이 필요하다는 데 동의한다. 조금씩이라도 꾸준히 공공 비율을 높여나가야 한다. 하지만 단기간에 대폭 확충하는 것이 어렵다면 그동안 다른 대안이 필요하다. 어떤 대안이 가능할까? 속시원한 답은 없다. 대신 정형화된 답은 있다. 정부가 규제 역할을 제대로 하면 된다.

정부는 가치재 공급 책임을 지며 이를 위해 재정 지원을 한다. 그런데 정부 책임은 재정 지원에서 그치지 않는다. 정부의 책임은 사람들이 가치재의 혜택을 제대로 누리게 하는 것이다. 정부가 예산을 낭비하지 않고 가치 있게 사용해야 한다는 취지는 정부가 직접 서비스를 제공할 때나 민간을 통해 제공할 때나 마찬가지여야 한다. 사실 예산을 가치 있게 쓰기란 직접 할 때보다 민간을 통해서 제공할 때가 더 어렵다. 직접 제공할 때는 자기가 열심히 하면 되지만 민간을 통해서 제공할 때는 남을 열심히 하게 만들어야 하기 때문이다. 정보비대칭은 정부와 서비스 제공자 사이에도 존재한다.

이와 관련한 해외 동향을 잠깐 소개하자. 최근 독일에서는 '보장국가'라는 용어를 사용한다. 이는 민간을 통해 공공서비스를 제공하더라도, 국가가 직접 제공할 때와 마찬가지로 서비스의 질과 혜택의 형평성을 보장(guarantee)하는 것이 국가의 책임이라는 말이다. 독일만이 아니다. 공공서비스 민영화에 대한 국가 책임은 대부분의 선진국에서 1990년대 이후 행정의 주요 이슈였다. 우리나라도 마찬가지다. 향후 의료, 보육, 노인요양 부문의 사회 서비스는 더욱 확대될 것이고, 공공 비중을 높인다고 해도 여전히 서비스 제공자의 다수는 민간일 것이다. 앞에서 논의한 공기업 민영화도 계속 추진될 것이다. 어떻게 하면 민간을 통한 서비스 제공이 제대로 이루어지게 할 것인가는 앞으로 행정이 반드시 풀어야 할 과제다.

CHAPTER
9

위기의 지방재정

지방재정

무상보육 해프닝

2012년 1월 국회에서 여야 합의로 어린이집에 다니는 0~2세 영·유아의 무상보육을 실시하기로 하고 사업 예산을 3697억 원 증액했다. 2011년까지 소득 하위 70% 가정의 자녀까지만 지원하던 보육료를 소득에 관계없이 모든 계층으로 확대했다. 그러자 전국 지자체가 거세게 반발했다. 재정 상태가 가뜩이나 열악한데 정부 복지사업에 필요한 추가 예산을 확보하기 어렵다며 볼멘소리를 낸 것이다. 실제로 시행 넉 달 만에 사업이 좌초 위기에 빠지자 정부는 무상보육비 중 모자란 돈의 2/3를 지원하기로 하며 진화에 나섰다. 지자체들이 지방채를 발행해 부족한 무상보육비

6639억 원을 조달하면, 이 중 4351억 원(67%)을 2013년도 예산 배정에 반영해주겠다고 약속한 것이다. 그러나 입법부와 행정부, 중앙정부와 지방정부가 갈등일로를 걷던 이 사업은 결국 2013년부터 폐지되고 소득과 맞벌이 여부에 따라 보육료를 차등 지원하는 안으로 축소되었다. 대신 월 10만~20만원의 양육 보조금이 소득하위 70%까지 확대 지급된다.[1]

2011년 11월~2012년 7월까지 인천시 재정 관련 주요 뉴스

- 3조 7500억 원을 들여 추진 예정이었던 인천 영종도 밀라노디자인시티(MDC) 조성 사업이 결국 최종 파산됐다.
- 안전성 문제로 2년째 멈춰 선 853억 원짜리 월미은하레일이 운행 강행이냐 철거냐를 둘러싼 논란 속에서 갈피를 잡지 못하고 있다.
- 인천시 자치구의 재정난이 가중되고 있다. 인천시가 구에 지급해야 할 재원조정교부금을 제때 주지 못하고 있기 때문이다. 이 때문에 일부 구는 직원 급여 미지급 등 초유의 사태가 벌어질 가능성이 있다며 시에 신속한 교부금 지급을 요구하고 있다. 재정이 어려운 시는 "우리가 더 죽을 지경"이라며 곤혹스러워하고 있다.
- 인천시는 아시안게임 소요 비용 1조 5190억 원을 모두 지방채로 발행할 계획이다. 이미 지방채 5850억 원을 발행했다. 게다가 인천도시철도 2호선 건설사업을 포함한 각종 시 사업을 위해 지방채를 또 발행해야 한다.
- 여성계, 종교계, 경제계, 노동계, 시민사회단체 등을 총 망라한 인천시 재정위기 비상대책 범시민협의회는 인천시청에서 출범식을 갖고 2014 인천아시안게임 및 도시철도 중앙정부 지원 촉구를 위한 200만 시민 서명운동에 들어갔다.

지방재정과 관련한 최근의 이슈는 하나로 모아진다. 지방재정이 위기라는 사실이다. 위기의 원인에는 두 가지 유형이 있다. 하나는 쓸 수 있는 돈은 빤한데 돈 쓸 일이 자꾸 늘어나서 생기는 문제다. 주로 복지지출 때문이다. 첫 번째 사례인 무상보육이 대표적인 예다. 다른 하나는 하지 않아도 될(혹은 하면 안 될) 사업들을 무리하게 추진해서 생긴 문제다. 대부분 각종 개발사업 때문이다. 인천시 재정위기가 전형적인 사례다.

문제를 해결하려면 원인을 제대로 파악해야 한다. 그런 의미에서 이번 장에서는 지방재정 위기의 원인을 제대로 파헤쳐보자. 그리고 대책을 고민해보자. 일단 중앙정부와 구분되는 지방정부 재정의 역할부터 얘기를 시작하자. 이를 이해하면 재정위기의 원인도 자연스럽게 파악된다.[2]

그냥 중앙정부가 다 하면 안 될까?

정부에는 중앙정부와 지방정부(광역시·도, 시·군·구, 지방교육청)가 있다. 중앙정부와 지방정부 모두 정부 재정의 기능(공공재 공급, 소득 재분배, 경제안정과 성장 촉진)을 수행하기는 하지만 두 정부가 분담하는 정도는 기능에 따라 다르다. 어떤 것은 주로 중앙정부가 담당하고 어떤 것은 두 정부가 함께 담당하지만 내용이 다르다.

중앙정부와 지방정부가 수행하는 재정 역할이 다른 근본적인 이유는 중앙정부는 대한민국 전체를 대상으로 정책을 수행하고 지방정부는 해당 지역 주민을 대상으로 정책을 수행하기 때문이다. 이를 염두에 두고 각 기능별로 어떤 정부가 담당하는 것이 더 적합한지, 어떤 내용의 정책을 수행할지 따져보자.

경제 안정화는 어느 정부가 맡는 것이 적절할까? 글로벌 금융위기에 대한 정부 대응을 생각해보자면 지방정부와 협조하기는 해도 주로 중앙정부 몫이 크다. 물가정책도 마찬가지다. 한 지역에서는 물가 상승을 억제하고 다른 지역에서는 물가 상승을 허용하기란 힘든 일이다. 경제성장 촉진 역할은 어떨까? 국가 전체 관점에서 경제성장 정책은 중앙정부의 몫일 수밖에 없다. 단 지방정부도 기업 유치나 산업단지 조성과 같이 지역경제 활성화를 위한 역할을 수행한다.

소득 재분배 정책은 누가 담당하는 것이 적절할까? 소득 재분배는 기본적으로 누진적 조세와 복지지출을 통해 이루어진다. 이를 지방정부가 담당한다는 것은 지역마다 각기 다른 조세와 복지 정책을 수행한다는 의미다. 지역마다 소득세율과 법인세율이 다르다면 어떻게 될까? 개인과 기업은 세율이 높은 지역에서 낮은 지역으로 이동할 것이다. 고소득층과 대기업이 다른 지역으로 떠나가는 것을 수수방관할 지방정부가 있을까? 복지지출도 유사하다. 지역마다 빈곤층에 대한 지원 수준이 다르면 그에 따라 빈곤층의 이동이 발생할 것이다.

경제학 교과서는 세율이 다르면 고소득층의 이동이, 복지 수준이 다르면 빈곤층의 이동이 발생하기 때문에 소득 재분배 정책은 중앙정부가 담당해야 한다고 설명한다. 하지만 이는 피상적인 이유다. 근본적인 이유는 형평성 때문이다.

세금 이야기에서 언급했듯이 형평성에는 수직적 형평성과 수평적 형평성의 두 유형이 있다.[3] 정부가 재분배 정책을 펼치는 목적은 수직적 형평성을 높이기 위해서다. 시장에서 결정된 소득분배의 격차를 줄이고 대한민국 국민이면 누구나 일정 수준 이상의 생활을 유지할 수 있도록 정책으로 개입한다. 그런데 정부의 개입으로 지역에 따라 소득세율이 달라지고 복지 수준에 차이가 난다면 수평적 형평성을 해치게 된다.

나한테는 높은 소득세율을 물리고 옆 동네 사람한테는 낮게 매긴다면 국민들이 용납할 리 없다. 복지도 마찬가지다. 복지사업은 전국적으로 공통된 기준에 따라 동일한 혜택이 제공되는 것이 바람직하다고 여겨진다. 사회보험인 국민연금이나 건강보험은 물론이고 조세로 운영되는 빈곤층에 대한 국민기초생활보장급여, 노령층에 대한 기초노령연금, 장애인에 대한 장애연금, 영유아에 대한 보육료 지원 수준이 사는 지역에 따라 각양각색이라면 국민들이 받아들일 리 없다.

이처럼 전국적으로 공통된 기준에 따라 동일한 혜택이 제공되어야 한다는 것을 국민기본선(national minimum)이라고 한다. 누구나 일정 수준 이상의 삶의 질을 누려야 한다는 것은 사회복지의 기본 이념이기도 하다.

국민기본선 이념에 따라 복지사업의 대부분은 중앙정부 책임이다. 하지만 지방정부도 역할이 있다. 복지사업의 '전달'을 담당한다. 국민기초생활보장급여, 기초노령연금, 장애연금, 보육료 지원은 중앙정부 사업으로서 중앙정부가 기획하고 사업 규모와 내용을 정한다. 하지만 전달까지 중앙정부가 도맡기는 힘들다. 그러려면 각 지역마다 별도의 전달 기구를 설치해야 한다. 그것보다는 지방정부가 맡아 집행하는 것이 더 효율적이다. 그래서 대상자를 관리하고 급여를 지급하는 일은 지방정부가 대행한다.

정리하면 복지 제공 기능은 많은 경우 중앙정부의 책임이지만 (사회보험을 제외한 나머지 복지사업의) 집행은 대부분 지방정부가 대행한다.

다음으로 효율적인 자원 배분, 즉 공공재 공급 기능을 생각해보자. 경제의 안정과 성장, 소득 재분배 기능과 달리 공공재 공급은 지방정부가 하는 게 더 나은 부분도 있다. 국방, 외교, 통일처럼 정책 효과가 국가 전체에 미치는 것은 당연히 중앙정부가 담당해야 한다. 고속철도같이 여러 지역에 걸쳐 영향을 미치는 대형 SOC 건설도 마찬가지다.

반면에 특정 지역에만 영향을 미치는 공공재 공급은 지방정부가 담당하는 게 바람직하다. 근린공원, 지방도로, 문화센터, 복지관 등의 시설이나 쓰레기 수거, 도로 청소 등의 서비스 제공이 이에 해당한다. 왜 이런 지역 공공재는 지방정부가 담당하는 게 더 바람직할까? 지방재정 교과서는 두 가지 이유를 제시한다.

첫 번째는 지방정부가 지역 주민의 선호를 더 잘 반영할 수 있기 때문이다. 아무래도 멀리 있는 중앙정부보다는 그 지역에 있는 지방정부가 주민 사정을 더 잘 알 것이다. 두 번째는 지방정부끼리 경쟁을 통해 효율적인 재정 운용을 이끌 수 있기 때문이다. 정부가 민간에 비해 비효율적인 이유 중 하나는 경쟁이 없다는 점인데 지방정부는 수가 많기 때문에 각 지방정부가 얼마나 일을 잘하는지 비교할 수 있다. 다른 지방정부보다 일을 못하는 지방정부의 단체장은 주민의 비난을 받을 것이고 다음 선거에서 떨어질 수 있다. 지방정부가 하는 일이 영 시원찮으면 다른 지역으로 이사를 갈 수도 있다. 지역을 옮기는 이사는 나라를 떠나는 이민보다 훨씬 쉽다!

지방정부가 중앙정부에 비해 주민의 선호를 더 잘 반영하고 경쟁을 통해 더 열심히 일한다는 설명에 고개를 갸우뚱하는 독자들도 있을 것이다. 현실에서 보는 지방정부들의 행태는 사실 그다지 미덥지 않기 때문이다. 하지만 이는 지방자치가 존재하는 근본 취지이기도 하다. 비록 현실은 이론과 다르지만, 그럼에도 혹은 그렇기 때문에 현실을 개선해 애초의 취지를 달성해야 하지 않겠는가.

어쨌든 공공재 공급 기능을 요약하면 이렇다. '파급 효과가 전국에 미치면 중앙정부가, 지역에 국한되면 지방정부가 맡는다.' 하지만 여기에는 한 가지 단서가 있다. 지역 간 격차 문제다. 지방정부가 독자적으로 공공재를 공급하면 지역 간 수준에 격차가 발생하기 마련이다. 작은 격차는 자연스럽다. 그러나 격차가 심하면 사회문제가 된다. 특히 국민의 기본 권리에 해당하는 공공재는 대한민국 국민이라면 어느 지역에 살건 일정 수준의 서비스를 받아야 한다. 일정 수준 이상이라도 격차가 크면 바람직하지 않다. 국민기본선은 복지에만 해당하는 것이 아니다. 국민기본선 개념이 적용되어야 할 서비스는 많다. 이런 경우는 중앙정부가 그 역할을 담당하든지, 아니면 지방정부가 담당하더라도 지역 간 격차가 발생하지 않도록 중앙정부가 지원해야 한다.

지역이 공급하는 공공재 가운데 지역 간 격차 발생이 바람직하지 않고, 그래서 중앙정부 개입이 필요한 공공서비스에는 어떤 것들이 있을까? 이론적으로는 명확하지 않다. 개별 국가의 역사적 전통과 사회적 합의에 따라 달라진다. 치안과 교육이 대표적이다. 미국은 각 주가 모여서 이루어진 연방국가라 지방자치 전통이 강하다. 치안과 교육 서비스 제공도 지방정부가 중심이 된다. 그 결과 지역마다 격차가 크다. 부유한 지역의 공립학교는 재원이 풍부해서 사립학교 못지않은 서비스를 제공하지만, 가난한 지역의 공립학교는 질이 형편없다.

반면에 우리나라는 중앙집권적 전통이 강하고 지역 간 격차가 크면 바람직하지 않다는 정서가 지배적이다. 그래서 치안과 교육 서비스 제공에서 중앙정부가 중심이 된다. 치안의 경우 지방경찰제 도입 논의가 있기는 하나 아직은 중앙정부 기관인 경찰청을 정점으로 하는 중앙집권적인 국가경찰이 치안을 담당한다. 교육은 지방교육청을 중심으로 하는 분권체계를 갖추고 있다. 그러나 모든 공립학교 교원은 공무원 신분이다. 공립은 물론이고 중등 사립학교도 중앙정부의 재정 지원에 절대적으로 의존한다(참고로 지방교육청 전체 예산 중 중앙정부 재원은 거의 80%에 육박한다.)

무상급식과 교육감 선거

당시에는 우연히 발생한 사건이 지나고 보면 사회에 큰 변화를 가져오는 계기가 되었음을 종종 목격한다. 비약하자면 2009년 경기도 의회의 '무상급식 예산 삭감'도 그런 예에 해당한다. 이 사건은 보편주의와 선별주의 복지 논쟁을 불러왔고 '복지'가 우리 사회의 핵심 의제로 등장하게 만들었다. 또한 정치적으로는 서울시 무상급식 찬반 투표-오세훈 서울시장 사퇴-박원순 서울시장 당선-안철수 대선 열풍으로 이어졌다. 경기도 의회에서 교육감이 요청한 무상급식 예산을 삭감했을 때만 해도 이처럼 사건의 파장이 일파만파로 번지리라고는 누구도 예상치 못했다.

그런데 '무상급식 예산 삭감'은 광역시·도의 교육 정책을 담당하는 교육감 선출 방식이 2007년부터 주민 직선으로 바뀌었기 때문에 발생했다고 할 수 있다.

1962년에 폐지된 지방자치는 30년이 지난 1991년 지방의회가 탄생하면서 부활했다. 이후 1995년 자치단체장 선거를 치르고서 본격적인 지방자치가 시작되었다. 지방자치는 대통령이 교육부장관을 임명하는 국가행정과는 달리 일반행정과 교육행정이 분리되어 있다. 일반행정은 자치단체장(시·도지사, 시장·군수·구청장)이 담당하되 교육 업무는 시·도 교육감이 맡는다. 지방자치 실시 이후 10여 년간은 교육위원회나 학교운영위원회 위원들이 교육감을 선출했으나 2007년부터는 교육감도 주민 직선제로 뽑는다.

2009년 4월 처음으로 주민 직선으로 당선된 김상곤 경기도 교육감은 선거 공약으로 초등학교 무상급식을 내세웠다. 당선 후 공약을 실행하려고 무상급식 예산안을 올렸지만 경기도 의회에서 이를 전액 삭감했다. 당시 경기도 의회는 한나라당이 다수였고, 경기도지사 역시 한나라당 소속이었다. 그래서 진보 교육감 흔들기가 예산 삭감의 진짜 이유였다는 말도 나왔다.

무상급식이 주요 사회 이슈로 등장하면서 2010년 지방선거를 통해 서울시의회 다수당이 된 민주당은 무상급식 조례를 통과시켰다. 그러자 오세훈 서울시장이 이에 반발하면서 무상급식 찬반투표와 시장직 사퇴로 이어졌다. 그러니 교육감 직선제가 도입되지 않았으면 김상곤 교육감이 나오지도 않았을 것이고, 지금과는 사회 모습도 달라졌을 것이다.

'무상급식 사건'과는 별개로 시·도지사와 교육감을 각각 선출하는 제도에 대한 비판이 존재한다. 교육 예산의 일부를 시·도가 지원하고 있고, 주민 관심의 우선순위를 보자면 교육이 으뜸일 텐데 시·도지사가 교육에 대한 권한이 없다면 타당하지 않다는 주장이다(게다가 시·도지사 선거는 사람들이 관심을 갖지만 교육감 선거는 후보자가 누군지도 잘 모르고 관심도 적다). 그래서 러닝메이트로서 시·도지사와 교육감을 동시에 선출하자는 주장이 나온다. 어떤 제도가 더 좋을까? 미국의 경우 주마다 선출 방식이 달라서 직선, 간선, 임명제가 모두 존재한다.

    지방재정의 역할을 정리하자면, 지방정부는 지역 경제 활성화를 위한 사업을 하고, 중앙정부 책임인 복지사업의 집행을 담당하며, 지역 공공재를 공급한다. 그런데 지역 공공재에는 두 유형이 있다. 하나는 쓰레기 수거 같은 생활서비스, 근린시설 등 생활 편의 시설을 제공하는 일이다. 다른 하나는 전철, 외곽순환도로, 유통단지 조성 등 대형 개발사업이다. 후자는 지역 경제 활성화와도 관련된다. 이처럼 제공하는 재화와 서비스의 유형으로 구분하면 지방재정의 역할은 생활에 밀착한 공공재의 공급, 복지 제공, 개발사업으로 구분할 수 있다.

    이 중에서 지방정부 재정위기를 가져오는 것은 복지 제공과 개발사업이다. 보다 정확히 말하면 복지 제공은 재정에 큰 부담을 불러오는 사업이며, 개발사업은 이러한 부담을 넘어서서 종국에 재정위기 상황까지 불러오는 사업이다.

국세 따로, 지방세 따로
다 이유가 있다

지방정부가 일하기 위한 재원은 어떻게 마련할까? 지방자치 이념에 충실하려면 지방정부 스스로 조달하는 게 좋다. 재정이 독립되어야 실질적인 자치가 가능하기 때문이다. 부모한테서 생활비를 타다 쓰는 자식은 따로 나가 살고 있어도 독립했다고 볼 수 없는 것과 마찬가지다. 생활비 대주는 부모 눈치를 보지 않을 수 없다. 지방정부 역시 재정을 중앙정부에 의존하면 중앙정부 눈치를 봐야만 한다.

그래서 지방자치를 실시하는 국가는 국민이 내는 세금 중 일부를 지방세로 정해두었다. 어떤 세금을 중앙정부가 걷고, 어떤 세금을 지방정부가 걷는 것이 타당할까? 대개 소득에 대한 과세는 국세, 재산(부동산)에 대한 과세는 지방세로 정한다. 소비에 대한 과세는 나라마다 다르지만 국세인 경우가 더 많다. 우리나라도 소비세인 부가가치세와 소득세, 법인세는 국세로 하고, 재산세와 취득세는 지방세로 정해두었다.

재산세나 (부동산) 취득세를 지방세로 정하는 이유는 부동산 가격 결정에 지역 공공재의 역할이 크다고 보기 때문이다. 지역이 살기 좋아야 집 값이 비싸지는데, 살기 좋은 지역을 만드는 데 지역 공공재의 역할이 크다고 본다. 그러니까 지역 공공재 공급 대가로 재산세를 받는 셈이다. 어느 정도 일리는 있다. 그러나 우리나라는 사정이 조금 다르다. 서울 강남의 높은 부동산 가격이 강남구청이 잘해서일까? 다른 지역보다 훨씬 비싼 수도권의 아파트 값이 서울시와 경기도가 잘해서일까? 선뜻 그렇다고 말하기는 힘들다.

재산세나 취득세가 지방세인 또 다른 이유는 부동산은 소득이나 소비

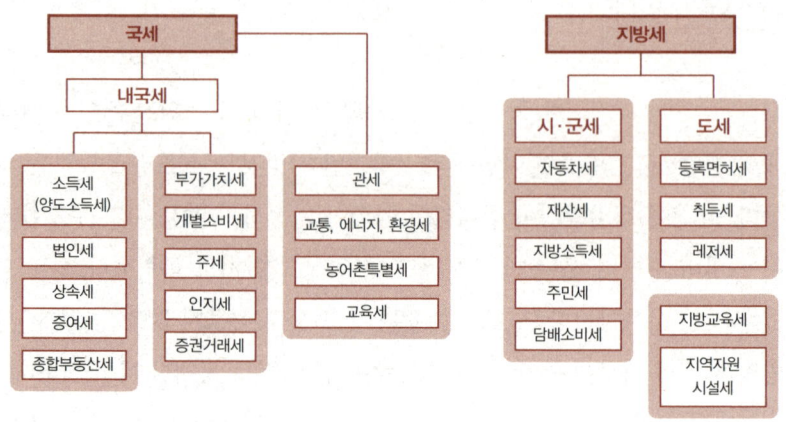

― 국세와 지방세 항목 ―

에 비해 지역성이 강하기 때문이다. 가령 개인소득세를 지방세로 해서 거주지 기준으로 부과한다면 어떻게 될까? 집은 서울이고 직장은 인천에 있는 사람이 소득세를 서울시에 낸다면, 인천시 입장에선 억울할 수 있다. 법인세를 지방세로 해서 법인 소재지 자치단체가 걷으면 어떻게 될까? 공장은 전국에 분산되어 있고 본사만 서울에 있는 대기업이 낸 법인세를 전부 서울시가 가져가게 된다. 이러저러한 사정을 고려하면 다른 세목보다는 부동산 관련 세목을 지방세로 하는 것이 타당성이 있다.

그러나 소득이나 소비 관련 세목을 국세로 정한 것이 지방세로 할 만한 근거가 부족해서만은 아니다. 어떤 세목을 국세로 하고 어떤 세목을 지방세로 할지는 얼마든지 조정할 수 있다. 실제로 소득세의 10%와 소비세(부가가치세)의 5%는 지방의 몫으로 정하고 있다. 이것이 지방소득세와 지방소비세다. 그리고 담배소비세도 지방세다. 국세와 지방세 배분에서 문제가 되는 것은 지방세로 정하는 세목이 많을수록 세수의 지역 간 격차 때문에 지방재정의 빈익빈 부익부가 심화된다는 점이다.

재산세와 취득세의 대상은 부동산이다. 그런데 부동산 가격과 부동산 거래량은 지역마다 크게 다르다. 그러니 재산세와 취득세 수입은 지역마다 격차가 클 수밖에 없다. 부동산 관련 세목뿐만이 아니다. 가장 큰 세입원인 부가가치세, 소득세, 법인세도 마찬가지다. 지방 국세청이 거둬들이는 규모를 보면 이 세금의 지역 간 격차는 매우 크다. 현재 국세로 걷는 세금들은 지방세로 전환했을 경우 수도권-비수도권, 도시-농어촌 간 재정 격차가 심화되는 항목들이 대부분이다. 담배소비세가 지방세인 이유는 담배 소비는 다른 상품들에 비해 지역 간 격차가 별로 없기 때문이다.

앞에서 파급 효과가 제한적인 지역 공공재라고 해도 지역 간 격차 발생이 바람직하지 않다면 중앙정부가 공급하는 것이 낫다고 설명했다. 그 예로 치안, 교육, 복지 등을 들었다. 그런데 지역 간 격차 발생이 바람직하지 않은 것이 어디 그뿐이겠는가. 정도의 차이는 있지만 아무리 지방정부에게 공급 책임이 있는 지역 공공재라고 해도 지역 간 차이가 심하면 바람직하지 않다. 지역 공공재 공급 수준에 큰 격차가 생기지 않으려면 당연히 재정 수입의 지역 간 격차를 줄여야 한다.

의존 재원 |
지역 격차의 시정

재정 수입의 지역 간 격차를 줄이려면 어떻게 해야 할까? 세금을 중앙정부가 걷어 지방정부에 배분하면 된다. 이때 가난한 지역에는 더 많이 주고, 부유한 지역에는 덜 주면 된다. 지방세로 생긴 지역 간 격차를 국세를 배분해 메우는 것이다.

이렇게 국세를 지방정부 재원으로 배분하는 것을 교부금이라고 한다. 배분 규모는 내국세의 일정 비율로 정해져 있으며, 지역별 배분액은 지역 간 격차를 줄이도록 만들어진 공식에 따라 정해진다. 자치단체에 배분하는 지방교부세와 지방교육청에 배분하는 지방교육재정교부금이 있다. 교부금은 공식에 따라 거의 기계적으로 지방정부에 배분되며 사용하는 데도 제약이 없다. 지방정부 입장에서는 지방세와 마찬가지인 셈이다 (그래서 '교부세'라고도 부른다.)

중앙정부가 지방정부 재정을 지원하는 방식이 한 가지 더 있다. 국고보조금이다. 국고보조금은 앞에서 언급했듯이 전국적으로 일정 수준 이상을 유지할 필요가 있는 사업이라 중앙정부에게 책임이 있지만 집행은 지방정부에 의해 이루어질 때 중앙정부가 지방정부에 지원하는 경비 성격이다. 다만 국고보조금은 특정 사업('국고보조사업'이라고 한다)의 경비로 용도가 정해져 있다는 점에서 교부금과는 다르다.

그런데 중앙정부가 지원하는 국고보조금은 그 사업의 비용 전부를 부담하지는 않는다. 사업비 일부는 지방정부가 부담하게 돼 있다. 사업비 전액을 중앙정부가 대주면 지방정부가 경비를 아끼지 않을 것이기 때문에 지방정부가 일부를 부담해야 한다는 논리다. 아울러 자기 지역 주민을 위한 사업이니 지방정부도 재정을 부담하는 것이 마땅하다는 논리도 있다. 맞는 말이다. 그런데 지방정부 입장에서 본다면 중앙정부 사업을 대신 집행해주면서 돈까지 내야 하니 불만이 이만저만 아니다. 보육료지원 사업이 대표적인 예다. 생색은 중앙정부나 정치권이 내면서 재정은 사정이 가뜩이나 어려운 지방정부와 나누어 부담하기 때문이다. 국고보조사업, 그중에서도 특히 국고보조 복지사업의 경비 일부를 지방정부에게 부담시키는 것이 최근 들어 지방정부 재정을 악화시킨 가장 큰 원인이다.

어쨌든 교부금과 국고보조금으로 중앙정부가 지방정부 재정을 지원하기 때문에 중앙정부와 지방정부의 자체 수입 규모는 7:3 정도로 중앙정부가 더 많지만(세금만 따지면 국세와 지방세 비율은 8:2 정도다), 실제 지출액은 4:6으로 지방정부가 더 많다. 참고로 2012년도 지방정부의 자체 수입(조세+세외수입)은 90조 원이 채 안 된다. 그러나 지출액은 약 190조 원(지방자치단체 142조+지방교육청 48조)이다.

이제 본격적으로 지방재정 위기 문제를 다루자. 앞서 살펴보았듯이 위기의 유형은 복지지출 증가 같은 구조적 문제와 무리한 개발사업 추진 같은 방만한 운영으로 구분된다. 각각의 사정을 좀 더 상세히 살펴보자.

위기의 지방재정 I
사회복지지출 급증

3장에서 중앙정부의 지출 내역을 국방, 일반행정비, 경제개발비, 사회개발비로 구분했다. 지방정부 지출 내역은 국방이 없으니 이를 제외한 나머지 셋, 즉 일반행정비, 경제개발비, 사회개발비로 구분할 수 있다. 3장에서 1995년과 2012년의 중앙정부 지출 내역을 비교했을 때 가장 두드러진 특징은 경제개발비가 줄고 사회개발비가 증가한 것이었다. 이 추세는 지방정부도 마찬가지다. 1995년과 2012년의 지방정부 지출 내역을 비교하면 사회개발비 비중은 크게 늘었고 경제개발비는 매우 줄었다. 사회개발비 비중이 크게 증가한 것은 복지지출이 늘었기 때문이다.

복지지출 증가는 대부분 국고보조사업 증가 때문이다. 지방정부 복지지출 중에서 국고보조사업 지출 비중은 2012년에 90%에 육박한다. 즉 지방정부의 복지사업은 거의가 중앙정부 사업을 대행한다는 뜻이다. 지방정부가 자체적으로 시행하는 사업은 출산장려금과 복지시설 운영 등 얼마 되지 않는다. 국고보조 복지사업은 의무지출이기 때문에 지방정부는 반드시 시행해야 한다. 복지지출로 인한 재정 부담은 특히 자치구에서 심하다(2012년 기준 69개 자치구의 전체 세출 중 복지지출 비중은 46%다.) 빠듯한 살림에 복지사업은 계속 늘어나니 도로 보수 등 다른 분야 사업은 손도 못 대고 심지어 인건비 지급도 힘들다고 하소연하는 자치구들이 여럿이다.

국민기초생활보장, 기초노령연금, 보육료 지원은 지방정부 재정에 부담을 주는 대표적인 국고보조사업이다. 세 사업 모두 지방정부가 부담해야 하는 사업비 규모가 상당한데, 특히 보육료 지원이 문제가 된다.

3대 사회복지 국고보조사업

국민기초생활보장제도는 빈곤층에게 급여를 지급하는 제도다. 기존의 빈곤층 지원제도인 생활보호제도가 2000년에 바뀐 것이다. 두 제도의 가장 큰 차이는 생활보호제도가 노인, 장애인, 18세 미만 아동청소년 등 근로능력이 없는 빈곤층만 지원하던 것에 비해 국민기초생활보장제도는 근로능력 유무와 상관없이 최저생계비 이하인 계층은 모두 지원한다는 점이다. 지원 유형에는 매달 생활비를 지원하는 생계급여와 의료비를 지원하는 의료급여가 대표적이며, 그 밖에 주거급여, 자활급여, 교육급여, 해산급여, 장제급여 등이 있다. 2012년 기준 수급자 수는 147만 명이며 거의 10조 원에 육박하는데, 그중에서 지자체 부담률은 20% 정도다.

기초노령연금은 65세 이상 노인의 70%(소득기준)에게 매월 일정액의 연금을 지급하는 제도로서 2008년부터 시행되었다. 급여액은 소득액에 따라 다른데, 2012년 기준으로 단독 수급자는 최고 월 9만 4600원이며 부부 수급자는 최고 15만 1400원이다. 2012년 기준으로 수급자 수는 380만 명이 조금 넘는다(전체 노인의 65%.) 지출액은 약 4조 원인데 그중에서 지자체 부담률은 30%가 조금 안 된다.

영유아보육료지원사업은 어린이집을 이용하는 영유아(0~2세 전체, 3~4세 소득 하위 70%, 2012년 기준), 어린이집 미이용 영유아(최저생계비 120% 이하 소득가구. 2012년 기준)에게 보육료를 지원하는 제도다. 2012년 기준 지출액은 5조 원이 훌쩍 넘을 것으로 추정되는데 그중에서 절반 정도가 지자체 부담이다.

왜 0~2세부터 무상보육을 했을까?

보육시설(어린이집) 대상 연령은 0~5세의 영유아다. 이를 0~2세의 영아와 3~5세의 유아로 구분할 때, 어느 집단을 먼저 보육시설에 보내는 것이 타당할까? 전문가들은 아기 때는 집에서 기르는 것이 보육시설에 보내는 것보다 더 좋다고 한다. 상식적으로 생각해도 갓난아이는 집에서 기르고 어느 정도 큰 다음에 어린이집에 보내는 것이 합당하다. 그런데 전체 영유아를 대상으로 하는 무상보육은 0~2세 영아부터 먼저 실시됐다. 왜 그랬을까? 국회의원들이 직접 애를 키워본 적이 없어서 그랬던 것은 아니다.

무상보육이 대세니 하기는 해야겠는데 재원이 충분하지 않았다. 그래서 일단 일부 연령에만 실시하고 나중에 대상을 확대하기로 했다. 그런데 0~2세는 대개 집에서 키우고 어린이집에 보내는 경우는 많지 않았다. 돈은 적게 들이면서 생색을 내려면 3~5세보다는 0~2세부터 지원하는 것이 낫겠다는 생각을 했다. 그래서 그렇게 한 것이다!

결과는? 어린이집에 보내야만 지원을 받는다고 하니 멀쩡하게 집에서 키우던 영아들까지 어린이집에 보냈다. 그 이후에 벌어진 소동은 익히 알고 있는 대로다. 돈은 돈대로 들고 좋은 소리는 못 들었다.

국민기초생활보장과 기초노령연금은 지방정부의 재정력에 따라 60~90%를 중앙정부가 지원한다. 그런데 보육료 지원은 30~50%만 중앙정부에서 지원한다. 나머지는 지방정부 부담이다. 게다가 보육료지원 사업은 최근 들어 대상이 계속 확대되는 중이다. 이전까지는 소득 하위 70%만을 대상으로 지원하던 0~2세 보육료를 2012년에는 소득과 상관없이 전체로 확대했다. 이로 인해 종전에 비해 늘어난 지방비 부담액만 6000억 원 이상이다. 그러니 지방정부는 자기 의사와는 상관없이 중앙정부, 정치권에서 결정한 결과에 따라 추가로 재정을 부담하게 생겼으니 화가 날 만도 하다. 게다가 (기분이 좋건 나쁘건) 많은 지방정부는 추가 재원을 마련할 방도가 없다.

중앙정부는 보육료 지원 대상을 확대하면서 중앙정부가 국고보조금으로 지원하는 예산만 신경 쓰고 지방정부 추가 부담분은 나 몰라라 했다. 이후 지방정부가 반발하고 재원 부족으로 보육료 지원이 중단될 상황이 되자 그제야 지방정부 지원을 확대했다.

중앙정부라고 속이 편할 리는 없다. 0~2세 영아 전체를 대상으로 보육료를 지원하는 사업은 애초 중앙정부(보건복지부와 기획재정부) 예정에는 없었다. 그런데 2011년 12월 31일 국회에서 여야가 합의해 전격적으로 결정해버렸다. 그러자 보건복지부는 이를 맞받아 2013년부터는 0~2세 무상보육을 포기하겠다고 발표해버려 정치권과 충돌을 빚었다. 정치권과 행정부는 대립할 수 있다. 중앙정부와 지방정부가 갈등할 수도 있다. 하지만 국민들 입장에서는 황당하기 짝이 없다.

중앙정부 재정도 여유가 없기는 지방정부 재정이나 별반 다르지 않다. 하지만 아무리 사정이 딱해도 행정을 할 때는 지켜야 될 절차와 원칙이 있다. 중앙정부에게 책임이 있는, 소위 국민기본선에 해당하는 복지사업

들의 사업비는 중앙정부가 대부분을 부담하는 것이 맞다.[4]

　기초생활보장급여나 기초노령연금과 달리 보육료지원사업만 중앙정부 부담분이 유난히 낮은 이유는, 과거부터 보육 지원이 지자체가 할 일이고 국민기본선에 해당하지 않는다고 여겼던 탓도 있다. 지금도 출산장려금은 지자체 사업이다. 하지만 보육은 이제 국가적 의제(agenda)다. 일과 가정의 양립을 가능하게 하고 출산율을 높이는 일은 가장 중요한 사회정책 목표의 하나다. 대한민국에서 태어난 아이라면 사는 지역에 상관없이 누구나 일정 수준 이상의 보육 서비스를 누려야 한다고 생각한다면 당연히 중앙정부가 재정의 대부분을 책임져야 한다.

　앞으로도 마찬가지다. 향후 확대될 복지사업들 중에서 국민기본선에 해당하는 사업이라면 사업비 대부분을 중앙정부가 책임져야 한다. 물론 여기 덧붙여 지방정부가 재정의 일부를 부담하고 집행을 담당하므로, 사업 시행 전에 지방정부와 충분한 협의를 거쳐야 한다.

위기의 지방재정 |
남발하는 개발사업

　　　　　　　　　　　　　　인천광역시는 광역시·도 중에서 재정자립도 2위다. 서울 다음으로 부유하다. 그럼에도 불구하고 심각한 재정위기에 빠졌다. 왜 그랬을까? 세계도시축전, 월미은하철도, 밀라노디자인시티…… 말 많고 탈 많은 사업들을 추진하면서 재정에 부담을 주고 예산을 낭비했다. 특히 결정적인 계기는 2014년 아시안게임 유치였다.

　아시안게임 같은 대규모 행사에 들어가는 돈은 어마어마하다. 2014년 인천아시안게임의 총 개최 비용은 3조 원 남짓, 그중 2조 원을 인천시가 감당해야 한다.[5] 그런데 인천시는 무리한 계획을 밀어붙이다 스스로 부담을 가중시키기까지 했다. 대표적인 예가 주경기장 건설 문제다. 인천시는 5000억 원을 들여 주경기장을 신축하려고 했다. 그런데 중앙정부가 "거액을 들여 주경기장을 신축하는 대신 기존의 문학경기장을 증축해 사용하는 것이 타당하다"고 제동을 걸었다. 그러나 당시 인천시장은 "비용은 알아서 마련할 테니 중앙정부는 간섭하지 말라"고 대응했다. 결국 본래 예정되어 있던 국비 지원을 포기하는 대신 시장 고집대로 주경기장을 신축하는 쪽으로 결론이 났다. 사업비는 시 예산과 민간 자본으로 충당하기로 했다. 하지만 사업성 불투명 등을 이유로 민간 자본이 손을 떼자 비용은 고스란히 인천시 부담이 됐다. 마땅한 대책이 없는 인천시는 2012년 현재 이 비용을 전액 빚으로 충당하고 있다. 그러자 인천시는 다시 "시 재정 사정이 너무 나빠 도저히 건설비를 감당할 수 없다. 경기장 규모를 축소할 테니 국비를 지원해달라"고 호소하고 있지만 정부와 여론의 반응은 싸늘하다.

그뿐 아니다. 원래 2018년에 개통할 예정이던 도시철도 2호선을 아시안게임이 열리는 2014년에 개통하는 것으로 계획을 수정했다. 공사 일정은 앞당겼으나 국비 지원 일정은 앞당기지 못해서 공사비 충당에 차질이 빚어졌다(전체 사업비의 60%인 1조 3000억 원가량이 국비다.) 그러자 인천시는 시 예산으로 2015년 이후의 국비 지원분을 우선 투입해서 2014년에 전 구간을 개통할 테니 중앙정부는 예정대로 2018년까지 국비를 분담하라며 2009년 9월에 정부와 실행합의서를 체결했다. 그러나 사업비 조달을 위한 지방채 발행에 실패했고 다시 중앙정부에게 국비 선지원을 요청했으나 거부되었다. 재원 조달이 여의치 못한 탓에 결국 도시철도 개통은 2016년으로 늦춰졌다.

지방재정 위기가 처음 사람들의 관심을 끌게 된 것은 2010년 7월 성남시의 모라토리엄(moratorium, 지불유예) 선언이었다. 당시 6월 지방선거에서 당선되어 갓 취임한 이재명 성남시장은 전임 시장 때 판교 신도시 건설을 위한 특별회계에서 빼내 쓰고 도로 채워 넣어야 할 돈이 5200억 원이나 되는데, 재정 사정이 어려워 이 돈을 마련할 수 없다고 공식 선언했다. 판교 특별회계에서 빼낸 돈은 어디로 갔을까? 성남시는 신청사 건립, 도로 공사 등 건설사업에 사용했다. 사업 내용을 들여다보면 이렇다. 성남시청 신청사 건립에 3200억 원이 넘는 비용이 들어갔다. 이는 2005년 이후 건설된 지방정부 청사 중에서 건립 비용 규모로 단연 1위(2위 용인시청 1970억 원, 3위 전북도청 1690억 원)다. 한편 성남시는 1.56킬로미터 공원 도로 확장 공사에 3000억 원을 들였다. 도로를 넓히는 데 1미터마다 2억 원이 들어간 꼴이다. 3000억 원 중 85%는 주민 보상비로 쓰였다. 도로 부지에 편입된 주민들이 보상을 요구하자 성남시는 평당 2000만 원에 가까운 보상금에 아파트 입주권까지 얹어 지급했다.

시 청사 건립 비용 전국 2위인 용인시는 용인경전철 건설사업으로 재정이 악화되었다. 용인시는 민간 투자금 6354억 원 등 약 1조 원을 들여 경전철 '에버라인'을 2010년 6월 완공했다. 그러나 부실시공 논란으로 개통을 미루다가 용인경전철주식회사가 제기한 공사비 지급 소송에서 패소해 배상금으로 5600억 원을 물어줬으며, 아직도 3000억 원을 더 배상해야 한다. 이에 따라 공무원들이 봉급을 일부 반납하고, 학교의 급식, 어학시설 등 교육환경 개선 사업이 차질을 빚는 지경에 몰렸다.

성남시와 용인시가 재정난을 겪는 이유는 재정 능력이 약해서가 아니다. 이들은 전국 기초자치단체 중에서도 가장 부유한 편에 해당한다. 가난하면 애초에 무리하게 빚을 질 생각조차 못한다. 여유가 있으니 각종 개발사업을 추진할 욕심을 부린 것이다. 2011년 기준으로 지방정부 채무는 28조 원이고 지방공기업 부채는 68조 원이다. 빚의 대부분은 서울, 경기, 인천 세 군데 수도권 지자체와 이들의 산하 공기업이 진 빚이다.[6]

대형 개발사업처럼 재정위기를 불러올 정도는 아니지만 지방정부의 예산 낭비 사례들은 부지기수다. 지역 건설사와 연결된 소규모 SOC 사업들의 비리와 부실공사, 적자만 쌓이는 갖가지 지역축제, 해마다 반복되는 지자체장과 지방의원들의 외유성 해외 연수, 근무 기록 조작으로 부당 지급되는 초과근무수당……. 자주 기사화되다보니 이젠 일반 시민들도 제목만 들으면 무슨 사건인지 훤히 알 만한 일들이다. 대형사건 못지않게 이렇게 조금씩, 하지만 고질적으로 발생하는 예산·낭비도 지방재정의 핵심적인 해결 과제 중 하나다.

방만한 재정 운용을 막으려면

지방재정 위기에 대처하는 제도로서 2012년부터 시행하는 '지방재정 위기 사전경보시스템'이 있다. 이는 재정위기 가능성을 점검한 결과 위험성이 높다고 판단되면 '재정위기 단체'로 지정하여 강제적인 재정건전성 회복 조치를 취하게 하는 제도다. 지방정부가 '예산 대비 채무비율 40% 초과' 같은 재정위기 단체 지정 기준을 넘으면 중앙정부 심사를 거쳐 위기단체로 지정된다. 사실상 '파산' 지자체로 선고받는 꼴이다. 지금도 인천시 등 여러 지자체가 위기단체 지정 기준에 거의 근접한 상태에서 기준을 넘지 않기 위해 안간힘을 쓰고 있다.

'지방재정 위기 사전경보시스템'은 재정 상태가 나빠진 상황에서 더 악화되는 것을 막기 위한 사후 수습 성격을 갖는다. 물론 이런 제도도 필요하지만 미리 방만한 재정 운용을 방지하는 것이 더 중요하다.

방만한 재정 운용을 막기 위한 제도 개선안은 많다. 부실심사 논란이 끊이지 않는 투·융자심사 등 사업타당성 검증제도를 제대로 운영하고 유명무실하다는 비판을 받아온 내부감사 기능을 회복해야 한다. 또한 행정부 견제 역할을 하는 지방의회의 예·결산 심의 능력을 높이고 유능한 지방의원들이 선출되도록 정당공천제를 폐지하는 등 지방정치 개혁안도 제안된다.

이런 개선안들을 제대로 실행하는 것도 물론 필요하다. 그런데 좀 더 근본적인 질문을 하나 해보자. 지방정부 재정 운용이 중앙정부에 비하여 더 방만할까? 별반 다르지 않다면 이는 공공 부문 전체의 문제이지 특별히 '지방'정부의 문제라고 하기는 어렵다. 중앙정부 역시 방만한 재정 운용 사례가 많기 때문이다. 하지만 중앙정부는 적어도 지방정부에 비하여 명백히 불합리하고 낭비인 사업은 덜 하는 것으로 보인다.

왜 그럴까? 중앙부처 공무원과 국회의원들이 지방정부 공무원과 지방의원들보다 더 청렴하고 유능해서? 그건 아닐 것이다. 핵심은 견제와 감시의 차이다. 중앙정부에 대한 국회와 감사원의 행정부 감시 기능이 지방정부보다는 잘 이루어지는 측면도 있다. 하지만 더 중요한 것은 언론과 국민의 관심이다. 다양한 성향의 언론들은 국정에 대해서 많은 뉴스를 제공하고 따라서 국민들의 관심도 높다. 그러나 지역 정치와 행정에 대해서는 상대적으로 언론 보도가 적고 지역 주민들의 관심도 낮다. 지역 언론이 있으나 제 구실을 하고 있다고 보기 어렵다. 지방행정과 정치에 관심을 갖는 주민들은 이익집단인 경우가 대부분이다. 앞장에서도 강조했듯이, 방만한 행정과 부정직한 정치를 막는 기본은 결국 '투명한 정보 공개'다.

주인-대리인 관계와 정보 비대칭

2장에서 이야기한 국민-정부의 주인-대리인 관계를 상기해보자. 주인-대리인 관계는 주주와 전문경영인 혹은 국민과 대통령·국회의원의 관계처럼 거창한 게 아니라도 일상에서 흔히 볼 수 있다. 장사를 하려고 부동산 중개업자에게 점포 구입을 의뢰했다면 부동산 중개인은 나를 대신해 점포를 구입해주는 대리인이다. 집 청소를 가사도우미에게 부탁하면 가사도우미는 나를 대신해 집을 청소해주는 대리인이다.

주인의 입장에서는 대리인이 주인의 이익을 위해 열심히 일하면 좋다. 하지만 꼭 그럴 것이라는 보장은 없다. 부동산 중개인이 정말 나를 위해 목 좋은 곳의 점포를 싼값에 구해줄까? 가사도우미가 자기 집 청소하듯이 내 아파트를 깨끗이 청소해줄까?

대리인도 자기 나름의 이해관계가 있다. 안타깝게도 대리인의 이해관계가 주인의 이해관계와 언제나 일치하지는 않는다. 부동산 중개인 입장에서는 오랜 시간 많은 품을 팔아서 좋은 점포를 구하는 것보다는 되도록 빨리 매매를 성사시키는 것이 더 이익이다. 가사도우미 입장에서는 정해진 시간 동안 쉬지 않고 구석구석 쓸고 닦는 것보다는 설렁설렁 치우는 것이 더 편하다.

대리인이 주인을 위하여 열심히 일하지 않고 자기의 이익을 추구할 수 있는 근본 원인은 대리인이 수행하는 업무의 내용을 주인이 잘 모르기 때문이다. 즉 주인과 대리인 사이에 정보비대칭이 존재하기 때문이다. 부동산 중개인이 목 좋고 저렴한 점포를 구하려고 애쓰고 있는지 아니면 나를 속이려고 하는지 알 수 있다면 부동산 중개인은 농간(?)을 부릴 수 없다. 가사도우미의 경우는 청소가 깨끗이 되었는지 주인이 직접 확인할 수 있으므로 엉터리로 청소하지는 못한다. 그래도 주인이 옆에 붙어서 시시콜콜 주문할 때와 달랑 맡기만 놓고 집을 비운 경우는 아무래도 청소 상태에 차이가 나게 마련이다.

아시안게임에 과욕을 부린 인천시, 호화 청사와 호화 도로를 만든 성남시, 부실한 애물단지 경전철을 건설한 용인시, 겉으로만 그럴싸하고 실속 없이 재정만 축내는 온갖 지역축제. 왜 이런 일이 발생했을까? 대리인이 하는 일을 주인이 잘 모르기 때문이다. 지역에서 추진하는 각종 SOC 사업의 구체적인 편익이 무엇이고, 비용이 얼마나 들어가는지 주민들이 제대로 알고 있다면 절대 이런 무리한 사업들을 강행할 수 없다. 지자체가 예산을 투명하게 공개하고, 주민들이 자기 지역 예산의 실상을 똑바로 알아야 하는 이유가 여기에 있다.

주민들이 자기 지역 예산을 제대로 알아야 한다는 것은 대리인이 가진 많은 정보와 주인의 적은 정보량의 비대칭을 해소해야 한다는 말이다. 그런데 그 반대의 정보비대칭도 문제가 된다. 대리인인 지방정부가 주인인 지역주민이 바라는 사업이 무엇인지 잘 모른다는 말이다. 국정 운영과는 별도로 지방자치를 하는 이유는, 지역의 일은 지역이 가장 잘 안다는 전제가 있기 때문이다. 따라서 자치단체장과 지역 정치인이 지역주민이 무엇을 바라는지를 잘 모른다면 제대로 된 지방자치는 이루어질 수 없다.

주인으로서 주민이 바라는 사업과 대리인인 자치단체장·지역정치인이 하는 업무 사이에 정보비대칭을 해소하는 방법은 여러 가지가 가능하다. 그중에 주목할 것은 2011년에 도입된 주민참여예산제다.

주민참여예산제도는 지방정부의 예산편성 과정에 주민들이 직접 참여하여 의견을 내고, 예산의 우선순위를 결정하는 제도다. 우리나라에선 광주광역시 북구, 울산시 동구가 2004년에 처음 시행했다. 이후 2010년까지 100여 곳의 지방자치단체가 주민참여예산 조례를 제정했지만 대부분 만들기만 하고 실제로 시행하지는 않았다. 그러나 2011년 3월 지방재정법이 개정되면서 참여예산제 시행이 법적 의무사항으로 규정됨에 따라 모든 자치단체가 의무적으로 참여예산제를 시행하게 됐다.

아직은 시행 초기라서 자치단체장의 의지에 따라 실제 내용은 천차만별이다. 모범적으로 운영하는 곳도 있지만 무늬만 갖추고 내용이 없는 곳들이 훨씬 많다. 그러나 참여예산제는 시간이 흐름에 따라 점차 확산되고 강화될 것이 분명하다. 모범사례가 정착되면 다른 자치단체들도 받아들이지 않을 수 없다. 처음에는 아주 작은 예산에 대해 우선순위를 정하는 것으로 시작하겠지만 점차 익숙해지면 예산 전반으로 주민들의 관심이 확대될 수밖에 없다.

많은 주민들이 관심을 갖고 여러 사람들이 정성을 들인다면, 주민참여예산제는 주인과 대리인 사이의 정보비대칭을 해소하는 가장 효과적인 수단이 될 수 있다. 풀뿌리민주주의의 기본은 주민 참여다.

3부

변화하는 사회,
재정이 중요해진다

Public Economics That You Should Know

CHAPTER
10

1인당 GDP는
느는데 왜 살기는
더 힘들어질까

경제성장과 재정

평균적으로 GDP가 상승하고 있지만, 사람들은 삶이 점점 더 팍팍해진다고 느낀다. 그렇게 느끼는 이유 중 하나는 실제로 그들의 삶이 더 어려워지고 있기 때문이다.

'경제성과와 사회발전 측정 위원회' 보고서[1]

"국민 여러분 행복하십니까? 살림살이 좀 나아지셨습니까?"

30대 이상의 독자들이라면 대부분 이 말을 기억할 것이다. 2002년도 대선에서 민주노동당 권영길 후보가 하면서 화제가 되었던 말이다. 당시 이 말이 커다란 공감을 얻었던 까닭은 그만큼 국민들의 생활 형편을 간

결하면서도 효과적으로 짚어냈기 때문이다.

2012년 오늘 똑같은 질문을 던지면 어떤 반응이 나올까? 여전히 많은 국민들은 자신이 행복하지 못하고 살림살이는 팍팍하다고 느낄 것이다. 뿐만 아니라 "10년 전보다 살림살이가 나아졌습니까?" 하고 묻는다면, 많은 사람들이 그때보다 더 힘들어졌다고 응답하지 않을까?

2008년 미국에서 시작된 글로벌 금융위기, 최근의 남유럽 재정위기 등의 여파로 2012년 경제 상황이 좋지 않은 것은 사실이다. 하지만 우리나라 경제는 몇몇 연도를 제외하고는 지난 수십 년간 항상 플러스 성장을 해왔다. 1인당 GDP는 계속 높아졌다. 그런데도 왜 사람들은 살기 어렵다고 하고, 예전보다 지금이 더 힘들다고 할까?

과거보다 잘살기는 해도
삶은 고달프다

40대 후반 이상 독자들이라면 누구나 공감할 만한 추억을 꺼내보자. 1970년대 초반 대한민국 남자 어린이들의 우상은 단연 프로레슬러 김일이었다. 현재의 어떤 운동선수나 연예인도 그 당시 '박치기 왕' 김일이 남자애들 사이에서 누렸던 인기를 따라가지 못한다. 맞수인 일본 레슬러 안토니오 이노키와 벌인 대결은 최고의 이벤트였다. 김일의 전무후무한 인기에는 당시 막 대중화되기 시작한 TV가 결정적인 영향을 미쳤다.

집에 TV가 없어서 만화방이나 이웃집에서 김일의 경기를 봐야 했던 독자들도 제법 있을 것이다. 우리 집에 처음 TV가 생겼을 때 얼마나 신났는지 모른다. 냉장고가 생긴 것도 그 즈음이었다. 이웃집 아주머니들이 몰려와 냉장고 구경을 했던 기억이 지금도 또렷하다. 1980년 처음 컬러TV로 방송을 보고 어찌나 신기했는지 모른다. 1980년대 후반에 자가용 자동차를 장만한 아버지는 몹시 뿌듯해하며 가족들을 데리고 임진각까지 드라이브를 갔다.

어디 가전제품과 자가용뿐이랴. 초등학생인 내 아들은 고기를 잘 먹지 않는다. 그나마 돈가스와 동그랑땡은 먹기 때문에 종종 돈가스 집에 가고 자주 동그랑땡을 부쳐준다. 아들 녀석에게 고기를 먹이려고 애쓰면서 한편으로는 격세지감을 느낀다. 나이든 티를 내는 것 같아 싫지만, 아들과 또래 아이들을 보면서 '우리 어릴 때는……' 하는 생각이 드는 건 어쩔 수 없다. 수입 농산물 덕도 크겠지만 확실히 예전에 비하면 고기가 흔하다. 웬만한 가정이라면 소고기는 몰라도 돼지고기나 닭고기 정도는 쉽게 사 먹을 수 있다. 옷도 마찬가지다. 예전에는 단벌신사가 수두룩했지만 지금은 그렇지는 않다.

우리나라는 워낙 가난했던 상태에서 1960년대부터 1990년대까지 빠른 경제성장을 한 탓에 수십 년 전과 지금을 비교하면 당연히 모든 면에서 훨씬 풍족해졌다. 그리고 우리 경제가 가장 좋았던 때라고 말하는 1990년대, 즉 88올림픽 이후부터 IMF 경제위기 이전까지와 지금을 비교해도 가전제품, 음식, 의복 등 생활용품은 지금이 더 풍부해졌다.

양적으로 풍부해졌을 뿐만 아니라 질적으로도 더욱 좋아졌다. 컴퓨터와 휴대폰을 예로 들어보자. 나는 1990년대 중반에 처음으로 컴퓨터를 구입했다. 당시 최신 최고급 사양인 컴퓨터를 200만 원이 훌쩍 넘는 돈을 주고 샀다. 하드디스크 용량이 300메가바이트(MB)였다. 300 '기가바이트(GB)'가 아니다. 이후 10여 년간 컴퓨터 성능이 얼마나 빠르게 향상되었는지는 굳이 말할 필요도 없겠다. 삐삐에서 시작해서 스마트폰까지 진화를 거듭한 휴대폰도 마찬가지다.

그런데 왜 사람들은 예전보다 살기 힘들다고 할까? 물론 과거는 미화되기 마련이다. 현실이 불만족스러울수록 과거는 현재보다 좋았다고 생각된다. 하지만 그것만으로는 설명이 부족하다. 실제로 예전보다 살기 힘들어진 측면이 많다. 어떤 면에서 더 힘들어졌을까? 중요한 것만 추려보면 대략 이렇다.

고용이 불안하다

1990년대 중반까지는 민간 기업도 대개 평생고용을 보장했다. 당시 웬만한 기업에서는 특별한 사정이 없으면 50대 중반까지 다닐 수 있었다. 하지만 1990년대 후반부터 평생직장 개념이 흔들리다가 IMF 경제위기 이후 고용 불안정이 본격화되었다.

'사오정'이니 '오륙도'니 하는 신조어가 이 무렵 등장했다. '신의 직장'이라 불리는 공기업에 입사하려고 우수한 젊은이들이 몰리고, 대학을 졸업하고도 몇 년씩 공부해 9급 공무원 채용 시험을 준비하는 '공시족'이라는 젊은이들이 대거 양산되기 시작한 때도 이 무렵이다.

언제 잘릴지 모르니 직장을 다녀도 불안하다. 한창 나이에 직장을 잃으면 뭘 해야 할지 막막하다. 직장 나와서 자영업을 하는 친구들을 보면 잘된 경우보다는 그나마 모아두었던 돈을 되레 까먹는 경우가 훨씬 많다. 급여가 적어도 공무원인 친구들을 부러워한다. 자식들이 대학 마치고 자리 잡을 때까지 벌 수 있고 은퇴 뒤에는 연금도 풍족하게 나오기 때문이다.

교육비가 많이 든다

나는 전두환 정권이 들어선 1980년에 고등학교 1학년이었다. 그해 여름 과외 금지 조치가 전격 시행되었다. 당시 우리 부모님은 내가 고3이 되면 고액 과외를 시킬 요량으로 적금을 붓고 있었는데 과외가 금지되는 바람에 적금을 해약하셨다고 한다. 나는 공립학교를 다녔기 때문에 고3 때도 오후 네 시가 넘으면 집에 왔다. 비록 나중에 과외 금지 조치가 위헌 판결을 받았지만, 이 덕택에 1980년대 학창 시절을 보낸 사람들은 밤늦게까지 학원에서 공부할 필요가 없었고, 당시의 학부모들은 사교육비를 마련하겠다고 허리띠를 졸라맬 필요가 없었다.

1980년대 말 과외 금지 조치가 해제된 이후 사교육비 지출이 크게 늘어났다. 이제는 대학 진학을 위한 과외뿐 아니라 초등학교 이전부터 영어 조기교육과 특기적성 교육을 하고, 대학 진학 후에도 스펙을 쌓기 위한 어학 공부를 하는 것이 일반화되었다. 자녀가 있는 가구의 생활비 지출 중 으뜸은 단연 사교육비 지출이다. 40대 주부들이 식당 보조나 가사도우미로 일하면서 맞벌이로 가계를 꾸리는 이유 중에는 자녀 사교육비가 큰 몫을 차지한다.

사교육을 시켜 대학에 보내도 학비를 걱정해야 한다. 예전에도 시골에서 자식을 대학에 보내려면 재산 목록 1호인 소를 팔아야 할 만큼 부담이 되었기 때문에 대학을 상아탑에 빗대어 '우골탑'이라고 부르기도 했다. 다만 예전에는 대학을 다니는 사람이 많지 않았다(내가 대학을 다니던 1980년대에는 대학생은 또래 청년 중 1/3 이하였다.) 고생스러워도 부모에게는 자랑이었고, 졸업한 후에 번듯한 직장을 잡으면 보상이 됐다. 지금은 다르다. 대학 진학률은 고등학교 졸업자의 80%가 넘는다. 대학 학비 조달은 이제 더 이상 일부의 문제가 아니다.

예전에는 고등학교를 마치면 취업을 해서 돈을 버는 젊은이들이 더 많았다. 대학에 진학해도 대학 4년(남자는 군 복무 기간 3년을 더해서 7년)을 마치면 거의 취직해서 돈을 벌었다. 부모는 자녀가 19세, 길어도 20대 중반이 될 때까지만 뒷바라지하면 끝이 났다. 요즘은 어디 그런가. 대부분이 대학에 진학하는데다 군대를 가지 않더라도 4년 만에 마치는 경우가 드물다. 어학연수니 뭐니 해서 스펙 쌓는다고 휴학을 반복한다. 게다가 대학원도 많이 간다. 많은 부모들이 자녀가 20대 후반이 될 때까지 뒷바라지를 하고 있으며, 서른 넘은 자식 뒷바라지하는 부모도 드물지 않다.

가계 빚이 많다

2000년대 초반 정부는 경기 부양을 목적으로 신용카드 활성화 정책을 폈다. 당시 길거리에 부스를 설치하고 지나가던 행인들을 상대로 경품까지 안기면서 신용카드 신청을 유도했다. 경제가 발전하면 현금 대신 신용카드를 사용하는 것은 자연스러운 현상이다. 신용카드는 확실히 사용하기 편리하고 탈세를 방지하는 효과도 있다. 그러나 신용카드는 말 그대로 '신용'을 전제로 하기 때문에 발급하기 전에 그 사람의 금융 상태가 신뢰할 만한지 심사를 해야 한다. 경쟁적으로 자기 회사 신용카드를 사용하라고 호객 행위를 하는 것이 정상적인 상황은 아니다. 신용카드를 쓰면 아무래도 현금에 비해 지출이 늘게 마련이다. 신용카드 덕에 경기는 상승했다. 그러나 빚으로 이끈 경기 활성화였다.

2000년대 중반 부동산 열기에 편승해 은행에서 대출 받아 아파트를 장만한 사람들이 많다. 이들 중 상당수는 뒤이은 부동산 경기 침체로 많은 금융부채를 짊어진 하우스 푸어가 됐다. 이제 가계부채는 우리 경제의 가장 심각한 위기 요인이 되었다.

개인 파산의 사회적 책임

변영주 감독의 영화 〈화차(火車)〉는 일본 사회파 추리작가 미야베 미유키가 1992년에 발표한 작품이 원작이다. 실종된 약혼녀를 찾는 과정에서 감춰진 범죄가 드러나는 이야기다. 추리소설이지만 신용카드 빚, 주택 대출, 개인 파산 등 당시 일본의 사회문제에 초점을 두었다. 작가는 소설 속에서 개인 파산 전문 변호사의 입을 통해 이렇게 말한다.

"교통사고의 책임은 일차적으로는 부주의하게 운전한 운전자에게 있다. 그러나 사고 위험이 높은 도로임에도 불구하고 안전시설을 설치하지 않은 정부에도 책임이 있다. 마찬가지로 신용카드 빚이나 과다한 대출로 인한 개인 파산의 일차적인 책임은 본인에게 있다. 그러나 개인만을 비난하기는 어렵다. 그런 위험을 알면서도 방치한 정부에게도 책임이 있다.

다중채무자들을 한데 싸잡아서 '인간적으로 결함이 있기 때문'이라고 비난하기는 쉽다. 그러나 그것은 자동차 사고를 당한 운전자에게 전후 사정을 전혀 참작하지 않고 '운전이 시원찮았기 때문이다. 이런 인간에게는 면허를 내주지 말아야 한다'라고 비난하는 것과 마찬가지다."

1990년대 초 일본 사회의 문제를 다루었지만 2000년대 우리 사회의 문제와 놀랍도록 닮아 있다. 이 소설이 쓰인 시점 이후 일본은 거품경제가 꺼지면서 소위 '잃어버린 10년(혹은 20년)'이라고 불리는 장기침체에 접어들었다.

주택 장만이 힘들고, 맞벌이라 가사 부담이 크다

우리 부모님은 누나와 나를 키우시면서 종종 "너희는 참 좋을 때 태어났다"라며 부러워하셨다. 당신들은 어려서 전란을 겪고 배고픈 청소년기를 보낸 뒤 열심히 일하고 절약해서 이만큼 잘사는 나라를 만들었더니, 우리가 그 과실을 누린다는 의미였으리라. 맞는 말씀이긴 한데 가끔은 우리 세대도 부모 세대가 부럽다.

어릴 적 우리 집은 전형적인 중산층 가족이었다. 아버님은 회사원이었고 어머님은 가정주부였다. 셋방에서 신혼살림을 시작해서 내가 태어나고 얼마 뒤에 집을 장만했다. 아버지 월급이 유일한 소득이었음에도 네 식구가 사는 데 별 어려움이 없었다. 사실은 네 식구만이 아니었다. 어릴 때는 할머니도 계셨고, 소년기에는 시집 안 간 막내이모도 함께 살았다. 게다가 나중에 아파트로 이사하기 전까지는 시골에서 올라온 먼 친척뻘 가사도우미 누나도 함께 살았다.

우리 세대에는 어림없는 일이다. 부모 도움 없이 셋방살이로 시작하면 30대는커녕 40대에도 내 집 마련은 요원하다. 맞벌이가 아니면 두 자녀 사교육비 충당하고 대학 학비 대는 것도 만만치 않다. 거기에 부모님 모시고 군식구까지 데리고 사는 건 꿈도 꾸지 못할 일이다.

맞벌이를 하지 않으면 빠듯한 생활비 때문에 힘들고, 맞벌이를 하면 가사 부담에 허덕인다. 부부가 함께 번다고 아내 수입만큼 생활비에 여유가 생기는 것도 아니다. 아내가 일을 하면 집에 있을 때보다 외식비가 많이 든다. 자녀가 어리면 보육시설에 보내야 한다. 아이가 학교에 다녀도 방과 후에는 누군가 함께 있어줘야 한다. 친정엄마가 도와주면 가장 좋지만, 여의치 않으면 가사도우미를 고용해야 한다. 부모 없는 집에 아이만 두는 것이 불안해서 일부러라도 이곳저곳 학원에 보내게 된다. 전업주부보다 알뜰살뜰 살림할 수 없기에 쓰게 되는 소소한 돈도 합치면 꽤 된다. 어디 돈뿐이랴. 일과 가사를 병행하려니 심신은 더욱 고달프다. 자녀교육 정보도 '주부맘'끼리만 주고받고 '직장맘'은 끼워주지 않아 속상하다. 홑벌이보다 경제적으로는 여유가 좀 더 있다지만 삶의 질은 그렇지 못하다.

확실히 우리 세대는 부모 세대가 누리지 못한 물질적 호사를 누린다. 그러나 '남편은 밖에서 일하고 아내는 안에서 살림하는 안정된 중산층'의 모습은 부모 세대에나 가능했지 우리 세대에는 불가능해졌다.

의료 관련 지출도 만만치 않다

부모 세대보다 지출이 크게 늘었지만 줄이기 힘든 항목이 하나 더 있다. '의료' 관련 지출이다. 의료 기술이 발달해 수명이 늘어난 것은 축복이다. 사람들의 욕망 중 가장 중요한 게 오래 사는 것 아니겠는가? 예전 같으면 꼼짝없이 죽음을 기다릴 수밖에 없었던 암도 이제는 일찍 발견하기만 한다면 어지간히 치료할 수 있다. 다만 그 비용을 부담해야 한다.

수명이 길어졌을 뿐만 아니라 건강에 대한 관심도 부쩍 높아졌다. 이를 반영한 건지 건강보험공단에서는 2년마다 건강검진을 제공한다. 하지만 주위에서는 이건 아주 기초적인 검사라 진짜 중요한 병은 발견하지 못한다며 별도로 민간 건강검진을 받으라고 권한다. 건강 관련 TV 프로그램도 많다. 그 프로그램들을 보면 지금 당장 아프지 않다고 안심할 일이 아니다. 진짜 큰병에 걸리기 전에 미리미리 병원에 가서 이것저것 검사를 받아야지 싶다.

주위에서는 건강보험만으로는 턱도 없으니 민간보험에 가입하라, 건강보험 본인부담금을 대신 내주는 실손형 의료보험에 가입하라 권한다. 가입해둬야 마음이 놓일 것 같다. 나 역시 실손형은 아니지만 이미 가족 앞으로 여러 개의 민간보험에 가입했다. 친척 중에 보험설계사가 있어 나와 아내는 물론 아이도 태어나자마자 민간보험에 들었다. 그러니 매달 빠져나가는 돈이 만만치 않다. 여기다가 실손형 의료보험까지 들게 되면, 꽤 부담이 된다.

소득 불평등이 심화되었다

우리나라에는 잘사는 사람이 참 많다. 멋지게 차려입고 거리를 활보하는 여성들의 백은 죄다 루이비통, 샤넬, 프라다 같은 고급 브랜드다. 연휴 기간에는 골프채 들고 해외 나가는 인파로 인천공항이 북적인다. 백화점은 물론이고 할인마트에서도 와인 매장은 목 좋은 곳에 크게 자리를 차지했다. '강남 소나타'라고 불리는 독일산 승용차 브랜드가 길에서 심심찮게 눈에 띈다. 초등학생들이 여름방학에 해외 영어캠프 다녀오는 게 유행이다. 이런 현상을 보고 언론에서는 우리나라 사람들의 소비 수준은 웬만한 선진국들보다 높다고 한다.

하지만 정작 나는 그렇지 못하다. 내 수입으로는 여전히 2년마다 오르는 전세금이 난감하다. 아이들 학원비 마련하느라 술도 줄이고 집에서 시켜 먹는 '치맥'으로 만족해야 한다.

우리가 어렸을 때, 부자는 정말 특별한 계층이고 소수였다. TV 드라마에서 보거나 이야기로만 전해 들었다. 마당에 잔디가 깔린 이층집, 앞치마를 두른 중년의 가정부가 식탁을 차리고 문 앞에는 흰 장갑을 낀 양복 차림의 기사가 대기하는 장면. 이런 극소수 부자를 제외하면 너나 나나 일반인은 대부분 비슷한 형편이었고 그래서 고민도 유사했다. 지금은 아니다. 주변을 보면 삶에 지치고 힘든 사람들도 많지만 많이 벌고 많이 쓰는 사람도 흔하다. 이제는 두 개의 대한민국이 있는 것 같다. 경제가 성장해도 과실(果實)은 고르게 나눠지지 않는다.

내 삶을 힘들게 하는 것들 때문에
GDP는 올라간다

불안한 고용, 과중한 교육비, 힘에 부치는 집 장만, 심각한 가계부채, 팍팍한 맞벌이, 심화된 소득 불평등. 우리 삶이 옛날보다 힘들어진 이유들이다. 그런데 이처럼 보통 사람들의 삶을 힘들게 만드는 요인들이 역설적이게도 GDP를 높이는 역할을 한다. '1인당 GDP는 높아져서 나라는 더 부유해진다고 해도, 이러저러한 요인들 때문에 내 삶은 여유롭지 못하다'라는 말까지는 이해가 된다. 그런데 한술 더 떠서 내 삶을 힘들게 하는 요인들 덕에 1인당 GDP가 높아진다고? 하지만 사실이다.

맞벌이의 실제 이득은 적지만 GDP를 이중으로 높인다

한 연구에 따르면 맞벌이 가정에 추가되는 직간접 가사 비용을 금액으로 환산하면 월 70만 원이라고 한다. 맞벌이 덕에 200만 원이 늘었다고 해도 추가 지출을 빼면 130만 원만 순증가한 셈이다. 하지만 이것은 가사노동 비용만 따진 것이다. 여기에다 맞벌이 때문에 감소한 삶의 질, 이를테면 일과 가사의 이중고에 따른 피곤함과 아이에 대한 미안함까지 얹으면 맞벌이의 생활수준 순증가분은 과연 얼마나 될까?

그럼에도 불구하고 맞벌이는 GDP를 이중으로 높인다. 우선 아내가 일해서 돈을 벌면 그만큼 GDP가 증가한다. 게다가 아내가 일함에 따라 발생하는 추가 지출만큼 또 GDP가 늘어난다. 집에서 해 먹는 대신 식당에서 사 먹으면 음식점 소득이 늘어난다. 가사와 보육에 지출하는 돈은 그만큼 가사도우미와 보육교사의 소득이 되어 GDP를 증가시킨다.

GDP를 높이는 손쉬운 방법이 있다. 전업주부들이 각자 자기 집안일을 하는 대신 서로 바꿔서 상대방 집안일을 하면 된다. 영희 엄마는 철수네 집안일을 해주고 철수 엄마는 영희네 집안일을 해준다. 그리고 집안일의 대가로 150만 원씩 주고받는다. 영희 엄마와 철수 엄마가 각자 자기 집에서 일할 때와 달라진 건 없다. 그럼에도 GDP는 한 달에 300만 원이 증가한다.

사교육에 대한 지출은 효용을 줄이지만 GDP는 늘린다

우리가 돈을 주고 재화나 서비스를 구매하는 이유는 그 재화나 서비스가 최소한 우리가 지불하는 만큼 효용을 주기 때문이다. 4000원을 내고 짜장면 사 먹는 것은 짜장면이 4000원 이상의 효용을 주기 때문이다. 1만 5000원을 내고 경제교양서를 사서 보는 건 그 책이 1만 5000원 이상의 효용을 주기 때문이다. 그렇다면 막대한 액수를 지출하는 사교육은 우리에게 얼마나 효용을 줄까?

고등학교 때 사교육을 받는 이유는 대개 좋은 대학에 진학하고 싶어서다. 사교육을 내 아이만 받고 다른 집 아이는 받지 않는다면 내 아이가 훨씬 유리할 것이다. 그러나 다 같이 사교육을 받으면 내 아이라고 더 유리할 것도 없다. 모두가 사교육을 받지 않는 상황과 별반 다를 게 없다. 사교육을 받는 아이들만 괴롭다. 그렇다고 사교육이 아이들의 지적능력을 더 높이는 것 같지도 않다. 오히려 시키는 대로만 따라하다 보니 의존성이 심해져서 자발적인 문제해결 능력만 떨어뜨린다(대학에서 학생들을 가르치다 보면 이 문제의 심각성을 절감한다.) 남들 다 하는데 우리 애만 안 하면 뒤처질까봐 시킬 뿐이다(현실성 없는 바람이지만 과외 금지 조치가 계속 유지되어 모두가 과외를 받지 않는다면 어땠을까? 청소년의 삶의 질은 크게 높아졌을 것이고, 사교육비에 쓰는 돈을 다른 데 쓸 수 있으니 살림살이도 훨씬 윤택해졌을 것이다.)

그럼에도 불구하고 사교육비 지출 덕에 GDP는 증가한다. 한 해 동안 지출하는 사교육비의 정확한 규모는 알기 어렵다. 개인 교습 같은 비공식 부문이 크고, 학원 등 공식 부문도 현금 거래가 많아서 탈세가 쉽기 때문이다. 어쨌든 정부연구기관 발표에 따르면 초중고생 사교육비 지출액은 2010년에 20조 9000억 원이었다. 민간연구기관인 현대경제연구원은 2006년도 사교육비를 33조 5000억 원으로 추정했다. 사교육 시장 종사자 규모는 어림잡아 100만 명이 넘는다.

물론 사교육 시장이 없었다면 사교육 종사자 중 상당수는 다른 부문에 고용되었을 것이고, 가정에서도 사교육비 대신 다른 데 지출을 했을 것이다. 이를 감안하면 사교육비 지출의 GDP 창출 효과는 줄어든다. 그러나 사교육 부문이 우리나라 내수 경제에서 상당 부분을 차지하는 것은 분명하다.

참고로 사교육비에 대한 현대경제연구원 조사에 따르면 사교육을 시키는 가구의 25% 이상이 사교육비 충당을 위하여 부업을 하고 있다고 했다. 이것까지 고려하면 사교육으로 인한 GDP 창출 효과는 더욱 커진다.

빚지는 것은 손쉽게 GDP를 높이는 방법이다

2000년대 초의 신용카드 열풍은 정부의 작품이었다. IMF 외환위기로 침체된 경제를 살리려면 소비 진작이 필요했다. 현금이 없어도 신용카드를 내주면 마구 소비할 것이라는 의도는 적중했다. 덕분에 경기는 단기간에 회복되었다. 하지만 신용불량자를 양산했다. 자기가 진 빚이다. 그러나 그런 사태가 발생할 줄 뻔히 알면서 일부러 조장한 것은 책임 있는 정부라고 말하기 어렵다.

2000년대 내내 힘들다 힘들다 하면서도 꾸준히 경제성장이 이루어진 데는 대형 건설사업의 힘이 크다. 많은 문제점에도 불구하고 건설사업을 벌이면 단기간에 내수를 진작하고 경기를 부양하는 데 효과적이다. 참여정부와 이명박 정부는 지역균형개발, 4대강 사업 등 갖가지 명목으로 건설 붐을 일으켰다. 지방정부도 여기에 합세했다. 문제는 건설사업 재원이 대부분 토지주택공사(LH) 등의 빚으로 이루어졌다는 데 있다(여기에 대해서는 15장에서 다룬다.)

건설 붐 덕에 돈이 풀리니 부동산 가격은 상승했고 건설 경기는 더욱 좋아졌다. 치솟는 집값에 큰마음 먹고 대출 받아 집을 산 사람도 많았다. 은행 문턱이 낮아져 대출은 쉽고 이자율도 싸니 사두기만 하면 부자가 될 것 같았다. 돈 풀리고 건설 경기 활기차니 GDP는 늘어났다. 그러나 잔치는 끝났다. 가계 빚도 늘었고 나라 빚도 늘었다. 빚내서 쓸 때는 좋았다. 이제는 갚을 걱정을 할 차례다. 그런데 어떡하나? 부동산 시장의 거품이 빠진 탓에 빚 갚기는 더욱 힘들어졌으니.

1인당 GDP는 국민이 바라는 성장을 제대로 반영하지 못한다

우리나라 국민들이 정부에게 가장 바라는 것은 단연 경제성장이다. 다른 것을 못해도 경제성장만 이루면 인기를 얻는다. 다른 것을 잘해도 경제성장을 못하면 비난을 받는다. 그래서 국민의 정부건, 참여정부건, 이명박 정부건 국정의 제일 관심사는 경제성장이 될 수밖에 없었다. 경제성장은 1인당 GDP 증가율로 측정한다. 그러니 정부는 1인당 GDP를 높이는 데 목을 맨다.

그러나 1인당 GDP는 '국민이 바라는 성장'을 제대로 보여주지 못한다. 국민들이 경제성장을 바라는 이유는 과거보다 더 잘살기 위해서다. 하지만 1인당 GDP는 사람들이 얼마나 잘사는가를 제대로 보여주지 못한다. 행복에는 물질적인 것보다 정신적인 게 더 중요하다는 그런 말이 아니다. 1인당 GDP는 물질적인 풍요조차 제대로 보여주지 못한다는 말이다. 지금까지 보았듯이 맞벌이로 늘 시간에 쫓기고, 아이들이 학원을 순례하고, 빚 떠안고 집 장만하는 게 '풍요'는 아닐 것이다.

GDP가 삶의 질을 제대로 보여주지 못한다는 비판은 예전부터 있었다. 이를 보완하는 지표를 만들려는 시도도 수차례 있었다. 가장 최근의 시도는 2008년 전 프랑스 대통령 사르코지의 요청으로 노벨경제학상 수상자인 조지프 스티글리츠(Joseph E. Stiglitz)와 아마르티아 센(Amartya Sen) 등이 중심이 되어 만든 '경제성과와 사회발전 측정 위원회'의 활동이다. 이 위원회에서는 물질적인 풍요를 제대로 측정하기 위한 다양한 제안을 내놓았다. 이를 정리하면 크게 세 가지다. 양이 아니라 질을 측정할 것, 총소득보다 가계소득에 그리고 평균소득보다 중위소득에 관심을 가질 것, 지속가능성을 중시할 것. 이 세 가지 제안은 앞서 얘기한 1인당 GDP가 늘어도 내 삶이 팍팍한 이유를 모두 담고 있다. 각 제안의 의미를 살펴보자.

GDP는 삶의 질을 측정하는 것이 아니다

집에서 끓인 된장찌개 대신 맥도날드에서 햄버거 세트를 사 먹으면 GDP는 늘어난다. 운동장에서 친구들끼리 공 차고 노는 대신 유소년 축구 클럽에 다니면 GDP는 늘어난다. 자녀가 스스로 공부하고 모르는 것은 가끔 부모가 도와주는 대신 온갖 과외 학원을 순례하면 GDP는 늘어난다. 그런데 그래서 삶이 더 풍요로워졌을까?

1인당 GDP는 '소득'으로 잡히는 것만 측정한다. 그리고 그 소득이 창출된 경위는 따지지 않는다. 차 사고가 많이 나서 자동차 정비소와 병원이 돈을 벌면 GDP는 늘어난다. 공기오염이 심해져서 안과와 이비인후과에 환자가 붐비고 세탁소가 활기를 띠면 GDP는 늘어난다. 유조선 기름 유출로 오염된 바다를 청소하면 GDP는 늘어난다. 치안이 불안해서 사설 경비업체가 호황이면 GDP는 늘어난다……. 그 밖에도 GDP는 늘지만 삶의 질이 저하되는 사례는 부지기수다. GDP는 결코 경제적 행복도를 측정하는 것이 아님을 기억하자.

삶의 질을 결정하는 요소들은 다양하다. 주관적인 것도 많다. 주관적인 것은 측정이 어렵다. 그래서 '경제성과와 사회발전 측정 위원회'에서는 주관적인 것은 배제하고 다양한 사회에 공통적으로 적용할 수 있는 객관적인 요소들을 제시했다. 건강, 교육, 근로, 주거, 치안, 경제적 불안정(실직, 질병, 노령), 정치적 의견 표명, 사회 활동 참여다. 건강, 교육, 근로, 주거, 치안, 경제적 불안정(실직, 질병, 노령)은 모두 우리 삶을 힘들게 하는 이유로 앞에서 열거했던 것들이다. 어느 사회나 삶을 힘들게 하는 요소들은 대동소이한 것 같다.

1인당 GDP가 증가한다고 내 소득도 똑같이 늘지는 않는다

우리나라 1인당 GDP 평균은 2011년 기준으로 2500만 원에 조금 못 미친다. 1인당 GDP는 GDP를 인구수로 나눈 것이므로 4인 가족이라면 가구소득이 1억 원쯤 돼야 평균인 셈이다. 가구소득 1억 원이면 굉장히 큰 액수다. 여러분 가정은 평균 이상인가 이하인가? 1인당 GDP 평균이 이처럼 높은 데는 몇 가지 이유가 있다.

하나는 GDP가 모두 가구소득으로 돌아가지 않기 때문이다. GDP 창출은 개인과 기업을 통해 이루어진다. 그런데 기업이 번 돈이 모두 개인에게 돌아가지는 않는다. 감가상각비 적립, 미래 투자 대비 등 여러 가지 이유로 기업 내에 남겨둔다. 그리고 일부는 부가가치세 등으로 정부로 들어간다.

가구소득은 GDP 중에서 개인에게 돌아간 몫만 포함한다. 2011년의 2인 이상 가구소득 평균은 대략 4600만 원이고 평균 가구원 수는 3.28명이다. 가구원 1인당 소득은 평균 1400만 원 정도가 된다. 1인당 GDP 보다 훨씬 줄어들었다. 1인당 GDP보다 가구원 1인당 가구소득이 작은 것은 당연한 것이니 그 자체가 문제는 아니다. 문제는 지난 10년의 추세를 보면 점차 개인에게 돌아가는 몫은 감소하고 기업에 남겨두는 몫이 증가했다는 점이다. 이것은 1인당 GDP의 증가 속도에 비해 내 소득이 덜 늘어나는 이유 중 하나가 된다(물론 이밖에도 국내총소득인 GDP와 국민총소득인 GNI가 다르다는 등 다양한 이유가 더 있지만 이는 생략하자.)

두 번째는 평균과 중간은 다르기 때문이다. 소득은 특히 그렇다. 소득은 양 극단 값을 더한다고 중간값(소득 크기 순서대로 나열했을 때 중간에 해당하는 소득)이 되지 않는다. 그리고 양 극단에 해당하는 인원도 다르다. 소득이 가장 적은 사람의 금액은 0이다. 하지만 소득이 가장 많은 사람의 금액은 100억 원도 넘는다. 소득이 0인 사람은 많다. 하지만 소득이 100억 넘는 사람은 별로 없다. 이 때문에 소득의 평균값은 중간값보다 훨씬 크다.

1인당 GDP의 행렬

하나의 가상 행렬을 꾸며보자. 이 행렬에는 소득을 가진 모든 개인이 참가한다. 이 행렬의 특징은 참가자의 키가 그 사람의 소득을 나타낸다는 것이다. 즉 소득이 0인 사람의 키는 0미터(몸 전체가 바닥에 밀착되어 있는 모습!)이며, 평균인 사람의 키는 우리나라 성인 남성의 평균 신장인 1.7미터다. 평균소득의 2배에 해당하는 소득을 갖는 사람의 키는 평균 신장의 2배인 3.4미터가 된다. 이처럼 각자의 키는 자신의 소득을 반영하며, 행렬은 키 순서대로라고 하자. 그리고 이 행렬 전체가 올림픽 주경기장에 들어서서 퇴장하는 데까지 걸리는 시간은 1시간이라고 하자.

맨 먼저 나타나는 사람은 땅속에 머리를 파묻고 거꾸로 나타나는데 이 사람은 파산한 사업가(마이너스 소득)다. 그 다음에는 시간제로 일하는 학생, 주부 같은 소인국 사람들이 출연한다. 이런 사람들이 5분 정도 계속해서 지나간다. 한참 뒤에 등장하는 사람들도 아직 키가 1미터가 채 안 되는 난장이들이다. 이들은 연금을 받는 노인, 실업급여를 타는 실업자, 장사가 안 되는 가게 주인 등 다양한 직업을 갖고 있다. 그 다음에는 1미터가 조금 넘는 청소부, 경비원, 마트 계산대 직원 등 저임금 노동자들이 지나간다. 시간이 흐르면서 완만하게 키가 커진다. 하지만 계속해서 난장이들만 나오고 정상적인 키를 가진 사람들은 좀처럼 나오지 않는다. 물론 키는 조금씩 커지지만 아주 느리다. 이제 기술을 가진 생산직도 나오고 사무직 노동자들도 지나간다. 행렬이 시작한 지 얼마나 되면 평균 신장을 가진 사람이 나올까? 30분? 천만의 말씀. 45분이 지나도 평균 신장인 사람은 오지 않는다. 시간이 12분쯤 남았을 때 비로소 평균 신장(평균소득)을 가진 사람이 나타난다.

평균소득이 지나가고 나면 사람들 키가 갑자기 커진다. 마지막 6분을 남겨두고, 즉 소득 순위로 최고 10%에 해당하는 사람들이 나타난다. 이들은 키가 3미터 가까운 대기업 직원 등이다. 그 후 키는 빠르게 상승한다. 그다지 성공하지 못한 변호사의 키는 약 5미터. 마지막 1분을 남기고 키가 8미터인 금융자산 운용가가 등장하며, 9미터의 평범한 의사도 등장한다. 잠시 후 수입 좋고 잘나가는 회계사, 의사, 변호사들도 출연하는데 이들의 키는 거의 20미터다.

마지막 몇 십초는 정말로 굉장한 거인들이 등장한다. 이들은 스타 연예인이거나 기획사 대표, 대기업 중역들이다. 가수 보아의 키는 거의 70미터, 탤런트 배용준의 키는 100미터, 우리나라에서 가장 돈을 많이 버는 삼성전자 어느 중역의 키는 150미터다. 행렬의 마지막에 등장하는 사람들은 머리가 구름 위에 있기 때문에 미터 단위보다는 킬로미터로 측정하는 편이 나을 듯하다. 이들은 대부분 재산을 물려받은 부자들이거나 성공한 벤처기업가들이다. 드디어 행렬의 맨 마지막을 장식하는 사람은 구름 위에 있는 재벌그룹을 소유한 회장이다.

이 행렬을 보고 난 다음 사람들은 이런 사실들을 알게 된다.

첫째, 평균 신장을 가진 사람은 아주 늦게 나타난다. 이는 평균 이하의 소득을 가진 사람이 인구의 절반을 훨씬 넘는다는 뜻이다. 물론 그 이유는 행렬의 끝에 나오는 고소득층이 평균소득을 한참 끌어올리기 때문이다. 둘째, 행렬의 키가 처음에는 차이를 육안으로는 분별하기 어려울 만큼 서서히 커지지만, 뒤로 갈수록 변화가 빨라지며, 마지막 1분은 어지러울 정도로 키가 쑥쑥 커진다. 뒷부분의 직업은 전문직이 많으며, 이들의 소득은 높은 급여에 기인한다. 하지만 마지막 순간은 거의 재산소득(부동산, 주식 등)으로 이루어진다. 셋째, 이 행렬의 첫 머리 부분은 그 사회의 극빈층인데 이들은 특별한 사회적 관심과 정책을 필요로 하는 계층이다. 여기에는 마이너스의 소득을 가진 사람부터 근로능력이 없는 장애인, 노인, 그리고 저임금 근로자들이 포함된다.[2]

평균소득은 원래 중간소득보다 높다. 본래 그런 것이니 그 자체는 문제라고 하기 어렵다. 문제는 최근 20년간 소득 격차가 더욱 커졌다는 데 있다. 1990년대 중반 이후 2010년까지 임금 근로자의 실질 근로소득 변화를 분석한 연구가 있다.[3] 이에 따르면 하위 20% 계층의 소득은 24%가 줄어든 반면에, 상위 20% 계층의 소득은 41% 이상 늘어났다. 각 계층별로 소득이 같은 비율로 늘어난다고 해도, 늘어나는 절대금액은 하위 계층일수록 작다. 하물며 증가율 자체도 상위 계층이 더 높다면 하위 계층의 생활은 더더욱 나아지기 힘들다.

GDP에서 개인 몫이 줄어들고 소득 격차가 커졌다는 점이 바로 1인당 GDP 증가보다 내 소득 증가 폭이 작은 주된 이유다. 그래서 '경제성과와 사회발전 측정 위원회'는 GDP 대신 가계소득, 평균소득보다 중위소득이 중요하다고 주장한다. 아울러 이 위원회는 소득의 분배 상태 및 삶의 질을 결정하는 요소들의 불평등에 관심을 둬야 한다고 강조한다.

"평균에 대해 말하는 것은 불평등에 대한 이야기를 회피하는 방법이다." 이 위원회 구성을 주도한 사르코지 전 프랑스 대통령이 위원회 보고서 서문에서 한 말이다.

현재뿐만 아니라 미래도 대비해야 한다

'경제성과와 사회발전 측정 위원회'는 지속가능성을 "현재를 측정하는 문제가 아니라 미래를 예측하는 문제, 현재 누리는 것이 미래에도 계속되기를 바라는지 아니면 사라지는 것을 감수할지를 결정하는 문제"라고 정의하고 있다. 그리고 미래 세대가 누리는 것은 현재의 우리가 그들에게 무엇을 남겨줄 것인가에 따라 달라진다고 말한다. 미래 세대에게 남겨줄 자원에는 자연자원, 물질적 자본, 인적자본(교육·연구), 사회자본(공식·비공식적 제도)이 있다고 한다.

이러한 다양한 자원의 지속가능성이 중요하다는 사실은 두말할 나위가 없다. 그 중에서도 중요도를 따지면 자연자원이 으뜸일 것이다. 이산화탄소 배출 억제를 위한 기후협약이나 석유, 광물 등 원자재 가격 상승은 국가 경제에 큰 영향을 미친다. 하지만 이는 이 책의 직접적인 주제가 아니다. 이 책과 직접 관련된 것은 두 가지다. 하나는 가장 대표적인 물질적 자본인 돈이고 또 하나는 미래 세대의 인적자본을 높이는 수단인 교육이다.

위원회는 우리가 현재 가진 것 이상을 쓰면서 분에 넘치는 소비를 하고 있음을 직시해야 한다고 말한다. 적어도 '돈' 문제에 관한 한 이 지적은 우리나라 가계와 정부의 현 상황에 그대로 들어맞는다. 가계부채와 나라 빚으로 GDP는 성장했다. 그러나 이는 미래의 몫을 가져다가 현 세대가 소비한 것이다.

위원회는 지속가능성을 평가할 때 현 세대와 미래 세대라는 세대 간 분배뿐만 아니라 세대 내의 분배 상태에 대해서도 고려해야 한다고 말한다. 그리고 세대 내 불평등을 줄이는 것은 지속가능성을 높이는 투자라고 한다. 이러한 관점은 특히 '교육'에 딱 들어맞는다. 늘어나는 사교육비와 그에 따른 계층 간 교육 격차는 우리 사회의 지속가능성을 약화시키는 주요 요인이다.

지금까지 '잘사는 정도'에 대한 측정지표로서 1인당 GDP가 가진 문제점을 다뤘다. 그리고 이 한계를 극복하기 위해 '경제성과와 사회발전 측정위원회'가 권고하는 제안도 소개했다. 이들의 제안을 소개한 목적이 1인당 GDP 대신 다른 측정지표를 사용하자고 주장하는 데 있는 것은 아니다. 정부 재정 활동의 존재 이유가 시장이 하기 힘든 역할을 맡음으로써 국민들의 삶을 더 나아지게 하는 데 있다면 1인당 GDP에만 집착해서는 안 된다는 점을 강조하려는 목적이다. 정부의 역할로서 중요한 것은 1인당 GDP를 높이는 것 못지않게 국민 생활에 부담이 되는 요소들을 제거하는 데 힘 쓰는 일이다.

지출에 부담을 느끼는 것은
사유재 때문이 아니다

"부유함의 유일한 장점이 요트와 스포츠카를 사고 환상적인 휴가를 즐기는 것이라면 소득과 재산의 불평등은 그다지 큰 문제가 아닐 것이다. 그러나 부(富)의 유무에 의해 정치적 영향력, 양질의 의료 서비스, 좋은 주거환경을 갖춘 주택, 우수한 학교 입학 등이 좌우됨에 따라 소득과 부의 분배는 커다란 사회문제가 되었다. 사람들이 선망하는 것이라면 뭐든지 시장에서 사고파는 사회에서는 부의 유무가 세상의 모든 차이를 만들어낸다."[4]

지출 항목은 많다. 그런데 사람들의 생활에 부담이 되는 것은 의복, 식료품, 가전제품 등 사유재에 대한 지출이 아니다. 앞서 살폈듯이 교육, 주택, 의료에 대한 지출이다. 이 항목들은 순수한 사유재가 아니다. 가치재다. 대한민국 국민이면 누구나 일정 수준 이상 소비해야 한다고 인정되는 재화와 서비스다. 그리고 가치재를 적절히 공급하는 것이 바로 재정의 역할이다.

정부는 재정으로 교육, 주택, 의료에 대한 지출을 한다. 특히 교육과 의료에 대한 재정지출 규모는 제법 크다. 그럼에도 불구하고 많은 국민들이 사적으로 지출하는 비용에 부담을 느낀다면, 또 소득수준에 따라 소비 격차가 많이 나고 이것이 바람직하지 않다고 느낀다면 정부는 제 할 일을 제대로 하지 못한 것이다.

그런데 한번 생각해보자. 왜 하고많은 소비 품목 중에서 주택, 교육, 의료만 그렇게 가격이 비싸고 생활에 부담을 줄까? 이는 주택, 교육, 의료가 다른 소비 품목과는 성격이 다르기 때문이다.

첫째, 과학기술이 발전하고 글로벌 경제가 되어도 가격이 내리지 않는다. 공산품과 농산물은 생산성이 높아지고 또 해외에서 싼 물건이 들어오는 덕분에 과거에 비해 상대적으로 가격이 하락했다. 그러나 주택, 교육, 의료는 해외 수입과 생산성 향상이라는 혜택을 볼 수 없다. 주택은 대한민국 땅 위에 짓는 것이니 당연히 수입할 수 없다. 교육과 의료도 전문 서비스라서 수입이 힘들다. 같은 서비스라도 식당 종업원이나 가사도우미 등 단순 서비스는 해외에서 노동력을 수입하지만 교육과 의료는 전문직이고 국내 자격증이 있어야 하므로 (일부 외국어 교사를 제외하면) 수입이 어렵다.

주택은 토지가 제한되어 있고 집 짓는 데는 사람 손이 많이 가기 때문에 생산성 향상이 크지 않다. 교육과 의료는 사람을 가르치고 진료하는 것이므로 공장에서 만드는 공산품과는 달리 생산성 향상이 어렵다. 30년 전에 비해 TV나 컴퓨터의 생산성은 대폭 증가했다. 그러나 교사가 가르칠 수 있는 학생 수나 의사가 진찰할 수 있는 환자 수는 30년 전이나 지금이나 별반 달라질 이유가 없다. 오히려 교사 당 학생 수와 의사 당 환자 수는 예전보다 줄었다.

둘째, 교육과 의료는 소득이 증가할수록 수요량이 늘고 고급화하는 경향이 있다. 이는 경험을 통해 익히 알고 있는 일이다. 특히 의료는 과학기술의 발전에 따라 질이 계속 높아진다. 이전에 불가능했던 질병을 치료할 수 있게 된 것은 좋은 일이다. 하지만 첨단 의료장비와 약품일수록 가격이 비싸다. 생산성 증가는 어려운데 양과 질에 대한 수요는 계속 증가하니 지출이 계속 늘어날 수밖에 없다.

개별 가구 당 교육, 의료, 주택 관련 지출 비용을 비교하면 우리나라 가구는 확실히 외국의 가구에 비해 훨씬 많은 지출을 한다. 교육, 주택,

의료에 대한 지출만 절반으로 줄어도 훨씬 살기가 편해질 것이다. 일부 상류층을 제외하면 누구나 공감할 것이다.

가계에서 교육비 때문에 힘든 이유는 대학 등록금을 제외하면 사교육비 지출이 가장 크다. 공교육이라면 정부에 책임이 있지만 사교육까지도 정부가 책임을 져야 하는가는 논란이 된다. 하지만 '사교육'이 우리 사회에서 가지는 의미를 생각하면 어떤 형태로든 정부에 책임이 있다. 사교육비를 정부가 지원하라는 말이 아니다. 다만 어떤 정책 수단을 사용하든 가계의 사교육비 지출 부담을 경감하고 사교육의 유무와 질의 차이가 대학 입학에 중요한 변수가 되지 않도록 하는 일은 정부 책임이다.

주택과 관련한 최근의 가장 중요한 이슈는 하우스 푸어 문제다. 하우스 푸어는 엄밀히 따지면 사적 욕망의 결과물이다. 그러나 앞서 보았듯이 그 지경에 이르기까지 방조한, 혹은 조장한 정부에도 일단의 책임이 있다. 이 문제를 정부가 어떻게 풀어나갈지는 잘 모르겠다. 다만 본인이 감당하되 서서히 연착륙이 가능하도록 뒷받침해야 한다는 원론적인 말만 덧붙인다.

하우스 푸어가 큰 문제임은 분명하다. 하지만 그래도 집이 있는 하우스 푸어보다는 집도 없는 렌트 푸어(rent poor)의 상황이 더 열악하다. 집값이 오를 때는 임대주택의 인기가 없다. 그러나 집값이 정체될 때는 임대주택 수요가 늘어난다. 정부의 공공임대주택 정책은 집값 정체기에 더욱 중요하다. 소위 토건 예산을 줄이기 어렵다면 불요불급한 SOC 건설보다는 공공임대주택을 공급하는 것이 국민의 행복 증진에 훨씬 기여할 것이다.

주택, 교육, 의료 중에서 그나마 가계 부담이 적은 것은 의료비 지출이다. 전 국민을 포괄하는 건강보험이 있기 때문이다. 비록 유럽 국가들에 비해서는 본인이 부담해야 하는 의료비가 많지만 그래도 미국처럼 전국민의료보험이 없는 국가와는 비교도 안 되게 지출 부담이 적다. 그런데 8장에서 보았듯이 의료 서비스의 일부를 시장화하려는 시도들이 몇 차례 있었다. 기본적인 욕구가 충족되고 나면 사람들이 가장 바라는 것은 건강하게 오래 사는 것이다. 무병장수가 으뜸 관심사인 만큼 돈 많은 사람들이 최상의 의료 서비스를 받고 싶어하는 것은 당연하다. 이런 면에서는 의료 서비스 시장화가 필요한 측면도 있다. 그러나 돈이 없어서 고칠 수 있는 병을 못 고치거나, 병원비 때문에 가계가 휘청대는 것은 옳은 일이 아니다. 정부 의료 정책의 우선순위는 고액 질환에 대한 본인 부담을 줄여주는 데 놓여야 한다. 건강보험 지출은 정부 지출 항목 중에서 가장 규모가 크며 향후 고령화의 진전에 따라 빠르게 늘어날 전망이다. 좋은 재정을 만드는 데는 공공의료 지출 문제를 어떻게 끌고 갈지가 매우 중요하다.

양극화는 우리만의 문제가 아니다

지금까지 1인당 GDP가 높아졌음에도 옛날보다 살기 힘든 이유에 대해 길게 얘기했다. 그 이유는 두 유형으로 구분할 수 있다. 하나는 지출 측면이고 또 하나는 수입 측면이다. 교육비, 주거비, 의료비 부담이 크다는 것은 지출 측면의 이유다. 고용이 불안하고 양극화로 인해 보통 사람들의 실제 소득은 그다지 많이 늘지 않았다는 것은 수입 측면의 이유다. 혼자 벌어서는 먹고살기 힘드니 맞벌이를 하고, 맞벌이를 하니 추가 지출이 생기고 삶이 바빠지는 것이므로 맞벌이는 수입과 지출 모두에 해당하는 이유가 되겠다.

교육, 주택, 의료에 대한 지출 부담은 주로 우리나라에 해당하는 문제다. 선진국들 중에서는 예외적으로 미국 저소득층의 주택과 의료 지출 부담이 크지만 우리처럼 국민 다수가 부담을 느끼는 것은 아니다.

이에 비해 고용 불안정과 소득 양극화, 그리고 맞벌이에 따른 가사 부담 증가는 다수 국가에서 공통되게 나타나는 현상이다. 다수 국가가 유사하게 겪는 일이라면 그런 현상을 부른 공통된 원인이 있을 법하다. 맞다. 공통 원인이 있다. 원인이 같다면 이에 대한 다른 국가들의 해법이 우리에게도 유용한 참고가 될 것이다. 그렇다. 그런데 이에 대한 얘기는 상당히 길다. 이어지는 11장에서 그 긴 이야기를 하려고 한다.

CHAPTER
11

일자리가 늘어나도 살기는 힘들어진다?

경제구조 변화와 재정

　사람들의 삶이 이전보다 힘들어졌다. 우리나라뿐 아니다. 세계가 공통적으로 겪고 있다. 왜일까? 세계화와 신자유주의 때문이라고 답하는 이가 많을 것이다. 세계화와 신자유주의 때문에 양극화가 심화되었고 수년 전 글로벌 금융위기도 그 때문이라는 이야기도 익히 들었을 것이다.

　맞다. 세계화와 신자유주의가 양극화를 심화시키고 보통 사람들의 삶을 어렵게 한 것은 분명하다. 대기업 위주의 첨단 제조업을 제외한 나머지 제조업이 고전하는 주원인은 중국 등 후발 개도국에서 값싼 공산품이 대거 밀려들어오기 때문이다. 더구나 세계화에 따라 경쟁이 심화되면서 비용 절감을 강요당했고 이는 비정규직 고용과 임금 인상 억제로 나타났

다. 또한 신자유주의는 시장 역기능에 대한 정부 개입을 막음으로써 사태를 더욱 악화시켰다.[1]

삶이 고달파진 이유에 대한 또 다른 설명: 탄소경제의 종말

사람들의 삶이 이전보다 더 어려워진 이유에 대해 세계화와 신자유주의 이외에 전혀 다른 설명들도 있다. 그중 하나가 제러미 리프킨(Jeremy Rifkin)이 그의 저서인 《3차 산업혁명》에서 내세운 '화석연료 고갈'이다.

인도, 중국 등 신흥 개도국의 소비 증가, 미국 등 선진국의 과소비는 화석연료의 수요 급증을 낳았고 이는 유가 폭등 → 물가 상승 → 구매력 저하 → 경기 침체로 이어졌다는 것이다. 리프킨의 설명은 양극화가 심해지고 보통 사람들의 삶이 점점 어려워진 근본 원인으로 보기에는 무리가 있다. 그러나 화석연료에 기반한 탄소경제는 성장에 한계가 있으며 지구온난화 등의 문제를 불러옴으로써 더 이상 지속 가능하지 않다는 주장에는 고개가 끄덕여진다.

물론 리프킨의 다른 저작이 그렇듯이, 이 책도 희망적인 메시지를 전한다. 인터넷에 기반한 정보혁명과 태양열에 기반한 에너지혁명이 결합한 3차 산업혁명을 대안으로 제시하고 있다.

단기간에 3차 산업혁명이 확산될 것 같지는 않다. 하지만 탄소경제를 대체하는 녹색경제의 중요성이 계속 커지고 있으며, 녹색경제의 사회경제 구조는 탄소경제 때와 상당히 달라질 것임은 분명하다.

세계화와 신자유주의, 혹은 탄소경제의 종말은 최근 들어 사람들의 삶이 이전보다 어려워진 이유들을 타당하게 짚어낸다. 그런데 이런 설명들보다 좀 더 근본적인 이유가 있다. 바로 사회경제 구조의 변화다. 사회경제 구조가 산업사회에서 탈산업사회로 바뀌었기 때문이다. 탈산업사회는 산업구조가 제조업 중심에서 서비스업 중심으로 바뀐 사회, 그리고 부가가치 창출의 원천이 노동과 자본에서 지식으로 전환된 지식 기반 경제를 말한다.

 탈산업사회의 사회경제 구조는 우리 삶에 어떤 영향을 미치는가, 그리고 어떻게 대응해야 하는가? 물론 이에 대한 답변도 정부와 언론을 통해 많이 들었을 것이다. "제조업이 성장 동력인 시대는 지났다. 이제는 서비스업이다. 서비스업은 제조업보다 고용 창출 효과가 크고 성장 가능성도 무궁무진하다. 금융, 보험, 마케팅, 의료, 법률 등 부가가치가 높은 지식 서비스 산업을 키우는 게 대한민국의 살 길이다." 요컨대 지식 기반 서비스 경제라는 특성을 대한민국 경제가 제2의 도약을 하는 발판으로 삼자는 얘기다. 정말 그럴까? 탈산업사회는 우리에게 더 나은 삶을 보장하는 기회일까? 앞으로 대한민국 경제가 계속 성장하려면 지식 서비스 산업을 육성할 필요가 있는 것은 맞다. 지식 기반 경제가 일부 사람들에게는 좋은 기회인 것도 분명하다. 그러나 대다수 보통 사람들 입장에서는 서비스 중심 경제, 지식 기반 경제가 좋은 것만은 아니다. 산업사회에서 탈산업사회로의 이행은 소득 양극화, 고용 불안정, 맞벌이 증가 등을 야기한 근본 이유이기 때문이다.

 병을 제대로 고치려면 병의 원인을 아는 것이 중요하다. 원인이 복합적이라면 개개의 원인을 파악해야 할 뿐만 아니라 각각의 경중(輕重)과 선후(先後)를 이해해야 한다. 세계화와 신자유주의의 영향도 크다. 하지만 이에 대해서는 많이 알려졌다. 탈산업사회의 영향은 상대적으로 덜 알려졌다. '탈산업사회'라는 말은 많이 들어봤지만 이것이 우리 삶에 미친 영향에 대해서는 제대로 알지 못한다.

몇 년 전부터 '정부가 가장 먼저 해결해야 할 일'을 묻는 설문조사에서 '일자리 창출'이 항상 1위를 차지한다. 정부도 매년 일자리 창출을 위해 많은 예산을 쓰고 다양한 정책을 실시한다. 그럼에도 불구하고 여전히 실업자가 많다. 게다가 취업을 했어도 일자리의 질이 떨어지는 경우가 많다. 이러한 '양질의 일자리 부족'의 근본 이유가 바로 우리 사회가 탈산업사회로 변화했기 때문이다. 도대체 탈산업사회의 어떤 특징 때문에 이런 현상이 나타났으며, 정부는 어떻게 대처해야 하는가. 이것이 지금부터 다루려는 내용이다.

생산성이 늘어나면 고용도 늘어날까?

과학기술의 발전에 따른 생산성 증가는 인류에게 과거보다 훨씬 풍요로운 현재를 선사했다. 농경사회→산업사회→탈산업사회로의 변화 역시 과학기술 발전과 생산성 증가의 결과다.

농업 생산성 증가 덕에 상당수 인류는 기아에서 해방되었다. 뿐만 아니라 더 적은 인력으로 더 많은 농산물 생산이 가능해지면서 유휴 노동력이 대량 발생했다. 때마침 제조업 부문은 산업혁명 이후 비약적인 발전을 거듭하여 많은 노동력이 필요했다. 노동의 공급과 수요 조건이 맞아 떨어져서 제조업 고용은 대폭 증가했다. 산업사회로 이행한 것이다.

산업사회는 제조업이 중심인 사회다. 매머드 공장에서 일하는 블루칼라들은 산업사회 경제인구의 중추다. 컨베이어 벨트에서 끊임없이 쏟아지는 공산품 덕에 인류 역사상 처음으로 소비가 미덕인 풍요의 시대가 열렸다.

산업사회 진입 이후에도 생산성 증가는 계속됐다. 초기의 생산성 증가는 공산품 소비를 폭발적으로 증가시켰고 이는 다시 제조업 고용 증가로 이어졌다. 그러나 계속되는 생산성 증가는 새로운 변화를 초래했다. 이전보다 더 적은 인력으로 필요한 공산품 수요를 충당할 수 있게 되었다. 아울러 기술혁신은 생산공정의 자동화를 가져왔다. 기존에 사람 손으로 해야 했던 공정이 기계로 대체되었다. 블루칼라 일자리는 점차 줄어들었다.

농업 생산성 향상으로 농업 부문의 유휴 노동력이 제조업으로 옮겨갔듯 제조업의 생산성 향상으로 발생한 유휴 노동력은 서비스업으로 옮겨가게 되었다. 농경사회에서 산업사회로의 변화, 농업에서 제조업으로의 노동력 이동은 대다수 사람들의 삶을 더욱 풍요롭게 했다. 하지만 산업사회에서 탈산업사회로의 변화, 제조업에서 서비스업으로의 노동력 이동은 달랐다.

탈산업사회의 가장 중요한 특징은 산업구조가 제조업 중심에서 서비스업 중심으로 바뀐 것이다. 그런데 이 말의 의미를 간혹 잘못 이해하는 사람들이 있다. 이는 우리 사회가 공산품을 덜 소비하고 서비스를 더 많이 소비하게 되었다는 뜻이 아니다. 컴퓨터, 휴대폰, 자동차, 대형 벽걸이 TV 등 최근으로 올수록 공산품을 더 많이 소비한다. 외식, 보육, 교육, 의료 등 서비스 소비도 과거보다 늘었지만 공산품 소비 증가만큼은 아니다. 서비스업 중심이라는 표현은 생산량이 아니라 고용을 기준으로 한 말이다. 경제활동인구 중 다수가 서비스업 종사자라는 의미다.

제조업 고용이 감소한 이유는 생산성 증가 때문이다. 이전이라면 수천 명의 근로자가 생산해야 했던 것을 이제는 소수의 기술자가 관리하는 자동화 공정을 통해 생산할 수 있게 되었다.

생산성은 4배가 되었는데 판매량은 2배가 되었다면 근로자 수를 절반으로 줄여야 한다. 지난 수십 년간 이런 현상이 세계 도처에서 발생했다. 선진국에서는 대략 1970년대부터 이런 현상이 나타났고 1990년대부터는 우리나라에서도 제조업 고용이 줄어들기 시작했다.

우리나라 제조업 종사자 수는 1991년에 516만 명이었다가 2010년에는 406만 명으로 감소했다. 이에 비해 전체 산업의 종사자 수는 1991년 1865만 명에서 2010년 2383만 명으로 늘었다. 전체 산업의 종사자 수는 이 20년 동안 28% 증가했으나 제조업 종사자 수는 22% 감소한 것이다.[2] 반대로 서비스업 종사자는 1991년에 906만 명이었으나 2010년에는 1632만 명으로 크게 늘었다.

생산성 증가의 역설

기술혁신에 따른 생산성 증가는 제조업에서 가장 광범위하고 크게 일어났다. 하지만 서비스업 역시 기술혁신 덕에 생산성이 증가했다. 예를 들면 사무자동화에 따라 타이피스트와 사무보조원의 역할은 거의 사라졌다. 인터넷뱅킹과 현금자동입출금기(ATM)의 도입으로 은행 창구 직원 수는 대폭 감소했다.

서비스업의 생산성이 증가했는데 어떻게 제조업 생산성 증가에 따른 유휴 노동력이 서비스업으로 이동할 수 있을까? 두 가지 이유 때문이다. 하나는 서비스업 중에는 생산성 증가가 힘든 분야가 많다는 것이고 또 하나는 서비스에 대한 수요가 이전보다 대폭 증가한 것이다. 서비스업은 통상 다음과 같은 네 가지 유형으로 구분한다.

- 경영 서비스: 금융, 마케팅, 컨설팅, 디자인 등
- 유통 서비스: 도매업, 소매업, 운수업 등
- 개인 서비스: 요리·청소·세탁 등 가사서비스, 이미용 요식업 등
- 사회 서비스: 의료, 교육, 보육·요양 등 돌봄서비스

개인 서비스와 사회 서비스는 대개 사람을 상대로 직접 서비스를 제공하는 대인 서비스다. 경영과 유통 서비스 중에도 매장 직원처럼 대인 서비스가 많다. 대인 서비스 제공에서는 노동력이 핵심이다. 그래서 생산성을 높이기가 어렵다.

수십 년 전통을 자랑하는 맛집이나 수십 년간 한 자리를 지켜온 동네 이발소를 떠올려보자. 전통을 자랑하는 맛집은 예나 지금이나 사람이 북적댄다. 그러나 식당 규모가 크게 늘지는 않는다. 전문 숙수의 생산성, 즉 만들 수 있는 요리의 양은 예나 지금이나 크게 달라지지 않기 때문이다. 이발도 마찬가지다. 이발사의 생산성, 하루에 깎을 수 있는 사람 수는 예나 지금이나 별 차이가 없다. 대인 서비스 공급을 늘리려면 고용을 늘려야 한다.

경제의 생산성 증가는 소득 증가를 가져온다. 소득 증가는 재화뿐만 아니라 서비스 수요도 늘린다. 또한 생활양식 변화도 서비스 수요를 늘린다. 맞벌이 가구의 증가는 이전보다 외식, 가사도움, 세탁, 보육 서비스 수요를 증가시켰다. 여가의 증가는 레저나 문화예술 관련 서비스 수요를 증가시켰고 고령화와 건강 관심 증대 역시 관련 서비스 수요를 늘렸다.

소득 증가와 생활양식 변화는 대인 서비스 수요를 대폭 늘렸다. 대인 서비스 산출량을 늘리려면 고용을 늘려야 하므로, 대인 서비스 노동 수요가 늘었다. 마침 제조업의 잉여 노동력 덕에 노동 공급도 늘었다. 대인 서비스업 고용이 늘어날 조건이 모두 갖춰진 것이다!

제조업은 생산성 증가가 빠른 탓에 고용이 줄고, 서비스업은 생산성이 정체된 탓에 고용이 늘었다. 역설 같지만 현실이다.

탈산업사회의 경제성장률이 산업사회보다 낮은 이유

제조업의 빠른 생산성 증가와 서비스업의 생산성 정체는 제조업의 고용이 줄고 서비스업의 고용이 증가한 원인일 뿐만 아니라 탈산업사회의 경제성장률이 산업사회보다 낮은 근본 이유다.

소비자의 지출 품목은 공산품인 A재와 서비스인 B재의 둘로 구성되어 있으며, A재와 B재의 소비량 비율이 1:1일 때 소비 만족도가 극대화된다고 가정하자(이는 단지 논의를 단순화하기 위한 가정일 뿐이다).

평균적인 소비자는 20년 전에 A재 100단위와 B재 100단위를 소비했는데 이제는 경제가 성장해 A재 200단위, B재 200단위를 소비한다. 그런데 A재는 생산성이 4배 증가하여 20년 전에는 100단위를 생산하는 데 100명이 필요했으나 지금은 200단위를 생산하는 데 50명이면 된다. B재는 생산성이 1/3(33.3%) 증가하여 20년 전에는 100단위를 생산하는 데 100명이 필요하였으나 지금은 200단위를 생산하는 데 150명이면 된다.

이 경우 공산품 A와 서비스 B의 생산량 비율은 30년 전이나 지금이나 동일하게 1:1 이지만, 생산을 위한 각 부문 종사자 비율은 1:1에서 1:3으로(100:100에서 50:150으로) 변한다. 이게 바로 제조업 고용이 감소하고 서비스업 고용이 증가하는 이유다.

그렇다면 경제성장률은 어떻게 될까? 경제성장률은 (다른 조건이 일정할 때) 생산성에 비례한다. 한 사회에서 200명이 200단위를 생산하다가 1년 뒤에 생산성이 10% 늘어서 220단위를 생산하게 되면 경제성장률은 10%가 된다.

20년 전에 A 100단위, B 100단위를 생산했다가 이제 A 200단위, B 200단위를 생산한다면 생산성과 경제성장은 2배가 된 것이다. 이는 매년 3.6%씩 경제가 성장한 것에 해당한다(매년 3.6%씩 복리로 증가하면 20년 뒤에 2배가 된다).

그런데 만일 제조업과 서비스업의 고용 인원이 20년 동안 변하지 않았다면, 즉 현재도 20년 전과 마찬가지로 제조업에서 100명, 서비스업에서 100명이 일한다면 A 400단위 B 133.3단위를 생산할 수 있다. 이 경우 생산량은 200단위에서 533.3단위가 되었으니 경제성장은 2.67배가 된다. 이는 매년 5.0%씩 경제가 성장한 것에 해당한다.

왜 이런 차이가 발생했을까? 생산성 증가가 높은 부문에 고용이 많이 될수록 경제성장률은 높아진다. 그런데 현실에서는 생산성이 높은 제조업 부문의 고용이 줄고 생산성이 낮은 서비스업 부문의 고용이 늘었기 때문에 경제성장률이 낮아진 것이다.

이 설명은 보몰(Willam J.Baumol)이라는 경제학자가 40여 년 전에 제시한 것이다. 물론 현실은 훨씬 더 복잡하며 그동안 여건도 많이 변했다. 그러나 제조업 중심의 산업사회가 서비스업 중심의 탈산업사회로 전환되면서 경제성장률이 낮아진 이유에 대한 설명으로 여전히 유효하다.

늘어나는 건 질 낮은 일자리뿐

이제 산업사회에서 탈산업사회로의 전환, 즉 제조업에서 서비스업 중심으로 고용구조가 바뀌고 지식이 부가가치 창출의 원천이 되는 사회로 바뀐 것이 왜 소득 양극화, 고용 불안정, 맞벌이 증가 등을 야기하는지 알아보자.

편의상 우리 사회의 일자리를 높은 수준의 지식과 기술이 필요한 하이테크(high tech) 일자리와 그렇지 않은 로테크(low tech) 일자리로 구분하자. 로테크 일자리는 제조업과 서비스업 모두에 존재한다. 하지만 각 일자리에 대한 대우는 두 부문이 다르다.

제조업 부문은 빠른 생산성 증가와 노동조합의 영향으로 로테크 일자리라도 비교적 괜찮은 보수와 고용 안정성을 제공할 수 있다. 생산성이 2배가 되면 임금을 2배로 올려도 생산원가는 오르지 않는다. 따라서 노동조합의 임금 인상 요구에도 큰 무리 없이 대응할 수 있다. 산업사회의 전형적인 블루칼라 일자리는 로테크 인력에게 괜찮은 보수와 안정된 고용이 보장되는 일자리다. 삼성전자나 현대중공업 공장의 근로자들을 생각해 보라. 서비스 부문은 어떨까? 앞에서 서비스업을 경영(금융, 마케팅, 컨설팅 등), 유통(도소매업 등), 개인(가사 서비스, 요식업 등), 사회(의료, 교육, 보육 등) 서비스의 네 가지 유형으로 구분했다. 명칭과 세부 분야만 봐도 어디에 하이테크 일자리가 많고 어디에 로테크 일자리가 많은지 알 수 있다. 어떤 게 잘나가고 어떤 게 전망이 별로인지도 짐작할 수 있다.

지식 서비스 산업 육성을 외치는 정부가 염두에 둔 것은 물론 경영 서비스다. 여기에 본래 '사회' 서비스인 의료를 '산업화'하는 것이 추가된다. 아시아 금융허브를 만든다는 포부도 훌륭하고 의료를 관광과 연계해서 의료관광산업을 키운다는 야심도 좋다. 이 분야들이 보수가 높고 전망이 밝은 것은 맞다. 하지만 이 분야 일자리는 대개 하이테크 일자리다. 아무나 할 수 있는 일이 아니다.

전문지식과 기술이 충분치 않은 다수의 사람들이 택할 수 있는 일자리, 서비스업의 로테크 일자리는 어떤 것들이겠는가? 청년층과 중년 남성이라면 마트 점원, 편의점 알바, 택배 기사 등 유통 분야 일자리, 중년 여성이라면 식당보조, 청소용역, 가사도우미 등 개인 서비스와 최근 수요가 급증한 돌봄서비스 분야의 일자리가 많겠다. 아울러 소매업과 요식업 분야의 영세 자영업은 로테크 노동력이 택할 수 있는 전통적인 일자리다.

서비스업 로테크 일자리의 보수와 고용 안정성은 어떨까? 이 분야 일자리는 생산성이 낮다. 공급은 많다. 노동조합도 없다. 보수가 낮고 고용이 불안정할 수밖에 없다.

생산성도 높이고 고용도 늘리는 게 가능할까?

정부나 언론에서는 빈곤 문제를 해결하려면 고용 창출이 큰 서비스 산업의 생산성을 높여야 한다고 말한다. 예를 들면 자타가 공인하는 국내 최고 경제연구기관이 발표한 보고서에 다음과 같은 내용이 있었다.

"서비스업은 고용 창출 효과가 제조업의 2배에 달한다. 그런데 생산성은 제조업의 절반 미만으로 생산성이 낮아 고품질 일자리 창출에 이르지 못하고 있다. (…) 고용 창출력을 기준으로 유망 서비스업을 선정하고 정부의 적극적 산업 정책으로 집중 육성할 필요가 있다."

고용 창출 효과는 흔히 고용유발계수라는 지표로 측정한다. 고용유발계수는 생산이 10억 원 늘어날 때 추가로 고용되는 규모를 의미한다. 생산이 10억 원 늘어날 때 10명이 추가로 고용되면 고용유발계수는 10이다. 이에 비해 생산성은 1명이 생산하는 부가가치가 얼마인지를 의미한다. 정의에서 알 수 있듯이 고용창출효과는 생산성과 반비례 관계에 있다. 서비스업의 생산성을 높이는 것은 필요하다. 하지만 생산성을 높이면 고용창출효과는 떨어진다.

얼마 전 소득 양극화 해법에 대한 정책토론회에 참여한 적이 있다. 주제 발표를 한 교수가 소득 양극화 해법으로 '서비스업의 생산성을 높일 것'과 '기업형 슈퍼마켓(SSM)을 규제하여 중소상인을 보호할 것'을 내세웠다. 하지만 이 둘은 서로 충돌하는 목표다. 우리나라 서비스업 생산성이 다른 나라들에 비해 낮은 가장 큰 이유는 유통과 요식업 분야에 영세 자영업자가 많기 때문이다. 따라서 이 분야의 생산성을 높이려면 영세 자영업자 수를 줄이고 대형화해야 한다. 즉 기업형 슈퍼마켓을 키워야 한다. 동네 영세 제과점도 파리바게트, 뚜레쥬르 같은 대기업 체인 제과점으로 바꿔야 한다. 동네 분식집 대신 맥도날드나 던킨 도너츠 같은 프랜차이즈 패스트푸드점이 들어서야 한다. 생산성을 높이기 위해서는 말이다. 그러나 (그렇게 하면 생산성은 높아져도) 영세 자영업자, 중소상인들이 담당할 때에 비해 일자리는 줄어든다. 그렇다고 해서 대형화·기업화된 점포 직원들의 소득이나 근무 여건이 영세 자영업자보다 더 나을까? 확실히 생산성은 대형화·기업화된 점포가 월등히 높다. 그러나 거기에 고용된 단순직 직원들의 형편까지 더 좋은 것은 아니다.

영세 점포와 대형 점포가 공존하는 우리나라만 그런 게 아니다. 대형화·기업화가 우리보다 훨씬 발달한, 그래서 이 분야의 노동생산성이 우리보다 훨씬 높은 미국에서도 마찬가지다. 미국에서도 이들은 근로빈곤층이며 열악한 환경에서 근무한다.

미국의 대인 서비스업 종사자들의 삶을 다룬 바버라 에런라이크(Barbara Ehrenreich)의 《노동의 배신》이라는 책이 있다. 저널리스트인 저자가 식당 웨이트리스, 청소용역업체 청소부, 대형마트 점원 등으로 일하면서 체험한 내용을 담았다. 글솜씨가 빼어나서 읽는 재미가 쏠쏠하지만 읽고 나면 가슴이 먹먹해진다. 에런라이크가 르포를 마치면서 말미에 적은 글을 옮겨보자.

"가난한 싱글맘들이 일하는 대신에 복지 혜택을 선택할 수 있었던 과거에 중산층과 상류층은 그들을 혐오하거나 답답하게 여겼다. 복지 혜택을 받는 가난한 사람들은 게으르다고, 좋지 않은 환경에서 자식만 낳는다고, 약물중독자일 거라고, 그리고 무엇보다도 '의존적'이라고 통렬하게 비판했다. (…) 그러나 정부의 '공짜 지원'이 대부분 없어져 절대 다수의 빈민들이 월마트나 웬디스에서 힘들게 일하고 있는 지금, 과연 우리는 그들을 어떻게 생각해야 하는 것일까?[3] 그들을 못마땅하게 눈 아래로 내려다보는 것이 더 이상 옳지 않다면 어떤 관점이 바람직할까?

죄책감을 느껴야 한다고 생각할 수도 있다. 하지만 그것으로는 한참 모자라다. 우리가 느껴 마땅한 감정은 수치심이다. 다른 사람들이 정당한 임금을 못 받으며 수고한 덕분에 우리가 편하게 살고 있다. 한 여자가 배를 곯는 덕에 당신이 더 싸고 편리하게 먹을 수 있다면, 그리고 그 여자가 먹고살기에도 형편없이 모자란 임금을 받으며 일하고 있다면 그 여자는 당신을 위해 희생을 하고 있는 것이다. 자신의 기운과 건강과 생명의 일부를 당신에게 선물로 준 것이다. 사회적 동의에 의해 '워킹 푸어(working poor)'라고 불리는 그들은 우리 사회에 없어서는 안 될 박애주의자들이다. 그들은 남의 아이를 돌보기 위해 자신의 아이를 방치하고, 남의 집을 쾌적하고 광이 나게 만들기 위해 자신은 수준 이하의 집에서 산다. 그들이 궁핍을 견딤으로써 인플레이션이 떨어지고 주가가 올라간다. 워킹 푸어의 한 사람이 된다는 것은 다른 사람 모두를 위해 익명의 기증자, 이름 없는 기부자가 되는 것이다. 그들은 '주고 또 준다.'"[4]

미국 얘기지만 우리 사회에도 그대로 적용된다. 사실 우리 사회에서는 더 심할 것이다. 에런라이크의 책을 보고 나서도 소득 양극화 해법으로 서비스업 분야에 양질의 일자리를 창출하자는 얘기를 계속할 수 있을까?

일자리가 늘어난다고
문제가 해결되지는 않는다

지금까지의 얘기를 정리하자. 경제활동인구 중 서비스업 종사자 비중은 계속 증가하고 있다. GDP에서 서비스업이 차지하는 비중도 커지고 있다. 이러한 추세는 앞으로도 계속될 것이다. 앞으로 지속적으로 성장하려면 지식 서비스업을 키우고 생산성을 높여야 한다. 맞는 말이다. 하지만 한 가지는 분명히 해야 한다. 서비스업은 본래 양극화 경향이 있으며, 이는 최근으로 올수록 심화되고 있다.

최근의 서비스업 고용 증가는 두 부문에 집중되어 있다. 하나는 금융, 마케팅, 컨설팅, 의료 등 지식 서비스 분야다. 이 분야는 그 자체로서, 또는 다른 산업의 성장을 위해서 중요하고 앞으로도 계속 커질 것이다. 이 분야 종사자는 고소득을 누릴 수 있다. 그러나 높은 수준의 지식을 요구하기 때문에 이 분야에서 일할 수 있는 인력은 한정되어 있다.

다른 하나는 돌봄 노동을 비롯한 각종 대인 서비스다. 이 분야 역시 맞벌이 등 생활양식이 변화함에 따라 앞으로도 계속 커질 것이다. 그러나 이 분야는 대부분 생산성이 정체되어 있다. 또한 수요 증가 못지않게 공급도 많기 때문에 보수 수준이 낮다. 유통업과 요식업을 대형화하면 생산성을 높일 수 있다. 그러나 이 분야의 근로자들은 생산성 향상의 혜택을 받지 못한다.

산업사회에서 탈산업사회로 전환됨에 따라 소득 양극화, 고용 불안정, 맞벌이 등의 문제가 발생한 것은 우리만의 문제가 아니라 세계의 많은 국가가 공통으로 겪는 일이다. 그런데 이 문제는 우리나라보다 서구사회에서 더 심각하게 받아들여지고 있다.

서구 산업사회는 근로자들에게 안정된 고용과 괜찮은 보수를 제공했다. 산업사회 고용의 중추인 대규모 공장의 블루칼라 근로자들은 지식·기술 수준이 높지 않더라도 높은 생산성 덕분에 안정된 생활을 할 수 있었다. 제조업이 고용을 충분히 흡수했으므로 서비스업의 임금 수준도 괜찮았다.

남편은 밖에 나가 일하고 아내는 자녀를 키우고 가사를 담당하는 가정, 저녁에는 온 가족이 식탁에 둘러앉아 이야기꽃을 피우고 주말이면 차를 타고 교외로 피크닉 가는 정경. 50~60년대 할리우드 영화에 나오는 가족상은 서구 산업사회 전형적인 근로자 가정의 모습이었다. 그러나 탈산업사회가 되면서 달라졌다. 저학력·미숙련 근로자에게 안정된 생활을 제공하던 일자리는 사라지고 새로 생겨나는 일자리는 불안정 고용과 낮은 보수를 제공했다. 맞벌이를 해도 남편 혼자 벌던 부모 세대의 생활을 누리기 힘들어졌다.

우리나라는 사정이 다르다. 우리의 산업사회는 절대빈곤에서 벗어나던 시기였다. 서구처럼 대다수 근로자가 안정된 생활을 누리던 시기가 아니었다. 우리 사회의 다수가 절대빈곤에서 벗어나 중산층으로 진입하기 시작한 것은 88서울올림픽 무렵인 것으로 알려져 있다. 하지만 우리 사회는 곧바로 탈산업사회로 진입했다. 서구와 달리 우리는 다수 근로자가 안락하게 생활하는 시기를 가져보지 못한 채 산업사회에서 탈산업사회로 바뀌었다. 안타깝지만 어쩌겠는가(그나마 절대빈곤에서 벗어나게 해준 부모 세대에게 감사할 일이다.)

개발연대 시절 절대빈곤으로부터 벗어날 수 있었던 일등공신은 일자리 창출이다. 농촌에 산적한 잠재 실업자들은 급속한 산업화 과정에서 양산된 도시의 다양한 일자리로 옮겨가 절대빈곤에서 벗어날 수 있었다.

일을 함으로써 생계를 유지하는 것은 어느 시대, 어느 사회를 막론하고 경제활동의 기본이다. 그러므로 탈산업사회에서도 당연히 일자리 창출은 중요하다. 더구나 맞벌이가 일반화되었기에 산업사회보다 더 많은 일자리가 창출되어야 한다.

정부는 일자리 창출을 위해 노력해야 한다. 그러나 그것만으로는 부족하다. 탈산업사회에서 창출되는 일자리의 다수는 저임금인데다 고용 상태도 불안정하다. 일을 하면 절대빈곤에서는 벗어날 수 있다. 하지만 상대빈곤을 벗어나지 못하는 경우가 많다. 여유 있는 생활을 누리기는 더욱이나 힘들다. 이처럼 일을 해도 안정된 생활을 누리기 힘든 계층을 근로빈곤층(working poor)이라고 부른다. 어떻게 해결해야 할까?

해결책을 논의하기 전에 한 가지 짚고 넘어가야 할 것이 있다. 탈산업사회가 도래한 이유는 생산성 증가 때문이라는 점이다. 이전보다 생산성이 증가했다는 것은 이전보다 더 많은 재화와 서비스를 소비할 수 있게 되었다는 말이다. 즉 탈산업사회에서 사회 전체적인 부(wealth)의 총량은 산업사회보다 증가했다.

산업사회에 비해 부의 총량은 늘었지만 저학력·저기술 근로 계층에게 배분되는 양이 이전보다 상대적으로 감소했기 때문에 광범위한 근로빈곤층이 발생한다. 즉 근로빈곤은 성장이 부족해서 발생한 문제라기보다는 분배의 문제, 그리고 일부 계층만의 문제가 아닌 대다수의 문제다.

오해의 소지가 있으니 다시 한번 얘기하자. 성장은 중요하다. 경제가 침체되면 모두가 힘들다. 힘든 시기를 버티는 것은 저소득층일수록 더욱 어렵다. 탈산업사회에서도 경제성장은 가장 중요한 정부 역할 중 하나다. 다만 성장만으로는 근로빈곤 문제를 해결할 수 없다는 것을 분명히 해야 한다. 산업사회에서는 성장의 열매가 전 계층으로 파급되는 정도,

이른바 낙수(trickle down) 효과가 제법 있다. 그러나 탈산업사회에서는 성장의 낙수 효과가 크지 않다(낙수 효과에 대한 설명은 315쪽 참조.)

　탈산업사회에서는 산업사회에서보다 성장의 낙수 효과가 미미하다면 어떻게 해야 할까? 분배를 위한 정부의 역할이 산업사회에서보다 강화되어야 한다. 최근 우리 사회에 복지와 경제민주화에 대한 요구가 부쩍 커진 데는 이런 추세도 영향을 미쳤을 것이다.

해법은 정부의 역할

　　　　　　　　　　유럽의 복지국가들은 탈산업사회의 근로빈곤 문제 해결을 위해 크게 두 가지 정책을 펼치고 있다.[5] 첫째, 고용 불안정과 저임금에 대처하기 위한 직업훈련과 취업 알선 정책, 둘째, 맞벌이 가구의 가사 부담을 덜기 위한 보육과 노인 부양의 사회화다.

　이 대응책은 우리에게도 유효하다. 그리고 실제로 정부는 수년 전부터 이러한 정책들을 추진하고 있다. 전국에 산재해 있는 고용노동부의 고용안정센터를 비롯한 다양한 고용훈련기관에서 직업훈련과 취업 알선 정책을 수행하고 있다. 거동이 불편한 노인들의 수발을 위해 2008년부터 장기요양보험을 실시하고 있다. 2000년대 이후 영유아 보육료 지원은 계속 확대되었다.

　비록 수혜 대상 규모와 지원 수준에서 차이는 있으나 탈산업사회의 근로빈곤과 가사 부담 문제를 해결하기 위해 유럽 복지국가가 하는 정책은 우리도 하고 있다! 그럼 이걸로 정부가 할 일은 다한 것일까? 전혀 아니다.

유럽의 복지국가들도 탈산업사회의 문제 해결에 어려움을 겪고 있다. 국가마다 편차도 크다. 하지만 우리 사회 보통 사람들의 삶은 유럽의 복지국가들보다 훨씬 힘들다. 이들 국가에서는 오래전부터 시행되고 있지만 우리 사회에서는 시행되지 못하는 정책들이 아직 많기 때문이다.

무엇보다 제대로 된 노동 관련 규제 정책이 필요하다. 하청기업에 대한 불공정 행위나 비정규직 차별 금지, 최저임금 현실화 같은 저임금에 대처하는 규제 정책, 출산휴가 보장과 직장 내 어린이집 설치 의무화, 육아기 근로시간 단축, 가족 돌봄 휴직제도 같은 일·가정 양립을 위한 규제 정책이 여기에 포함된다. 이들은 서구 사회에서는 사회규범으로 이미 확립되어 있는 정책이지만 우리 사회에서는 아직도 제대로 지켜지지 않는 것들이다(심지어 최저임금보다 적은 급여를 받거나 법정 의무인 사회보험에 가입하지 못한 근로자들도 제법 있다.)

또 하나는 사회급여 문제다. 규제를 통해서 부당한 대우를 막는 것은 중요하다. 하지만 그렇게 하더라도 대다수 일자리는 보수 수준이 크게 높아지거나 고용 안정성이 대폭 향상되기 힘들다. 누차 얘기한 탈산업사회 로테크 일자리의 특성 때문이다.

직업훈련과 평생교육 등을 통해 양질의 지식과 기술을 습득한 사람은 괜찮은 일자리를 구할 수 있도록 해야 한다. 그러나 이들이 전체 근로자 중 다수가 될 수는 없다.

여기에 정부 재정의 역할이 필요하다. 모자란 소득의 일부를 정부가 보충해주는 것이다. 바로 사회급여다. 사회급여는 시장 대신 정부가 소득을 보조해주는 것으로서 직접 현금으로 보조해주거나 주택, 교육, 의료 등 가치재의 가격을 낮추어 공급하는 방식이다.

공공 부문의 생활임금보장

근로빈곤 해결책의 하나로서 생활임금보장 운동이 있다. 생활임금(living wage)이란 최저임금을 발전시킨 형태로서 적정 수준의 생활이 가능한 임금을 말한다. 당연히 최저임금보다 높다. 미국과 영국 사례를 보면 최저임금에 비해 30~50% 이상 높다.

최저임금은 법으로 정한 임금 하한선이지만 생활임금은 법으로 정하면 그 자체가 최저임금이 되어버리기 때문에 그렇게 할 수 없다. 따라서 민간 부문의 경우 생활임금보장을 권장할 수는 있으나 강제할 수는 없다.

그 대신 공공 부문에서는 조례 제정 등을 통해 어느 정도 강제성을 부여할 수 있다. 또한 강제성을 부여하지 않더라도 공공 부문은 노동 복지 차원에서 자체적으로 시행할 수도 있다. 즉 공공 부문과 관련된 피고용자들에게 생활임금을 지급하는 것이다(정부 피고용자인 공무원 급여는 당연히 생활임금 이상이니 해당 없다).

가령 장기요양보호사 등 사회 서비스 종사자들의 급여를 생활임금 수준으로 지급하는 것을 고려할 수 있다. 물론 유사 경력의 근로자들이 민간 부문에서 받는 급여보다 대폭 높이기는 어렵다. 그러나 합리적인 수준에서 어느 정도 높게 책정하는 것은 가능할 것이고, 이는 민간 부문에도 영향을 미쳐서 전반적인 서비스 업종의 급여 상승을 유도할 수 있을 것이다. 또한 공공 부문과 계약하는 민간 업체에게는 근로자들에게 생활임금을 지급하라고 권장할 수 있을 것이다. 이로 인해 인건비가 상승한다고 해도 그걸 갖고 예산 낭비라고 시비할 국민은 별로 없을 것 같다.

근로빈곤층에 대한 현금 보조 정책으로서 정부는 근로장려세 제도를 실시하고 있다. 저임금 근로자 가구에게 근로소득의 일정 비율만큼 정부가 추가로 소득을 지원하는 제도다. 아직은 액수가 많지 않고 대상자도 적어서 큰 도움은 안 되지만 점차 제도가 확대되면 어느 정도 빈곤을 경감하는 데 도움이 될 것이다.

하지만 우리 사회에 더 시급한 것은 직접적인 현금 보조보다 가치재의 가격을 낮추는 일이다. 《노동의 배신》에서 에런라이크는 미국 근로빈곤층의 생활을 가장 어렵게 하는 것으로서 높은 주거비 부담을 꼽았다. 그녀는 이를 "임금은 너무 낮고 집세는 너무 높다"라는 한 문장으로 요약했다. 하지만 이 문제는 땅덩이 넓은 미국보다 우리 사회에서 더욱 심각하다. 또 에런라이크는 의료보험에 가입하지 못해서 아파도 제대로 치료받지 못하고, 결국 건강이 악화되어 일을 못하고, 그래서 더욱 빈곤해지는 상황을 비판했다. 우리는 전 국민을 커버하는 건강보험이 있기에 이 점에서는 미국 근로빈곤층보다 상황이 낫다. 그러나 우리나라도 높은 본인부담금으로 인해 적절한 치료를 받지 못하는 사람들이 많다. 더욱이 미국 근로빈곤층과 달리 우리나라 근로빈곤층은 주택, 의료와 더불어 '높은 교육비'가 부담으로 하나 더 추가된다.

우리의 사회경제 구조는 산업사회에서 탈산업사회로 전환되었다. 그렇다면 정부의 노동정책도 탈산업사회에 맞게 변화되어야 한다. 그러나 우리의 노동정책은 여전히 산업사회의 틀을 유지하고 있다. 기업을 키우면 일자리가 늘어나고, 일하기만 하면 빈곤 문제는 사라진다는 산업사회의 패러다임은 더 이상 유효하지 않다.

시장의 실패를 교정하는 것이 정부의 역할이다. 탈산업사회의 시장에서 만들어지는 일자리는 양극화되어 있기 때문에 다수가 '근로빈곤'에 머무를 수밖에 없다. 이 역시 시장의 실패이며, 이를 교정하는 것이 탈산업사회 정부의 역할이다.

CHAPTER 12

누군가 받으려면
누군가는
내야 한다

세대 간 분배

    인간의 수명은 점차 연장돼 지금 살아 있는 사람들은 평균수명 100세 시대를 맞이할 것이라고 한다. 수명이 늘어나 오래 사는 것은 축복이고 행복한 삶일 수 있다. 하지만 수명의 연장은 고령화 사회를 초래한다. 고령화 사회의 문제와 대처 방안을 1200자 이내로 서술하시오.

    고령화 사회의 문제점은 중3 사회 교과서에도 등장하고, 중고등학교 논술의 단골 주제다. 그만큼 중요한 이슈이자 심각한 문제라는 의미다. 그런데 이 문제에 대한 정답 풀이를 보면 두 가지를 꼭 지적하라고 되어 있다. 하나는 갈수록 일하는 사람이 줄어든다는 것이고 또 하나는 노인 부양을 위해서는 큰 비용이 든다는 것이다.

일하는 사람의 감소와 노인 부양 비용의 증가는 고령화가 재정 운영을 어렵게 하는 근본 이유다. 일하는 사람이 줄어들면 세금과 사회보험료 수입이 줄어든다. 노인 비율이 높아지면 연금과 의료 지출이 늘어난다. 노인층에서 빈곤이 더 심하므로 공공부조 지출도 늘어난다. 수입은 줄고 지출이 늘어나면 어떻게 될까? 재정 운영이 힘들어진다.

보육료 지원, 반값등록금, 아동수당 등 다양한 복지 확대를 둘러싸고 말이 많지만 이것들을 다 합쳐도 고령화로 늘어날 연금과 의료 지출액에 비하면 그다지 큰 금액은 아니다. 고령화는 대부분의 국가에서 재정 운영을 힘들게 하는 가장 중요한 요인이다.

고령화가 재정에 미치는 영향의 핵심은 지속가능성이다. 수입은 줄고 지출은 늘어나는데 이러한 재정 상태가 과연 장기적으로 지속될 수 있을까? 고령화가 초래한 재정의 지속가능성 문제는 대부분의 현대 국가가 당면한 가장 중요한 재정 문제다.

연금과 의료는 국방이나 치안처럼 국가 존립에 필수적인 지출은 아니다. 그렇다면 이에 대한 지출을 줄여서 국가재정 부담을 줄이면 되지 않을까? 하지만 그게 쉽지 않다. 우리보다 먼저 연금과 의료보장 제도를 도입했고 고령화 비율이 더 높은 선진국들도 이 두 항목의 지출 때문에 힘들어 하지만 쉽사리 줄이지는 못한다. 왜 정부는 연금과 의료에 막대한 재정지출을 해야만 할까? 이것이 이 장에서 첫 번째로 다루려는 이슈다. 현대 국가치고 연금과 의료보장을 하지 않는 국가가 없는 것을 보면 어쨌거나 연금과 의료보장이 정부 책임인 것은 맞는 것 같다. 그렇다면 정부가 어느 수준까지 보장을 해야 할까? 우리나라의 국민연금과 건강보험은 국민의 노후 소득과 의료보장이라는 기능을 제대로 하고 있을까? 이것이 두 번째로 다루려는 이슈다. 전체 국민을 연령대에 따라 어린 세대, 중간 세대(근로 세대), 노인 세대로 구분해서 각 세대별 부담과 혜택을 따지면 어린 세대와 노인 세대는 혜택을 더 많이 받고 중간 세대는 부담을 더 많이 진다. 이는 국가재정이나 가계 지출이나 마찬가지다. 그런데 고령화로 인해 노인 세대가 많아지고 저출산으로 근로 세대가 줄어들면 이러한 세대 간 부담과 혜택의 배분에 문제가 발생한다. 세대 간 배분의 균형이 깨지면 재정의 지속가능성, 더 나아가 국가 경제의 성장이 불가능해진다. 세 번째로 다루려는 이슈다.

왜 국가가 보장해야 하나?

연금과 의료는 대표적인 보편적 복지다. 대상자 수와 지출 규모가 가장 크다. 따라서 "국가가 왜 재벌 손자까지 공짜로 밥을 먹여야 하는가"라며 무상급식에 반대하는 사람들이라면 "왜 스스로 노후 보장을 할 수 있는 사람들, 알아서 의료비 문제를 해결할 수 있는 사람들까지도 국가가 책임져야 하는가" 하고 비난할 법하다.

왜 개인의 노후를 국가가 보장해야 할까? 이에 대한 답을 상식 수준에서 하면 이렇다. "옛날에는 자식이 부모를 봉양했다. 그런데 시대가 바뀌어서 이제는 더 이상 자식이 부모 봉양을 하지 않으려 한다. 그러니 스스로 알아서 노후 대비를 해야 한다. 하지만 아등바등 살기 바쁘다보니 그게 힘들다. 따라서 국가가 책임져야 한다."

맞는 말이긴 하다. 그런데 조금만 더 생각해보자. 시대가 어떻게 바뀌었길래 자식이 부모를 봉양하지 않으려 할까? 서구화로 전통적인 효 사상이 약해져서 그럴 수도 있다. 산업화의 결과로 부모는 농촌에 자식은 도시에 떨어져 살기 때문일 수도 있다. 하지만 더 중요한 이유가 있다. 수명이 길어졌기 때문이다. 평균수명의 연장은 근대화 이후 개인과 사회의 변화 중에 가장 두드러진 특징이다.

한국인의 평균수명이 40세를 넘긴 것은 1930년대에 들어서라고 한다. 과거의 평균수명이 짧았던 것은 높은 유아사망률이 주된 원인이긴 했지만 성인들의 평균수명 역시 그렇게 길지 않았다. 예전에 환갑잔치를 크게 열었던 것은 환갑까지 생존하기가 그만큼 힘들었기 때문이다. 나의 조부모님만 해도 조부님은 아버님이 중학생 때 돌아가셨고 조모님은 내가 기억도 못할 만큼 어렸을 때 돌아가셨다고 한다.

한국인 평균수명이 환갑을 넘긴 것은 경제개발이 시작된 1960년대 이후다. 1970년의 평균수명은 61.9세였다. 10년 뒤인 1980년에는 65.7세가 되었으며 1990년에는 71.3세, 2000년에는 76.0세, 2010년에는 80.8세가 되었다.[1] 30년 사이에 20년이 늘어났다. 40년 전에는 자식들이 부모를 5년 정도만 모시면 됐다. 지금의 자녀들은 부모를 20년 이상 모셔야 한다! '긴 병에 효자 없다'는 속담이 괜히 있는 게 아니다.

또 옛날에는 수명이 짧았기 때문에 일을 그만두는 연령과 사망하는 연령의 차이가 크지 않았다. 농촌에서는 대부분 죽기 전까지 일을 했다. 도시 자영업자도 마찬가지였다. 도시 근로자는 일을 더 할 수 있는 연령에 은퇴했지만 그렇게 큰 차이는 아니었고, 산업화 이전에는 도시 근로자 자체가 별로 없었다.

서구의 경우는 옛날에도 자식이 부모를 부양하는 관습이 우리보다 약했다. 하지만 수명이 짧았고 먹고살 돈도 없으면서 일하지 않는 노인은 많지 않았기 때문에 노후 보장이 사회문제가 되지 않았다. 수명이 연장되고 인위적으로 일을 그만두는 '은퇴'가 존재하는 도시 근로자가 많아지면서 사회문제가 된 것이다. 수명 연장과 은퇴로 다수의 사람들이 소득 없는 노후 기간을 보내게 된 것, 즉 노년기 빈곤이 만연해지면서 연금제도가 도입되었다.

사람은 그다지 합리적이지 못하다

대부분의 사람들은 노년기 빈곤 방지라는 연금제도의 도입 이유에 대해서 수긍할 것이다. 하지만 그렇지 않은 사람들도 있다. 바로 경제학자들이다. 대표적인 자유주의 경제학자인 밀턴 프리드먼(Milton Friedman) 교수는 1971년에 쓴 《자본주의와 자유》라는 책에서 이렇게 말했다.

공적(公的) 연금을 지지하는 사람들은 국민의 노후 생활 보장을 위한 국가 개입은 정당하다고 주장한다. 그러나 자유의 가치를 존중한다면 개인들이 자신에게 해로운 선택을 할 자유도 인정해야 한다. 어떤 사람이 현재를 즐기는 데 자신의 소득을 모두 쓰는 대가로 궁핍한 노년을 감수하기로 결정했다면, 우리가 무슨 권리로 그것을 막을 것인가? 우리는 대화를 통해 그가 잘못 생각하고 있다고 설득할 수는 있다. 그러나 우리에게 그의 결정을 바꾸도록 강제할 권한이 있을까?

공적 연금을 지지하는 사람들은 만일 이 제도가 없다면 스스로 노후 대비를 하지 않는 사람으로 인해 다른 사람들이 피해를 본다는 주장도 한다. 현대사회에서 궁핍한 노인이 고통받는 것을 방치할 수는 없기 때문에 정부는 공공부조를 통해 지원을 한다. 이는 스스로 노후 대비를 하지 않는 사람 때문에 사회가 부담을 떠안게 됨을 의미한다. 따라서 강제적인 연금 가입은 그 사람의 이익이 아닌 다른 사람들의 이익이라는 관점에서 정당화된다는 것이다.

만약 공적 연금이 없는 상태에서 노령 인구의 90%가 사회에 부담이 된다면 이 주장은 설득력이 있다. 그러나 1%만이 부담이 된다면 전혀 그렇지 않다. 왜 1%의 사람들이 사회에 초래하는 부담을 막기 위하여 99% 사람들의 자유를 제한해야 하는가? 자발적인 노후 대비가 어려운 소수에게는 어느 정도 국가 지원이 필요하다. 하지만 나머지 다수에게는 스스로 노후 대비를 하도록 맡겨두는 것이 연금 가입을 강제하는 것보다 바람직하다.[2]

프리드먼 교수의 주장에 동의하는가? 그의 말처럼 대부분의 사람들이 스스로 노후 대비를 잘한다면 연금은 별 필요가 없다. 소수의 빈곤 노인들만 공공부조를 통해 지원하면 된다. 문제는 스스로 노후 대비를 잘하는 사람들이 많지 않다는 데 있다.

많은 실증 연구들은 연금이 없을 경우 노년기 빈곤이 매우 심각할 것임을 보여주고 있다. 사실 복잡한 연구도 필요 없다. 당장 우리나라만 봐도 알 수 있다. 우리나라의 국민연금은 1988년에 도입되었고, 전 국민을 포괄하는 보편적 연금으로 확대된 것은 1999년부터다. 장기간 보험료를 납부해야 연금을 받는 특성상 현재의 노인들 중에는 연금 수급자가 많지 않다. 그리고 수급자라고 해도 연금급여액이 적다. 2011년 말 기준으로 65세 이상 노인 중 국민연금과 공무원연금 등 공적 연금 수급자 비율은 31.8%다. 그리고 국민연금 수급자의 평균 수령액은 46만 원 정도다. 이를 보완하기 위해 2008년부터 65세 이상 노인의 70%에게 기초노령연금을 지급하고 있지만 최고 금액이 1인 9만 4600원, 부부 15만 1400원(2012년 기준)으로 액수가 크지는 않다.

그 결과, 2011년 기준으로 우리나라 노인 빈곤율은 약 45%다. 노인의 절반 가까이가 빈곤층이다. 국민 전체 빈곤율에 비하면 3배 이상 높다. 불완전하나마 국민연금과 기초노령연금이 있고, 자식들이 부모를 부양하는 전통이 아직까지는 제법 남아 있는데도 이 지경이다.

왜 대다수 노인들은 스스로 노후 대비를 하지 않았을까? 이것이 과연 프리드먼 교수의 주장처럼 개인의 합리적인 선택의 결과일까? 정말 개인들은 '청장년기의 근검절약과 노년기의 안락한 생활'과 '청장년기의 풍족한 소비와 노년기의 빈곤'이라는 두 선택지를 심사숙고한 결과 후자를 택한 것일까? 그렇지는 않을 것이다.

기존의 경제학은 사람들의 선택이 합리적이라고, 즉 자신의 이익을 극대화하기 위해 최선의 선택을 한다고 가정한다. 그러나 최근 유행하는 행동경제학은 사람들의 선택이 그다지 합리적이지 못함을 보여준다.

행동경제학의 설명에 따르면 사람들은 미래 사건에 대한 가치는 과소평가하는 경향이 있다고 한다. 나이 들면 돈을 벌지 못한다는 사실을 머리로는 인지하지만 노년기 빈곤이 얼마나 심각한 문제인지는 실제로 경험하기 전에는 절실히 느끼지 못한다. 그래서 현재(젊었을 때)에는 노년기를 대비한 저축보다 당장 필요한 지출에 더 큰 가치를 둔다. 만일 노후 대비 대신 현재의 소비를 선택한 것이 정말 합리적인 선택이었다면, 나이 들어서 '젊었을 때 저축을 많이 해둘걸' 하고 후회하지는 않을 것이다.

정부가 시장보다
효율적인 때도 있다

　　　　　　　　　　연금은 그렇다 치고 의료(건강보험)는 왜 국가가 강제해야 할까? 상식적인 답은 "의료는 가치재라서 모든 국민이 일정 수준 이상의 서비스 혜택을 누려야 한다"는 것이다. 하지만 이는 필요조건일 뿐 충분조건은 아니다. 스스로 알아서 의료 서비스를 받을 수 있는 사람은 민간 의료보험 등으로 해결하게 하고 이것이 어려운 저소득층에 대해서만 국가가 의료보장을 제공해도 되기 때문이다.

　　미국의 의료체계는 이런 논리에 따라 설계되었다. 미국은 빈곤층과 노인들에 대해서는 국가가 의료 혜택을 제공한다. 그러나 나머지 계층은 민간 의료보험 등을 통해 알아서 해결해야 한다. 그런데 이런 의료체계를 갖춘 나라는 선진국들 중에서는 미국이 유일하다. 나머지 국가들은 모두 전 국민을 포괄하는 공적 의료보장체계를 갖추었다. 왜 그럴까? 보편적인 의료보장 대신 미국처럼 선별적인 의료보장을 하면 국가재정이 절감되고 민간이 보험을 제공하니 더 효율적일 텐데 왜 그렇게 안 할까? 이에 대한 답은 미국의 의료 현실을 들여다보면 금방 알 수 있다.

　　첫 번째 이유는 연금과 마찬가지다. 개인에게 맡겨두면 중산층이라고 해도 자발적으로는 의료보험에 가입하지 않으려 한다. 경제력은 민간 의료보험에 가입할 수준이 되면서도 비싼 보험료가 아까워서 '설마 별일 있겠어?'라고 생각하며 가입을 꺼린다. 미국인 중 의료보험 미가입자는 2011년 기준으로 4630만 명, 전체 인구의 15.1%다.

　　두 번째 이유는 의료 서비스 제공의 효율성 때문이다. 대체로 시장은 정부보다 효율적이다. 그러나 어떤 분야들은 전혀 그렇지 못하다. 의료가 대표적이다. 미국은 전 국민을 포괄하는 공적 의료보험이 없음에도 불구하고 공공의료 지출 규모는 2010년 GDP 대비 8%가 넘었다. OECD 국가들 중에서 공공의료 지출이 가장 많은 축에 속한다(우리나라는 4%대다.) 공공의료 지출에 민간의료 지출까지 합치면 GDP 대비 17%로, 11%대인 2위 그룹의 독일, 프랑스와 큰 격차로 단연 최고다. 미국의 고령화율은 다른 OECD 선진국들에 비해 낮은 편인데도 그렇다.

의료에 돈은 많이 쓰지만 미국인들의 건강 상태가 좋은 것도 아니다. 미국인의 평균수명은 OECD 선진국들 중에서 가장 낮다. 미국인의 수명이 짧은 데는 좋지 않은 식생활 습관 등 다른 요인도 영향을 미쳤을 것이다. 그러나 보편적인 공적 의료보장이 없는 것도 중요한 요인이다. 그렇게나 의료비를 많이 지출함에도 불구하고 성과는 별로인 것이다.

미국의 의료 현실

마이클 무어 감독의 2007년도 다큐멘터리 영화 〈식코(Sicko)〉는 민간 의료보험 체계에 의존하고 있는 미국의 우울한 의료 현실이 잘 나타나 있다. 이 영화에는 의료보험에 가입하지 못한 사람이 비싼 비용 때문에 적절한 치료를 받지 못하는 다양한 사례(손가락 두 개가 잘린 사람이 비용 때문에 한 손가락만 봉합 수술을 받는다)와 의료보험에 가입했더라도 이윤 극대화를 추구하는 보험회사의 횡포로 제대로 된 치료를 받지 못하는 다양한 사례(의사가 처방한 신약의 비용 지급을 보험회사가 거부하여 결국 환자가 죽는다)가 나온다.

물론 이 영화는 다분히 과장되어 있다. 다수의 미국인들이 이 영화처럼 비참한 의료 서비스를 받고 있다면 그토록 오랫동안 미국의 의료체계가 유지될 수는 없었을 것이다. 이 영화 같은 처지에 놓인 사람들은 전체 인구 대비로 하면 소수일 것이다.

게다가 미국 의료체계의 장점도 있다. 미국의 의료기술은 세계 최고 수준이다. 공적

> 인 통제가 심한 다른 국가들에 비해서 이익이 많이 발생하므로 우수한 인력과 자본이 몰리기 때문이다. 그래서 비싼 의료보험에 가입한 사람들은 훌륭한 의료 서비스를 받을 수 있다. 그리고 괜찮은 직장에 다니면 직장에서 민간 의료보험에 가입해주기도 한다.
> 　독자들은 어떤 의료체계를 더 선호하는가? 잘나가는 사람이라면 미국식 의료체계에서 더 많은 혜택을 볼 것이다. 하지만 사회 전체로 보면 미국식보다는 보편적 의료보장체계가 형평성이 높을 뿐만 아니라 효율성도 더 높다. 오바마 미국 대통령이 공적 의료보험체계 도입을 위해 그토록 애쓰는 것도 이 때문이다.

능력껏 부담하되
혜택은 함께 누리자는 약속

　　　　　　　　　　　국가가 전 국민을 대상으로 하는 연금과 의료보험 가입을 강제하는 까닭은 납득할 수 있다. 그래도 여전히 한 가지 의문이 남는다. 자동차보험은 강제다. 차를 사면 누구나 가입해야 한다. 하지만 민간 보험으로 운영된다. 그럼 연금이나 건강보험도 자동차보험처럼 운영하지 않는 이유는 무엇일까? 민간 보험이 공적 보험보다 비효율적인 것도 이유 중 하나다. 하지만 더 근본적인 이유가 있다. 이는 누진적인 조세체계를 운영하는 것과 마찬가지 이유다. 노후 소득과 의료보장을 강제적인 민간 보험으로 하면 내는 돈에 비례하여 혜택이 제공된다. 비싼 보험을 구매할 수 있는 부유층은 좋겠지만, 값싼 보험을 구매할 수밖에 없는 저소득 계층은 제대로 된 노후 소득과 의료보장을 받을 리 만무하다.
　능력이 되는 사람은 좀 더 많이 부담하고 능력이 못 미치는 사람은 조금 적게 부담함으로써 노후 소득과 의료보장이라는 문제에 공동으로 대처하자는 것이 국가가 이 제도를 운영하는 근본 이유다. 이를 '사회연대(social solidarity) 원칙'이라고 한다. 사회연대 원칙은 연금과 의료뿐만 아니라 복지국가를 만든 근본이념이다.

서구 복지국가는 산업사회의 산물로서 19세기 말에 등장하여 20세기 중엽에 완성됐다. 산업사회에서는 남편이 공장에서 일하고 아내가 집에서 살림하는 것이 일반적인 가정의 모습이었다. 이런 가정이 빈곤해지는 원인은 무엇일까? 남편이 돈을 벌어오지 못할 때다. 구체적으로 말하자면 직장에서 다치거나, 쫓겨나거나, 병들거나, 나이 들어 은퇴하는 경우다.

이 네 가지 상황(산업재해, 실업, 질병, 은퇴)은 근로자라면 누구에게든 닥칠 수 있는 생계를 위협하는 요인이다. 또한 이전에는 경험하지 못한 산업사회의 위험이다.[3] 산업사회에서 노동자가 안정적으로 일하려면 이 네 가지 위험에 대한 대비가 필요했다. 한편 민주주의의 발전은 국민들의 안정된 생활 유지를 국가 책임으로 인식하게 했다. 이에 따라 이 네 가지 위험은 개인이 아닌 사회가 대비해야 할 사회적 위험(social risk)이 되었다. 그리고 사회적 위험의 대책으로 사회보험(산재보험, 실업급여, 의료보험, 국민연금)이 만들어졌다. 그리고 이러한 사회보험은 사회연대의 원칙에 따라 설계되었다.

사회보험은 산업사회의 일반 가정이 빈곤에 빠지는 것을 막기 위한 장치다. 여기에 어떤 이유에서든 이미 빈곤 상태에 빠진 가구가 최소한의 생계를 유지할 수 있게 하는 장치(국민기초생활보장)가 더해진 것이 전통적인 복지 제도의 기본 골격이다.

국민연금, 건강보험
'얼마면 돼?'

국민연금공단 홈페이지(nps.or.kr)에서 '내 연금 알아보기'를 클릭하면 본인의 예상 연금 수령액을 알 수 있다. 내가 받을 돈은 얼마쯤 될까?

국민연금 예상 수령액은 가입 시기, 가입 기간, 소득에 따라 달라진다. 2012년에 신규 가입한 사람이 30년 동안 보험료를 낸다고 하자. 보험료는 소득의 9%다. 이 사람의 가입 기간 중 평균소득이 2012년 가입자 평균 수준인 190만 원이라면 월 60만 원 정도를 받게 된다. 국민연금 가입자의 소득 상한선은 375만 원이다. 이보다 소득이 많더라도 375만 원으로 간주하고 이의 9%를 보험료로 낸다. 소득 상한선인 375만 원의 9%를 30년간 납부한 사람은 90만 원 남짓 받게 된다. 이 금액은 현재 가치이고 실제 받을 금액은 여기에 물가 상승률만큼 더해진다.

비록 노후에는 돈 쓸 일이 줄어든다고 해도 이 정도로는 안정된 노후 생활을 하기 힘들다. 그렇다면 어떻게 해야 할까? 두 가지 대안이 가능하다. 첫 번째는 퇴직급여와 개인연금, 다양한 재테크를 통해 개인이 알아서 보충하는 것이다. 두 번째는 국민연금급여 수준을 높이든가 기초노령연금의 대상을 확대하고 급여 수준을 높이는 것이다.

아무리 노후 소득 보장이 국가 책임이라고 해도 국가가 100%를 보장해줄 수는 없다. 어느 정도는 개인 스스로 노후 대비가 필요하다. 이렇게 생각한다면 첫 번째 대안을 선택하면 된다. 반면에 부족분 전부를 개인에게 맡기면 적절한 수준의 보장이 불가능하다. 국가의 책임은 '최소한'이 아니라 '적정 수준'의 보장에 있다고 여긴다면 두 번째 대안을 택해야 한다. 둘 중 어느 쪽을 지지하는지는 각자가 처한 입장과 가치관에 따라 다를 것이다. 다만 두 번째 대안을 선택한다면 그만큼 국가재정이 많이 소요되며, 그에 대한 대비가 필요하다는 것만은 분명하다.

보험은 사고가 났을 때 필요한 비용을 충당하기 위해 드는 것이다. 따라서 보험이 제 역할을 하려면 사고 비용의 대부분을 보전함으로써 사고 때문에 경제적 부담이 발생하는 것을 막아줘야 한다. 우리의 건강보험은 이러한 보험으로서의 역할을 제대로 하고 있을까? 건강보험은 2010년 기준으로 의료비의 약 60% 정도를 부담한다. 이 정도면 괜찮은 수준일까? 미국을 제외한 선진국들은 대체로 80% 이상을 보장하고 있다. 이에 비하면 상당히 낮은 수준이므로 향후 건강보험의 부담률을 높이는 것이 필요하다.

건강보험 부담률은 '질병에 걸렸을 때 개인의 경제적 부담을 얼마나 덜어주는가'를 보여주는 중요한 지표다. 그러나 이것만으로는 부족하다. 치료비가 1만 원이면 본인이 80%를 부담해도 8000원만 내면 된다. 하지만 치료비가 5000만 원이면 80%를 보험에서 부담해준다고 해도 본인이 부담할 액수는 1000만 원이다. 경제적 부담을 막아준다는 보험의 목적에 비추어보면, 건강보험의 평균 부담률보다 거액의 치료비가 발생했을 때 건강보험이 얼마나 부담하는가가 더 중요하다.

이런 측면에서 보면 더더욱 건강보험이 제 역할을 하고 있다고 보기 힘들다. 질병을 경증과 중증으로 나눠서 생각해보자. 상식적으로 생각하면 경증보다는 중증의 건강보험 보장 수준이 더 높아야 한다. 그러나 현실은 그렇지 못하다. 암 질환 등 일부 중증 질환은 경증 질환보다 보장성이 높다. 그러나 중증 질환 중에는 경증 질환보다 보장성이 낮은 경우도 많다. 그래서 전체로 놓고 보면 심각한 병으로 입원해서 치료받는 경우의 건강보험 부담률이 감기 등으로 동네 병원에서 진료 받을 때보다 더 떨어진다.

'재난적 의료비 지출(catastrophic health expenditure)'이라는 용어가 있다. 세계보건기구(WHO)가 정한 용어인데 가구 가처분소득에서 의료비 지출이 차지하는 비중이 40%를 초과한 경우를 말한다. 2007년에 우리나라에서 재난적 의료비 지출을 경험한 가구는 전체 가구의 2.8%였다. 영국의 40배, 미국에 비해서도 3배가 넘는 비율이다. 그래서 정치권에서 입원 진료의 보장성을 대폭 높이자는 이야기가 나오고 있다.

중증 진료의 보장성을 높이는 방안은 두 유형이 가능하다. 첫 번째는 경증 진료의 보장성을 줄이고 그 재원으로 중증 진료의 보장성을 높이는 것이다. 경증 진료는 1회당 비용은 크지 않지만 발생 빈도가 높다. 따라서 보장성을 조금만 낮춰도 상당한 재원을 확보할 수 있다. 두 번째는 보험료를 인상하는 방법이다.

어느 쪽을 지지하는가? 보험료 인상은 대다수 국민이 싫어한다. 하지만 경증 진료의 본인 부담 증가 역시 반대가 만만치 않을 것이다. 감기 같은 경증 질환은 누구나 흔하게 걸릴 수 있지만, 중증 질환은 그리 흔하게 발생하지 않기 때문이다. 국민들이 건강보험 혜택을 보는 경우는 경증이 중증보다 훨씬 많다. 가뜩이나 건강보험료가 비싸다고 불만인 사람들이 많은데, 경증 진료에 대한 보험 혜택을 감소한다면 얼마나 반대할지는 안 봐도 뻔하다.

재정의 지속가능성과
세대 간 계약

현재 우리의 국민연금과 건강보험은 노후 소득과 의료보장 기능을 제대로 수행하지 못한다. 제대로 하려면 연금급여 수준을 높이고 중증 진료에 대한 건강보험 부담률을 높여야 한다. 보장성을 높이려면 재원이 있어야 한다. 문제는 역시 돈이다. 연금과 건강보험 보장성을 현재 상태로만 유지해도 고령화 진전에 따라 지금보다 지출이 크게 늘어난다. 여기에다 보장성까지 확대하려면 더욱 많은 재원이 필요하다.

건강보험도 그렇지만 특히 연금 재원 조달에는 '세대 간 계약'이 문제가 된다. 우리가 흔히 전통적인 가족제도라고 여기는 대가족제도, 즉 '조부모-부모-자녀'의 3대가 함께 사는 경우를 생각하면 쉽게 이해가 될 것이다. 대가족제도에서 노후 대비는 '내가 내 부모를 부양하면 내 자식은 나를 부양한다'로 이루어지고, 핏줄을 이어가는 것은 '내가 자식을 낳아 기르면 내 자식은 자기 자식을 낳아 기른다'로 가능하게 된다. 이처럼 윗세대와 내 세대의 역할이 다음 세대에서는 내 세대와 아랫세대의 역할로 이어지는 것을 '세대 간 계약(intergenerational contract)'이라고 한다.

가족은 혈연으로 이어진 관계이므로 계약이라는 표현이 부적절할 수도 있다. 하지만 현대 국가에서는 '노인 부양'과 '자녀 양육'이 가족의 책임을 넘어 사회의 책임이 되었다. 한 가족 내에서 조부모-부모-자녀 간에 이루어지던 부양과 양육의 계승이 이제 노인 세대-근로 세대-아동·청소년 세대 간의 책임과 의무가 되었다. 확실한 세대 간 '계약'이다.

천륜(天倫)으로 맺어진 사이라고 해도 자식 마음은 부모 마음 같지 않다. 부모가 변변하게 물려준 재산도 없이 (설사 물려준 재산이 있다고 해도) 자식에게 기대어 살려면 눈치가 보인다. 하물며 세대 간 계약으로 이루어진 사이는 오죽하겠는가(그 계약이라는 것도 서로 합의하고 도장 찍은 게 아니다. 그저 관행일 뿐이다.)

'계약'이 깨지지 않고 반복해서 이어지려면 공정해야 한다. 어느 한쪽이 일방적으로 손해를 보는 계약이 계속 이어질 리 없다. 세대 간 계약도 마찬가지다. 아랫세대가 윗세대보다 손해를 본다면 그런 계약이 계속해서 존속되기는 힘들다.

오늘날의 세대 간 계약은 공정할까? 세대 간 계약의 공정성을 판단하는 기준 중에 '세대 간 회계(generational accounting)'라는 것이 있다. 각 세대별로 정부에 지불하는 금액(조세+보험료)과 정부로부터 받는 혜택(연금과 각종 사회보험 혜택, 공공 지출로 인한 기타 혜택)의 크기를 비교하는 것이다. 앞에서 세대 간 계약을 설명하면서 노인 부양, 즉 연금에 초점을 맞추었다. 그러나 세대 간 계약은 연금에만 국한되지 않는다. 모든 정부 지출은 어느 정도 세대 간 계약에 근거한다. 정부 지출의 혜택은 전체 인구에게 미치지만 이를 위한 재원은 주로 근로 계층의 조세와 사회보험료에 의해 조달되기 때문이다. 이 역시 노인 세대-근로 세대-아동·청소년 세대의 혜택-부담-혜택이 되풀이되는 계약에 해당한다.

정부 지출의 혜택과 부담의 크기를 각 세대별로 비교하면 어느 세대가 얼마나 이득(또는 손해)을 볼까? 정답은 여러분이 예상한 대로다. 노인 세대는 흑자, 아동·청소년 세대는 적자다. 근로 세대도 나이가 많은 중장년층은 흑자, 젊은 층은 적자다.

연령이 올라갈수록 흑자, 내려갈수록 적자인 이유는 주로 연금과 건강보험 때문이다. 연금은 자명하다. 노인 세대는 연금 수령자가 적고 금액이 크지는 않지만 그래도 과거에 납부한 보험료에 비해서는 훨씬 많은 급여를 받고 있다. 게다가 노인 세대는 이전에는 없었던 기초노령연금도 받는다. 건강보험은 그해 보험료 수입으로 그해 급여 지출을 충당한다. 그런데 보험료는 근로를 하는 청장년 세대가 주로 낸다. 노인 세대는 대부분 보험료를 내지 않지만 혜택은 청장년 세대보다 훨씬 많이 받는다. 물론 지금의 노인 세대도 과거에는 보험료를 내는 청장년 세대였다. 그러나 과거에는 고령화율도 낮았고 비싼 의료 시술도 적었던 탓에 보험료가 지금보다 훨씬 적었다. 지금의 노인 세대는 과거에는 보험료를 적게 내고 현재 혜택은 많이 받고 있다.

노인 세대의 항변

세대 간 회계가 노인 세대는 흑자고 젊은 세대는 적자라고 하면 마치 노인 세대가 매우 이기적이고 몰염치한 것처럼 여겨진다. 하지만 노인 세대는 억울하다.

"우리가 정말 그렇게 게으르고 후손에게 부담만 떠넘긴 존재인가? 절대빈곤에 허덕이던 대한민국을 오늘날의 대한민국으로 만든 게 누군가? 우리가 고픈 배를 움켜쥐고 열심히 일한 덕에 현 세대는 이처럼 잘사는 대한민국을 물려받은 게 아닌가? 우리가 정부에 낸 세금보다 정부로부터 받는 혜택이 더 많다고 해서 그것이 그토록 비난받을 일인가?"

노인 세대의 항변은 맞다. 세대 간 회계는 국가에 납부하는 세금(과 사회보험료)과 국가로부터 받는 혜택만 따진다. 그러나 국가뿐 아니라 민간도 포함해 전체 사회에 기여한 것과 사회로부터 받는 것을 따지는 게 좀 더 타당하다. 지금의 대한민국은 노인 세대가 젊었을 때의 대한민국에 비해 월등히 잘산다. 아무리 노인 세대가 현재 국가로부터 받는 혜택이 납부한 세금보다 많다고 해도 그 세대가 국가와 민간 부문에 기여한 것을 모두 따지면 받는 것보다 기여한 것이 훨씬 많을 것이다(더구나 노인 세대가 중장년일 때는 정부 지원 없이 개인 돈으로만 부모를 모시고 아이를 키웠다.)

  복잡한 셈을 할 필요도 없이 상식적으로 생각해보자. 한국전쟁과 절대 빈곤을 경험했던 오늘의 노인 세대가 우리 사회로부터 받은 것(과 앞으로 받을 것)이 더 많겠는가 아니면 기여한 것이 더 많겠는가?

세대 간 부담의 손익계산서

사회 전체의 세대 간 회계라는 면에서 노인 세대가 사회에 기여한 것은 두 측면으로 구분할 수 있다. 하나는 사회의 물적·인적 자본을 향상시켜서 생산성을 높인 것, 즉 경제성장을 이끈 것이다. 그분들이 아니었으면 오늘날 우리 세대의 소득은 잘해야 동남아 수준에 머물렀을 것이다. 또 하나는 자식들을 많이 낳고 길러서 오늘날의 근로 세대 규모를 키운 것이다.

  우리 세대, 즉 현재 근로 세대의 사회 전체적인 세대 간 회계는 어떻게 될까? 우리는 앞 세대보다 더 많은 혜택을 누리면서 성장했다. 그렇다면 앞 세대만큼 경제성장을 이끌고 있을까? 앞 세대만큼 자식들을 많이 낳고 길러서 미래의 근로 세대 규모를 키우고 있을까? 둘 다 아니다. 물론 앞 세대보다 경제성장이 더디고 아이를 적게 낳는 것이 순전히 우리 세대가 이기적이라서 그런 것은 아니다.

하지만 앞 세대에 비해서 받은 것(과 평균수명이 더 기니 앞으로 받을 것)이 많고 기여한 것이 적다는 것은 분명하다(국민연금만 해도 지금 노인 세대가 받고 있는 게 문제가 아니라 미래에 우리가 받을 것이 문제다.)

미래 세대와 비교하면 어떨까? 글쎄, 그건 판단이 서지 않는다. 비록 더디지만 경제성장은 계속 이루어질 것이고 현재보다 미래의 생산성이 더 높아질 것은 틀림없다. 반면에 평균수명은 늘고 출산율은 낮으니 미래 세대의 노인 부양 부담은 지금보다 훨씬 커질 것이다. 플러스 요인과 마이너스 요인을 더하면 결과는?

사회 전체의 세대 간 회계는 불분명하다. 그러나 정부 부문만 고려한 세대 간 회계는 자명하다. 지금 상태가 계속 유지된다면 우리 세대는 흑자이고 미래 세대는 적자다. 지금대로라면 세대 간 계약은 지속 가능하지 않다.

지금의 노인 세대는 우리 세대보다 사회에 훨씬 많이 기여했다. 그럼에도 노인 빈곤이 심각한 사회문제가 되고 있다. 그분들은 마땅히 더 많이 받아야 한다. 그럼에도 우리 세대는 노인 빈곤 문제 해결에 발 벗고 나서지 않는다. 지금도 이러한데 우리 세대가 노인 세대가 되었을 때 미래의 근로 세대가 우리를 부양하기 위해 기꺼이 높은 부담을 감수할까?

고령화로 인해 노인 규모가 늘어나고, 그래서 젊은 세대의 재정 부담이 이전 세대보다 커지는 것은 전 세계적인 현상이다. 우리보다 복지제도를 일찍 도입하고 고령화율이 높은 선진국들은 수십 년 전부터 이런 현상이 나타났다. 이에 따라 오늘날 선진국 재정 정책의 가장 중요한 이슈는 재정의 '지속가능성'이 되었다. 재정이 더 이상 지속 가능하지 않다는 것은 재정 부담과 혜택의 세대 간 계약이 깨진다는 것을 의미한다. 즉 재정의 지속가능성 문제의 본질은 세대 간 부담 배분의 적정성이다.

우리나라의 고령화 속도는 전 세계에서 가장 빠르다. 2000년 노인 인구 비중이 7%를 넘으면서 고령화 사회에 진입했으며, 2018년에는 노인 인구 비중이 14%를 넘어가는 고령 사회에, 그리고 2026년에는 20%가 넘는 초고령 사회에 진입할 것으로 예측된다.

재정이 감당해야 할 노인 부양 비용의 대부분은 연금과 의료에서 발생한다. 우리 사회의 연금과 의료 지출 규모는 아직은 크지 않지만 빠른 고령화와 함께 급증할 것이다. 미래 세대의 과중한 부담을 줄임으로써 세대 간 계약을 계속 이어가기 위해 우리 세대가 할 수 있는 일은? 두 가지만 언급하자. 하나는 연금과 의료 재정 안정화를 위한 개혁이다. 이 책에서 이에 대한 자세한 방안을 다루지는 않지만 이는 미래 재정의 지속가능성을 위해 매우 중요하다는 것은 기억하자(이에 대해서는 15장에서 좀 더 다루고 있다.) 두 번째는 미래의 근로 세대를 키우는 것, 즉 출산율을 높이는 것이다. 고령화로 노인 세대가 늘어나면 출산율을 높여 근로 세대도 늘려야 세대 간 계약이 계속 이어질 수 있다. 그러나 우리나라의 출산율은 세계 최저 수준이라 문제가 심각하다.

개인이 부모를 부양하던 시절에는 자식 키우는 것도 온전히 개인 부담으로 하는 것이 타당할 수 있다. 하지만 부양 의무가 가족에서 사회로 넘어가서 근로 세대 전체가 노인 세대 전체를 공동으로 부양하게 된 상황에서는 양육 역시 사회가 공동으로 부담할 필요가 있다. 그렇지 않으면 개인 입장에서는 자식을 낳지 않는 것이 (비용 부담은 하지 않고 나중에 혜택만 볼 수 있으므로) 합리적인 선택이 된다. 그렇게까지 야박하게 따질 필요는 없지만, 자식 키우는 비용에 대해 사회가 부담을 나누는 것이 형평성 측면에서나 효율성 측면에서나 타당하다.

이 장을 마무리하면서 한마디만 덧붙이자. 바로 '자원과 환경'의 세대 간 회계다. 앞에서는 세대 간 회계를 설명하면서 '돈'만 따졌다. 지속가능성도 '돈'만 갖고 판단했다. 그런데 세대 간 회계와 지속가능성에서는 '자원과 환경'이 더 중요하다. 비록 다음 세대에게 늘어난 부와 높아진 생산성을 물려준다고 해도 그 대가로 자원 고갈과 오염된 환경을 물려준다면 미래세대에게 이득이 될 리 없다. 세대 간 회계의 손익을 보다 완전하게 따지고 지속가능성을 보다 타당하게 판단하려면 인간이 만들어낸 자산뿐만 아니라 원래부터 지구가 갖고 있던 '자원과 환경'도 포함해야 한다.

CHAPTER
13

바람직한
분배 상태는
어떤 것일까

재정의 소득분배 기능

'부와 소득의 가장 바람직한 분배 상태는 무엇인가.'

이번 장은 이런 거창한 말로 시작하자. 이는 인간 사회의 영원한 화두다. 인류 역사에 존재했던 수많은 혁명과 투쟁도 결국은 서로가 원하는 분배 상태가 달랐기 때문에 일어난 것이다!

한 사회에 존재하는 부와 소득을 분배하는 것은 정부, 즉 정치와 행정의 기본 기능이다. 그리고 정치, 경제, 사회를 막론하고 모든 제도는 사회의 분배 구조를 형성한다. 물론 재정의 3대 기능(효율적인 자원 배분, 소득분배 개선, 경제의 안정과 성장) 중 하나로서 소득분배의 개선을 말할 때는 이보다 훨씬 좁은 의미로 누진세를 걷거나 복지지출을 통해 가처분소득의 격차를 줄이는 행위를 가리킨다. 그러나 누진세와 복지지출로만 한정해서는 정부 정책이 부와 소득의 분배에 미치는 효과를 제대로 평가하지 못한다. 그러니 시야를 더 넓혀서 '바람직한 분배 상태를 위한 정부의 역할'이 무엇인지를 알아야 한다.

바람직한 분배 상태

동서고금에 존재했던 수많은 사회들은 제각각의 분배 구조를 가졌다. 고래(古來)의 현인들과 철학자들도 바람직한 분배 구조에 대한 저마다의 견해를 밝혔다. 그렇다면 오늘날 우리 사회에는 어떤 분배 구조가 가장 바람직할까? 각자가 처한 입장과 가치관에 따라 견해가 다를 것이다. 그렇지만 다수가 동의할 수 있는 최저선, 적어도 이 정도는 되어야 한다고 많은 사람들이 수긍할 수 있는 기준 정도는 정할 수 있다. 이를 논하려면 먼저 분배 상태의 양 극단, 즉 아주 불평등한 상태와 매우 평등한 상태를 상정해보자.

가장 불평등한 상태는 극소수의 사람이 부와 소득을 독차지하는 상태다. 역사적으로는 전제군주제 하에서 소수의 왕족과 귀족이 국가의 부와 소득 대부분을 차지했던 시기가 이에 해당한다. 진시황이 지배하던 중국, 파라오가 통치하던 이집트, "짐이 곧 국가"라던 루이 14세 치하의 프랑스처럼.

반대로 가장 평등한 분배 상태는 사회의 부와 소득을 모두가 고르게 나눠 가지는 상태일 것이다. 하지만 이는 원시시대를 제외하고는 실재한 적이 없다. 이론적으로는 마르크스의 공산사회, 능력에 따라 일하고 필요에 따라 분배하는 사회가 이에 해당할 것이다.

전제군주제나 공산사회는 시장경제를 기반으로 하는 현대사회에서는 실현될 수 없는 구조다. 현실 시장경제에서 가능한 분배 상태의 범위는 이보다 꽤 좁혀진다. 시장경제의 역사에서 양 극단의 예를 찾아보자.

현실에서 가능한 불평등의 극단은 부와 소득의 분배를 시장에 맡기고 정부는 개입하지 않는 자유방임주의가 될 것이다. 역사적으로는 20세기 초반 대공황 이전의 미국이 이에 가깝다.[1] 마찬가지로 시장경제에서 가능한 평등의 극단은 정부가 요람에서 무덤까지 책임진다는 고도의 복지국가가 이에 해당된다. 70~80년대 북유럽 사회민주주의 국가가 이에 가깝다.[2]

자유방임주의와 사회민주주의는 현실 시장경제에 존재하는, 혹은 존재했던 양 극단의 분배 체제다. 이 양 극단의 두 체제를 지지하는 철학적 논거도 있다. 이를 이해하면 우리 사회의 바람직한 분배 구조를 정하는 데 도움이 될 것이다.

자유지상주의냐 평등주의냐

자유방임주의를 지지하는 주장으로는 노직이나 프리드먼의 이론이 대표적이다. 사회민주주의를 지지하는 주장으로는 롤스(John Rawls)의 정의론이 대표적이다. 이 세 명은 모두 미국에서 동시대에 활동한 학자들이다. 노벨 경제학상 수상자인 프리드먼은 대표적인 자유주의 경제 이론가로서 20세기 후반 미국 경제학에 절대적인 영향력을 끼쳤다. 노직과 롤스는 둘 다 하버드 대학교 교수로서 롤스가 1971년에 《정의론 A Theory of Justice》을 저술하여 평등주의적 분배론을 내세우자, 노직이 1974년에 《아나키에서 유토피아로 Anarchy, State, and Utopia》을 저술해 자유지상주의적 분배론으로 응답했다. 이 둘은 20세기 정치철학을 대표하는 분배 문제에 대한 가장 영향력 있는 저작이다(자유지상주의나 평등주의라는 표현은 이해를 돕기 위해 내가 붙인 말이지 학술적으로 엄밀한 정의는 아니다. 그리고 롤스의 이론은 학술적으로 따지면 넓은 의미의 자유주의에 해당한다.)

노직의 분배 이론은 정당한 권리를 강조한다. 주어진 사회제도 아래에서 정당한 방법으로 스스로 획득하거나 이전 받은 재산과 소득은 그 사람의 정당한 권리이므로 누구도 이를 침범할 수 없다는 논리다. 정부가 재분배 정책을 한답시고 조세를 통해 부자의 재산과 소득을 가져가서는 안 되며, 부자가 자식에게 물려준 재산도 마찬가지라는 주장이다(이렇게 설명하니 마치 노직의 이론이 몹시 부당하게 여겨지지만 국가의 기원과 형성, 역할에 관한 그의 설명은 실제로는 매우 설득력이 있다.)

프리드먼의 분배 이론 역시 노직과 유사하다. 시장경제에서 발생한 소득 격차를 수정하려고 하면 사회 전체로는 이익보다는 손해가 더 많이 발생한다는 주장이다. 그의 논리는 마이클 샌델이 《정의란 무엇인가》에서 인용한 짧은 글에 잘 표현되어 있다.

> 삶은 공평하지 않다. 자연이 낳은 것을 정부가 수정할 수 있다고 믿고 싶은 유혹도 생긴다. 그러나 우리가 한탄하는 적잖은 불공평에서 얼마나 많은 이익을 얻고 있는지 깨닫는 것 또한 중요하다. 무하마드 알리가 위대한 권투 선수가 될 수 있는 재능을 타고났다는 사실은 (…) 결코 공평치 못하며, (…) 무하마드 알리가 하룻밤에 수백만 달러를 벌어들이는 능력

을 가졌다는 사실 또한 명백히 불공평하다. 그러나 평등이라는 추상적 가치를 추구하느라, 알리가 하룻밤 경기에서 벌 수 있는 돈이 (…) 최하층 사람이 부두에서 하루 동안의 노동으로 벌 수 있는 돈보다 많아서는 안 된다고 한다면 (…) 알리를 보며 즐기는 사람들에게는 더욱 불공평한 일이 아니겠는가?[3]

롤스의 분배 이론 역시 원래부터 유명했지만 마이클 샌델이 《정의란 무엇인가》에서 언급하면서 더 널리 알려졌다. 그의 이론은 '무지(無知)의 장막에 싸인 원초적 상황'을 설정한 것으로 유명하다.

무엇이 바람직한 분배 상태인가에 대해 사람들이 합의하지 못하는 이유는 저마다 처한 입장이 다르기 때문이다. 만일 자신이 처한 위치, 능력, 기회 등을 전혀 모르는 상태에서 바람직한 분배 구조를 논의한다면 합의를 이끌어낼 수 있을 것이다. 무지의 장막에 가려진 상태에서는 내가 그 사회의 부유층이라면 얼마나 누릴 수 있는가보다는 내가 그 사회의 취약 계층일 때 어떤 도움을 받을 수 있는가에 더 관심을 가지게 마련이다. 나는 천문학적인 재산을 가진 빌 게이츠나 고액 연봉을 받는 프로 선수일 수도 있지만 반대로 끼니조차 잇기 어려운 빈민일 수도 있기 때문이다. 따라서 취약 계층에게 가장 유리한 분배 구조를 지지할 가능성이 높다.

한 가지 주의할 것은 이런 분배 구조가 모든 구성원이 모든 소득을 동등하게 나눠 가지는 완전 평등을 주장하는 것이 아니라는 사실이다. 그런 구조에서는 굳이 열심히 일할 동기가 없기 때문에 결국 사회 전체의 파이가 작아진다. 그보다는 어느 정도의 불평등이 존재하는 구조에서 취약 계층의 몫이 더 커질 수 있다. 불평등한 분배 구조는 그 사회의 가장 취약 계층에게 더 많은 몫을 줄 수 있을 때만 정당성을 지닌다.

우주선 '노아의 방주 호'에서 생긴 일

앞에서 설명한 정도라면 롤스의 이론이 무엇인지 대충 감이 잡혔을 법하다. 그래도 명확하지 않는 독자들은 아래 우화를 읽어봤으면 좋겠다. 롤스의 이론을 쉽게 설명하기 위해 지어낸 이야기나.

서기 2100년. 환경오염으로 엄청난 기상이변을 겪은 인류는 불과 10만여 명만 살아남아 하나의 나라를 이루어 살고 있었다. 그러던 어느 날, 커다란 행성이 지구를 향해 날아오고 있으며 1년 후 지구와 정면충돌해서 지구는 산산조각이 난다고 알려졌다. 인류가 생존하는 길은 다른 행성으로 이주하는 방법뿐이었다. 과학이 발달한 덕에 지구와 유사한 행성 '유토피아'를 발견했고 온 인류가 이주할 수 있는 거대한 우주선 '노아의 방주'도 금방 만들어냈다. 그런데 행성 '유토피아'는 너무 멀리 있어서 도착하는 데 무려 100년하고도 3일이나 걸리는 게 문제였다.

이를 해결하려고 과학자들은 동면을 하게 해주는 약 '쿨쿨이'를 만들었다. 쿨쿨이를 먹으면 100년 뒤에 깨어나는데 동면 중에는 성장과 노화 진행이 멈춰 시간이 얼마나 흐르든 약을 먹기 전과 동일한 몸 상태로 깨어난다. 다만 깨어난 직후에는 후유증으로 3일간 이전 기억을 모두 잃는다. 인류는 각자의 재산과 온갖 동식물, 꼭 보존해야 할 기념비적 유물들을 실은 우주선 '노아의 방주'에 탑승한 후 쿨쿨이를 먹고 긴 잠에 빠졌다. 이야기의 본론은 이 인류 이동 프로젝트의 실무 책임자이자 존 롤스의 고손자인 롱스로부터 시작한다. 고조할아버지 롤스의 사상을 신봉하는 롱스는 이번 프로젝트가 고조할아버지의 사상을 실현할 절호의 기회임을 깨달았다. 그래서 우주선에 약간의 장치를 했다.

서기 2200년. 우주선 '노아의 방주'에 탔던 용준이는 100년간의 긴 잠에서 막 깨어난다. 아직 몽롱한 상태인데 눈앞에 커다란 스크린이 펼쳐지더니 하얀 수염을 길게 늘어뜨린, 산신령같이 생긴 할아버지가 나타나서 지금의 상황을 설명한다.

13장 · 바람직한 분배 상태는 어떤 것일까 | 287

"당신은 지구를 떠나 새로운 보금자리를 찾아서 100년간 여행을 했다. 지금 당신은 과거에 당신이 누구였는지, 재산이 얼마인지, 학벌과 직업이 무엇이었는지, 어떤 능력을 갖고 있는지에 대한 기억이 전혀 없을 것이다. 하지만 걱정할 필요는 없다. 3일 후면 예전 기억이 되살아날 것이다."

이런 말을 들려준 뒤 예전에 살았던 지구에서의 삶을 자료 화면과 함께 설명한다. 특히 잘사는 사람과 못사는 사람의 생활을 상세하게 보여주고 해설해준다. 그러고 나서 이제 유토피아 행성에서 희망찬 새 삶을 개척해야 하니 계층 간 분배 구조에 대해서도 다시 생각해봐야 한다고 말한다. 그러고는 앞으로 3일 내에 모든 사람들이 모여서 행성 유토피아의 분배 구조, 즉 조세, 교육, 주택, 임금, 사회보장체계 등에 대한 설계를 해야 한다는 것이다. 사람들이 모두 모여 행성 유토피아의 새로운 분배 구조를 설계하기 위해 회의를 한다. 과연 이들은 어떤 분배 구조를 선택했을까? 용준이는 새 세계의 분배 구조에 대해 어떤 생각을 갖고 있을까?

'내가 누구였는지 전혀 모르겠어. 어떤 분배 구조를 지지해야 하지? 기존의 체계를 유지하는 안에 찬성할까? 아까 보니까 상류층은 무지하게 잘살던데. 내가 상류층이었을지도 모르잖아? 혹시 하류층이었으면 어쩌지? 하류층 사람들은 살기 힘들어 보이던데. 자, 이제 냉철하게 따져보자. 만일 내가 상류층이라면 기존 체계가 가장 좋겠지만 분배를 좀 더 강화해서 내 재산 중 일부를 가난한 사람들에게 나눠준들 크게 곤란하지는 않을 거야. 하지만 내가 하류층이라면 어떨까? 기존 체계에서 사는 건 힘들 거야. 최소한 먹고사는 문제로 고민하지 않을 정도는 돼야 하지 않겠어? 그래, 내가 제일 하류층이라고 가정했을 때 가장 유리한 분배 구조, 분배 정책을 그게 가장 안전한 방법일 거야.'

용준이의 생각은 이런데 다른 사람들은 어떨까? 다른 사람들도 마찬가지였다. 자기가 누군지, 어떤 위치에 있는지 전혀 모르는 상태에서 분배 구조를 선택하는 상황이 되자 안전한 대안, 즉 자신이 그 사회에서 제일 열악한 계층이라고 가정했을 때 가장 유리한 대안을 선택하는 사람들이 대부분이었다.

이리하여 행성 유토피아의 새로운 사회 체계로는 예전 지구에서와는 다른 분배 구조, 즉 하위 계층의 삶이 훨씬 윤택해지는 분배 구조가 압도적인 지지로 선택되었다.

여러분은 노직과 프리드먼의 자유지상주의와 롤스의 평등주의 중에서 어느 쪽을 더 지지하는가? 롤스의 이론을 훨씬 더 상세하게 설명했기 때문에 롤스의 논리가 더 설득력 있게 느껴질 수도 있겠다. 또 '사회정의(정의 사회가 아니다!)'에 관심 있는 사람들은 아무래도 롤스의 이론을 선호할 것이다. 경제 분야 종사자들은 노직이나 프리드먼 쪽을 더 좋아할 법하다.

노직과 프리드먼의 자유지상주의가 시장경제의 분배 구조에 대한 한쪽 극단이라면 롤스의 평등주의는 다른 쪽의 극단이다. 앞서 말했듯이 20세기 초 미국이나 70~80년대의 북유럽이 각각 자유지상주의와 평등주의에 가장 근접한 형태라고 할 수 있다. 하지만 오늘날의 시장경제, 특히 우리 사회는 이 중 어느 한쪽이 아니라 둘 사이 어딘가에 자리잡을 것이다.

기회의 평등

롤스의 주장처럼 무지의 장막에 싸인 상태라면 모든 사람이 합의할 수 있는 분배 구조를 도출하는 것이 가능할 수도 있겠다. 그러나 현실에는 무지의 장막이 없다. 각자가 처한 입장과 가치관에 따라 바람직한 분배 구조의 모습은 달라진다.

다만 '이 정도가 바람직하다'라고 100% 동의하기는 어렵지만 '이 이상은 되어야 한다'라고 받아들일 만한 수준이라면 다수의 동의를 끌어낼 수 있을 것이다. 즉 보수적인 사람에게는 적정 기준이면서 진보적인 사람에게는 최소 기준이 되는 상태 말이다. 이는 대략 다음과 같은 내용이 될 것이다.

"취약 계층을 위한 사회안전망을 깔아놓은 상태에서, 공정한 기회가 보장되는 사회."

흔히 분배 구조를 말할 때 '기회의 평등'과 '결과의 평등'을 대비한다. 공정한 기회가 보장되는 사회는 '기회의 평등'이 갖춰진 사회를 말한다. 기회의 평등은 동일한 출발선에서 시작하는 것이라고 설명된다. 보수주의자는 기회의 평등이 갖춰졌다면 결과에는 차등을 두는 것이 바람직하다고 생각한다. 진보주의자는 기회의 평등만으로는 부족하며 결과의 평등이 가미되어야 한다고 생각한다.

따라서 기회의 평등은 보수주의자에게는 적정 기준, 진보주의자에게는 최소 기준인 셈이다. 그런데 '기회의 평등'이 보장되는 사회는 어떤 사회를 말할까? 어떤 기회를 어느 정도 평등하게 보장해야 하는가는 쉽지 않은 개념이다.

내가 가장 좋아하는 스포츠 스타는 1990년대 미국 프로농구(NBA)에서 활약했던 마이클 조던(Michael Jordan)이다. 농구 황제라 불리던 조던의 플레이는 황홀했다. 그의 전매특허인 공중에 뜬 상태에서 수비를 피해 몸을 젖히고 던지는 슛이나 두세 명의 수비수를 뚫고 높이 솟구쳐서 내리꽂는 덩크슛은 지금도 잊을 수가 없다. 나는 그가 역대 최고의 농구 선수라고 생각한다. 그런데 농구 황제 조던은 골프를 무척 좋아했고 상당한 실력을 자랑했다. 언젠가 그가 인터뷰 중에 만일 청소년 시절 골프를 알았더라면 자신은 지금 농구 선수가 아닌 골프 선수가 되었을 것이라는 말을 한 적이 있다.

미국 NBA 선수들은 대부분 흑인이다. 하지만 테니스, 골프, 수영 등의 종목에서는 타이거 우즈 같은 몇몇을 제외하면 거의 백인이다. 왜 그럴까? 인종적 차이로 설명하는 사람도 있다. 아프리카 평원을 누비던 선조의 피가 흐르는 흑인들은 높이 뛰고 달리는 데 적합한 신체 조건을 갖고 있지만 수영이나 집중력이 필요한 운동에는 적합하지 않다는 설명이다. 말도 안 되는 소리다. 이는 흑인들이 어렸을 때부터 접할 수 있는 운동이 농구 말고는 별로 없기 때문일 뿐이다.

마이클 조던이 어렸을 때 골프를 배우지 못했기 때문에 골프 선수 대신 농구 선수가 된 것은 전 세계 농구 팬들을 위해서 다행스런 일이다. 그러나 백인 아이들과 달리 어려서 수영, 테니스, 골프, 스케이팅을 접할 기회가 없기 때문에 소질이 있어도 아예 꿈을 키워보지도 못하는 흑인 아이들이 다수라면 이는 바람직한 사회가 아니다. 어디 운동뿐이랴. 음악도 그렇고 의사나 변호사 등 전문직도 마찬가지다.

유럽 복지국가들이 결과의 평등을 중시하는 데 비해 미국은 기회의 평등을 중시한다고 한다. 하지만 예체능계 종목에 따라 흑백 분리가 뚜렷하고, 보수나 조건이 좋은 직업과 직종은 대부분 백인이 점유하고 있는 미국의 현실은 기회의 평등이 충족되고 있는 사회의 모습은 아니다.

미국은 동일한 자격을 갖췄으면 동등하게 대우해야 한다는 원칙에 철저한 나라다. 그러나 자격을 갖추기 위한 여건이 사회계층에 따라 심하게 차이가 나는 상황에서 '동일 자격 동등 대우' 원칙만 지켜진다고 해서 '기회의 평등'이 구현된다고 할 수 있을까?

이처럼 '기회의 평등'을 제대로 구현하는 것은 쉬운 일이 아니다. 어느 정도면 사람들이 동일한 출발선 위에 있다고 할 수 있을까? 골프, 첼로, 아이스스케이팅에 재능이 있는 아이라면 부모의 뒷바라지 능력에 상관없이 재능을 꽃피울 수 있도록 정부가 지원해줘야 평등한 기회를 주는 것일까? 핀란드나 스웨덴 등 북유럽 국가에서는 실제로 그렇다. 정규 교육과정을 통해 어릴 때부터 다양한 예체능 프로그램을 접할 기회를 제공하고, 재능 있는 아이는 재능을 살릴 수 있도록 국가에서 지원해준다. 예체능뿐 아니라 수학이나 과학에 재능을 지닌 아이들도 계속 발전시키도록 별도로 지도해준다. 우리나라도 그렇게 할 수 있다면 좋겠지만, 그 정도까지는 바라지 않는다.

우리 사회에서 기회의 평등 실현을 위하여 가장 중요한 것은 단연코 대학 진학이다. 대학에 들어가기 위해서, 특히 일류 대학에 들어가기 위해 치러야 하는 막대한 금전·비금전적 비용은 부모들을 힘들게 하고 학생들을 지치게 만드는 주범이다. 뿐만 아니라 막대한 비용으로 인해 집안의 경제적 능력이 대학 진학을 결정하는 데 큰 영향력을 발휘한다.

이상적으로는 고등학교만 졸업해도, 혹은 일류 대학을 나오지 않더라도 이후의 노력 여부에 따라 얼마든지 성공할 수 있는 경제사회 체계를 만드는 것이 가장 바람직하다. 하지만 요원하다. 우선은 대학 진학에서 집안의 경제력 차이가 가져오는 영향력을 줄이는 것이 시급하다.

앞서 말한 자유주의 시장경제 신봉자인 프리드먼은 시카고 대학 경제학과 교수다. 시카고 대학은 미국 경제학계에서도 시장주의자들의 총본산이다. 프리드먼과 마찬가지로 시카고 대학 경제학과 교수이면서 노벨 경제학상을 수상한 학자 중에 헤크먼(James J. Heckman)이라는 경제학자가 있다. 헤크먼은 2011년에 한국을 방문한 적이 있는데 그때 저소득층 아동에 대한 정부 지원의 중요성을 강조하는 강연을 했다. 그의 연구에 따르면 개인 간 소득 격차의 절반 이상은 성인이 되기 전의 환경에 따라 이미 결정되기 때문이다. 하지만 그가 형평성 차원에서 이런 주장을 한 것은 아니다. 그보다는 (시장주의자답게) 이 문제를 효율성과 생산성 향상 차원에서 접근한다.

그는 현대사회의 많은 사회경제적 문제들은 빈곤 가정에서 태어난 아이들의 인적자본 형성과 관련되어 있다고 본다. 아이들 가정환경의 차이는 능력 발달에 차이를 가져오고 이는 성인이 된 뒤에는 소득뿐만 아니라 범죄, 질병 등에도 영향을 끼친다. 그래서 이들의 삶에 일찍 개입할수록 효과가 크며 범죄를 줄이고 생산성을 높일 수 있다는 주장이다. 미리 예방하는 게 나중에 보완하는 것보다 훨씬 '효율적'이고 빈곤층 아동을 미리 지원하는 건 다른 정책 수단보다 '투자 수익률'이 훨씬 높기 때문이다. 통상 형평성과 효율성은 상충한다. 나이 든 사람의 삶에 정부가 개입할 때는 이를 감수해야 한다. 그러나 일찍 개입하면 두 마리 토끼를 동시에 잡을 수 있다.

형평성과 효율성을 동시에 추구하는 헤크먼의 논리는 당시 한국 언론과 했던 인터뷰에 잘 담겨 있다. 질문자가 한국 사회에서 교육은 빈곤 탈피와 신분 상승의 수단인데 과외, 학원 등 사교육이 번성하는 현상에 대한 조언을 요청했다. 그러자 그는 한국에서 GDP의 3%에 해당하는 돈이 사교육에 쓰인다고 들었는데 이는 지나치게 많다고 지적했다. 헤크먼은 이런 자원을 저소득층 아이들에게 재분배하는 데 쓴다면 한국 경제에도 도움이 되고, 사회적 불평등을 경감하면서 경제적 효율도 높일 수 있을 것이라는 답을 내놓았다.

효율과 형평, 성장과 분배를 동시에 달성할 수 있는 정책 수단이라면 보수주의자도 환영할 수 있고 진보주의자도 반길 만하다. 우리 사회에서 중간 계층 이상의 부모들이 자녀 교육에 바치는 지극정성은 비록 바람직한지는 모르겠지만 말할 나위가 없다. 이에 따라 저소득 계층의 아이들과 중간 계층 이상 아이들의 격차는 나날이 더욱 커지고 있다. 이로 인한 문제를 해결하는 것은 헤크먼의 말대로 형평성뿐만 아니라 효율성 측면에서도 매우 중요하다.

경제력에 좌우되지 않는 교육 기회의 평등을 보장하는 것은 형평성과 효율성을 동시에 높이는 정책이다. 또한 자녀를 키우는 대다수 가정의 복지 향상에 크게 기여할 수 있는 정책이다. 이 정책은 진보든 보수든 반대할 이유가 없다. 또 결과의 평등보다는 공정한 기회의 평등을 선호하는 우리 국민의 정서와도 부합한다.

우리 재정은 소득을 잘 분배하고 있나

지금까지 '바람직한 분배 상태를 위한 정부의 역할'이라는 약간은 철학적이고 보다 근본적인 분배 문제를 논의했다. 이제는 범위를 좁혀서 재정의 3대 기능 중 하나인 소득분배 기능을 따져보자.

앞서 논의한 장들에서는 교육, 의료, 주택 등 대다수 국민들의 삶을 힘들게 하는 요인들에 대해 이야기했다. 이들 분야에서 국민의 삶을 강퍅하게 하는 요인들을 제거해 삶을 보다 편하게 만드는 것은 재정의 소득분배 기능이다. 그러나 그보다 더 기본적인 소득분배 기능이 있다. 바로 빈곤 계층에 대한 지원이다. 대한민국 국민이라면 누구나 일정 수준 이상의 생활은 유지할 수 있게 하는 것이다.

다수가 동의할 수 있는 분배 구조의 최저 기준은 '취약 계층을 위한 사회안전망을 깔아놓은 상태에서, 공정한 기회가 보장되는 것'이라고 했다. 그렇다면 우리 사회에 취약 계층을 위한 사회안전망은 잘 깔려 있을까? 사회안전망이 잘 깔려 있다는 것은 쉽게 말해서 빈곤층도 정부 지원

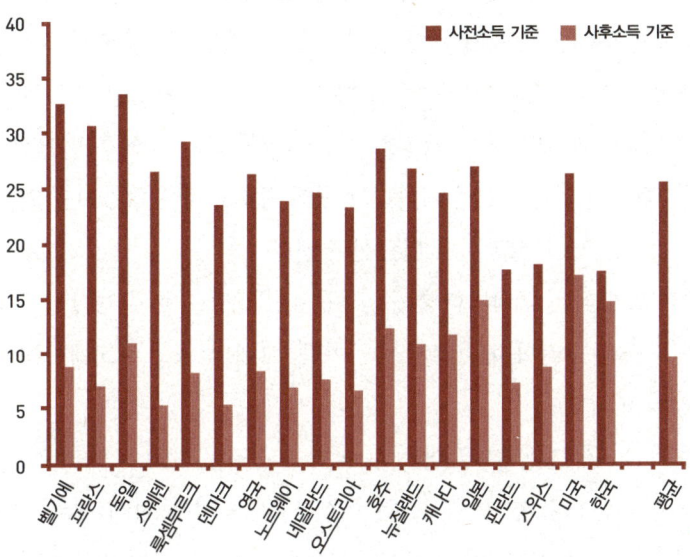

우리나라의 사전소득 빈곤율은 낮다. 그런데 사후소득 기준으로는 미국, 일본과 함께 가장 높다. 사전소득과 사후소득의 차이가 가장 적다. 즉, 정부의 재분배 정책으로 빈곤선 이상으로 올라가게 되는 비율이 가장 적다.

에 의해 일정 수준 이상의 생활을 보장받는다는 의미다. 사회안전망의 수준과 실효성은 정부 정책에 의해 빈곤이 얼마나 감소했는가로 평가할 수 있다. 이는 재정의 소득분배 기능을 평가하는 척도이기도 하다.

빈곤 수준은 통상 '빈곤율'로 측정한다. 빈곤율은 전체 가구 중에서 소득이 빈곤선 이하인 가구의 비율을 말한다. 빈곤선은 어떻게 정할까? 빈곤선을 정하는 데는 절대적인 방식과 상대적인 방식이 있다. 절대적인 방식은 일정 수준의 생활에 필요한 물품과 소비량을 정한 뒤 이를 구입하는 데 필요한 비용으로 산출한다. 최저생계비가 이런 방식으로 계산된다. 2012년 최저생계비는 4인 가구 기준으로 149만 5000원이다.

상대적인 방식은 '중위소득의 몇 %' 식으로 정한다. 중위소득은 전체 가구를 소득 순서대로 줄을 세웠을 때 딱 중간에 위치하는 가구의 소득이다. OECD에서 빈곤율을 측정할 때는 중위소득의 50%를 빈곤선으로 정한다. 2011년 기준으로 우리나라 가구의 중위소득은 월 350만 원 정도이므로 그 50%인 175만 원이 빈곤선이 된다.

절대적인 방식은 국가마다 기준이 다르다. 일정 수준의 생활에 필요한 품목과 수량은 나라마다 다르기 때문이다. 그래서 국제 비교에서는 상대적인 방식을 택한다.

앞쪽 그림에서 짙은 색 막대는 각 국가에서 정부 개입이 있기 전인 '사전소득'을 기준으로 한 빈곤율, 옅은 색 막대는 정부 정책 개입 이후인 '사후소득' 빈곤율이다. 이 두 막대 높이의 차이가 정부의 소득분배 정책으로 빈곤율이 얼마나 감소했는가를 나타낸다(한 가지 주의할 점은 사전소득은 가상의 개념이며 실제 소득은 사후소득뿐이라는 사실이다.) 사전소득과 사후소득의 격차가 큰 순서대로 왼쪽부터 제시되어 있다.

우리나라의 사전소득 빈곤율은 17.5%로서 18개국 중에서 가장 낮다. 18개국 평균보다 8.1%포인트가 낮다. 우리나라의 사전소득 빈곤율이 낮은 이유는 아직 자녀가 부모의 생활비를 대는 등 민간에서 사적인 이전 지출이 많고 복지 제도가 발달하지 못한 탓에 어떻게든 스스로 생계를 유지하는 사람들이 다른 국가들에 비해 많기 때문일 것이다(다른 나라는 스스로 생계유지가 힘들면 국가가 지원해주므로 기를 쓰고 돈을 벌려는 빈곤 계층이 우리보다 적다는 말이다. 이런 현실을 좋다고 해야 할까, 나쁘다고 해야 할까?)

노인 빈곤은 더욱 심각하다

사전소득 기준으로는 우리나라의 빈곤율이 18개국 중에서 가장 낮지만 사후소득 기준으로는 14.6%로 미국과 일본 다음으로 높다. 이에 따라 사전소득과 사후소득 빈곤율 차이는 18개국 중에서 가장 작은 2.9%포인트다. 빈곤선 아래에 있다가 정부의 재분배 정책에 의해 빈곤선 위로 올라가는 가구가 고작 2.9%포인트인 것이다. 이에 비해 18개국 평균은 16.0%포인트다. 우리나라는 평균의 1/5에도 못 미친다. 이 그림이 의미하는 것은 우리나라 재정의 소득분배 기능이 다른 국가들에 비해 매우 미약하다는 사실이다.[4] 그나마 원래부터 시장에서의 소득 격차가 다른 국가들에 비해 작아서 빈곤율이 미국보다 낮고 일본과 유사하다는 것을 위안으로 삼아야 할까?[5]

빈곤 계층 중에서도 특히 노인 빈곤이 심각하다. 앞에서 비교한 18개국 중에서 우리나라를 제외한 다른 국가들의 사후소득 기준 노인 빈곤율은 평균 10.3%다. 이에 비해 우리나라의 노인 빈곤률은 45.1%다. 우리나라의 노인 빈곤율이 특히 심각한 이유는 국민연금이 발달하지 못한 탓이 크다. 국민연금은 1988년에 직장인을 대상으로 처음 도입되었으며 전 국민을 포괄하게 된 때는 1999년부터다. 도입 역사가 짧은 탓에 아직은 노인 계층 중에서 연금 수급자 규모도 적고 급여액도 적다. 우리보다 연금 역사가 긴 다른 국가들은 대부분의 노인들이 연금을 수령하고 급여액도 우리보다 훨씬 많다. 이 때문에 노인 빈곤율이 낮다. 17개국 중에서 14개국은 노인 빈곤률이 국민 전체 빈곤률보다 더 낮다.

우리나라도 시간이 지나면서 국민연금 수급자가 늘기는 할 것이다. 하지만 우리는 국민연금의 사각지대가 많다. 사각지대가 많다는 것은 젊어서 연금보험을 제대로 납부하지 못해서 노인이 되어도 연금을 받지 못하거나 받아도 액수가 매우 적은 사람들이 많다는 말이다. 이 때문에 시간이 지나도 국민연금 수급 증대로 인한 노인 빈곤율 감소 효과는 획기적으로 높아지지는 않을 전망이다.

앞으로도 국민연금이 노인 빈곤 해소 기능을 충분히 발휘하지 못한다는 것은 심각한 문제다. 그러나 그보다 더욱 심각한 것은 지금 당장의 노인 빈곤이다. 설령 시간이 지남에 따라 국민연금 수급자가 증가하여 노인 빈곤율이 감소한다고 해도 그것은 미래의 이야기일 뿐이다. 지금 당장 생계가 곤란한 빈곤 노인 문제를 해결하려면 다른 방안이 필요하다.

이 책의 독자들이라면 이쯤에서 한 가지 의문이 들 법하다. 바로 기초노령연금과 국민기초생활보장제도의 역할이다. 9장에서도 설명했지만 기초노령연금은 전체 노인의 70%에게 매월 일정 금액을 지급하는 제도다. 그리고 국민기초생활보장제도는 절대적 빈곤선 이하 계층에게 빈곤선까지 급여를 제공하는 제도다. 이 두 제도가 있으면 비록 상대적 빈곤은 해결하지 못한다고 해도 절대적 빈곤을 벗어나게는 할 수 있을 것 같다.

하지만 현실은 그렇지 못하다. 기초노령연금은 수급액이 매우 적다. 2012년 기준 최대 1인 9만 4600원, 부부 15만 1400원이다. 2012년 기준 최저생계비의 20%에도 못 미친다. 기초노령연금은 이처럼 급여액이 적기 때문에 노인들의 생활에 어느 정도 도움은 줄 수 있지만 빈곤 탈피를 위한 근본 대책은 될 수 없다.

빈곤 탈피를 위한 근본 대책은 국민기초생활보장제도다. 그런데 이 제도에는 부양의무자 조건이라는 것이 있다. 부양의무자 조건은 본인은 빈곤층이라도 자식 등 법정 부양의무자의 소득이 일정 수준 이상이면 수급자가 될 수 없다는 규정이다. 이 규정은 실제 부양 여부와는 상관없이 적용된다. 이 때문에 자식들에게서 아무런 도움을 받지 못하는 빈곤층이지만 기초생활보장 수급자가 되지 못하는 경우가 빈번히 발생한다.

2012년 7월 한 할머니가 자살한 사건이 있었다. 현행법상 부양의무자인 사위에게 소득이 생기는 바람에 기초생활수급 대상에서 제외돼 살 길이 막막해졌기 때문이다. 국민기초생활보장제도의 수급자 수는 대략 150만 명 정도다. 그런데 100만 명 정도가 최저생계비 이하의 빈곤층이지만 부양의무자 조건 때문에 수급을 받지 못하고 있다. 이들은 거의 대부분이 빈곤 노인들이다.

국민기초생활보장제도의 목적은 대한민국 국민이라면 누구나 일정 수준 이상의 생활을 영위할 수 있게 하는 데 있다. 그런데 빈곤층이면서 수급자가 되지 못하는 사람들이 많다는 것은 제도의 목적을 제대로 달성하지 못하고 있음을 의미한다. 이 때문에 부양의무자 조건을 폐지하자는 주장이 제기되고 있다. 부양의무자 조건을 아예 없애면 실제로는 자식들이 부양할 능력이 충분해도 기초생활보장 급여를 받는 경우가 발생할 수 있다. 이것이 폐지를 반대하는 측의 이유다.

모든 의사 결정이 그렇듯 정부 정책의 의사 결정에서도 두 가지 유형의 오류가 존재한다. 특정 대안을 '선택하지 말아야 했는데 한 경우'와 '선택해야 했는데 안 한 경우'다. 전자를 1종 오류, 후자를 2종 오류라고 한다. 1종 오류와 2종 오류는 상충 관계(trade off)에 있어서 하나를 줄이면 다른 하나가 증가한다.

1종 오류와 2종 오류 중 어느 것이 더 심각한 문제인가는 의사 결정의 내용에 따라 다르다. 블록버스터 재난 영화 〈해운대〉에서 쓰나미 경보 발령을 내리는 상황을 생각해보자. 쓰나미 위험이 있다는 지질학자의 주장을 들은 재난방재청장은 경보 발령 여부를 결정해야 한다. 경보를 내

렸는데 아무 일이 없으면 1종 오류를 범하게 된다. 경보를 발령하지 않았는데 실제 쓰나미가 밀려오면 2종 오류를 범하게 된다. 둘 중의 어느 오류가 더 심각할까? 영화에서는 발령을 내리지 않아 2종 오류를 범했다. 그리고 엄청난 피해가 발생했다.

이를 복지 수급 여부를 결정하는 상황에 대입해보면 '받지 말아야 될 사람이 포함되는 것'이 1종 오류, '받아야 될 사람이 배제되는 것'이 2종 오류다. 둘 중 어느 것이 더 막아야 하는 오류일까? 언론의 반응을 보면 1종 오류를 더 방지해야 하는 것으로 생각하는 것 같다.

물론 여유 있는 사람이 기초생활보장 수급자가 되는 것은 문제다. 그러나 지원이 필요한 빈곤층이 수급자에서 탈락하는 것은 그보다 더 큰 문제가 아닐까? 1종 오류와 2종 오류를 둘 다 줄이는 방법이 없는 것은 아니다. 수급 조건을 완화하되 담당 공무원을 늘려서 수급자의 실제 형편을 꼼꼼히 챙기는 것이다. 정말 하려고만 하면 부양의무자 조건을 아예 폐지하지 않더라도 (지원이 필요한) 빈곤 노인이 수급에서 탈락하는 것을 방지할 수 있다.

기초노령연금, 지하철 무임승차, 경로당 지원, 각종 노인교실 등 노인들을 위한 정부 지원은 따져보면 제법 된다. 이 정책들은 빈곤 노인뿐만 아니라 일반 노인들까지 대상으로 포함한다. 일반 노인에 대한 지원 정책도 물론 필요하다. 그러나 그보다는 빈곤 노인들의 생활 지원이 더 시급하다. 비록 표를 얻는 데는 일반 노인을 위한 정책이, 혹은 다른 집단을 위한 정책이 더 효과적이라고 해도, 정책의 우선순위를 득표 여부로만 정하면 안 되는 법이다.

재정의 소득분배 기능의 핵심은 빈곤층 지원이다. 그중에서도 우리 사회는 노인 빈곤층에 대한 지원이 가장 시급하다. 노인 빈곤 문제 해결은 우리 사회 양심에 대한 척도다.

  앞 장에서는 세대 간 분배 문제를, 이번 장에서는 세대 내 분배 문제를 다뤘다. 두 문제의 핵심은 결국 복지를 확대하는 한편 재정의 지속가능성을 염려해야 한다는 것이다. 어찌 보면 모순되는 주문 같기도 하다. 그러나 꼭 그렇지만은 않다. 결코 쉽지는 않아도 할 수 있는 일이다. 이어지는 14장과 15장에서는 이 문제들을 다룬다.

4부
재정이 미래를 결정짓는다

Public Economics That You Should Know

CHAPTER
14

복지는 성장의 걸림돌일까

복지 논쟁

나와 같은 세대거나 선배 세대인 독자들은 리영희 선생의 《전환시대의 논리》라는 책을 기억할 것이다. 대학 시절, 그때까지 확고하게 자리잡았던 폐쇄적 냉전 이데올로기를 좀 더 넓은 시야에서 바라볼 수 있게 해준 책이다.

그 책의 구체적인 내용은 많이 잊었지만 '조건반사의 토끼'라는 말은 아직도 기억난다. 어떤 사건(사실)을 설명하기 위해 어떤 용어를 사용해야 하는데, 일단 그 용어를 사용하면 일정한 고정관념을 머릿속에 형성하게끔 우리들의 인식이 길들여졌음을 비판하는 얘기였다.

리영희 선생은 그 당시 냉전 용어를 염두에 두고 쓴 표현이었다. 예로

든 것도 '중공(당시는 중국을 그렇게 불렀다)'이라는 말이다. 그때까지 우리는 중공이라는 말을 들으면 당장 기아, 괴뢰, 야만, 침략 등의 낱말과 그런 말이 담은 관념을 떠올렸다. 지금 생각하면 참 옛날 얘기다.

비록 냉전 이데올로기와는 비교할 수 없지만 많은 사람들이 복지에 대해서도 비슷한 인식을 가지는 듯하다. '복지' 하면 빈민, 의존 같은 단어를 떠올린다. '복지는 스스로 일해서 벌어먹을 수 없는 사람만 도와줘야 해'라는 관념을 품은 사람도 많다.

하지만 그런 복지는 복지국가 이전 시대의 복지 관념이다. 우리나라가 명색이 복지국가를 지향한다면 우리의 인식도 그에 맞는 전환시대의 논리를 갖춰야 한다. 그러나 갈 길이 멀다.

얼마 전에 《경제학의 5가지 유령들》이라는 책을 읽었다. 원제는 '좀비 경제학(zombie economics)'이다. 좀비는 아프리카 무속 신앙에서 유래한 단어라고 하는데 마법에 의해 살아 움직이는 시체를 말한다. 좀비 경제학은 이미 폐기되었어야 할 경제 이론이 계속 살아남아서 주장되고 활용되는 상황을 빗댄 제목이다.

재정과 복지 분야에도 좀비스런 주장들이 제법 있다. 아주 틀린 이야기는 아니지만 사실을 왜곡하고 현실을 호도하려는 목적으로 자주 이용된다는 뜻에서 '좀비스런'이라고 부른 것이다. 그중에서 최근 우리 사회에서 논란이 되었던 주장들이 있다. 첫 번째는 감세 정책이 서민과 중산층을 위한 것이라는 주장이다. 두 번째는 복지가 성장을 저해한다는 주장, 세 번째는 두 번째와 연결된 것으로서 복지지출이 재정위기를 가져온다는 주장이다.

좀비스런 주장 1:
감세 정책은 서민과 중산층에게 도움이 된다?

이명박 정부는 집권 초반 감세 정책을 시행했다. 소득세율과 법인세율을 낮추고 종합부동산세를 경감했다. 소비와 투자를 촉진해 경기를 활성화한다는 명분이었고, 혜택은 서민과 중산층에게 돌아간다고 했다.

그런데 세율을 낮췄을 때 절감되는 금액은 당연히 세금을 많이 내는 사람일수록 크다. 세율이 10% 인하되었다면 기존에 10만 원을 내던 사람은 1만 원이 절감되고 100만 원을 내던 사람은 10만 원이 절감된다. 이처럼 감세 정책의 직접적인 혜택은 고소득층일수록 많다는 게 명약관화다. 야당에서 감세 정책을 '부자감세'라고 명명한 것도 그 때문이다.

따라서 감세 정책의 효과가 서민과 중산층에게 돌아간다고 주장하려면 감세의 직접 혜택 외에 다른 논리를 갖다 붙여야 했다. 그래서 나온 얘기가 소득세율 인하는 소비를 활성화하고 법인세율 인하는 투자를 촉진한다는 주장이다. 그리하여 이러한 소비와 투자 증대로 인한 경제 활성화의 혜택을 서민과 중산층이 누린다는 논리다.

감세 정책이 경제를 활성화한다는 것은 '공급 측 경제학(supply-side economics)'의 주장이다. 그리고 그 혜택이 서민과 중산층에게 돌아간다는 것은 낙수 효과라고 불리는 논리다.

세율을 낮추면 조세수입이 늘어난다?

1974년 어느 날, 경제학자 아서 래퍼(Arthur Laffer)는 워싱턴의 한 식당에 몇몇 언론인, 정치인들과 함께 앉아 있었다.[1] 함께한 이들은 당시 〈월

스트리트 저널〉편집장이자 훗날 레이건(Ronald Reagan) 대통령의 경제고문이 된 주드 와니스키(Jude Wanniski), 부시(George W. Bush) 대통령 집권 당시 각각 부통령과 국방장관 자리에 오른 딕 체니(Dick Cheney)와 도널드 럼스펠드(Donald Rumsfeld) 등이었다. 그 자리에서 래퍼는 냅킨을 한 장 집어 들고는 세율과 조세수입의 관계를 보여주는 그림을 그렸다. 둥근 봉우리 모양의 곡선이었다. 이 그림의 논리는 이렇다. 세율이 0%면 조세수입도 0이다. 세율이 100%면 아무도 일하려 하지 않을 것이므로 역시 조세수입은 0이다. 따라서 세율이 0%에서 100%까지 올라가면, 조세수입은 증가하다가 다시 감소한다. 래퍼는 당시 미국이 이 세율-조세수입 곡선의 하향하는 부분에 있다고 주장했다. 그래서 세율을 낮추면 조세수입이 증가할 것이라고 했다.

　래퍼의 주장을 진지하게 받아들인 경제학자는 거의 없었다. 하지만 이 주장은 한 명의 정치인을 사로잡았다. 레이건은 1980년 미국 대통령 후보가 되었을 때, 세금 삭감을 공약으로 내세웠다. 그는 미국의 세율이 너무 높아 사람들이 일할 의욕을 잃었다고 주장했다. 세금을 낮추면 사람들이 더 열심히 일을 해서 경제적 후생이 증가하고 조세수입도 늘어날 것이라고 했다. 세금 인하를 통해 노동 공급 증가를 유도한다는 점에서 래퍼와 레이건의 주장은 공급 측 경제학이라 불리게 되었다.

　이후의 역사적 경험은 세율을 낮추면 조세수입이 증가한다는 예상이 틀렸음을 증명한다. 레이건은 대통령 당선 후 공약대로 세금을 삭감했다. 하지만 래퍼의 주장과 달리 조세수입이 늘지 않았다. 조세수입은 감소했다. 세금을 낮춘 탓에 재정지출에 필요한 세금을 충분히 걷지 못해 레이건 대통령 재임 기간 8년뿐 아니라 그 후로도 오랫동안 미국 연방정부는 막대한 재정적자를 감수해야만 했다.

레이건이 래퍼 곡선에 끌린 이유는 자신의 경험 때문이라고 한다. 레이건은 2차 세계대전 중에 영화 제작을 했다. 당시는 전비를 조달하기 위해 소득세 최고세율이 90%까지 올라 있었다. 영화를 다섯 편 이상 만들면 소득이 늘어나 최고세율이 적용되어 많은 세금을 내야 할 상황이었다. 그 때문에 레이건은 낮은 세율로 세금을 내기 위해 영화를 네 편까지만 만들고 작업을 중단했다고 한다.

최고세율이 아주 높고 최고세율의 적용을 받는 사람들이 많다면 세금을 감면했을 때 오히려 조세수입이 증가할 수도 있겠다. 하지만 이는 아주 예외적인 상황이다. 현실 재정에서 조세 감면이 조세수입 증가를 가져오는 경우는 보기 힘들다.

공급 측 경제학을 신봉하는 사람들이라도 지금은 감세가 세수 증가를 가져온다는 주장을 하지 않는다. 그 대신 보다 세련되게 말한다. 이렇게 말이다. "감세는 사람들의 근로 의욕을 높이고 소비와 투자를 촉진하여 경제가 활성화되고 사회 전체의 후생이 증가한다." 과연 그럴까?

경제학자들이 즐겨 쓰는 표현 중에 'ceteris paribus'라는 표현이 있다. 라틴어인데 'all other things being equal', 즉 '다른 조건이 모두 동일하다면' 정도로 번역할 수 있다. 다른 조건이 모두 동일하다면 소득세를 낮췄을 때 근로 동기가 더 생기기는 할 것이다.[2]

그리고 법인세를 낮추면 투자할 마음이 더 들기도 할 것이다. 그리고 감세로 늘어난 민간 재원은 저축, 소비, 투자로 활용될 것이다. 하지만 이것이 경제 활성화로 이어지는 데는 두 가지 문제가 있다.

첫째는 근로 동기와 투자 의욕이 '얼마나' 더 생기는가 하는 문제다. 비록 감세가 근로 동기를 높이고 투자 의욕을 끌어올리더라도 그 효과가 작다면 경제 활성화 효과는 별로 없다.

둘째는 (이것이 핵심인데) 다른 조건이 모두 동일하지 않다는 점이다. 감세를 하면 민간이 사용할 수 있는 재원은 늘어난다. 하지만 정부가 사용할 수 있는 재원은 감소한다. 정부 재원이 감소하면? 재정적자가 생기거나 정부 지출을 줄여야 한다.

결국 감세가 경제 활성화를 가져오는가 하는 문제는 정부와 민간 간의 자원 배분 문제다. 정부와 민간 사이에 자원을 배분하는 최적의 조합이 있다고 하자. 만일 감세로 정부와 민간의 자원 배분이 최적 조합에 더 가까워졌다면 감세는 경제 활성화에 도움이 된다. 그러나 감세로 인해 최적 조합에서 더 멀어졌다면 감세는 경제 활성화에 부정적인 영향을 미친다. 어느 쪽일까?

재정학 교과서는 호황기에는 정부 몫을 줄이고 불황기에는 정부 몫을 늘리는 것이 좋다고 가르친다. 경제가 호황이라는 말은 민간의 소비와 투자가 왕성하다는 뜻이니 굳이 정부까지 나설 필요가 없다. 오히려 정부는 경기 과열로 인한 물가 인상을 경계해야 한다. 경제가 불황이라는 말은 민간의 소비와 투자가 위축되어 있다는 뜻이다. 이때는 민간 몫을 늘려도 바로 소비와 투자로 연결되지 않는다. 그러니 민간 대신 정부가 나서서 소비와 투자를 해야 한다. 이명박 정부가 감세 정책을 실행했던 2008년은 호황기였을까, 불황기였을까?

감세가 경제 활성화에 미치는 영향은 플러스일수도 마이너스일수도 있다. 그러나 감세가 소득분배에 미치는 영향은 대체로 마이너스일 것 같다. 감세로 늘어나는 가처분소득은 고소득층일수록 더 많다. 감세가 근로 의욕을 높이는 효과가 있다고 해도 이는 높은 한계세율을 적용받는 계층에게 해당한다(우리나라 근로소득자의 40%는 소득세를 내지 않는다. 그러므로 이들에게는 소득세 감세가 아무런 영향을 미치지 않는다.) 미국이나 그 밖에 감세를 실시했던 국가들의 경험을 보면 감세로 인해 정부 수입이 줄면 정부는 재정적자를 늘리거나 복지를 축소하는 식으로 대응하는 경향이 있다. 감세를 시행해서 늘어나는 민간 재원이 소득 계층별로 어떻게 분배되는가, 그리고 정부 재원이 감소해 소득 재분배는 어떻게 변화하는가를 종합하면 감세는 소득분배에 부정적이라고 보는 게 타당하다.

물론 여전히 이런 판단에 반대하는 사람들이 있을 것이다. 즉 감세는 기필코 경제 활성화를 가져오며, 이는 반드시 낙수 효과를 불러와 서민과 중산층에게도 플러스가 된다고 주장하는 사람들이다. 누가 뭐래도 그렇다고 믿는 확신범은 설득할 수 없는 법이다.

미국이 경험한 세금과 소득분배의 관계

공급 측 경제학과 낙수 효과의 진원지인 미국의 경험을 살펴보는 것은 감세 정책의 효과를 판단하는 데 도움이 된다. 다음 쪽 그래프를 보자.

이 그래프는 노벨 경제학상 수상자인 미국의 폴 크루그먼(Paul Krugman) 교수가 미국의 소득 불평등을 보여주기 위해 그린 그림이다. 즉 지난 100년 동안 미국 전체의 총수입 중 상위 10% 부자들이 차지하는 비율이 얼마나 되는지를 보여준다. 크루그먼 교수에 따르면 지난 100년간 미국 사회는 도금 시대-대압착 시기-중산층 시대-양극화 시대를 거쳤다.[3]

도금 시대(gilded age)는 19세기 말부터 루스벨트 대통령이 집권하여 뉴딜 정책을 펼치기 이전까지의 시기이다.[4] '도금 시대'라는 말은 마크 트웨인의 풍자소설 제목이기도 하다. 황금으로 도배한 시대라는 말이니 황금만능주의 시대 정도로 이해하면 되겠다. 당시는 대부호 기업가가 출현한 시기이자 상류층과 하류층의 격차가 극심했던 시기이다. 석유왕 록펠러, 강철왕 카네기, 그리고 뒤이어 등장한 자동차왕 포드가 바로 이 시기

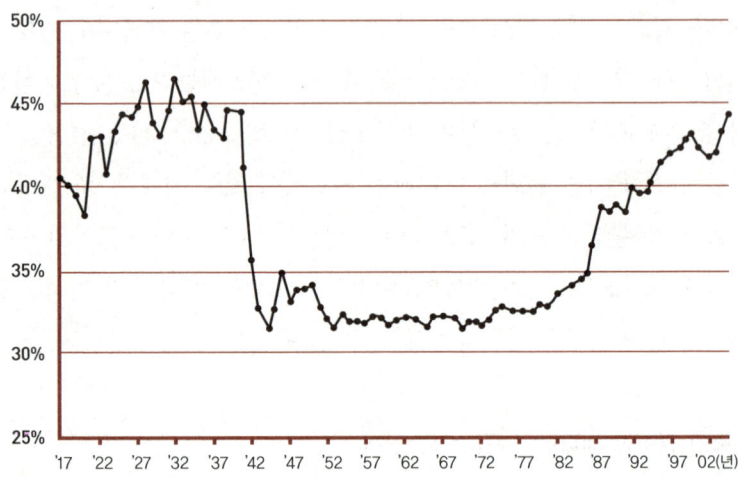

- 미국 전체 수입 중 상위 10% 부자들이 차지하는 비율 -
(출처: http://krugman.blogs.nytimes.com/2007/09/18/introducing-this-blog/)

사람들이다(신기하게도 워런 버핏, 빌 게이츠, 스티브 잡스 등 금융이나 IT 업종의 최근 부자들을 제외하면 우리가 아는 미국 부자들은 전부 이때 사람들이다.) 이 시대는 자유방임적 시장경제 체제여서 세율이 낮았다. 가령 도금 시대 말기인 1920년대에도 소득세 최고세율이 24%였으며, 상위 1%의 실제 소득세 비율은 소득의 1%가 채 되지 않았다고 한다. 당연히 제대로 된 복지 제도는 없었다. 하류층은 혹독한 빈곤을 겪어야 했다.[5]

대압착(great compression) 시기는 대공황 이후 루스벨트 대통령이 집권하여 뉴딜 정책을 펼친 시기다. 소득 격차가 급격히 감소했다고 해서 대압착이라고 불린다. 우리는 고등학교 세계사 시간에 뉴딜 정책을 테네시 강 개발을 통해 일자리를 창출하고 경기를 부양한 정책이라고만 배웠다. 하지만 뉴딜 정책은 자유방임적인 시장경제에 다양한 규제를 도입하고 복지 정책을 실행했다는 점에서 더욱 중요하다. 정부 역할을 확대하기 위해 세금을 대폭 올렸다. 소득세 최고세율은 루스벨트 대통령 첫 임기 때 63%, 두 번째 임기 때 73%로 올랐다. 대공황 당시 14%였던 법인세 최고세율도 1955년에는 45%까지 올랐다. 이러한 증세 정책과 복지지출로 인해 빈부 격차가 급속히 줄고 중산층이 물질적 풍요를 누리는 '중산층 시대'가 찾아왔다.[6]

1973년의 오일쇼크로 경기 침체를 겪은 후 1980년대 레이건 집권기부터 미국 사회는 빈부 격차가 다시 확대되는 양극화 시대(great divergence)로 전환되었다. 소득 격차는 다시 벌어져서 2000년대에는 도금 시대 때만큼 벌어졌다. 중산층 가구의 생활은 이전보다 어려워졌다. 예를 들면 중산층 시대인 1947~1973년 기간 동안 중위소득 가구의 실질소득이 2배 상승했다. 이는 매년 2.7%씩 증가한 셈이 된다. 이에 비해 1980년 이후 중위소득 가구의 소득은 매년 0.7%씩 올랐을 뿐이다. 조금씩이나마 소득이 늘어난 이유는 맞벌이 가구가 늘어난 덕분이다. 가구가 아니라 개인을 기준으로 비교하면 중간층의 소득은 오히려 감소했다. 가령 1973년과 2005년의 35~44세 남성의 실질소득을 비교하면 1973년의 소득이 12% 더 높다. 상위 1%의 소득만이 이전 세대에 비해 소득 증가폭이 컸다.

1980년대 이후는 잘 알려진 것처럼 신자유주의가 지배한 시기다. 1981년에 집권한 레이건 대통령은 70%였던 소득세 최고세율을 집권 첫 해에 50%로, 두 번째 집권 때에는 28%로 낮췄다. 법인세율 역시 낮아졌다.

지난 100년간 미국의 경험은 세금을 올리고 복지 정책을 펼쳤을 때 경제가 성장하고 소득이 분배되었음을, 세금을 낮췄을 때 경제성장은 더디고 소득분배는 악화되었음을 보여준다. 공급 측 경제학의 주장과는 정반대다.

물론 반론도 가능하다. 2차 세계대전 이후 1970년대 초반까지의 성장과 이후의 침체는 다른 요인에서 비롯했는데 세율의 변화와 우연히 시기가 겹쳤을 뿐이라는 항변도 가능하다. 더욱이 50~70년대 중반의 번영기에 감세 정책을 시행했다면 경제가 더 성장했을 것이고 80년대에 증세 정책을 시행했다면 경제는 더 침체했을 거라고 주장할 수도 있다. 고집하면 할 수 없는 일이다. 하지만 어느 쪽 말이 더 설득력 있을까? 각자가 판단할 일이다.

하지만 아무리 경제성장에 대해서 반론을 제기하는 사람이라도 소득분배에 대해서는 반박하기 어려울 것이다. 미국의 지난 경험을 보면 감세는 서민과 중산층의 생활을 어렵게 하고 증세와 복지 확대가 서민과 중산층의 생활수준을 높인다는 사실은 분명해 보인다.

세금은 줄었지만 삶이 나아지지는 않았다

이명박 정부의 감세 정책으로 세수는 확실히 감소했다. 2012년 8월 국회에서 기획재정부 차관이 답변한 내용을 보면 2008년부터 2011년까지 감세 정책으로 인한 세수 감소액이 63조 8000억 원이라고 했다(이 액수는 국회예산정책처나 KDI의 추정치보다는 작은 규모다.) 그런데 같은 기간에 일반회계 채무는 80조 원가량 증가했다. 감세가 채무를 늘린 것은 확실하다. 그렇다고 감세로 민간 재원을 늘려준 것이 경제 활성화에 도움이 된 것 같지도 않다. 비록 지출 내용에 대해서는 찬반이 있지만 우리나라가 비교적 빨리 2008년 글로벌 금융위기에서 벗어날 수 있었던 데는 정부 지출을 대폭 늘린 것이 크게 작용했다. 그리고 감세로 인한 기업과 고소득층의 소득 증가가 낙수 효과에 의해 서민과 중산층에게 확산되지 않았다는 것은 굳이 증거를 대지 않더라도 자명할 것이다.

애덤 스미스의 낙수 효과

《국부론》에서 개인의 이기심이 사회 전체의 이익을 가져온다는 보이지 않는 손(invisible hand)에 의한 경제활동 원리를 설명한 애덤 스미스는 또 다른 대표작인 《도덕감정론》에서도 보이지 않는 손에 의한 '낙수 효과'를 기술했다. 비록 스미스 본인은 낙수 효과라는 표현을 사용하지 않았지만 내용은 낙수 효과의 특성을 보여주고 있다.

"거만하고 냉혹한 지주가 자신의 넓은 들판을 바라보면서 이웃의 궁핍은 전혀 생각지 않고, 수확물 전부를 자기 혼자 소비하겠다고 결심하는 것은 헛수고일 뿐이다. 그의 위(胃)는 자신의 욕심보다 훨씬 작다. 고작 소작농의 위와 비슷한 크기일 뿐이다. 지주는 잉여생산물을 자신의 땅을 경작하는 소작농에게, 자신의 저택에서 시중을 들고 있는 하인들에게, 자신과 가족이 소비하는 사치품을 공급하는 사람들에게 나눠주지 않을 수 없다. 이처럼 많은 사람들의 생계유지에 필요한 몫은 지주의 사치와 변덕으로부터 얻어내는 것이지, 지주의 인간애나 정의감에서 얻는 것이 아니다.

부자는 생산물 중에서 가장 값나가고 좋은 것을 소비한다. 그러나 부자라고 해서 가난한 사람보다 특별히 많이 소비하지는 못한다. 그래서 부자들의 이기심과 탐욕에도 불구하고 부자들은 자신들이 생산한 부(富)를 가난한 사람들과 나눠 갖는다. 보이지 않는 손에 이끌려 토지가 모든 주민들에게 균등하게 배분되었을 경우와 동일한 생필품의 분배가 이루어지는 것이다."[7]

부자들이 번 돈은 언젠가는 소비될 테고 그 덕에 많은 서민과 중산층이 먹고살 수 있다는 얘기인데, 이것이 낙수 효과라고 한다면 별로 할 말은 없다.

감세로 정부 몫을 줄이고 민간 몫을 늘린다고 해서 경제 활성화에 도움이 되는 것은 아니다. 상황에 따라 플러스일수도 마이너스일 수도 있다. 이에 비해 감세의 혜택은 고소득층에게 집중되며 소득분배를 악화시킨다는 점은 분명하다. 성장의 과실을 아래로 흐르게 하는 낙수 효과는 적어도 경제가 어느 정도 성장한 이후에는 시장보다는 정부에 의해 이루어진다. 정부의 조세와 복지지출이 소득분배를 개선하고 서민과 중산층의 생활수준을 높인다.

감세와 경제 활성화의 관계와 맞물려 있는 것이 복지지출과 경제성장의 관계다. 복지지출을 하려면 증세를 해야 하므로 감세와 복지지출 증가는 대칭되는 개념이다. 따라서 감세가 경제를 활성화한다는 주장은 복지지출이 경제성장을 저해한다는 주장으로 이어진다. 이 주장은 역시 좀비'스런' 측면이 있다. 그 자체가 아주 틀린 말은 아니나 자주 사실을 왜곡하고 현실을 호도하는 데 사용되기 때문이다.

좀비스런 주장 2:
복지 혜택을 늘리면 일을 하지 않는다?

복지가 성장을 저해한다는 주장의 이유로서 빠짐없이 등장하는 것이 복지 수급자의 근로 동기를 저해한다는 말이다. 일하지 않아도 복지 수급으로 먹고살 수 있다면 근로 동기가 낮아지기는 할 것이다. 그럼 우리나라에서 시행되는 복지 프로그램 중에서 수급자의 근로 동기를 저해하는, 그래서 경제성장에 부정적인 영향을 미치는 것으로는 어떤 것들이 있을까?

복지 프로그램 중에서 지출 규모가 가장 큰 사업은 건강보험, 앞으로 규모가 가장 커질 사업은 국민연금이다. 건강보험과 국민연금이 근로 동기를 저해할까? 건강보험은 질병에 걸렸을 때 치료를 받게 해준다. 그러므로 오히려 건강을 회복해서 다시 일하게 해주면 해줬지 일하려는 의욕을 꺾는다고 할 수 없다. 국민연금 제도가 없어서 노후 생활이 막막하면 생계를 위해 일하는 노인들이 늘 수는 있을 것이다. 하지만 근로 동기를 저해해 경제성장에 걸림돌이 된다는 말이 이를 염두에 두지는 않았을 것이다.

최근 논란이 되었던 무상급식이나 보육 지원 확대, 대학생 반값등록금도 마찬가지다. 이런 복지 프로그램이 필요한가는 논란이 된다. 그러나 적어도 이런 프로그램 때문에 근로 동기가 저해되지는 않는다. 자녀에게 무상급식을 하고 보육료를 지원해준다고 부모들의 근로 동기가 저해될 리는 만무하다. 보육료 지원은 일과 가정의 양립을 위한 사업이므로 오히려 일하는 것을 장려한다. 반값등록금 때문에 휴학하지 않고 학교에 다닐 수 있다면 휴학생 알바 인력이 줄지는 몰라도 이 때문에 경제성장이 저해되지는 않을 것이다.

수년 전부터 시행되고 있는 근로장려세제는 일을 해야만 혜택을 받을 수 있다. 이름 그대로 근로를 장려하지 저해하지 않는다. 실업급여는? 외국의 경우 관대한 실업급여가 근로 동기를 저해한다는 지적이 있다. 그러나 우리나라의 실업급여는 수급 기간이 짧고 조건이 엄격한 편이어서(최장 8개월까지 받을 수 있지만 그러려면 연령이 50세 이상이고 10년 이상 가입해야 한다) 근로 동기를 저해하는 효과는 크지 않다. 오히려 실업급여는 목적 자체가 실업을 당한 사람이 구직 활동을 할 수 있도록 최소한의 생계비를 지급하는 것이므로 근로 동기 저해와는 거리가 멀다.

기존 복지 프로그램 중에서 수급자의 근로 동기 저해와 직접 관련되는 것은 국민기초생활보장제도밖에 없을 것 같다. 이 제도는 소득이 일정 수준 이하인 가구에게 소득 하한선과 실제 소득의 차액만큼 지원하는 제도다. 차액만큼 지원한다는 특성상 근로 동기를 저해할 수 있다. 그런데 과연 얼마나 근로 동기가 저해될까? 그것이 경제성장에 얼마나 부정적인 영향을 미칠까? 2011년 통계를 보면 국민기초생활보장급여 수급자 가구 중에서 절반은 고령자, 장애인, 소년소녀가장 가구였다. 그 밖에도 편모 가정 등을 제외하면 일반 가구는 32.6%였다. 이 32.6% 중에도 건강상의 이유로 일을 하기 어려운 가구가 상당수다. 일할 능력이 있는 수급자의 경우 근로 동기가 저해되기는 할 테고 이런 효과는 가급적 막아야 한다. 하지만 이는 공정성 훼손 등 도덕적인 이유 때문이지, 그로 인해 경제성장이 방해되는 것을 걱정하기 때문은 아니다.

게다가 국민기초생활보장제도는 10여 년 전부터 시행하고 있던 것이니, 복지 확대가 수급자의 근로 동기를 저해한다는 주장이 최근에 들어 커진 것과는 별 상관이 없는 것 같다.

좀비스런 주장 3:
복지가 민간의 생산 활동을 가로막는다?

복지가 성장을 저해한다는 주장의 또 다른 근거는 복지비 부담이 민간의 생산 활동을 위축한다는 것이다. 복지 재원 마련을 위해 세금(사회보험료 포함)을 많이 걷으면 개인은 근로 의욕이 낮아지고 기업은 투자를 줄이고, 심지어 해외로 이전할 수도 있다고 주장한다.

세금이 늘어나면 근로와 투자가 감소된다는 말은 앞에서 다룬 감세 효과를 뒤집어놓은 것이다. 떼어가는 돈이 많으면 근로와 투자 의욕이 감소되기는 할 것이다.[8] 그런데 과연 얼마나 감소될까? 우리나라는 선진국들에 비하여 조세 부담률이 낮은 편이다. 특히 소득세 부담률은 매우 낮다. 3장에 제시한 것처럼 OECD 평균은 GDP 대비 8.4%인데 비하여 우리나라는 2010년 기준 3.6%다. 사회보험료 부담 역시 다른 국가들에 비하면 매우 낮다. 이 정도 부담 때문에 근로 동기가 낮아지지는 않는다. 앞으로 지금보다 부담률이 꽤 높아진다고 해도, 어지간히 많이 높아지지 않는 한 근로 동기가 낮아지지 않을 것이다. 투자 의욕 역시 마찬가지다. 우리나라 기업의 법인세와 사회보험료 부담 수준도 개인의 경우와 마찬가지로 다른 국가들에 비하면 상당히 낮은 수준이다. 지금도 해외로 공장을 이전하는 기업들은 있다. 그러나 그 이유가 법인세와 사회보험료 부담 때문이 아님은 분명하다.

지금까지 복지가 성장을 저해한다는 논리가 얼마나 타당한지를 따져봤다. 정리하면 이렇다. "복지는 분명히 지출과 재원 조달의 양 측면에서 '이론적으로는' 근로 및 투자를 낮추는 효과를 지닌다. 그러나 우리나라의 경우 실제적인 효과는 미미하다." 이렇게 정리하고 끝내면, '효과가 크든 작든 어쨌든 성장에 부정적인 것 아니냐'라고 판단할 수 있다. 아니다. 복지에는 성장을 저해하는 효과뿐 아니라 성장을 촉진하는 효과도 있기 때문이다. 따라서 최종적인 판단은 득실을 종합적으로 판단해 내려야 한다.

복지가 성장을 촉진하는 이유도 다양하다. 그런데 그것들을 일일이 따져보기 전에 기본적인 질문을 하나 던져보자. 복지가 정말 성장을 저해한다면, 왜 모든 선진국들이 예외 없이 복지 제도를 발전시켰을까? 답은 간단하다. 복지 제도는 자본주의가 지속 발전하기 위해 필수적인 제도이기 때문이다. 복지 제도는 산업화가 진전되던 19세기 말부터 유럽 각국에 도입되었다. 복지 제도의 도입으로 계층 갈등과 사회 혼란을 진정시키고 공황을 극복하면서 자본주의가 순조롭게 발전할 수 있었음은 주지의 사실이다. 복지 제도가 자본주의의 산물이며, 시장경제가 계속 유지 발전되려면 복지 제도가 뒷받침되어야 한다는 점을 부인하는 학자는 없다.

결국 서로 간에 차이가 나는 지점은 어떤 내용의 복지를 어느 수준까지 해야 하는가다. 즉 복지가 성장을 저해한다는 주장은 복지 자체를 반대하는 것이 아니라, 복지의 부정적인 효과가 긍정적인 효과를 뛰어넘을 정도의 높은 수준을 반대하는 것이다(라고 생각하고 싶다.)

시장의 우월성을 확신하고 작은 정부를 주장하는 자유주의자라도 시장경제의 유지 발전을 위해 필요하다고 동의할 수 있는 최소한의 복지 수준은 어느 정도일까? 이는 알기 어렵다. 다만 선진국 중에서 가장 복지 수준이 낮고 시장경제에 충실하다고 알려진 국가가 미국이므로 미국의 복지 수준이 어느 정도 기준점이 될 수 있을 것이다. 2010년도 OECD 국가들의 평균 복지지출 규모는 GDP 대비 22%다. 이에 비해 미국의 2010년도 복지지출 수준은 GDP의 19.7% 정도다. 그리고 복지 축소와 작은 정부를 강조했던 1980년대의 복지지출 수준은 GDP의 13% 정도다. 따라서 대략 이 정도가 시장경제의 유지 발전을 위해 필요한 최소한의 수준이라고 봐도 무리는 없을 것이다. 그런데 우리나라의 복지지출 수준은 2011년에 9% 정도였다. 즉 시장경제의 건강한 유지 발전을 위해 요구되는 최소 수준에도 도달하지 못한 상태다.[9]

복지는 성장을 저해한다는 주장에 대한 내 반박이 썩 공정하지 않다고 느끼는 독자도 있을 것이다. 복지가 성장을 저해한다는 말이 우리나라에는 해당되지 않는다면 왜 언론에서는 그토록 많은 경고와 논쟁을 하고 정부는 왜 정치권의 각종 복지 공약들이 무리라고 비판할까? 복지 확대를 경계하고 비판하는 언론과 정부의 주장은 비록 현실을 제대로 보는 대신 입맛에 따라 왜곡하고 호도하는 면이 있지만 분명 타당한 측면도 있다.

세계 각국의 재정위기와 맞물려서 그렇겠지만 최근의 비판은 거의 '복지 확대는 국가부채를 늘려서 재정위기를 부른다'라는 것에 집중되어 있다. 남유럽 재정위기 원인은 복지지출 때문이 아니다. 그러나 복지지출이 사정을 더 어렵게 만든 측면도 있다. 이미 1980년대부터 유럽의 여러 복지국가들은 높은 복지지출로 재정 운영에 부담을 느끼고 재정적자가 증가한 경험이 있다. 따라서 '복지지출은 국가부채를 늘리고 재정위기를 불러온다'는 주장은 어느 정도 일리가 있다. 하지만 남유럽 국가들의 복지지출 수준은 유럽 국가들 중에서는 높은 편이 아니다. 1980년대부터 높은 복지지출을 해온 다수의 유럽 복지국가들은 여전히 높은 복지지출을 유지하면서 재정을 운영하고 있다.

나는 이전에 OECD 유럽 국가들 중에서 구공산권을 제외한 18개국의 복지지출과 국가부채 규모를 비교해본 적이 있다. 대표적인 복지국가로 알려진 북유럽의 스웨덴, 노르웨이, 덴마크, 핀란드는 국가부채가 적은 순서로 3, 4, 5, 6위였고 국가부채가 가장 많은 1, 2, 3, 4위는 'PIIGS'라고 불리는 국가들인 그리스, 이태리, 아이슬란드, 포르투갈이다(2010년 기준.) 그런데 이들의 복지지출 수준은 18개국 중에서 많은 순서로 그리스 14위, 이탈리아 7위, 아이슬란드 18위, 포르투갈 10위이다. 복지지출 크기와 국가부채 크기는 별 관련이 없는 셈이다.

나는 그 밖에도 이들 국가들의 다양한 특성을 분석해봤는데 그 후에 내린 결론은 이렇다.

첫째, 복지지출 규모보다는 복지지출의 내용이 국가부채와 관련 깊다. 복지지출은 연금, 의료, 소득지원(실업급여, 가족수당 등 연금 이외의 현금 지원), 사회 서비스, 네 가지 유형으로 구분할 수 있다. 그런데 연금급여 지출이 많은 국가일수록 국가부채가 많고, 사회 서비스 지출이 많은 국가일수록 국가부채가 적다. 국가부채 순위가 1, 2위인 그리스와 이탈리아의 연금급여 지출 규모는 각각 11.9%, 14.1%로 매우 높다. 연금급여 지출 규모가 12.5%로서 이탈리아 다음으로 높은 프랑스 역시 국가부채 규모가 GDP의 90%를 넘어 상당히 높다. 이들 국가들은 모두 연금급여 수준이 매우 높고, 국민들의 반대로 연금제도 개혁을 제대로 하지 못한 공통점이 있다.

사회 서비스 지출은 고용, 훈련, 보육, 요양 등의 서비스 지출을 말하는데 북유럽 국가들이 이 부문에 지출하는 규모가 다른 국가들에 비해 두드러지게 크다(북유럽 국가들 평균은 GDP 대비 6% 이상인데 비해 다른 국가들 평균은 2%를 약간 넘는다.) 사회 서비스는 근로 능력을 높이고 일과 가정의 양립을 도움으로써 고용을 촉진하는 정책이다. 아울러 그 자체가 사회 서비스 일자리를 창출한다. 이들 국가들은 여성 취업률과 전체 고용률이 다른 유럽 국가들보다 매우 높다.

둘째, 복지지출 규모가 아니라 복지지출을 국민 부담으로 감당할 수 있는지 여부, 즉 '복지지출÷국민 부담'이 국가부채와 관련이 깊다. 당연한 말이다. 복지지출 규모가 늘어나면 정부 지출이 증가한다. 정부 지출을 조세와 사회보험료를 합한 국민 부담으로 충당하지 못하면 재정적자가 발생한다. 그리고 재정적자가 쌓이면 국가부채가 된다. 내가 분석한 유럽 18개국 중에서 그리스, 포르투갈, 스페인은 국민부담률이 가장 낮은 순서로 3, 4, 5위였다.

우리보다 앞서 복지지출을 확대했고 높은 수준의 지출을 해온 유럽 국가들의 사례를 보면 복지지출과 국가부채의 관계에 어느 정도 답이 나온다. 복지지출 확대가 국가부채 증대로 연결되지 않으려면 늘어나는 연금 지출에 대한 대비가 필요하고, 복지 확대와 재원 조달이 병행되어야 한다는 점이다(굳이 유럽 국가들 사례를 분석하지 않아도 알 수 있는 당연한 말일까?)

현재 우리나라의 연금급여 수준은 낮은 편이다. 더구나 국민연금의 사각지대가 많아서 2030년이 되어도 우리나라의 연금급여 수준은 2007년의 OECD 선진국들 평균보다 낮을 것으로 전망된다. 하지만 연금 보험료는 급여 수준보다 더 낮다. 따라서 점차 보험료 수준을 높여서 급여 수준에 상응하게 할 필요가 있다. 참고로 2009년 기준 연금 보험료는 OECD 평균이 소득의 19.6%인데 비해 우리는 9%다. 워낙에 보험료 수준이 낮아서 유럽 국가들보다는 보험료 높이는 일이 쉬워 보인다.

복지 확대가 국가부채를 늘리고 재정위기를 가져온다는 말은 정말 좀 비스런 주장이다. 그러나 한 가지 사실만은 틀림없다. 복지를 확대하려면 재원 조달 방안도 함께 마련해야 한다는 점이다. 비록 의도는 마음에 들지 않지만 그래도 언론과 정부의 경고로 인해 재원 조달 없는 복지 확대는 어렵다는 공감대가 세워진 것은 다행이라 할 만하다.

물이 새더라도 물을 나눠 담는 것을
멈춰서는 안 된다

지금까지 복지와 재정에 관한 세 가지 오해, 감세는 서민과 중산층에게 도움이 된다, 복지는 성장을 저해한다, 복지지출은 국가부채를 늘린다는 주장을 살펴봤다. 이 세 가지 주장은 결국 우리 사회의 자원을 시장과 정부 사이에 어떻게 배분할 것인가와 관련된 논의들이다. 세 가지 주장 모두 정부보다는 시장의 몫을 늘려야 한다는 쪽이다. 다른 말로 하면 정부 개입 없이 시장경제에서 이루어진 분배 상태가 가장 좋으며, 정부가 개입하여 조세 및 복지지출을 통하여 이를 바꾸는 것(대개는 고소득층의 몫을 줄이고 저소득층의 몫을 늘리는 것)은 더 나쁜 결과를 가져온다는 주장이다.

간단히 말하면 정부는 작을수록 좋고 정부의 분배 정책은 안 할수록 도움이 된다는 얘기다. 정부는 아예 분배 정책을 하지 말아야 한다는 극단적인 주장을 하는 사람은 없겠지만, 경제학자들 중에는 분배 정책은 최소한 빈민 구호 정책 정도로 제한하는 것이 좋다는 생각을 가진 사람들은 제법 있다. 이들의 생각은 오쿤(Arthur Okun)이라는 경제학자가 말한 '물이 새는 바가지(leaky bucket)'라는 용어에 잘 나타나 있다. 부유층으로부터 빈곤층으로 소득을 이전하는 과정에서 일부가 새어나간다는 뜻이다.

정책 실행을 위한 최소한의 행정 비용은 지출되게 마련이므로 물이 조금도 새지 않고 고스란히 전해지기란 불가능하다. 게다가 근로 동기 감소나 투자 감소도 얼마간은 생겨날 수 있다. 그러나 중요한 것은 그럼에도 불구하고 왜 모든 국가는 분배 정책을 실행하는가이다.

'물이 새는 바가지'의 비유에서 배워야 할 것은 '옮기지 말아야 한다'가 아니라, 가급적 틈새를 막아서 '새는 양을 최소화해야 한다'는 사실이다. 물이 샌다고 아예 물을 옮기지 않겠다는 것은 아예 바가지를 깨는 짓과 다를 바 없다.

CHAPTER 15

우리 재정은 안전한가?

재정의 지속가능성

　빚 많이 지지 않고 망하지 않고 재정을 유지하는 일, 국가재정 운용의 가장 중요한 문제다. 남유럽 재정위기나 미국과 일본의 막대한 국가부채 문제는 언론을 통해 많이 알려졌다. 그리고 부채 증가가 더 이상 남의 일이 아니며 우리나라도 자칫 잘못하면 재정위기에 봉착할 수 있다는 경고도 많이 들었다. 많이 듣다보니 무감각해지는 걸까? 재정 위험을 경고하는 신문 사설을 봐도 '그런가보다' 하고 넘어가기 일쑤다. 그런데 경고가 사실이라면 그렇게 무심히 넘길 일이 아니다. 정말 큰일이다. 빨리 대책을 세워야 한다. 아니면 호미로 막을 일을 가래로도 막지 못하는 지경이 된다.
　우리나라 재정의 지속가능성에 대한 경고는 반반이다. 과장된 부분이 있는가 하면 빨리 대비하지 않으면 큰 문제가 될 부분도 있다. 5장에서 우리나라 국가채무 얘기를 하면서 우리나라 국가채무 규모는 많은 편이 아니라고 했다. 그렇다면 왜 많은 사람이 국가채무가 문제라고 하고 재정위기를 경고할까? 두 가지 때문이다. 하나는 미래의 정부 재정 부담에는 공식적인 국가채무 이외에 다른 것들도 포함되기 때문이다. 또 하나는 이러한 부담이 장래에는 훨씬 더 증가할 것이기 때문이다.

채무는 빌린 돈, 부채는 줘야 할 돈

내가 '빚'을 설명하면서 어떤 때는 채무, 어떤 때는 부채라는 말을 섞어 쓰는 것 때문에 혼란스러울 수도 있겠다. 회계에서는 이 둘을 구분한다. 쉽게 말해서 채무(debt)는 꾼 돈을 말한다. 부채(liabilities)는 여기에 꾼 돈은 아니지만 장래에 지급해야 할 의무가 있는 돈도 포함한다. 가령 내 집을 전세 내주고 받은 보증금은 꾼 돈이 아니다. 하지만 나중에 돌려줘야 한다. 당장 목돈이 들어왔다고 쉽게 써버렸다가는 나중에 되돌려 주기가 막막하다. 즉 이는 수입이면서 동시에 부채가 된다. 회사에서 직원을 고용하면 퇴직할 때 퇴직금을 줘야 한다. 이는 꾼 돈은 아니다. 하지만 법적으로 줘야만 하므로 회사 입장에서는 부채다. 회계 방식 중에서 현금주의(cash basis)는 빚으로 채무를 파악하고 발생주의(accural basis)는 부채를 파악한다.

이처럼 회계에서는 채무와 부채를 구분하지만 일상에서는 둘을 혼용한다. 그런데 우리가 국가채무를 걱정하는 이유는 그 채무를 나중에 국민의 세금으로 갚아야 하기 때문이다. 즉 미래 재정에 부담을 주기 때문이다. 미래의 재정 부담을 초래한다는 면에서는 꾼 돈이냐 아니냐를 구별할 이유는 없다.

국가채무 논쟁

2000년 이후 각 정권 때마다 언론사, 정당, 학자 등을 중심으로 우리나라 국가채무 규모에 대한 논쟁이 있었다. 가장 최근의 논쟁은 2010년에 있었다. 당시 정부는 2009년 말 기준으로 우리나라 국가채무 규모가 대략 360조 원이라고 밝혔다. 이에 대해 일부 학자와 정치권은 정부가 부채 규모를 크게 축소해 발표했으며 실제는 700조 원 이상이라는 주장부터 1400조 원이 넘는다는 주장까지 나왔다.

정부가 발표한 360조 원은 공식적인 국가채무 정의에 따른 규모, 즉 정부가 직접 갚을 의무가 있는 확정채무액이다. 이는 5장에서 다룬 공식적인 국가채무로서 현재 시점에서 정부가 국공채 발행 등을 통해 진 빚이자 만기가 도래하면 갚아야 할 금액을 의미한다. 이 기준에 따른 국가채무는 2011년 말 기준으로는 약 420조 원이다. 정부가 발표한 규모가 축소되었다고 주장하는 이들의 근거는 확정채무액 외에도 장래에 재정 부담을 초래할 여지가 있는 '광의(廣義)의 국가채무', '사실상의 국가채무'가 있기 때문이다.

미래에 재정 부담을 불러올 항목은 다양하다. 우선 정부가 민간 채무에 보증을 서는 국가보증채무, 국내 통화량 조절을 위해 한국은행이 발행한 통화안정증권이 있다. 또 민간 자본으로 건설한 SOC를 정부가 사용하면서 내는 사용료와 여기서 손실이 발생했을 때 차액을 메워주는 손실보전액도 있다.

정부가 보증한 채무를 민간이 갚지 못하면 국가채무로 전환된다. 2011년 말 국가보증채무는 36조 원가량이다. 이 중 일부가 국가채무로 전환된다고 해도 금액이 크지는 않다. 2011년 기준 통화안정증권 규모는 160조 원이 넘는다. 통화안정증권 발행으로 많은 이자 손실이 발생한다. 그러나 통화안정증권은 한국은행의 통화량 조절 수단으로서 그 자체를 빚이라고 하기는 어렵다. 민자 사업 사용료와 손실보전액은 정부 재정 부담을 초래한다. 그리고 경제학적으로 분석하면 정부가 빚으로 직접 SOC를 건설한 후에 원리금을 상환하는 것과 효과는 마찬가지다. 민자 사업으로 SOC를 건설하는 것은 국가채무 증가를 피하는 방편인 측면이 크다(7장 참조.)

'광의의 국가채무'든 '사실상의 국가채무'든 재정 부담을 불러올 수 있다면 규모를 파악하고 엄격하게 관리해야 한다. 그런데 장래 재정 부담을 초래한다는 측면에서 앞에서 언급한 것들은 큰 문제가 되지는 않는다. 문제가 되는 것들은 따로 있다. 공기업 채무와 공적연금 지출이다.

어디까지가 나랏빚일까?

국가채무는 개인채무의 축소판이다. 돈을 빌리는 이유는 국가든 개인이든 유사하다. 다만 국가는 훨씬 규모가 크고 사연이 더 복잡할 뿐이다. 국가채무와 공기업채무, 공적연금 지출의 관계도 개인 사례에 빗대어 설명하면 이해하기 쉽다.

① 자영업자 L씨는 그동안 사업 자금 마련하느라, 자녀들 대학 학비 마련하느라, 넓은 아파트로 이사 가느라…… 여러 가지 이유로 대출을 받아서 은행에 갚아야 할 돈이 5억 원이 되었다.
② L씨의 아내도 조그만 가게를 운영한다. 아내는 통장도 따로 만들고 집안 살림과 분리해서 독립채산제로 가게를 운영한다. 독립채산제라고

는 하지만 부부가 함께 쓰는 자가용 승용차는 아내 이름으로 등록해서 아내가 비용을 부담한다. 그 밖에 집안 살림에 들어간 돈 중에서 아내가 사업비용으로 처리한 것이 제법 되어 아내 가게 통장에는 빚이 2억 원 있다.

③ 미혼인 L씨의 큰아들은 L씨 가게에서 6년째 점원으로 일하고 있다. 그동안 용돈 삼아 매달 60만 원씩 지급했다. 대신 내년에 결혼해서 분가할 때 2억 원을 주기로 약속했다.

④ 막내딸은 직장에 다닌다. 그런데 그냥 두니 버는 대로 다 써버리고 저축을 하지 않는다. 그래서 L씨는 딸에게 매달 월급에서 30만 원씩 떼어 아빠에게 맡기라고 했다. 그 돈에 L씨의 돈을 보태 5년 후에 5000만 원을 주기로 약속했다.

이 네 가지 상황 중에서 어디까지가 L씨 빚일까? 아니, 본인 빚은 아니라도 L씨는 어디까지를 대비해야 할까?

①은 두말할 것도 없이 L씨 빚이다. ②는 아내가 독립채산제로 운영하는 가게의 빚이다. 아내 사업이 잘 되어 알아서 갚는다면 L씨가 신경 쓸 일은 없다. 하지만 사업이 망하면 어떡하나? 결국 L씨가 갚아야 할 것이다. 아무리 독립채산제라지만 부부는 일심동체. 게다가 가게 빚의 일부는 집안 살림을 충당하느라 진 것이다. ③은 어떤가? L씨는 그동안 아들을 고용하면서 급여를 충분하게 주지 않았다. 물론 결혼자금으로 주겠다는 2억 원은 적게 준 급여를 모두 합한 금액보다 훨씬 많다. 하지만 이미 약속했다. 내년에 결혼하면 줘야 마땅하다. ④는 어떨까? 막내딸이 맡긴 돈이니 줘야 한다. 물론 5년 동안 맡긴 돈에 은행 이자를 합쳐도 5000만 원에는 훨씬 못 미친다. 그래도 주겠다고 했으니 5000만 원을 주

기는 해야 할 것이다. 아니면 늦기 전에 약속을 변경하든가.

이 사례를 국가채무와 연결해보자. ①은 공식적인 국가채무에 해당한다. ②는 공기업 채무, ③과 ④는 공적연금 지출에 해당한다. 공적연금 유형별로 구분하면 아들에게 줄 돈은 공무원 및 군인 연금에 가깝고 막내딸에게 줄 돈은 국민연금에 해당한다. 이제 공기업 채무와 공적연금 지출을 어떻게 봐야 할지 따져보자.

공기업 채무에는 정부 책임이 크다

공기업은 정부가 아니다. 따라서 공기업 채무는 국가채무에 포함되지 않는다. 그럼에도 공기업 채무를 국가채무에 포함해야 한다고 주장하는 사람들의 근거는 무엇일까? 현실에서는 왕왕 원칙을 그대로 적용하기 어려운 상황이 발생하기 때문이다.

공기업이 어떤 경우에 빚을 지고, 왜 그 빚에 대해서 걱정해야 하는지 생각해보자. 기업이 빚을 지는 것은 자연스럽다. 사업을 하려면 자금이 필요하고, 가진 돈으로 부족하면 빌려서 써야 한다. 사업이 잘 굴러가서 빌린 돈을 제때 갚기만 하면 문제가 아니다.

민간 기업은 망하는 경우가 부지기수다. 그런데 공기업이 망할 수 있을까? 가령 한국전력이 망할 수 있을까? 천재지변으로 발전소가 파괴되는 등 비현실적인 상황이 아니라면 한전이 망할 가능성은 희박하다. 전기는 우리 생활에 꼭 필요하고 한전은 국내에 전기를 공급하는 유일한 독점기업이기 때문이다. 공기업 장사는 땅 짚고 헤엄치기여서 망할 이유가 없을 것 같다.

그런데 한국은행이 발표한 자료에 따르면 2011년 말 공기업 부채는 360조 원이라고 한다. 2007년 말 한국은행 자료에 공기업 부채가 190조 원이라고 했으니 4년 만에 거의 2배가 된 셈이다. 특히 최근 몇 년간 공기업의 채무 증가 속도는 국가나 민간 기업의 채무가 증가하는 속도보다 빠르다. 그리고 부채 비율도 규모가 비슷한 민간 기업 평균보다 높다.

민간 기업보다 사업 여건이 훨씬 유리한데도 왜 공기업이 민간 기업보다 부실하게 운영될까? 공기업 경영이 '기업'적으로 이루어졌다면 이처럼 많은 빚을 질 리가 없다. 많은 빚을 진 이유는 '공공'적 판단에서 경영이 이루어졌기 때문이다.

공기업 중에서 토지주택공사 한 곳의 부채만 2011년 기준 130조 원이다. 토지주택공사가 이처럼 많은 빚을 진 원인은 참여정부와 이명박 정부 때 공공주택 건설, 세종 시, 혁신도시 등 각종 국책 사업을 수행했기 때문이다. 또 수자원공사의 부채는 2008년까지만 해도 2조 원대였다. 그런데 2011년에는 12조 원으로 불어났다. 늘어난 부채 대부분은 4대강 사업비 탓에 발생했다.

공공주택 건설이나 국책 사업은 정부 일이다. 정부 재원으로 하는 게 맞다. 꼭 해야 하는데 돈이 없으면 정부가 빚을 내서 해야 한다. 그런데 국가채무가 늘어난다는 비난을 피하기 위해 공기업에게 떠넘겼고 그래서 공기업 부채가 증가했다.

5장에서 국가채무 얘기를 하면서 IMF 외환위기, 글로벌 금융위기 등 예외적인 상황에서 진 빚 외에 재정적자가 쌓여서 발생한 채무는 많지 않다고 했다. 그런데 이는 공기업에게 떠넘긴 덕분이다. 이처럼 정부가 해야 할 사업을 대신 하느라고 생긴 빚이기 때문에 나라 빚으로 간주해야 한다는 주장이 설득력이 있다. 법적으로는 아니더라도 도의적으로는 정부 책임이 분명히 크다.

어차피 공기업이 빚을 도저히 감당하지 못하게 되면 그냥 파산하도록 정부가 손 놓고 있을 수는 없다. 공적자금을 투입해야 한다. 상황이 안 좋아지면 국가채무를 늘리지 않기 위해 공기업이 떠안았던 채무의 상당 부분은 나랏빚이 될 수 있는 것이다.

국가 공기업 부채 못지않게 지방 공기업 부채도 심각하다. 지방 공기업 부채는 2011년 기준으로 약 50조 원이다. 대부분 지방정부 산하 개발 공사들이 지방정부의 각종 개발사업을 수행한 결과로 생긴 빚이다. 서울시의 시프트(장기전세주택) 사업을 수행하는 SH공사의 부채는 2011년 기준으로 17조 원이 넘는다(이에 비해 서울시 본청 부채는 5조 원이 채 안 된다.) 2010년 기준으로 경기도시공사의 부채는 7조 원이 넘고, 인천도시개발공사의 부채는 6조 원이 넘는다. 지방 공기업 부채는 국가 공기업과는 달리 지방정부에 실질적인 상환 의무가 있다.

빚을 떠안은 공기업은
하우스 푸어와 다를 바 없다

국가와 지방 공기업 부채가 워낙 이슈화되었기에 앞으로는 중앙정부든 지방정부든 더 이상 과거처럼 행동을 하지는 못할 것이고, 이를 방지하기 위한 방안도 나올 것이다. 앞으로는 그렇다 치고 이미 쌓인 부채는 어떻게 하나? 이 부채가 향후 얼마나 국민 부담으로 돌아올까?

그나마 다행인 점은 공기업 부채는 대부분 대응 자산이 있는 금융성

부채라는 사실이다. 즉 사업 과정에서 빚진 부채이므로 주택, 택지 등 그에 상응하는 자산이 존재한다. 하지만 안심할 수는 없다. 공기업 부채는 하우스 푸어들의 가계부채와 유사하다. 집을 제값 받고 팔면 부채를 갚을 수 있다. 그러나 부동산 경기 침체로 집값은 떨어지고, 팔리지는 않고…….

부동산 경기를 연착륙시키면서 부채를 조금씩 줄여가야 한다는 당위적인 말 이외에 뾰족한 해법은 없다. 조심스럽게 줄여나갈 수밖에 없다. 다만 그 과정에서 주의해야 할 점이 있다. 빚을 갚기 위해 대응 자산을 성급히 팔려고 하면 제값을 받기 힘들다. 또 그 과정에서 민간 업자에게 다양한 특혜를 제공해야 할 수도 있다. 개발사업을 하는 민간 업자들, 여간내기가 아니다. 아쉬운 쪽이 정부라면 업자들이 그런 좋은 기회를 놓칠 리 없다.

짚고 넘어가야 할 문제가 하나 더 있다. LH공사와 SH공사 부채에는 공공임대주택 건설이 큰 영향을 미쳤다는 사실이다. 우리나라의 공공임대주택은 외국에 비하면 미미한 수준이다. 외국 서민들의 주거비 부담이 낮은 데는 공공임대주택이 큰 역할을 한다. 우리나라도 서민의 주거비를 안정시키려면 공공임대주택이 더 많이 필요하다. 그렇다면 빚을 부담하더라도 짓는 쪽이 나을 것이다. 다만 그 과정에서 빚을 져야 한다면 공기업이 아닌 정부 빚으로 하는 게 정당하다(건설 경기를 부양해야 한다는 목적에서도 말 많고 탈 많은 대형 SOC 국책사업보다는 기왕이면 공공임대주택을 건설하는 편이 더 좋지 않을까?).

공적연금 지출:
재정 지속가능성의 아킬레스건

공식적인 국가채무 규모는 2011년말 기준으로 420조 원 정도라고 했다. 그런데 이에 대해 정부 스스로 다른 말을 했다. 2012년 5월 31일자 주요 신문들은 이런 내용을 보도했다.

발생주의 회계 첫 적용, 국가부채 402조 원에서 774조 원으로 증가

올해 국가재무제표를 처음 작성한 결과, 종전의 세입세출결산 방식으로 산출한 국가채무 402조 원보다 372조 원 많은 774조 원이 나랏빚으로 파악됐다. 국가재무제표란 민간 기업의 재무제표처럼 발생주의 회계와 복식부기 원칙을 적용한 것이다.

기획재정부가 국회에 제출한 '2011회계연도 국가결산보고서'에 따르면 연금충당부채, 미지급금 등이 포함된 국가재무제표상의 국가부채는 총 774조 원에 달했다. 발생주의 원칙에 따라 연금충당부채 342조 원이 국가부채에 포함되면서 나랏빚 규모가 크게 늘어난 것이다. 이전의 현금주의 방식에선 연금충당부채가 나랏빚으로 잡히지 않았다. 연금충당부채는 공무원, 군인연금 등의 향후 연금 지급에 따라 재정 소요가 발생할 수 있는 부분을 말한다.

요컨대 기존 국가채무 정의에 포함되지 않는 공무원과 군인에게 연금으로 지급할 돈 342조 원을 포함했더니 부채가 400조 원대에서 700조 원 이상으로 껑충 뛰었다는 내용이다.

연금충당부채는 연금 가입자에게 나중에 지급해야 할 연금급여액을 모두 합한 부채다. 즉 지금 당장 나가는 돈은 아니지만 결국에는 당사자들에게 줘야 할 돈이다. 정부가 직접 꾼 돈은 아니므로 공식적인 국가채무에서는 제외된다. 하지만 미래에 정부가 지급해야 할 돈이므로 꾼 돈과 마찬가지로 재정 부담을 초래한다.

공무원 및 군인 연금 충당부채 342조 원에 대한 여러분의 느낌은 어떤가? '역시 공무원은 철밥통', '공직은 신의 직장', '부럽다'…… 이런 생각이 들기도 할 것이다. 다른 한편으로 왜 국민의 혈세를 공무원들의 안락한 노후 생활을 위해 써야 하는지 화가 나기도 할 것이다.

지급해야 할 공무원 및 군인 연금급여가 장래에 상당한 재정 부담을 안겨줄 것은 분명하다. 하지만 나중에 보전해야 할 액수가 정부가 연금 충당부채라고 밝힌 342조 원 전액은 아니다. 왜냐하면 이 342조 원은 보험료 수입(공무원, 군인이 매월 납부하는 돈)은 고려하지 않고 연금 지급액(공무원, 군인 퇴직 후 받아갈 돈)만 계산한 규모이기 때문이다.

국민연금과 마찬가지로 공무원 및 군인 연금도 재직 중에 보험료를 내고 은퇴 후 연금을 수령한다. 재직 중 내는 보험료는 급여의 14%인데 절반은 공무원 급여에서 개인이 내고 나머지 절반은 고용주인 정부가 부담한다(이에 비해 국민연금은 보험료가 급여의 9%이며 직장인은 본인과 고용주가 절반씩 부담한다.)

보험료 수입으로 연금 지급액을 충당할 수 있으면 정부 재원을 따로 투입할 필요가 없다. 연금충당 '부채'라고 하지만 재정 부담을 초래하지 않는다. 물론 공무원은 정부가 고용주이기 때문에 급여든, 보험료 부담금이든, 연금 부족액 충당금이든 재원은 모두 국민 세금이다. 그러나 재정의 지속가능성을 걱정하고 미래의 재정 부담을 파악하는 것이 목적이라면 인건비 지출과 연금 부족액 충당은 엄연히 구분해야 한다. 연금충당부채에서 보험료 수입을 빼고 부족액만을 산출하면 342조 원보다는 규모가 훨씬 줄어든다.

공무원(군인)연금이 국민연금보다 훨씬 후하게 설계되어 있는 것은 사실이고, 연금급여를 보험료 수입으로 충당하지 못해서 정부 재원으로 보전해야 할 액수가 엄청난 것도 맞다(지금도 매년 수조 원의 적자를 보전해주고 있다.) 공무원연금 개혁은 필요하다. 하지만 그렇다고 해서 현상을 그릇되게 이해하는 것은 바람직하지 않다. 처음 공무원연금이 후하게 설계된 데는 민간보다 상대적으로 적은 급여를 보상해준다는 측면도 있었다. 공무원은 퇴직금이 거의 없다는 점도 고려해야 한다. 공무원연금을 고치려면 공무원 보수와 함께 고쳐야 한다. 이에 대해 할 말은 많지만 이 책의 목적을 벗어날 것 같으니 생략하자. 다만 원론적으로는 보수는 올리고 연금급여는 낮춰서 민간 기업과 유사하게 만드는 것이 타당하다는 정도만 밝힌다.

그럼 국민연금은?

비록 정부가 발표한 연금충당부채란 것이 연금 지급으로 인한 미래 재정부담액을 제대로 보여주지는 못하지만, 어쨌든 미래의 연금 지출 부담액을 파악하는 것은 잘 하는 일이고 진작 했어야 하는 일이다. 문제는 정부가 공적연금 중에서 군인연금과 공무원연금만 포함하고 국민연금은 제외했다는 점이다.

'정부는 군인과 공무원의 고용주다. 따라서 정부 입장에서 군인연금과 공무원연금 충당부채는 민간 기업의 퇴직금 충당부채나 마찬가지다.

그러나 국민연금은 다르다. 정부는 국민연금 가입자의 고용주가 아니다. 그리고 국민연금급여는 보험료를 모아둔 기금에서 지출된다. 현재의 국민연금은 내는 돈보다 받는 돈이 더 많게 설계되어 있어서 결국에는 기금이 고갈된다. 하지만 지급할 돈이 부족하면 보험료를 더 걷거나 여의치 않으면 연금급여액을 삭감하면 된다.' 아마도 이것이 정부 논리인 듯싶다. 과연 이렇게 정리하면 그만일까? 확실히 미래에 지급해야 할 국민연금급여는 정부 입장에서는 현금주의에 따른 채무도 아니고 발생주의에 따른 부채라고 하기도 어렵다.

하지만 국민연금은 일반 국민의 노후 대비책 중 핵심이다. 정부가 사회보험의 하나로 국민연금을 운영하는 것은 국민의 노후에 대한 책임을 진다는 뜻이다. 이런 의미에서 학자들 중에는 이를 암묵적(implicit) 채무라고 부르는 사람도 있다.

용어는 뭐라 해도 상관없다. 중요한 사실은 국민연금 부족분은 장래에 큰 재정 문제를 불러오며 정부는 이를 해결해야 한다는 점이다. 지금은 보험료를 내는 사람은 많지만 연금급여를 받는 사람은 적어서 국민연금 기금이 계속 쌓이고 있다. 하지만 나중에는 역전되고 결국 기금은 고갈된다. 고갈 시점은 추정하는 사람마다 조금씩 차이가 있지만 대략 2050년 전후다. 이 책 독자들의 대부분은 그때쯤 한창 연금을 받을 나이일 것이다. 기금이 고갈되면 어떻게 될까?

연금 가입자의 보험료 수입만으로 급여를 줘야 한다면 보험료가 얼마나 되어야 할지 따져보자. 통계청에 따르면 2050년에는 65세 이상 노인 인구가 전체인구의 37.4%가 된다. 그리고 국민연금재정 장기추계에 따르면 2050년경에는 보험료를 내는 가입자보다 급여를 받는 수급자 수가 더 많아진다. 낙관적으로 가정해서 보험료를 내는 가입자와 급여를 받는 수급자 비율이 1:1이라고 치자. 현재 가치로 수급자가 받아가는 연금 급여액이 60만 원이면 가입자가 내는 보험료도 60만 원이 되어야 한다. 급여를 받는 입장에서는 60만 원이 부족할 수 있겠지만 보험료를 내는 입장에서는 쉽게 감당할 수 있는 액수는 아니다. 보험료로 감당하지 못하면 세금으로 보전해줘야 한다. 그러면 세금을 더 걷거나 국가가 빚을 져야 한다. 항목만 바뀔 뿐이지 미래 세대의 부담이기는 매일반이다.

지금 상태로 두면 공무원연금이든 국민연금이든 급여 지출은 미래에 막대한 재정 부담을 불러오는 원인이 된다. 그런데 이로 인한 재정 부담 규모는 다 합치면 얼마나 될까? 즉 미래에 국가가 내줘야 할 돈에서 거둬들인 돈을 뺀 실제 재정 부담 액수는 모두 얼마일까? 이를 추정하는 것은 쉽지 않고 그 규모도 매년 바뀐다.

비록 연금충당부채라는 표현을 사용하지만 공적연금 지출액은 만기 때 한꺼번에 갚는 빚이 아니다. 매년 급여 지출이 발생한다. 그래서 '이를 다 합하면 얼마다'보다는 장래에 '매년' 얼마나 공적연금을 지출할지를 추정하는 일이 더 의미가 있다.

재정의 지속가능성을 따지기 위해서도 매년의 재정지출 규모를 추정하는 것이 중요하다. 그해 지출을 그해 수입으로 충당할 수 없으면 적자가 발생하고, 이렇게 쌓인 적자가 국가채무다. 따라서 매년의 지출 규모를 추정하면, 국가채무를 특정 수준으로 유지하는 데 필요한 재정수입 규모를 알 수 있다. 그리고 이로부터 재정의 지속가능성을 판단할 수 있다.

미래에 쓸 지출을
미리 계산해두자

미래의 재정지출 규모 추정은 지속 가능한 재정을 만드는 데 필수적인 정보라 많은 국가들이 이 작업을 하고 있다. 우리나라도 2010년부터 한국조세연구원을 중심으로 이 작업을 시작했다. 2013년부터는 정부 차원에서 '장기재정전망협의회'를 구성하고 장기재정전망 결과를 공식 발표할 예정이라고 한다.

미래 지출 규모 추정을 위해 필요한 가정이 있다. 미래에도 '현재의 제도를 그대로 유지한다'는 가정이다. 물론 비현실적이다. 하지만 이 가정이 없다면 미래에 얼마나 바뀔지에 따라 지출 규모가 제각각이 된다.

'현재의 제도를 그대로 유지'하기 때문에 국방, 치안, SOC 등의 미래 지출 규모는 현재 수준으로 고정한다. 가령 이 지출의 총합이 지금 GDP 대비 20%라면 미래에도 그러리라고 가정한다.

'현재의 제도를 그대로 유지'할 때 달라지는 지출 항목은 어떤 것일까? 정책 대상 집단의 규모에 의해 지출액이 정해지는 항목이다. 짐작했겠지만 이는 대부분 복지지출이다. 국민기초생활보장, 건강보험, 공적연금, 보육 등의 지출액은 대상 집단 규모에 따라 지출액이 정해진다. 그래서 미래의 재정지출 규모 추정은 거의 복지지출 규모 추정에 집중된다. 나머지 지출은 일부 예외도 있지만 거의 현재의 GDP 대비 지출 비중이 미래에도 계속 유지될 것으로 가정한다.[1]

미래에는 인구 규모와 구조가 변하므로 정책 대상 집단 규모가 바뀐다. 복지지출에 가장 큰 영향을 미치는 인구 변화는 단연 고령화다. 고령화는 복지지출을 늘린다. 공적연금은 고령화로 지출이 증가하는 대표 항목이다. 대표 항목이 하나 더 있다. 건강보험이다. 노인 계층은 청소년이나 중장년 계층에 비해 병원을 훨씬 많이 찾는다. 인구의 규모가 같아도 노인 인구 비중이 높아지면 건강보험 지출은 증가한다. 그 밖에 빈곤계층 소득지원 프로그램인 국민기초생활보장제도 지출도 일부 증가할 수 있다. 노인 세대에 빈곤층이 많기 때문이다. 또한 거동이 불편한 노인들을 지원하는 장기요양보험 지출 역시 증가할 것이다.

복지지출을 제외한 나머지 지출들은 최근 수년간 대략 GDP 대비 20% 내외를 유지하고 있다(3장 참조). 따라서 미래에도 그 정도가 되리라고 가정하면 된다. 그럼 미래의 복지지출 규모는 구체적으로 얼마나 될까? 그동안 이루어진 추정 결과들을 종합해보면 옆의 표와 같다.[2] 그리고 복지지출 규모에 나머지 지출 규모인 20%를 더하면 GDP 대비 전체 재정지출 규모가 된다.

2030년에는 복지지출 규모가 GDP 대비 14.5%가 되며 전체 재정지출은 34.5%가 된다. 그리고 2050년에는 복지지출 규모가 21%, 전체 재정지출은 41%가 된다.

재정지출이 GDP의 40%가 넘는다고 하면, 일반적인 반응은 두 가지다. 하나는 장래의 복지지출 규모가 너무 크다는 것이고, 또 하나는 GDP의 41%라는 재정지출 규모를 감당할 수 있겠느냐는 것이다. 언론에서도 이 결과가 발표되었을 때 복지지출 규모를 줄여야 한다, 미래에 닥칠 재정위기에 대비해야 한다는 식으로 얘기한 바 있다. 미래에 대한 대비를 미리부터 해야 하는 것은 맞다. 하지만 장래의 복지지출 규모가 너무 많다거나, 재정지출 규모가 감당하기 힘들다는 주장은 좀 따져볼 필요가 있다.

– 복지지출 규모 장기 전망 –
(GDP 대비 비중(%), OECD, 2007년: OECD 국가들 중 선진 18개국에 대한 자료)

	전체	연금	건강보험	근로연령대 소득지원	사회 서비스
한국 2030년	14.5	6.3	4.6	1.3	2.4
한국 2050년	21.0	10.4	5.7	1.6	3.3
OECD 2007년	22.6	8.7	6.5	4.2	3.3

받는 사람 입장에서는 많은 돈이 아니다

GDP 대비 21%라는 2050년의 복지지출 규모는 언뜻 꽤 많아 보인다. 그러나 복지지출을 연금, 의료, 근로연령대 소득지원, 사회 서비스의 네 가지 유형으로 구분해서 차근차근 따져보면 꼭 그렇지만은 않다. 근로연령대 소득지원이란 기초생활보장급여와 고용보험급여 같은 연금 지출 이외의 소득지원 정책을 말하고 사회 서비스는 보육, 요양, 사회복지시설 등에 대한 지출을 말한다.

이 표를 보면 2010년에 비해 늘어나는 지출은 거의 연금과 의료 분야에 집중되어 있다. 두 분야는 전 국민을 대상으로 하고 고령화의 영향을 직접 받기 때문이다.

2050년에 연금 지출액이 GDP 대비 10%가 넘고 건강보험 지출액이 6%에 육박한다고 해도 그때의 고령화율을 고려하면 결코 많은 것이 아니니다. 2007년 OECD 지출액 평균과 비교하면 명확하다. 2007년 OECD 고령화율 평균은 16.2%로 2030년 한국의 고령화율보다 훨씬 낮다. 그럼에도 연금과 건강보험 지출 규모는 2030년의 한국보다 훨씬 많다. 한국의 고령화율이 2007년 OECD 평균의 2배가 훨씬 넘는 2050년이 되어서야 연금 지출은 2007년 OECD 지출 규모보다 커진다. 의료 지출은 그때에도 2007년 OECD 평균에 못 미친다.

다른 국가와 비교할 필요 없이 그냥 이 정도 규모가 노후 보장과 의료에 적절한 수준인가 생각해보자. 2050년 65세 이상 노인은 전체 인구의 37.4%다. 그런데 연금액은 GDP의 10.4%다. 인구로는 전체의 1/3이 넘는데 GDP 중 연금 규모는 1/10 정도인 것이다. 이 정도면 1인당 얼마나 될까? 2011년 기준으로 계산하면 노인 1인당 월 50만 원이 조금 넘는다.[3] 노후 보장을 위해 결코 많은 금액은 아니다. 건강보험도 마찬가지다. 2050년 5.7%는 대략 건강보험의 보장성을 55% 정도로 가정하고 계산한 것이다. 이 정도로는 보장성이 충분하다고 하기 어렵다.

재정지출 41%, 감당하기 어려운 규모일까?

"우리나라 복지지출 수준이 다른 OECD 국가들에 비하여 낮다는 것은 알겠다. 그럼에도 불구하고 유례없이 빠른 고령화로 인해 2050년에는 복지지출 규모가 GDP의 21%가 되고, 다른 지출까지 합하면 41%가 된다. 이 정도 재정지출을 감당하기는 힘들지 않겠는가?" 이런 생각이 들 수 있다. 하지만 달리 생각해보면 그렇게 힘들 것 같지도 않다. 그 이유는 이렇다.

다른 국가들은 오래전부터 그 정도 정부 지출을 해왔다

OECD 국가들의 2010년 평균 복지지출 규모는 GDP 대비 22%다. 그런데 이 국가들 중 다수는 1980년대부터 GDP 대비 20% 내외로 복지지출을 하고 40%가 넘게 정부 지출을 해왔다. 공교롭게 요즘 국가채무가 문제되는 그리스, 스페인, 포르투갈, 일본, 미국은 그 당시 복지지출 수준이 10~17%로 오히려 낮았다. 그리고 좀 더 일찍부터 높은 수준의 복지지출을 해왔던 북유럽 국가들의 오늘날 국가채무 규모는 OECD 선진국들 중에서 가장 낮은 편에 속한다. 다른 국가들이 30년 전부터 해오던 지출 수준을 우리는, 지금 당장도 아니고, 40년 뒤에 하게 되는데도 그게 그렇게 감당하기 힘든 수준일까?

2050년 우리나라 경제수준은 지금의 OECD 국가들보다 높다

수년 전에 미국 투자은행인 골드만삭스는 '2050년 경제보고서'에서 2050년에 한국의 1인당 소득수준은 세계 2위가 될 것이라고 전망했다. 그대로 된다면야 좋겠지만 도저히 믿기지 않는다. 좀 더 신빙성 있는 자료를 보자. 국회예산정책처 추정에 의하면 2050년경 우리나라 소득수준은 현재의 OECD 국가들 중에서 상위권에 해당하는 수준이 될 것이라고 한다. 이것도 장밋빛 전망이긴 하지만 40년 뒤에 현재의 부유한 선진국 정도의 소득수준을 누린다는 것은 현실성 있어 보인다.

어쨌든 2050년의 우리나라 소득수준은 1980년대의 OECD 선진국들은 물론이고 현재의 OECD 선진국들 평균보다도 높아질 것이다. 따라서 이들 국가들의 30년 전이나 현재에 비하여 비슷한 규모의 재정지출을 감당할 여력도 더 많을 것이다.

장래의 사회 분야 정부 역할은 지금보다 강화될 것이다

이 책을 쓰는 시점이 2012년이니 2050년이면 38년 뒤다. 지금부터 38년 뒤의 재정 전망을 하고 대비하자는 것이다. 이 의미를 제대로 이해하기 위해 38년 전에 오늘을 전망하면 어땠을까를 생각해보자. 38년 전이면 1974년이다. 당시의 복지지출은 산재보험과 일부 빈곤층 지원을 제외하고는 거의 없었다. 그때는 국민연금도 없었다. 건강보험도 없었다. 고용보험? 기초노령연금? 기초생활보장급여? 보육 지원? 물론 없었다. 하지만 지금은 어떤가?

당시의 정부 지출은 공무원 인건비 등 필수적인 경상지출을 제외하면 거의 국방비와 경제개발비에 집중되었다. 하지만 지금은 복지비 지출이 가장 많으며 국방비와 경제개발비 비중은 대폭 감소했다. 정부 재정지출 규모도 그동안 많이 증가했고 그에 따라 국민부담률도 많이 올라갔다.

38년 뒤에 사회가 구체적으로 어떻게 변할지 아무도 알 수 없다. 그러나 지금까지 우리 사회가 변화해온 과정과 선진국의 경험을 돌이켜보면 사회 분야에서 정부 역할이 지금보다 강화될 것은 분명하다. 그리고 정부 지출 증가에 비례해서 국민부담률 수준도 높아져야 할 것이다. 지금보다는 더 많은 조세와 보험료 부담을 국민들이 받아들이게 될 것이다.

그래도 미심쩍다면 간단한 산수를 해보자. 우리 경제가 앞으로 2050년까지 매년 2%씩만 성장한다고 해도 2050년의 실질 GDP는 2012년의 2배가 넘게 된다. 2배만 해도 2012년에 100만큼 생산하고 소비한다면 2050년에는 200만큼 생산하고 소비하게 된다. 2012년의 정부와 민간의 GDP 비중은 각각 30%와 70%인데 2050년에는 42%와 58%로 정부 부문이 12%포인트 늘고 민간 부문이 12%포인트 줄었다고 하자. 이 경우 2012년에는 GDP 중에서 정부가 30, 민간이 70을 소비했는데 비해 2050년에는 정부가 84, 민간이 116을 소비하게 된다.

　정부 부문이 크게 늘었지만 민간 부문 역시 크게 늘었다. 민간이 소비할 수 있는 재화와 서비스는 2012년에 비해 65% 이상 증가한 것이다. 게다가 정부 부문 증가분은 복지지출이 늘어나기 때문인데, 복지지출은 정부가 스스로를 위해 '소비'하는 것이 아니다. 연금급여, 의료비 같은 형태로 민간에게 '이전'되는 것이다. 정부의 이전 덕택에 민간은 자체 소득으로 충당해야 할 노후 대비와 의료비 등이 줄었으므로 실제로는 65%보다 훨씬 더 많이 증가한 셈이 된다.

실제 복지지출은 21%+α다

　　　　　　　　　　2050년 GDP 대비 21% 복지지출은 '현재의 제도를 그대로 유지한다'는 가정 하에 추정했다. 하지만 사실 이는 비현실적인 가정이다. 최근의 상황을 보면 복지제도는 현재보다 확충될 것이 분명하다. 그렇다면 2050년의 복지지출은 21%가 아니라 '21%+α'가 된다. 추가분은 제도 확충에 따른 지출 증가분이다.

　값이 얼마나 될지는 알 수 없다. 하지만 최근 정치권에서 논의되고 있는 정책들이 시행된다고 가정하고 추정해볼 수는 있다. 어떤 정책들이 있을까? 반값등록금, 보육 지원 확대, 건강보험 보장성 강화 등이 있다. 이 중에서 건강보험 보장성 강화를 제외하면 나머지는 고령화와 별 관련이 없다.

　고령화와 큰 상관이 없는 정책은 지출 규모가 확대되지 않는다. 그리고 대상 집단이 상대적으로 작아서 절대 규모 자체가 아주 크지는 않다. 반값등록금과 보육 지원 확대, 그 밖에 논의되고 있는 정책을 모두 합해도 GDP의 2% 수준이면 가능할 것이다(GDP의 2%면 2011년 기준으로 약 25조 원이다.)

의료는 다르다. 건강보험은 전 국민을 대상으로 하고 고령화에 따라 지출이 증가한다. 그래서 보장성을 강화하면 상당한 재정 부담과 건강보험료 인상을 감수해야 한다. 그렇지만 필요하다면 해야 한다. 건강보험료는 인상되지만 본인 부담은 감소하므로 국민의 동의를 얻기가 어렵지는 않을 것이다. 다만 의료 보장성을 강화하면 의료 이용 빈도가 증가할 테고 이것이 재정 부담의 급증을 초래할 수 있다는 점은 경계해야 한다. 그래서 의료 보장성 강화는 의료비 지불제도 개혁과 병행해야 한다. 의료 보장성 강화에 따라 추가로 늘어나는 지출 규모는 얼마나 될까? 참 예측하기 어렵다. 대략 추정하면 조금씩 늘어가다가 2050년경에는 GDP 대비 2~3% 정도가 되리라고 본다.

즉, 지금보다 확대되는 복지 제도로 인한 지출은 GDP 대비 4~5%로 가능할 수 있다. 입장에 따라서는 많을 수도 적을 수도 있겠다. 내 생각으로는 이 정도 규모가 결코 많은 것은 아니다. 하지만 세입 여건을 생각하면 더 늘리기도 쉽지 않아 보인다.

현재 상태를 개선할 수 있는 방법이 있다

요즘 정치권에서는 복지 재원을 조달하기 위해 다른 항목 지출을 줄여야 한다고 주장한다. 다른 나라보다 더 많은 지출을 하는 국방비와 경제개발비를 줄여서 이 재원을 복지에 돌리자는 주장이다. 국방비는 논외로 한다고 해도 SOC 건설이 대부분인 경제개발비는 확실히 줄일 여지가 있다. 그 밖에도 여기저기서 낭비되는 요소를 줄이면 상당한 재원을 염출(捻出)할 수 있을 것이다. 단번에 대폭 줄일 수야 없겠지만 서서히 줄여나가면 GDP 대비 2% 정도는 가능할 것이다(4장 참조.)

　그런데 그보다 더 중요한 게 있다. 제도를 지금처럼 그대로 유지만 해도 21%의 복지지출을 해야 한다고 추정한 이유는 2050년의 고령화율을 38% 정도로 설정했기 때문이다. 이는 2050년 기준으로 세계에서 다섯 손가락 안에 드는 높은 수치다(세계 2위라는 주장도 있다.) 고령화율은 전체 인구 중 고령 인구 비율이다. 전체 인구가 늘면 고령화율은 낮아진다. 고령화율이 높은 이유 중 하나는 우리나라의 출산율이 매우 낮기 때문이다. 아이를 적게 낳으니 청장년층 비율이 줄고 고령층만 많아진다. 일하는 사람이 줄어드니 GDP 증가율은 낮아지고 고령층이 많으니 복지지출은 늘어난다.

　앞서 본 재정 전망 자료는 2010년 출산율 1.2명이 미래에도 계속 유지된다는 가정 아래 계산된 수치다. 그러나 미래의 출산율은 고정된 것이 아니다. 출산율이 OECD 평균인 1.7명이 되면 미래의 GDP는 더 커지고 복지지출 비중은 낮아진다. 출산율을 높이기 위한 각종 지원과 장려 정책은 단순한 복지 정책이 아니다. 보다 나은 미래를 만들기 위한 성장 정책이다.

　미래 재정의 지속가능성을 생각한다면 이 두 가지를 기억해야 한다. 재원 확충을 위한 재정 개혁을 일찍 시작해야 한다는 점과 출산율을 높여야 한다는 점이다.

재정의 지속가능성을 위한
대비는 빨리 하자

2050년 GDP 대비 20%가 넘는 복지지출과 40%가 넘는 재정지출도 감당할 만하다는 내 주장을 너무 낙관적인 견해로 받아들이지 않았으면 한다. '감당할 수 있다'는 말이지 '쉽다'는 뜻은 아니다. 즉 우리의 경제력을 감안하면 감당할 수 있다. 그러나 우리의 세입 여건을 감안하면 쉽지는 않다.

재정지출이 증가해도 재정을 운용하는 데 무리가 없으려면 그에 상응해서 세입도 늘어나야 한다. 하지만 국민부담률을 높이는 것이 쉽지 않다. 사회보험료나 법인세 인상에 대한 기업들의 반발도 심하지만, 소득세나 소비세 인상에 대한 일반 국민들의 반대도 만만치 않다.

하지만 힘들어도 해야 한다. 장기재정 추계에 따르면 국민부담률을 2010년 수준으로 고정한 채 재정지출을 충당하려면 2050년 국가부채비율은 GDP 대비 138%가 된다(내 생각엔 이것도 낙관적인 추계다.) 이 정도 규모라면 재정 운용에 큰 문제를 초래한다. 하지만 큰 의미는 없다. 누구도 향후 40년간 국민부담률을 고정해야 한다고 생각하지는 않는다.

세입 확대를 위한 방법과 규모에는 이견이 있으나 정부도, 정치권도, 여론도 세입 확대를 얘기한다. 다만 빨리 시작할수록 장래의 부담이 덜어진다는 사실, 그리고 서서히 늘려가면 능히 감당할 수 있다는 사실만은 다시 한 번 강조하고 싶다.

나가며 | 시장의 역할, 정부의 역할, 시민의 역할

지금까지 정부 재정에 대해 얘기했다. 우리나라 재정의 과거를 반성하고 현재를 진단했으며 미래도 전망했다. 이제 마무리할 차례다.

지금은 2008년에 시작된 글로벌 금융위기의 여파가 아직 남아 있는 상황이다. 완전히 회복될지, 아니면 위기가 재발할지 불확실하다. 글로벌 금융위기의 원인은 다양하지만 핵심은 시장에 대한 정부의 규제가 제대로 이루어지지 못했기 때문이다. 국내 금융시장에 대한 감독이 적절하지 못했고, 세계 금융시장에 대한 국제적인 관리가 부족했다. 결국 문제는 '정부의 경제적 역할'을 제대로 해내지 못한 것이었다.

시장의 실패, 정부의 실패

시장과 정부는 우리 사회를 지탱하는 두 기둥이다. 통상 이 둘은 트레이드 오프(trade off) 관계다. 한쪽을 강

조하면 다른 쪽은 약화된다. 우리나라는 1960년대부터 1990년대 초반까지 정부 주도의 경제성장 전략을 택했다. 1990년대 중반부터는 경제구조 고도화와 세계화라는 추세에 따라 시장을 중시하는 쪽으로 경제 정책 기조가 바뀌었다. IMF 경제위기 이후 이런 경향은 더욱 심화되었다. 한편 빠른 경제성장으로 절대빈곤에서 벗어나고 생활수준이 향상됨에 따라 국민들의 복지 욕구가 커졌다. 2000년대 이후 양극화와 저출산, 고령화 현상이 나타나면서 복지 수요는 더욱 늘어났다. 반면 절대빈곤 시절, 경제성장을 추진하는 과정에서 굳어진 낮은 조세 부담 구조는 지금까지도 계속 유지되어 늘어나는 복지 수요와 괴리를 만들고 있다.

이 책에서는 정부 재정의 세 가지 역할로서 효율적 자원 배분(공공재 공급), 경제의 안정과 성장, 형평성 높은 소득분배를 들었다. 이 세 가지는 시장에만 맡겨둘 경우 제대로 이루어지기 힘들다. 시장이 이 세 기능을 제대로 못하는 것을 두고 '시장의 실패'라고 한다.[1] 한편 정부가 하는 일에는 가격기구가 작동하지 않고 경쟁이 부재하기 때문에 시장보다 비효율적인 경우가 많다. 이를 시장의 실패에 빗대어 '정부의 실패'라고 부르기도 한다.

결국 시장과 정부는 둘 다 본질적으로 '실패'를 안고 있는 불완전한 체계다. 그리고 어떤 실패를 '극복해야 할 문제'로 여기느냐에 따라 시장을 더 중시하거나 정부를 더 강조한다. 시장을 중시하는 자유방임주의는 대공황 같은 경제 불안정을 초래하고 소득분배의 불공평을 심화시켰다. 그러자 정부 역할을 강조하는 수정자본주의 복지국가가 출현했다. 하지만 정부가 시장경제에 적극적으로 개입했음에도 불구하고 실업과 인플레이션 문제는 해결되지 않았고 정부 지출은 크게 늘어 경제에 부담을 늘렸다. 그러자 정부 역할을 축소하고 시장을 중시하는 신자유주의가 대두했다. 그리고 신자유주의 시장경제가 양극화를 불러오고 글로벌 금융위기를 초래하자 시장 중심주의를 비판하며 적절한 정부 개입을 강조하고 있는 것이 현재 상황이다. 결국 250년 자본주의 역사는 시장과 정부 사이를 시계추처럼 왔다 갔다 한 셈이다. 단, 역사는 단순히 되풀이되지만은 않았다. 양쪽을 오가는 시계추의 진폭은 줄어들었다.

20세기 이전의 자본주의는 시장을 극도로 강조했다. 반면 정부 역할은 최소한에 머물렀다. 20세기 이후, 특히 2차 세계대전 이후 1970년대까지 수정자본주의 복지국가에서는 정부 역할이 크게 강화되었다. 여기까지가 시장과 정부 간의 첫 번째 왕복이었다. 1980년대 들어 시계추는 다시 시장 중심으로 옮겨갔다. 이때의 이동은 첫 번째 때와는 달랐다. 복지는 여전히 정부의 가장 큰 역할이며 경제의 안정과 성장은 모든 정부의 최우선 목표였다. 즉 신자유주의는 20세기 이전의 자유방임주의처럼 정부의 시장 개입을 원천적으로 차단한 것은 아니었다. 강한 정부가 야기한 '정부 실패의 해결책'을 시장에서 찾으려 했다. 하지만 이러한 시장 강조는 지식경제사회의 출현과 세계화라는 경제사회 환경 변화에 적절히 대응하지 못하고, 양극화와 경제 불안정을 불러왔다.

현재는 시계추의 방향이 다시 바뀌는 시점이다. 시계추는 시장 중심에서 다시 정부 역할 강화 쪽으로 돌아섰다. 그러나 지난 전환기에 시장 중심으로 방향이 바뀔 때도 진폭이 크게 줄었듯이, 앞으로 정부 역할이 강화된다 해도 20세기 중후반의 모습과는 강도와 내용이 크게 다를 것이다.

비관적으로 보자면, 비록 세계적인 경제위기 속에 주춤하고는 있지만 이미 커질 대로 커진 시장의 힘이 경제 회복과 함께 다시 발동해 정부의 역할 강화를 제어할 수 있다. 낙관적으로 보자면, 과거 시장의 실패와 정부의 실패 경험에서 교훈을 얻고 그동안 축적된 지식을 바탕으로 현재의 위기를 극복하고 미래를 위한 도전에 효과적으로 응전할 수 있는 시장과 정부의 적절한 조합을 찾을 수 있다. 어느 쪽이 현실이 될지 아직 모른다.

시장의 몫, 정부의 몫

우리는 비싼 라디오나 TV를 사는 데는 주저하지 않으면서 학교에 투자될 교육세는 아끼려 든다. 자기 집은 깨끗하게 단장하지만 거리는 지저분하다. 개인의 소비는 건전한 경제행위지만 공공지출은 악이고 부담스러운 일이라고 생각하는 것이다. (…) 어떤 가족이 색깔이 화려하고 냉난방장치가 완비된 멋진 자동차를 타고 피크닉을 간다고 생각해보자. 그들이 통과하는 도시는 도로 포장이 엉망이고 낡은 건물과 광고판, 벌써 지하로 옮겼어야 할 전선줄 들로 볼품이 없다. 교외로 나가면 길가를 뒤덮은 광고판들 때문에 경치가 보이지 않는다. 그들은 더러운 호숫가에 차를 세우고 아이스박스에서 예쁘게 포장된 음식을 꺼낸다. 공공 캠프장에서 밤을 보내는데 그곳이야말로 공중위생과 공중도덕을 위협하는 존재다. 썩은 폐기물의 악취 속에서 방수 처리가 된 텐트를 치고 공기매트를 펴고 자려다보면 뭔가 이상하게 앞뒤가 안 맞는다는, '진정 이것이 내 나라일까' 하는 생각이 막연하게 들지도 모른다.[2]

비주류 경제학자로서 대중들에게 꽤 널리 알려진 20세기 후반의 미국 경제학자 존 갤브레이스(John Galbraith)가 50여 년 전에 저술한 《풍요한 사회 The Affluent Society》의 한 대목이다.

이 글에서 갤브레이스는 현대사회에는 민간이 생산하는 사유재는 풍부한데 비해 정부가 생산하는 공공재(가치재 포함)는 빈약해서 둘 사이의 사회균형(social balance)이 달성되지 못한다고 주장한다. 그는 사유재가 공공재에 비해 과잉 생산·소비되는 이유로 두 가지를 들었다. 하나는 끊임없이 욕망을 부추기는 광고로 대변되는, 무엇이든 남과 비교하게 만드는 현대사회의 특성이다. 또 하나는 '내 돈 내고 내가 소유한다'는 사유재의 특성이다. 반면에 공공재가 과소 생산·소비되는 이유는 사유재와 정반대다. 특히 공공재 생산 비용은 세금으로 충당하는데 '누구에게 얼마나 세금을 부과하는가' 하는 문제가 발생하기 때문에 재원을 적정한 수준으로 조달하기가 어렵다고 강조한다. 그리고 과소 공급되는 대표적인 공공재로서 교육, 의료, 주택을 들었다.

한편 그는 모든 공공재가 과소 생산되는 것은 아니라고 덧붙였다. 국방이나 도로 건설 등 민간 업체와 밀접하게 연관된 부문은 오히려 과잉 생산된다. 즉 한정된 재원을 적재적소에 배분하는 것(효율적인 자원 배분)은 경제의 기본 문제인데 현대사회는 사유재와 공공재 간의 배분에 불균형이 존재하고, 공공재 간의 배분에서도 불균형이 발생한다는 것이다.

이러한 갤브레이스의 주장은 지금까지 이 책에서 살펴본 우리 사회의 모습과도 일치한다. 우리 사회 복지지출은 OECD 국가들 중에서 최하위권이다. 그럼에도 불구하고 복지지출 확대를 위한 재원 조달에는 인색하다. 게다가 복지지출은 지나치게 적은데 SOC 투자는 풍부하다. 또한 일반인이 잘 알지 못하는 다양한 분야, 즉 혜택이 소수에게 집중된 분야에서 정부의 과잉 지출도 제법 이루어지고 있다.

사유재와 공공재 배분의 사회 균형을 달성하는 것, 공공재 간 배분의 사회균형을 실현하는 것은 좋은 재정이 추구하는 가장 중요한 목표다. 안타깝게도 갤브레이스 교수는 사회 불균형 현상만을 지적할 뿐, 이를 해결하는 방안은 제시하지 않았다. 그리고 초판 발행 후 40년이 지난 1998년에 개정판을 내면서 사회 불균형은 아직도 지속되고 있다고 말했다.

우리 사회는 어떨까? 지금은 분명히 '사회 불균형' 상태다. 앞으로는 어떨까? 경제민주화나 복지 확대 등 정부 역할 증대를 요구하는 사회 분위기가 형성되어 있다. 지금보다는 시장에 대한 정부 규제가 강화될 것이고 복지도 확대될 것이다. 그러나 우리 사회는 정부에 대한 불신이 크고 증세에 대한 반감이 많다. 이 문제가 해결되지 않는 한 정부 역할이 대폭 강화되기는 어렵다.

구성의 오류와 정부 역할

> 시장경제는 성장과 효율성을 높이도록 작동한다. 단, 개인적 보상과 사회적 이득이 일치하는 경우에만.[3]

논리학 용어 중에 '구성의 오류(Paradox of Composition)'라는 말이 있다. 어떤 사실이 부분으로는 성립해도 전체로는 성립하지 않을 수 있는데, 전체로도 성립한다고 추론함으로써 발생하는 오류를 말한다. 경제학에서는 각자 자신을 위해 최선의 선택을 한 것이 사회 전체적으로 최선의 결과를 가져오지 않는 경우를 가리킬 때 쓰이는 말이다. 예는 무수히 많다. 사교육 문제도 여기에 해당한다. 개인은 사교육을 받는 것이 대학 진학에 유리하다. 그러나 모두가 사교육을 받는다면? 나에게도 아무 이득이 없을 뿐더러 사회 전체로 시간도 돈도 낭비일 뿐이다. 어떤 물건 가격이 오를 것이라고 예상되면 사재기를 하는 것이 유리하다. 그러나 너도나도 사재기를 하면 물건 값은 더 많이 뛰고 사재기가 없었을 때보다 상황은 훨씬 악화된다. 은행이 부실하다는 소문이 나면 너도나도 예금을 인출한다. 그럭저럭 해결될 만한 상황도 예금 인출 사태로 인해 진짜 부도가 나고 예금자는 물론이고 경제 전체가 막대한 피해를 입는다.

경제에서 구성의 오류가 발생하는 이유는 개인의 경제행위에 외부효과가 존재해서 사회 전체적으로 의도하지 않은 효과를 발생시키기 때문이다. 외부효과가 존재하면 시장의 '보이지 않는 손'이 효율적으로 작동할 수 없다. 정부가 개입해 외부효과를 제거해야 한다. 그래야 보이지 않는 손이 제대로 작동해서 개인의 이익 추구 행위가 사회 전체의 이득으로 연결된다. 앞서 살펴본 사유재와 공공재의 사회 불균형도 사유재를 우선하는 개인의 선택이 사회 전체적으로 바람직한 배분을 가져오지 못한다는 면에서 일종의 구성의 오류라고 할 수 있다.

결국 구성의 오류를 피하고 보이지 않는 손이 제대로 작동하게 하는 것이 정부 역할과 시장 역할의 최적 조합이다. 이 최적 조합에서는 사유재와 공공재의 사회균형이 달성된다. 그리고 이 최적 조합을 만드는 것이 바로 좋은 재정의 역할이다.

좋은 재정은 미래를 제시하고 실천을 담아야 한다

이 책을 집필한 2012년 한 해의 최대 이슈는 대통령 선거였다. 이 책을 마무리하는 지금 대통령 선거가 막 끝났다. 이제 곧 새 정부가 출범하여 새 재정 정책을 펼칠 것이다. 어제를 반성하는 것은 보다 나은 내일을 만드는 바탕이 된다. 그런 뜻에서 새 정부 출범에 앞서 이명박 정부의 재정 정책을 반성해보자. 이명박 정부 재정 정책의 잘못을 짚어보라고 하면 대부분 두 가지를 꼽을 듯하다. 감세 정책과 4대강 사업. 부유층과 대기업에게 혜택이 집중되고 재정적자를 키운 감세 정책이나, 많은 사람들의 반대와 절차상의 하자를 무릅쓰고 강행한 4대강 사업은 분명히 비판받을 만하고 반성할 필요가 있다. 하지만 내가 생각하는 가장 큰 잘못은 이 둘이 아니다. 가장 큰 잘못은 미래에 대한 전망이 없었고 비전을 제시하지 못했다는 점이다.

결혼 생활을 시작하는 신혼부부는 살림을 어떻게 꾸려나가려 할까? 야무진 부부라면 일단 10년 후, 20년 후를 내다보는 장기 전망을 세울 것이다. 그리고 이를 달성하기 위해 앞으로 5년간 할 일을 중기 목표로 설정할 것이다. 또 중기 목표에 도달하기 위해 한 해 동안 할 일을 정하고 실천해나갈 것이다. 이처럼 가계 살림을 꾸려나갈 때도 장래에 바라는 모습을 그려보고 이를 달성하기 위한 목표를 설정한 후 구체적인 실행 계획을 짜는 법이다. 그래야 설령 그대로 이루지는 못하더라도 아무런 비전도, 목표도, 실행 계획도 없는 것보다는 짜임새 있게 살림을 꾸릴 수 있을 것이고, 여유 있는 미래에 한 발 더 다가설 수 있기 때문이다. 하물며 정부 살림, 국가재정 운영에서 비전과 계획의 중요성은 두말할 나위가 없다.

그러나 이명박 정부에는 없었다. 만일 미래를 전망했다면 2008년 정부 출범 이후 처음 내놓은 회심의 재정 정책이 '감세'가 될 수는 없었다. 몇 개월 뒤에 발생한 글로벌 경제위기를 예측하지 못한 것이야 탓할 일이 아니다. 다른 나라들도 대동소이했다. 그러나 2000년대 이후 본격화된 '저출산, 고령화'와 '고용 없는 성장'이라는 사회경제 추세를 조금만 염두에 두었더라도 앞으로 정부 지출이 늘어날 것이라는 판단은 했을 것이다. 그리고 그랬다면 증세는 못할망정 감세를 하지는 않았을 것이다. 가장 역점을 둔 재정 사업으로 4대강 사업을 밀어붙여 임기 내내 논란과 시비를 자초하지는 않았을 것이다.

　미래를 전망하고 그에 대한 대비를 해야 한다는 것은 정부 운용의 기본이다. 그런데 왜 안 했을까? 실용 정부를 표방해서 그랬을까? '실용'이 미래 대비를 하지 않는다는 뜻일 리는 만무하다. 이해 못할 일이었다. 그나마 정권 후반기에 와서 복지 재정의 장기추계를 시작한 것은 다행스런 일이다. 비록 추계의 목적이 복지 확대를 억제하는 데 있었다고 해도, 장래의 재정 소요를 추계하는 것은 의당 정부가 해야 할 일이다.

　노무현 정부 때는 '비전2030'이라는 것을 만들었다. 2030년 우리나라의 바람직한 모습을 상정하고 이를 달성하기 위한 마스터플랜이었다. 각 분야 전문가들이 대거 참여해 꽤 공을 들여 만들었다. 하지만 '비전2030'은 발표 때만 잠시 관심을 끌었을 뿐 이후에는 정치권도, 행정부도, 언론도 더 이상의 관심을 끊었다. 왜 그랬을까? 만든 지 얼마 지나지 않아 정권이 바뀐 탓도 있다. 그러나 더 중요한 것은 이 마스터플랜이란 것이 미래상도 멋있었고 달성하기 위한 세부 목표들도 근사했지만, 재원 조달 계획만은 조악했기 때문이었다. 마치 선거공약집 같았다. 장밋빛 청사진은 잔뜩 담겼으나 어떻게 실천할지는 비어 있다. '비전2030'은 2006년 8월에 발표되었다. 그런데 이듬해인 '2007년 예산안'과 '2007~2011 국가재정 운영계획'은 '비전2030'과는 전혀 상관없이 짜여졌다.

　'좋은 재정은 미래를 제시하고 실천을 담아야 한다.' 새 정부가 지난 정부들에게서 배워야 할 교훈이다.

뉴딜 정책이 가능했던
좋은 정부의 교훈

　　　　　　　　미래를 제시하고 실천하기 위해 새 정부가 갖추어야 할 덕목이 있다. 옛 사람들은 일이 성사되기 위한 조건으로 천시(天時), 지리(地利), 인화(人和)를 꼽았다. 무릇 도모하는 일이 성공하려면 타이밍이 적절하거나 여건이 유리하거나 사람들이 화합해야 한다는 말이다. 그러나 지금, 천시가 좋지 않다. 글로벌 금융위기가 낳은 세계적인 경기 침체는 아직 회복되지 않았다. 2013년에는 더 나빠질 것이라는 예측마저 있다. 지리도 돕지 않는다. 소득 양극화와 가계부채가 심각하다. 대선 공약을 모두 실천하지는 않는다고 해도 돈 쓸 곳이 넘친다. 그렇다면 남은 것은 하나다. 인화만은 사람들의 노력 여하에 따라 달라진다. 맹자 또한 하늘의 때는 땅의 이로움만 못하며, 땅의 이로움은 사람들의 화합만 못하다고 했다(天時不如地利, 地利不如人和.)

　　글로벌 금융위기 이후 많은 사람들이 뉴딜 정책의 내용과 성과에 관심을 가졌다. 논란의 여지는 있지만 대공황을 극복한 뉴딜 정책에서 글로벌 금융위기를 극복할 해법을 찾으려한 것이다. 그러나 내가 주목하는 것은 뉴딜 정책의 내용과 성과보다는 뉴딜 정책을 추진할 수 있었던 동력(動力)이다. 대공황의 위기에서 미국의 루스벨트 대통령은 이전까지의 자유방임주의 체제를 근본적으로 뒤흔드는 뉴딜 정책을 실시했다. 반독점, 금융 통제, 근로자 보호 등 시장에 대한 정부 규제를 강화했다. 그리고 사회보장법을 제정해 연금, 실업보험 등을 도입했다. 오늘날 우리 사회의 화두인 경제민주화와 복지 확대를 모두 실시한 것이다. 기존 체제를 바꾸는 개혁은 으레 강한 저항에 부딪치기 마련이다. 그럼에도 불구하고 뉴딜 정책은 어떻게 가능했을까? 새 정부가 80년 전의 미국에서 이루어진 개혁 정책으로부터 배워야할 교훈은 여기에 있을 것이다.

폴 크루그먼은 뉴딜 정책의 추진 동력으로 두 가지를 꼽았다.[4] 첫 번째는 강력한 반부패 정책이었다. 뉴딜 정책은 경기 부양을 위해 대규모 재정 사업을 펼쳤다. 이런 사업에는 많은 이권이 걸려 있어서 부정과 부패의 온상이 되기 십상이다. 이를 막기 위해 루스벨트 대통령은 재정 사업을 관장하는 공공사업진흥청(WPA)에 독립적인 감찰 기구를 설치하고 강력한 권한을 부여했다. 훗날 의회가 당시의 재정 사업을 조사했는데, 이 감찰 기구가 적발하지 못한 부정부패 사례는 한 건도 발견할 수 없었다고 한다. 또한 의회가 만드는 각종 경기 부양 법령 안에 특정 집단에게 특혜를 제공할 수 있는 내용이 삽입되는 것을 철저하게 차단했다. 결국 의회와 행정부에서 발생할 수 있는 부정부패를 모두 막아낸 것이다. 부패 척결이 중요한 이유는 자명하다. 개혁 추진 과정에 부정부패가 끼어들면 국민의 지지를 잃고 반대 세력에게 빌미를 제공할 것이기 때문이다. 두 번째로는 일반 국민들과 공감대를 형성한 덕분이었다. 이 덕분에 개혁 정책이 반대에 부딪치거나 성과가 부진할 때도 중단 없이 추진할 수 있었다.

오늘의 한국 사회는 대공황 시기의 미국과는 다르다. 그래서 새 정부가 개혁 정책을 추진한다고 해도 뉴딜 정책에 비한다면 훨씬 점진적일 것이다. 그렇다고 반발의 세기도 그에 비례해 약할 것 같지는 않다. 복지 확충과 경제민주화는 기존의 경제사회 구조를 개편하는 작업이다. 당연히 기득권의 침해가 발생한다. 크든 적든 기득권이 침해를 받는다면 저항하기 마련인데, 오늘날 우리 사회의 기득권층은 80년 전 미국보다 더욱 공고하고 광범위하며 훨씬 조직적이다. 게다가 재원 조달을 위한 증세를 국민들이 기꺼이 수용할 리도 없다.

청렴한 정부, 이권을 배제한 정치, 국민들의 공감은 국민들의 화합과 정책 지지를 이끄는 요체다. 가히 모든 개혁 정책이 성공하기 위한 필수 조건이다. 돌이켜보면 지난 정부가 초반부터 국민들의 마음, 민심을 잃었던 것도 이 세 조건을 충족하지 못했기 때문인 듯하다. 새 정부는 지난 정부로부터 반면교사의 교훈을, 뉴딜 정책으로부터 교사의 지혜를 얻어야 한다.[5]

제대로 된 싱크탱크가 필요하다

좋은 재정은 정부와 시장, 좀 더 정확히는 공공성과 시장성의 사회 균형을 이뤄내야 한다. 따라서 서로 충돌하기 마련인 두 가지 가치를 어떻게 조합하는가가 핵심이다. 그런데 이와 관련해 전문가 집단이 해야 할 일이 하나 있다. 공공성의 입장에서 재정을 연구하는 싱크탱크(think tank, 연구 집단)를 만드는 일이다. 사회현상 연구가 으레 그렇듯 재정 연구에도 가치중립이란 존재하기 어렵다. 아무리 객관적으로 하려고 해도 어느 한쪽의 입장을 좀 더 반영하기 마련이다. 그러므로 공공성과 시장성의 적절한 조합을 찾으려면 재정 연구에서도 공공성을 반영하는 연구와 시장성을 반영하는 연구가 균형을 이루어야 한다.

우리나라에는 재정을 연구하는 전문 기관들이 제법 있다. 이들은 두 가지 유형으로 구분할 수 있다. 하나는 한국개발연구원(KDI), 한국조세연구원 같은 국책연구기관이다. 다른 하나는 한국경제연구원(전경련 산하), 삼성경제연구소 같은 대기업 산하연구기관이다. 이 기관들의 연구자들은 연구 역량도 우수하고 전문성도 빼어나다. 그러나 각각 정부와 대기업 소속이라는 한계를 갖고 있다.

대기업 소속 싱크탱크는 당연히 시장성을 대변한다(궁금하면 한국경제연구원 홈페이지에 들어가서 칼럼 몇 개만 훑어보면 이 말을 충분히 이해할 수 있을 것이다.) 그렇다면 국책연구기관은 공공성을 반영할까? 그렇기는 하다. 그러나 보다 정확히는 정부, 더 정확하게는 정권의 입장을 반영하는 측면이 강하다.

정부나 정권이 늘 공공성을 견지한다면, 국책연구기관과 기업 산하연구기관이 각각 공공성과 시장성을 반영하므로 균형을 이룰 수 있다. 문제는 정부나 정권 입장이 항상 공공성과 일치하지는 않는다는 데 있다. 이 때문에 우리나라의 재정 연구는 공공성과 시장성이 균형을 이루지 못하고 있다. 양쪽 가치가 균형을 이루려면 정부 입장과 기업 입장을 대변하는 싱크탱크 외에 일반 시민, 공공의 입장을 대변하는 싱크탱크가 필요하다. 그래서 정부-기업-시민의 입장이 균형을 이뤄야 한다.

미국의 재정 연구 싱크탱크 중에서 영향력 순으로 다섯 곳을 꼽으면 브루킹스 연구소(Brookings Institute), 미국기업연구소(American Enterprise Institute, AEI), 헤리티지 재단(Heritage Foundation), 랜드연구소(Research and Development Corporation), 미국진보센터(Center for American Progress, CAP)를 들 수 있다. 헤리티지 재단과 미국기업연구소는 보수, 미국진보센터는 진보 입장을 대변한다. 그리고 브루킹스 연구소와 랜드연구소의 입장은 각각 중도와 진보 사이, 중도와 보수 사이로 구분할 수 있다. 대체로 진보는 공공성을, 보수는 시장성을 옹호하는 편이므로 공공성과 시장성을 대변하는 연구가 균형을 이루고 있는 셈이다.

우리나라에도 진보 입장에서 재정을 논의하고 의견을 내놓는 싱크탱크들이 제법 있다. 그런데 이들은 뚜렷한 이념 지향을 가지고 담론 위주의 연구를 주로 한다. 물론 재정 연구에서도 담론 차원의 논쟁이 필요하다. 그러나 기본적으로 재정 연구는 구체적인 숫자를 다뤄야 하고 치밀한 분석을 해야 한다. 이러한 분석에 바탕을 두어야 담론도 힘을 얻는다. 하지만 기존의 진보적인 입장을 대변하는 싱크탱크들은 구체적으로 자료를 분석해 상황을 진단하고 처방을 내놓는 연구에 취약하다.

좋은 재정을 만들기 위해서는 공공성을 반영하면서 국책연구기관이나 기업 산하연구기관에 버금가는 연구 능력을 보유한 싱크탱크의 존재가 절실하다. 나를 포함한 전문가 집단이 해내야 할 일이다.

좋은 정부를 추구하는 사람들

정치 용어 중에 'goo-goos'라는 말이 있다. 'good government guys'를 줄인 말이다. 우리말로는 '좋은 정부를 추구하는 사람들'이라는 뜻 정도가 되겠다. 19세기 말 미국에서 부패에 반대하는 개혁가를 지칭하는 말로 쓰였다. 그러다 이후에는 점진적인 사회 개혁을 추구하는 사람들이라는 의미로 사용되었다.

좋은 정부의 정의는 시대와 국가에 따라 다르고 개인의 가치관에 따라서도 다양하다. 그러나 좋은 정부를 갖기 위한 조건 중 변하지 않는 조건이 있다. 좋은 정부를 요구하는 시민, 'goo-goos'가 많아져야 좋은 정부를 가질 수 있다는 점이다.

이 책에서는 정부 역할을 재정 측면에서 살폈다. 좋은 재정을 운영하는 정부가 좋은 정부라고 가정한 것이다. 그리고 좋은 재정을 위해서는 시민들이 재정을 제대로 아는 것이 중요함을 강조했다. 제대로 알아야 제대로 요구할 수 있기 때문이다.

재정은 우리 일상에 큰 영향을 미친다. 재정이 제 역할을 어떻게 하는가에 따라 우리 삶이 편해지거나 고단해진다. 앞으로 재정의 영향은 더욱 커진다. 반면에 재정 여건은 좀 더 어려워진다. 따라서 재정이 제 역할을 다하기는 훨씬 힘들어지고 좋은 재정의 중요성은 한층 커진다.

다시 한 번 강조한다. 정부 재정을 제대로 알자. 그리고 좋은 재정을 요구하자. 요구하는 사람이 많아질수록, 좋은 재정을 펼치는 좋은 정부를 가질 가능성도 높아진다.

부록 | 참여 없이 세금 없다

나는 예산 운동을 하는 시민단체인 '좋은예산센터' 소장을 맡고 있다. 이 책을 마치면서 좋은예산센터 소개를 조금 하려 한다. 좋은예산센터 활동 소개는 우리나라 예산 운동이 걸어온 길을 소개하는 것과 같다. 나는 2001년부터 합류했지만, 좋은예산센터 예산 운동의 시작은 1997년으로 거슬러 올라간다. 그래서 내가 합류하기 이전의 역사부터 잘 알고 있는 '좋은예산센터' 최인욱 국장에게 이 원고를 부탁했다.

최인욱(좋은예산센터 사무국장)

싸움 없이 성과 없다

2000년, 하남시민 266명이 우리나라에서 전례가 없었던 소송을 제기했다. 시민들은 1999년 하남국제환경박람회의 적자를 하남시가 예산으로 보전해준 것이 위법이므로 무효화해야 한다고 요구했다. 이 박람회 주관자는 하남시가 아니라 환경진흥회라는 민간 법인이었기 때문이다. 행사로 발생한 적자 역시 법적으로 그 민간 법인의 채무일 뿐이었다. 그런데 하남시는 명확한 이유도 제시하지 않은 채 예산으로 적자를 메워주고 있었다. 게다가 그 규모가 당시 하남시 연간 예산인 1200억 원의 1/10이 넘는 186억 원에 이르렀다. 시민들이 들고일어날 만했다.

국제환경박람회는 당시 하남시장이 야심차게 추진한 대형 프로젝트로 하남을 세계적인 친환경도시로 각인시키기 위한 국제 행사였다. 하지만 행사는 첫 단추부터 잘못 끼워져 있었다. 기획은 부실하고 재원 마련 방안도 마땅치 않았다. 환경부와 경기도에서는 이대로는 재정 지원이 어렵다는 입장을 보였다. 그러자 하남시장은 유령 민간 법인인 재단법인 환경진흥회를 만들어 주관자로 내세우는 편법을 동원해 행사를 강행했다. 비용도 70% 이상 민간 자본을 유치해 충당하겠다고 약속했다. 하지만 이런 졸속 기획이 먹힐 리가 없었다. 민자 유치는 실패했고, 관람객도 없었다. 공무원, 학생 등을 사실상 강제로 동원하다시피 했지만 결국 막대한 빚만 남긴 채 막을 내리고 말았다. 심지어 정확한 적자 규모조차 파악할 수 없을 지경이었다. 당연히 시민과 언론의 거센 비판이 쏟아지고, 중앙정부 감사와 시의회 행정사무조사 등이 잇달았다.

그런데 이 와중에 정말 어이없는 일이 일어났다. 시의회가 갑자기 88억 원의 보조금 추가 지원을 승인해준 것이다. 시장과 같은 당 소속인 다수당 의원들이 소수당 의원들이 퇴장한 새 '날치기'로 추경예산을 의결한 결과였다. 불과 보름 전 행정사무조사 결과를 발표하면서 공무원들을 맹렬히 질타하던 의원들의 황당한 행태에 시민들은 분노를 넘어 좌절을 느끼지 않을 수 없었다. 대의기관에 더 이상 기대할 수 없는 상황에서 시민들은 최후 수단으로 직접 법에 호소하는 길을 택했다.

하지만 사실 이 소송은 패배가 예정되어 있는 것이나 마찬가지였다. 당시 우리나라 최초의 '납세자소송'이 사회적으로 큰 이슈가 되기는 했지만, 우리 법률에서는 인정받지 못하는 소송이었기 때문이다. 납세자소송은 납세자인 국민이 법을 어긴 예산 낭비 등의 행위에 대해 직접 소송을 제기해 사업 중지나 예산 환수 등을 청구하는 것이다. 이런 소송은 우리 법 제도에서는 특별법으로 권리를 부여하지 않는 한 불가능하다. 국민 개개인은 예산 낭비 사업으로 인해 직접 손해를 보지 않은 이상 법적으로는 당사자가 아닌 제3자에 불과할 뿐이다. 가능한 것은 비판이나 제보, 범법 행위에 대한 고발 같은 일뿐이다. '세금을 내는 국민의 자격으로 공익을 침해한 예산 낭비 행위에 대해 직접 법적 책임을 묻는다.' 얼핏 당연하게 생각되는 이런 행동이 가능하려면, 이런 권리를 국민에게 보장하는 분명한 법률이 있어야만 했다.

결국 '시민들은 이 사건에 대한 소송을 제기할 자격이 없다'는 이유로 이 소송은 '각하'됐다. 소송의 요건조차 인정받지 못한 셈이다. 그렇지만 이를 계기로 납세자소송제를 도입해야 한다는 사회적 공감대가 넓어지면서 2005년 지방자치법 개정에 따라 지방정부 차원의 납세자소송인 주민소송제도가 도입되었다.

시민사회 예산 운동은 주민소송뿐 아니라 국민의 직접참정권을 확대하는 새로운 제도 도입에 큰 기여를 했다. 지방정부의 중요한 결정을 주민이 직접투표로 결정하는 주민투표(2004년부터 시행), 지자체장, 지방의원 등 지방정부 선출직 공직자를 주민투표로 해임할 수 있는 주민소환(2007년부터 시행) 등을 제도화했다. 이러한 국민직접참여제도는 국민의 대표가 국민의 의사를 무시하고 독단적으로 행동하거나 책임을 저버렸을 때 국민이 직접 나설 수 있도록 보장하는 밑받침이 되고 있다.

예산 운동은 민주주의를 만든다

시민사회 예산 운동은 단순히 예산 낭비를 비판하는 정도에 그치는 것이 아니라, 납세자이자 유권자인 국민이 나라의 주인으로서의 권리를 제대로 행사할 수 있는 '재정민주주의' 구현을 목적으로 한다. 나아가 재정 운용에서 민주주의가 실현되어야 실질적 민주주의, '진짜' 민주주의가 가능하다고 믿는다. 재정을 어떻게 운용하는가에 따라 국정 운영과 정책 결정의 핵심이 달라진다고 보기 때문이다.

'대표 없이 세금 없다(no taxation without representation.)' 서구 시민혁명 시기의 유명한 슬로건이다. 국민(대표)의 동의 없이 왕이 마음대로 매기는 세금은 인정할 수 없다는 뜻이다. "세금은 왕이 마음대로 정하고, 국민은 강제로 뜯기기만 하던 시대는 끝났다. 이제는 국민이 국가재정의 주인으로서 어떤 세금을 얼마나 내야 할지 스스로 정해야 한다"라는 선언이다. 이것이 바로 재정민주주의의 시발점이다.

이러한 이념에 따라 세금의 결정권은 물론 세금으로 조성되는 국가재정의 사용처를 결정하는 권한도 국민(실제로는 대의기관인 의회)에게 주어진다. 우리나라 헌법은 "조세의 세목과 세율은 법률로 정한다"(59조)라고 규정하고 있다. 법률 제정권을 가진 국회가 세금의 결정권을 가진다는 말이다. 국가 예산의 결정권도 국회에 있다. 헌법에 "국회는 국가의 예산안을 심의·확정한다"(54조)라고 명시되어 있다. 행정부가 작성한 예산안은 국회의 심의와 의결을 거쳐야만 실제 집행할 수 있는 예산으로 확정된다.

의원들이 국민의 의사를 잘 대변하고 합리적으로 의정 활동을 한다면, 이런 장치만으로도 재정 운용의 민주주의가 보장될 것이다. 하지만 현실은 그렇지 않다. 앞서 하남시 사례처럼 극단적인 경우는 아니더라도 정치인, 공무원들이 자기 개인이나 집단의 이득을 위해 공공의 이익을 저버리는 모습을 우리는 숱하게 봐왔다. 공금을 횡령하거나 공공사업을 수주하게 해주는 대가로 뒷돈을 챙기는 비리는 말할 것도 없고 망할 게 뻔한 어처구니없는 사업에 거액을 쏟아붓거나 무사안일한 태도로 예산 낭비를 방치하는 행태는 그야말로 도처에 널려 있다. 반면 나라에서 정한

대로 군말 없이 꼬박꼬박 세금을 내는 평범한 시민들은 재정이 운용되는 과정에서 완전히 소외되어 있다.

예산 운동은 대의제에만 의존해서는 고질적인 예산 낭비를 막을 수 없고, 세금 내는 국민이 나라살림의 주인으로서 권리를 행사하는 재정민주주의를 실현할 수 없다는 생각에서 출발했다. 1997년 이러한 뜻에 함께 하는 시민운동가, 재정 전문가들이 당시 대표적인 시민단체인 '경제정의실천시민연합(경실련)'에 모였다. 이전에도 예산에 관한 시민운동이 전혀 없었던 건 아니지만, 이들은 우리나라 최초로 예산 운동가를 자임하고 전문적인 활동을 선언했다는 점에서 차별점이 뚜렷하다. 이들 중 상당수는 1999년에 창립된 시민단체인 '함께하는시민행동'[1]과 결합해 본격적으로 활동을 벌여나갔다. 이들이 처음 내건 주장은 3월 3일 '조세의 날'을 '납세자의 날'로 바꿔야 한다는 것이었다. 세금 낼 의무만 강조하지 말고 납세자인 국민의 권리를 중심에 놓고 생각해야 한다는 의미에서다. 이들의 주장대로 2000년부터 조세의 날은 납세자의 날로 바뀌었다.

납세자 주권의 회복을 위하여
정부와 지방자치단체의 예산낭비 감시운동을 시작하며

그동안 우리 사회에는 징세자의 권리는 있었으나 납세자의 권리는 존재하지 않았다. 오늘 우리는 조세의 날을 맞아 정부예산감시 시민운동이라는 새로운 시민운동의 영역을 열어갈 것을 선언하면서 동시에 납세자로서의 시민의 권리를 선언하고자 한다. (…)
우리는 조세가 시민에게는 납세자의 의무만으로 강조되던 개념을 넘어서야 한다고 주장한다. 국가를 경영하는 기본적인 재원을 담당하는 납세자인 시민으로서 재정에 대한 당당한 권리를 주장하고자 한다. 이제부터 우리는 우리의 세금이 형평성 있게 엄격히 부과되고 징수되는지, 그것이 적절히 쓰이는지에 대해 감시하고 그 결과에 대해 발언하고자 한다. 누가 우리의 세금을 사회적 공공선을 위해 사용하지 않고 사적인 이익이나 특정한 계층의 이익을 위해 사용하려고 하는가를 감시하고자 한다.

1998년 3월 3일 납세자 선언문 중에서 [2]

예산 운동의 성과

물론 중요한 것은 기념일 이름이 아니다. 이들은 예산 운동의 목적을 '재정민주주의 실현'으로 선언하고, 국민이 나라살림의 주인이라는 사실을 상기시키는 캠페인을 벌였다. 구체적으로 재정민주주의의 3대 원칙을 주장했다. '투명예산, 책임예산, 참여예산'이다. 이러한 원칙을 실현하기 위한 세부적인 방안도 제시했다. 투명한 예산을 위한 재정정보 공개 확대, 특히 자발적이고 상시적인 재정정보 공개 제도 강화를 주장했다. 책임예산을 위해서는 예산 정책 결정자가 누구였는지를 반드시 기록으로 남기도록 하는 예산실명제, 낭비 책임자에게 국민이 직접 소송을 제기할 수 있도록 하는 납세자소송제 같은 방법을 제안했다. 더 나아가 참여예산을 위한 주민참여예산제 도입도 요구했다. 그 밖에도 초기 예산 운동가들이 내놓은 재정 제도 개혁 방안은 무수히 많다. 이 중 상당수를 정부와 국회가 수용해 실제로 제도화했다. 몇 가지 대표적인 제도만 예로 들어도 재정정보공시제, 디지털예산회계시스템, 복식부기 회계제, 성과주의 예산제, 성인지예산제, 각종 주민직접참여제도(주민소송, 주민투표, 주민소환, 주민참여예산) 등 일일이 나열하기 힘들 정도다.

더욱 값진 성과는 이들의 활동을 통해 예산 운동이 시민운동의 주요 주제로 자리를 잡았다는 점이다. 2000년 함께하는시민행동이 간사단체를 맡아 결성한 '전국예산감시네트워크'에는 여러 부문별, 지역별 시민사회단체 수십 곳이 참여했다. 이들이 함께 공부하고 토론하고 공동 활동을 벌이면서 예산 운동은 시민사회 전반으로 급속히 퍼져나갔다. 녹색연합 등 환경단체들은 '녹색가위운동' 등 환경 예산 감시활동을 시작했고, 여성단체는 성인지예산제[3] 도입 운동에 나섰다. 복지단체들도 복지예산 분석과 확충 운동을 본격적으로 시작했다. 여러 지역에서 지방자치단체 예산을 감시하는 활동도 더욱 활발해졌다.

이 과정에서 복지예산 전문가, 지방예산 전문가처럼 부문별, 지역별로 상당한 경험과 지식을 갖춘 전문적 예산 운동가들도 나타났다. 천안의 복지 운동단체인 '복지세상을 열어가는 시민모임'은 복지예산은 물론 지역의 예산 운동 전반을 주도하면서 시의 전체 예산을 분석하고 대안 예산을 제시하는 활동을 꾸준히 벌이고 있으며, 참여예산 등 주민참여제도에 관해서도 활발한 활동을 벌이는 대표적인 예산 운동단체 중 하나로 자리매김했다. 광주의 '시민이 만드는 밝은 세상'은 지자체장 업무추진비, 홍보비, 축제 비용 등 예산 낭비가 고질적으로 발생하는 지점을 끈질기게 파헤치는 것으로 유명하다. 수십 건의 정보공개청구와 행정소송 등을 불사하면서 축적한 이 단체의 예산감시 활동 경험은 다른 시민단체와 언론은 물론 국회와 정부 감사기관도 참조할 정도다. 그 밖에도 많은 예산 운동가들이 여러 부문, 지역에서 활발한 활동을 벌이고 있다.

시민사회 예산 운동이 활발하고 다양하게 벌어지면서 예산에 대한 시민과 언론의 관심도 함께 높아졌다. 특히 함께하는시민행동이 2000년부터 벌인 '밑 빠진 독 상' 활동은 중·고교 사회 교과서에 실릴 정도로 시민들에게 널리 알려져 예산 운동에 대한 관심을 높이는 데 크게 기여했다. 앞서 사례로 든 하남국제환경박람회 사건이 첫 번째 밑 빠진 독 상 수여 대상이었고, 그 밖에도 2011년까지 약 50건의 예산 낭비 사례가 이 활동을 통해 세상에 알려졌다. '밑 빠진 독 상'은 미국 예산감시단체 예산 낭비반대시민모임(Citizens Against Government Waste, CAGW)의 '이 달의 돼지 상(Porker of the Month)'을 참조해 만든 것이다. 이 활동을 예산 운동 초기에 중심으로 삼은 것은 예산에 대한 시민의 관심을 높이는 것이 가장 급선무라고 봤기 때문이다. 많은 사람들의 관심을 불러일으키는 가장 효과적인 방법은 '분노'하도록 하는 것이다. CAGW는 아예 전화번호도 숫자 대신 "Be Angry(분노하라)!"라는 구호로 나타낸다고 한다. 실제로 밑 빠진 독 상 등을 통해 우리가 낸 세금이 너무나 어이없이 사용되는 일이 많다는 사실이 선명하게 부각되면서 많은 시민들이 예산 운동을 후원하거나 때로는 직접 고발에 나서기도 했다. 여러 언론도 앞다퉈 예산 낭비 문제를 다루는 기획기사를 내놓으면서 시민의 참여를 독려하고, 정부의 개혁 조치를 촉구했다. 2004년 말 함께하는시민행동과 〈경향신문〉의 공동기획 '예산 대해부' 시리즈는 전례 없이 5개월 간 연재되기도 했다. 정부도 예산 낭비는 극히 지엽적인 문제일 뿐이라는 기존의 입장에서 벗어나 범정부적으로 낭비 근절에 나서겠다고 선언하면서, 2006년 모든 공공기관에 예산낭비신고센터를 의무적으로 설치하도록 하는 등 변화하는 모습을 보였다.

감시에서 참여로

예산 운동은 2000년대 후반으로 접어들면서 큰 전기를 맞이했다. 초기 예산 운동은 예산 낭비 감시나 복지 등 특정 분야의 예산 확충 위주로 진행된 것이 사실이다. 하지만 이런 방식의 활동은 서서히 한계를 드러내기 시작했다. 비슷한 낭비 사례 적발이 반복되자 시민과 언론의 관심은 점차 줄어들었고, 재정에 대한 종합적 이해 없이 특정 분야 예산 확충만 요구하는 태도는 무책임하다는 여론이 높아졌다. 그리고 예산 운동이 요구해온 재정 개혁과 국민참여제도가 상당수 입법되는 등 변화하는 제도적 환경을 적극적으로 활용해 운동의 폭과 깊이를 발전시켜야 할 필요성이 커져갔다.

이미 2000년대 중반 '감시에서 참여로'라는 슬로건을 내걸고 주민참여제도 도입과 개선 운동으로 활동범위를 확장해온 함께하는시민행동은 2010년 예산 운동 부문을 분리시켜 '좋은예산센터'로 재창립했다. 좋은예산센터는 재정 분야에 대한 전문성을 높이고 참여예산 운동 등을 강화하는 데 역점을 두고 있다. 예산 낭비 사례를 고발하고, 정부 예산안과 국회 심의 과정을 모니터하고, 제도 개선 방안을 연구하는 일 등 기존 활동 방식은 여전히 필요하다. 하지만 이제 예산 운동이 감시와 비판에 머무르지 않고 많은 시민과 함께 새로운 대안을 만들어내는 주체로 자리 잡아야 한다고 보기 때문이다.

변화의 흐름은 여러 곳에서 감지된다. 복지 운동에서는 모든 국민이 보험료를 조금 더 내는 것을 수용하되, 이를 근거로 건강보험의 보장성을 획기적으로 확대하라고 요구하자는 '건강보험 하나로 운동' 같은 새로운 방식이 등장했다. 재정 여건상 실현되기 어려운 단순한 확충 주장보다 구체적인 재원 마련 방안을 연구해 실질적으로 정책을 변화시킬 가능성을 높이려는 전략이다.

지역운동의 변화는 더 뚜렷하다. 지자체 예산 편성에 주민 의견을 반영하도록 하는 주민참여예산제 시행이 2011년부터 의무화되면서 주민이 공식적인 통로로 예산 결정 과정에 참여할 수 있는 기회가 크게 늘어나고 있다. 주민참여예산제는 예산 운동이 초기부터 가장 중요하게 요구해온 재정 개혁과제다. 그래서 이를 최대한 활용하기 위해 지역 운동가들도 발 빠르게 대처하고 있다. 많은 지역에서 시민단체 등이 모여 참여예산제 활용과 발전 방안을 모색하는 네트워크를 만들어 적극적으로 활동하기 시작했다. 또한 참여예산이라는 공통 주제를 매개로 지역 간 논의도 활발하게 이루어지고 있다.

참여예산은 예산 운동은 물론 시민사회 전반에 많은 변화를 일으키고 있다. 누구나 예산 결정 과정에 주인의식을 갖고 참여할 수 있는 기회가 열리고 있다. 정치인, 공무원들 중에는 대세를 거부할 수 없어 제도 도입을 받아들이긴 했지만, 시민 참여가 정말 늘어나는 것은 바라지 않는다든가, 시민들이 그런 공간을 활용할 능력이 없으리라 얕보는 이도 있을 수 있다. 하지만 시민과 정보를 공유하고 함께 토론하니 더 나은 결과가 나온다는 것을 경험한다면 태도를 바꾸지 않을 수 없을 것이다.

실제로 많은 지역에서 시민의 참여에 대한 긍정적인 경험이 쌓여가고 있다. 서울 서대문구의 참여예산 시행 사례는 2011년 지자체 예산효율화대상 국무총리상을 받기도 했다. 서대문구는 일반 시민의 참여를 늘리기 위해 주민위원회 구성 전에 모든 주민을 대상으로 개방된 참여예산학교를 먼저 열었다. 원하는 주민은 누구나 이 학교에서 참여예산제를 비롯해 예산 전반에 대한 교육을 받을 수 있다. 그리고 이 교육을 이수한 주민 중 희망자에 대해 참여예산 주민강사 양성교육을 제공했다. 공무원이나 기존의 주민단체 활동가가 아니라 일반 주민 스스로 다른 주민들에게 참여예산을 전파하고, 참여활동을 주도하는 주체로 성장하는 것이 바람직하다고 봤기 때문이다. 그 결과 주민들이 자발적으로 구성한 참여예산모임⁴이 생겨났고, 이들이 구청과 함께 참여예산 운영 과정의 주역으로 활동하는 성과를 거둘 수 있었다. 이 과정에서 주민의 역량이 성장한 것은 물론 정치인, 공무원들의 인식도 많이 변화하고 있다고 한다.

좋은 예산은 우리 손으로

지금 예산 운동의 중요한 과제는 시민의 예산 참여 확대와 더불어 시민의 참여가 좋은 예산을 만들 수 있는 지름길임을 입증하는 일이다. 또한 그에 앞서 '좋은 예산'이란 무엇인가를 정의하고, 구체적인 실현 방안을 제시하는 일도 숙제다.

좋은예산센터는 좋은 예산의 원칙으로 네 가지를 제시한다.

낭비 없고 합리적인 예산
투명하고 민주적인 예산
공정하고 따뜻한 예산
밝은 미래를 만드는 예산

나라살림은 국민의 소중한 세금이기 때문에 낭비되어서는 안 된다. 불합리한 예산 계획은 미리 막고, 낭비가 생겨났을 때는 철저히 책임을 물어야 한다. 납세자인 국민의 알 권리와 참정권을 최대한 보장해야 한다. 예산을 쓰는 방법에 관한 문제도 중요하다. 이제 양적, 외형적 발전보다 국민의 삶의 질, 특히 사회적 공정성 보장과 소수계층에 대한 배려가 재정 운용의 지향점이 되어야 한다. 재정의 지속가능성도 중요하다. 당장의 이익이나 편리보다 미래 세대까지 고려한 장기적 안목으로 나라살림을 운용해야 한다.

물론 이것은 그야말로 '원칙'이다. 이런 원칙을 인정한다 해도 구체적으로 그 내용을 채워넣는 데는 길고 복잡한 사회적 논의가 필요하다. 그 과정에서 많은 갈등과 시행착오가 반복될 수도 있다. 중요한 점은 이 과정에 최대한 많은 시민이 참여하도록 해야 한다는 사실이다. 내용이 그럴듯해도 소수의 전문가나 정치인이 일방적으로 만든 내용으로는 폭넓고 단단한 사회적 지지를 얻을 수 없다. 과거의 틀에서 벗어나 새로운 사회적 합의를 만들어야 할 때이기에 더욱 그렇다.

좋은예산센터는 이 과정에서 시민과 함께 학습하고 토론하면서 무엇이 좋은 예산인지, 그리고 좋은 예산을 만들기 위해 할 일은 무엇인지 찾는 역할을 하려고 한다. 우선 나라살림에 관한 올바른 정보를 시민에게 알리기 위해 노력 중이다. 정부와 정당이 내놓는 재정에 관한 정보, 주장 가운데는 생각보다 거짓과 왜곡이 많다. 하지만 전문적 내용이 많아 국민들이 잘못된 점을 알아차리기 쉽지 않다. 그래서 중립적 전문가를 통해 이런 점을 분석하고 비평하여 이를 언론보도, 토론회, 책, 칼럼 등을 통해 알리고 있다. 나라살림에 대한 시민의 관심과 논의를 활성화하기 위해 각종 시민 교육과 토론을 주최하거나 참여하는 일도 중요하다. 좋은예산센터 활동가들은 전국 지자체에서 참여예산 등을 가르치고, 국회 등의 많은 정책토론을 주관하거나 참여했다(이 책도 그러한 활동의 일환으로 기획되었다.) 시민들이 나라살림을 제대로 알 수 있도록 올바른 정보를 제공하고, 예산 운동의 주장을 쉽게 전달하려 노력했다. 그 밖에도 여러 시민단체와 전문가 등이 같은 취지에서 다양한 시도를 하고 있다.

이러한 노력이 결실을 맺으려면 많은 시민들이 참여해야 한다. 시민들의 관심과 참여가 없으면 뜻이 아무리 좋아도 아무것도 바뀌지 않는다. 참여 방법은 다양하다. 예산 운동에 대한 후원도 훌륭한 참여다. 참여예산 과정에서 사업 제안을 하는 것도 좋다. 좀 더 시간을 할애해서 직접 시민단체나 참여예산 활동을 해본다면 스스로에게도 멋진 경험이 될 것이다. 나아가 시민들이 많이 의견을 내고 결정 과정에 함께할수록, 정말 시민이 필요로 하는 것이 무엇인지, 어떻게 해야 시민의 행복에 도움이 될지 제대로 알려 '좋은 예산'이 만들어질 가능성도 높아진다.

이제 시민 스스로 좋은 예산은 스스로 만들어야 한다는 자신감과 책임감을 가져야 한다. 소통이 없이 폐쇄된 상태에서는 아무리 그럴싸한 제도를 도입해도 처음 기대했던 효과를 거두기 어렵다는 사실을 우리는 경험으로 알고 있다. 선거 때는 잘 뽑은 줄 알았던 대표자도 유권자의 일상적 감시와 참여가 없으면 금방 기존 관행에 물들고 만다. 우리가 낸 세금을 알뜰하게, 건강하게, 미래지향적으로 잘 쓰게 하려면 더 이상 구경꾼에 머물러서는 안 된다. "대표 없이 세금 없다" 대신 "참여 없이 세금 없다"라는 선언이 필요한 이유다.

주석

1장 정부는 왜 경제활동을 하는가
1) 〈세계일보〉, 2012. 4. 16.
2) 〈파이낸셜뉴스〉, 2012. 4. 19.
3) 〈경향신문〉, 2012. 4. 15.
4) 정부 부문(중앙+지방+지방교육) 통합재정규모 기준. 사회보험 중 기금이 아닌 건강보험 지출(2010년 34조 8600억 원)은 제외한 금액이다. 국회예산정책처, 〈2012년도 대한민국 재정〉, 2012, 27쪽.
5) 우리나라 세금 해방일은 자유기업원에서 매년 발표한다. 세금 해방일을 계산할 때는 국민순소득(NNI)를 기준으로 한다. 그런데 국민순소득은 국내총생산(GDP)보다 규모가 다소 작다. 따라서 NNI를 기준으로 하면 GDP를 기준으로 할 때보다 다소 비중이 늘어난다. GDP를 기준으로 하는 2011년도 우리나라 조세부담률은 19.7%다.
6) 조세지출에 대해서도 행정부는 국회에 조세지출예산서를 제출해야 하는 등 일정한 통제가 있기는 하다. 그러나 다분히 형식적이며 실제 지출에 대한 감시와 통제에 비할 바가 아니다.

2장 누가 재정을 만들고 결정하는가
1) 최인욱, 《지방자치단체, 돈이 새고 있다》, 살림, 2012.

2) 〈한겨레〉, 2010. 12. 9.
3) 군인의 경우는 의무복무병 전체를 일반정부 종사자에 포함하지는 않는다. 그래서 생각보다는 적게 산출되었다.

3장 나랏돈은 어떻게 걷고 어떻게 쓰나
1) 외국 같으면 개인 사업자로 등록하는 경우도 우리나라는 법인으로 등록하는 경우가 많다. 법인이 세 부담을 줄이는 데 유리하기 때문이다. 이 때문에 우리는 법인기업이 외국에 비해 많은 편이다. 이는 소득세 비중이 낮고 법인세 비중이 높은 이유 중 하나가 된다.
2) 소득세는 〈국세통계연보〉 '소득수준별 과세자료'를 이용해 계산했으며, 사회보험료는 소득액에 사회보험료율을 곱해 산출했다. 나머지 조세액은 성명재, '조세재정지출 분포의 현황과 국제비교', 〈재정포럼 9월호〉, 한국조세연구원, 2011에 제시된 자료를 이용해 계산했다.
3) 〈2011 국세통계연보〉 [표 4-2-4] 근로소득 연말정산 신고 현황 자료로부터 계산한 것이다. 과세대상 근로소득자 규모는 1514만 2639명이다.
4) 〈한겨레〉 인터넷판, 2012. 9. 11. 참조.
5) 각 항목별 지출액을 모두 합하면 327.5조 원으로 총지출 325.4조 원에 비해 2.1조 원이 더 많다. 이 차이는 책에 인용한 국회예산정책처 자료뿐 아니라 정부에서 발간한 다른 문헌들에서도 동일하게 나타났다. 아마도 기획재정부에서 총지출액을 항목별로 구분할 때 일부 항목이 중복되어 들어갔기 때문으로 보인다. 통계의 부정확성은 우리나라 재정의 고질적인 문제다. 그동안 많이 나아졌지만 여전히 개선할 점이 많다.
6) 2012년의 건강보험기금 지출 규모는 41조 원인데 그 중에 5조 원가량은 정부 국고 지원금이다. 그리고 국민기초생활보장 지출 8조 원은 중앙정부 지출액만 따진 것이다. 지방정부 지출액까지 포함하면 10조 원가량 된다.
7) 사실 현대의 자유시장경제 체제에서 최소한의 복지는 존립에 필수 기능이라고 할 수 있다. 그러나 역사상 존재했던 모든 형태의 국가에서 필수는 아니라는 의미다.
8) 이 그래프는 OECD National Accounts at a Glance, 2013 edition 자료를 이용하여 작성했다. 복지지출 규모는 이 자료의 'health'와 'social protection' 항목을 합한 것이다. 그런데 이 두 항목의 합은 OECD의 social expenditure statistics database에 있는 social expenditure의 GDP 대비 비중 자료와는 다소 차이가 있다. 하지만 그 차이가 크지는 않다. 참고로 한국의 복지지출 규모는 social expenditure statistics database에

서는 9.2%지만 National Accounts at a Glance의 'health'와 'social protection' 항목의 합은 8.4%다. 그리고 National Accounts at a Glance에 'health'와 'social protection' 자료가 없는 일부 국가는 social expenditure statistics database 자료를 사용했다. 또한 일본은 2010년 자료가 없어서 2009년 자료를 사용했다.
9) 이 국가들은 정부 지출 규모에 따라 상, 중, 하 세 그룹으로 구분하고 각 그룹에서 우리에게 좀 더 친숙한 국가들로 둘 씩 선정한 것이다.

4장 세금은 누구에게 얼마나 걷어야 하는가
1) 〈한겨레〉, 2012. 8. 20.
2) 로버트 노직, 《아나키에서 유토피아로》, 남경희 옮김, 문학과지성사, 1983에서 수정, 인용.
3) Liam Murphy & Thomas Nagel, The Myth of Ownership: Taxes and Justice, Oxford: Oxford University Press, 2002에서 수정, 인용.
4) 소득에 대한 세금은 노동의 보상을 명시적으로 감소시키는 반면에 소비에 대한 세금은 간접적이다. 이러한 이유 때문에 같은 금액의 세금이라면 소득에 대한 세금보다는 소비에 대한 세금이 노동과 투자에 미치는 부정적인 영향은 더 적다.
5) 온실가스 배출을 줄이기 위해서는 전 세계적으로 탄소세 외에 온실가스 배출권 거래제가 시행되고 있다. 둘 다 이산화탄소 배출에 대해 비용을 지불하게 하는 것은 동일하다.

5장 국가는 왜 빚을 지나
1) 국채와 전쟁의 관계에 대한 내용은 고든의 블로그(http://blog.naver.com/jjy 0501) 내용 참조.
2) 국민권익위원회 블로그, 대구 국채보상운동기념관 내 설명문 참조.
3) 국가채무 중 외채의 GDP 대비 규모를 보면 그리스 120%, 이태리 51%, 스페인 34%, 포르투갈 88%다. 이에 비해 일본은 20%이고 미국은 34%다. 〈국제경제정보〉 2012-20호, 한국은행 참조.

6장 정부는 왜 시장보다 비효율적일까
1) 〈연합뉴스〉, 2009. 5. 18.
2) 최근에는 강원도 지자체 차원에서 중국 관광객 유치에 적극 나서서 공항 이용객이 제

법 늘었다고 한다. 그나마 다행이다.
3) '영남 신공항 논란으로 본 지방 공항 14곳 현주소', 〈중앙일보〉, 2011. 2. 12.
4) 잦은 보도블록 공사는 사실 전력선, 가스관, 상·하수도관 등 지하 매설물 공사를 하기 위해 땅을 파헤치는 것이 대부분이며 순수하게 보도블록을 교체하는 경우는 많지 않다('보도블록은 억울하다' 블로그 최재천의 시사큐비즘(http://blog.ohmynews.com/cjc4u/241698) 물론 계획성 없이 그때그때 이루어지는 지하 매설물 공사는 문제가 많고, 남는 예산을 쓰려는 목적만으로 연말에 도로를 파헤치는 공사 역시 막아야 할 예산 낭비임은 분명하다. 하지만 그다지 필요하지 않은 대규모 SOC 사업으로 인한 예산 낭비가 훨씬 많다.
5) 서울시청 공무원 중에는 이 말에 화를 내는 분도 있겠다. 하지만 이는 사람들의 일반적인 인식을 반영한 하나의 '예시'일 뿐이다.
6) 이는 비공식적인 추정이다. 4대강 사업에 대한 정부 기관의 공식적인 추정은 아예 이루어지지도 못했다. 이에 대해서는 6장에서 상세히 소개했다.
7) 겉멋을 중시하는 것은 의회 정치인에게서, 근시안인 것은 행정을 담당하는 정치인에게서 좀 더 심한 경향이 있다. 왜 그런지는 곰곰 생각해보면 알 수 있다. 대통령 임기를 중임제로 바꾸려는 데에는 여러 가지 이유가 있지만 단임제가 근시안적인 행태를 부추긴다는 측면도 있다.
8) 조나단 그루버, 《재정학과 공공정책-제3판》, 김홍균 외 옮김, 시그마프레스, 2011에서 수정, 인용.
9) '안 하는 포퓰리즘'이라는 개념의 아이디어는 안종범, '경제와 복지 포퓰리즘 감별법', 〈철학과 현실〉 74호, 2007, 68~79쪽에서 얻었다.

7장 공공재에 값을 매긴다면
1) 전상경, 《정책분석의 정치경제》, 박영사, 2005에서 수정, 인용.
2) '[2018 평창 경제적 효과 65조… '눈 대신 돈 쏟아진다', 〈조선일보〉, 2011. 7. 7.

8장 정부가 할 것인가, 민간이 할 것인가
1) 앤드루 머리, 《탈선》, 오건호 옮김, 이소출판사, 2003 참조.. 민영화 이후 영국 철도 노동자들의 삶이 어떻게 변했는가는 켄 로치 감독의 영화 〈내비게이터(The Navigators)〉(2001)에 잘 나타나 있다.

2) 사실 인천공항은 직원의 80% 이상을 비정규직으로 채용하여 이미 민간 기업 못지않은 경영 효율화(!)를 이루었다.
3) 한미 FTA의 투자자-국가분쟁해결(ISD) 조항으로 인해 철저한 사전 계획의 중요성은 더욱 커졌다.

9장 위기의 지방재정

1) 그러나 2012년 말 대통령 선거 이후 정부의 폐지 입장은 무시되고 국회는 오히려 무상보육을 확대하여 2013년 3월부터 0~5세까지 소득제한 없이 보육료를 지원하기로 했다. 그런데 이는 예정에 없던 일이라 지자체 재원 부족으로 인한 중단 위기 사태 재연에 대한 우려가 제기되었다.
2) 이 장은 좋은예산센터 최인욱 사무국장의 도움을 받아 작성했으며, 일부 내용은 최인욱 국장의 저서인 《지방자치단체, 돈이 새고 있다》(살림, 2012)의 내용을 인용했다. 그리고 2장의 일부 구절도 그 책의 내용을 인용했다. 기꺼이 인용을 허락하고 원고 작성에 도움을 준 최인국 국장에게 감사드린다.
3) 4장에서는 '형평성' 대신 '공평성'이라는 용어를 사용했지만, 두 용어는 거의 동일한 개념이라서 서로 바꿔서 써도 상관없다.
4) 현행 국고보조 복지사업들 중에는 국민기본선에 해당한다고 보기 어려운 것들이 많다는 점도 분명히 하자. 기존 관행 때문에 계속 국고보조가 이루어지고 있지만 사업 성격만 보면 지자체 자체사업으로 하는 게 타당한 것들도 제법 있다. 이런 사업들은 중앙정부의 재정 지원율이 높을 필요가 없다.
5) 인천시에서 발표한 〈시 재정현황 및 대책에 대한 시민 보고문〉(2012. 5)에 따르면, 아시안게임 개최 비용은 총 2조 7326억 원(장애인게임 등 연계행사 제외)이며 인천시 부담액은 1조 9052억 원이다. 가장 높은 비중을 차지하는 것은 경기장 건설비로 총 1조 9446억 원 중 1조 5190억 원이 인천시 부담이다. 연계 행사까지 고려할 경우 인천시 재정 부담은 1조 9399억 원으로 늘어난다.
6) 2011년 전국 도시개발공사 부채 총액은 40조 7802억 원인데, 서울·경기·인천 도시개발공사 부채를 합하면 78%인 31조 9809억 원에 이른다. 국회예산정책처, 〈지방재정 현안과 대책〉, 2012. 9, 108쪽 참조.

10장 1인당 GDP는 느는데 왜 살기는 더 힘들어질까

1) 이 장에서는 1인당 GDP의 문제점을 논하면서 이 위원회 보고서 내용을 수차례 언급하고 있다. 그 내용들은 대부분 스티글리츠, 센, 피투시, 《GDP는 틀렸다》, 박형준 옮김, 동녘 출판사, 2011에서 인용한 것이다.
2) 네덜란드 경제학자 펜(Jan Pen)이 《소득분배 Income Distribution》라는 책에서 제시한 방법으로서 이 행렬을 '펜의 곡선'이라고도 한다. 이정우, 《소득분배론》, 비봉출판사, 1997에 소개된 내용을 수정했다.
3) 김낙년, 〈한국의 소득불평등, 1993~2010: 근로소득을 중심으로〉, 2012.
4) Michael J. Sandel, *What Money Can't Buy*, Penguin Books Ltd: London, 2012.

11장 일자리가 늘어나도 살기는 힘들어진다?

1) 신자유주의 자체가 독립적인 원인이라기보다는 탈산업사회와 세계화에 대한 잘못된 대응으로 보는 것이 더 타당할 것 같다.
2) 국가통계포털(http://kosis.kr)의 경제활동인구 조사(산업별 취업자) 참조.
3) 미국은 빈곤가구 소득지원을 위한 AFDC(Aid to Families with Dependent Children)라는 프로그램을 운영했는데 1997년에 이 프로그램이 TANF(Temporary Assistance to Needy Family)로 대체되었다. AFDC에서는 수급 기간에 제한이 없었으나 TANF에서는 제한이 생겼다. 이에 따라 수급 기간이 지난 빈곤층은 일자리를 찾아야만 했다.
4) 바버라 에런라이크, 《노동의 배신》, 최희봉 옮김, 부키, 2012, 295~296쪽.
5) 그냥 복지국가라고 하는 대신에 '유럽의 복지국가'라고 한 이유는 미국을 배제하기 위해서다. 미국은 선진국이지만 복지국가라고 부르기 어려운 면이 많다. 오히려 미국은 복지지체국(welfare laggard)이라고 부르기도 한다. 공적 의료보험도 이제야 도입하려고 하지 않는가.

12장 누군가 받으려면 누군가는 내야 한다

1) 국가통계포털(http://kosis.kr) '통계로 본 세상'
2) 밀턴 프리드먼, 《자본주의와 자유》, 심준보·변동열 옮김, 청어람미디어, 2007에서 발췌, 수정.
3) 질병에 걸려 일하지 못하는 상황은 이전 사회에서도 있었던 일이다. 그러나 농사나 자영업 등 이전 사회의 일자리는 아파서 일하지 못하는 것이 바로 수입의 중단으로 이어

지지는 않았다. 그리고 당시는 의료의 미발달로 질병에 걸렸을 때 병원에서 치료하는 경우도 흔하지 않았기 때문에 의료비가 큰 부담이 되지도 않았다.

13장 바람직한 분배 상태는 어떤 것일까

1) 통상 자본주의의 역사는 프랑스혁명과 미국독립전쟁이 발발하고, 애덤 스미스가 《국부론》을 발간한 무렵인 18세기 후반부터 시작된 것으로 본다. 자본주의의 시작은 자유방임주의였으며, 이는 20세기 초반까지 이어진다. 이후 사회주의 국가가 출현하고 대공황을 겪으면서 자본주의는 자유방임에서 상당한 수준으로 정부 개입을 허용하는 수정자본주의로 바뀐다. 따라서 자본주의가 계속 발달하고 수정자본주의가 등장하기 직전인 20세기 초반, 게다가 자본주의 원리에 가장 충실했던 미국에서 자유방임주의 자본주의는 가장 득세했다.
2) 대공황 이후 등장한 수정자본주의는 특히 북유럽 사회민주주의 체제에서 극대화된다. 수정자본주의는 1980년대 영국의 대처 수상과 미국의 레이건 대통령 등장 이후 정부 역할을 축소하는 신자유주의로 변화한다. 따라서 이러한 변화가 전 세계적인 현상으로 본격화 되기 직전인 1970~80년대 북유럽 사회민주주의가 가장 평등한 자본주의라고 볼 수 있다.
3) Milton and Rose Friedman, *Free to Choose*, New York, Houghton Mifflin Harcourt, 1980, pp. 136-37. 마이클 센델, 《정의란 무엇인가》, 이창신 옮김, 김영사, 2010, 230쪽에서 재인용했다.
4) 소득분배 기능은 빈곤율 감소보다는 지니계수로 측정한 소득불평등도 감소로 평가하는 것이 더 일반적이다. 그런데 소득불평등도 감소 효과 역시 우리나라는 그림의 18개국 중에서 가장 낮다.
5) 사실은 이것도 조금만 따져보면 그리 위안이 되지 않는다. 앞 장에서 우리나라는 다른 국가들에 비하여 교육, 의료, 주택에 대한 부담이 크다고 했다. 이러한 지출의 차이를 감안하면 우리나라의 빈곤층이나 그보다 소득이 다소 높은 저소득층의 생활 여건은 다른 국가의 빈곤층보다 더 팍팍할 것임을 짐작할 수 있다.

14장 복지는 성장의 걸림돌일까

1) 래퍼와 레이건 대통령의 일화는 《맨큐의 경제학》(5판. 그레고리 맨큐, 김경환·김종석 옮김, 교보문고, 2009)에 실린 내용을 수정, 인용한 것이다.

2) 소득세를 낮췄을 때 오히려 근로 동기가 감소할 수도 있다. 이는 소득효과(income effect) 때문이다. 소득세가 낮아져서 가처분소득이 늘어나면, 전보다 덜 벌어도 예전만큼의 소득을 얻을 수 있기 때문에 더 적게 일한다는 논리다. 글쎄, 현실에서는 별로 발생하지 않을 것 같다.
3) 폴 크루그먼,《미래를 말하다》, 박태일 외 옮김, 현대경제연구원, 2008, 참조, 정리.
4) 역사가들은 19세기 말을 도금 시대로 정의하고, 20세기 초부터는 진보주의 시대로 돌입했다고 한다. 그러나 크루그먼은 뉴딜 정책 이전까지를 모두 도금 시대로 정의하고 있다. 사회경제 제도 변화의 폭이라는 면에서 본다면 크루그먼 교수의 정의가 더 적절할 것 같다.
5) 소득세 도입이 늦게 이루어졌다는 것도 고려할 필요가 있다. 소득세는 관세나 소비세와는 달리 조세 행정 체계가 웬만큼 정립되지 않으면 징수가 어렵다. 미국에서 소득세는 남북전쟁 군비 조달을 위해 1861년에 처음 도입되었다가 1872년에 폐지되었다(당시에는 소득에 과세한다는 개념이 생소할 수 있었음을 염두에 두자.) 그 뒤 1894년 소득세법이 다시 도입되었으나 1985년 연방대법원이 위헌 판결을 내림으로써 폐지되었다. 이후 헌법 개정을 거쳐서 1913년부터 본격적인 소득세가 도입되었다. 이때 소득세는 최고세율이 7%였다. 처음 도입했으니 세율을 높게 정할 수는 없었을 것이다. 이유야 어떻든 소득세율은 낮았고 빈부 격차가 극심했다는 사실은 변함이 없다.
6) 크루그먼은 대압착 시기와 중산층 시대를 분리했지만, 이 두 시기를 합쳐서 대압착 시기라고 부르기도 한다.
7)《도덕감정론》(애덤 스미스, 박세일 옮김, 비봉출판사, 2009) 4부 1장에 실린 내용으로 도메 다쿠오,《지금 애덤 스미스를 다시 읽는다》, 우경봉 옮김, 동아시아, 2010, 91쪽에서 인용했다.
8) 떼어가는 것이 많을 경우 소득 효과에 의해 오히려 일을 더 많이 할 수도 있다. 소득 효과란 가처분소득이 줄어서 가난해졌기 때문에 이를 벌충하기 위해 더 일한다는 얘기다. 하지만 이것까지 고려하지는 말자.
9) 이에 대해 우리나라는 아직 연금이 발달하지 않아서 그렇지, 연금이 성숙해지면 현재 제도만으로도 우리나라 복지지출 수준이 1980년대 미국 수준인 13%는 될 것이라는 반론도 가능하다. 하지만 미국은 공적 의료보험이 없다는 사실도 염두에 두자. 아무리 시장경제 신봉자라고 해도 공적 의료보험이 필요 없다고 주장하기는 어려울 것이다. 미국에 공적 의료보험이 정착되면 미국의 복지지출 수준은 훨씬 높아진다.

15장 우리 재정은 안전한가?

1) 복지 분야 이외에 미래에 지출 비중이 변할 것으로 가정하는 분야로는 교육이 있다. 교육비 지출은 학생 수에 영향을 받기 때문이다. 그런데 학생 수 변화에 따른 미래의 교육 지출액 변화는 미미한 수준이다.
2) 다음의 결과를 종합했다. 박형수·전병목,〈사회복지 재정분석을 위한 중장기 재정추계 모형개발에 관한 연구〉, 보건복지가족부, 한국조세연구원, 2009, 박형수·송호신,〈장기 재정전망〉, 기획재정부 정책연구용역보고서, 한국조세연구원, 2011, 국회예산정책처, 〈2012~2060 장기재정전망 및 분석〉, 2012의 결과를 종합했다.
3) 노인 1인당과 수급자 1인당은 다르다는 데 주의하자. 모든 노인이 수급자는 아니므로 수급자 1인당 급여액은 이보다 더 많다.

나가며 | 시장의 역할, 정부의 역할, 시민의 역할

1) '실패'란 잘할 수도 있는 일을 못했을 때 사용하는 용어다. 그런데 형평한 소득분배는 원래부터 시장의 기능이 아니다. 경제의 안정과 성장도 시장의 본래 기능은 아니다. 즉 시장의 본래 기능은 가격기구에 의해 효율적인 자원배분을 하는 것이다. 이런 의미에서 시장이 효율적인 자원배분을 달성하지 못하는 경우만을 시장의 실패라고 주장하는 학자들도 있다.
2) 존 갤브레이스,《풍요한 사회》, 노택선 옮김, 한국경제신문, 2006에서 수정, 인용.
3) 조지프 스티글리츠,〈미 의회 청문회 증언 진술서(testimony) 'Incentives and the Performance of America's Financial Sector'〉, 2010. 1. 22.
4) 폴 크루그먼, 'Barack Be Good',〈뉴욕 타임스〉, 2008. 12. 25.
5) '반면교사'와 '교사'의 대비는 나름 멋을 부린 구절이다. 그런데 생각해보니 이전에 읽었던 정운영 선생님의 칼럼 구절을 흉내 낸 것이 분명하다. 정운영, '영국 노동당 집권의 비밀',《심장은 왼쪽에 있음을 기억하라》, 웅진지식하우스, 2006, 19쪽.

부록 | 참여 없이 세금 없다

1) '좋은예산센터'는 '함께하는시민행동' 예산감시위원회가 2010년 명칭을 바꿔 재창립한 단체다.
2) 오관영,《예산을 알면 지역이 보인다》, 이매진, 2009, 18쪽에서 재인용.
3) 성인지예산(Gender Sensitive Budget)이란 성평등 효과를 고려하여 예산을 편성하고

집행함으로써 양성평등을 촉진하고자 하는 재정제도다. 우리나라도 성인지예산서 작성과 성별영향평가를 시행하고 있다.
4) 참여예산학교 수료생들이 주축이 되어 구성한 '서대문 주민참여예산모임(서주참)'은 친목모임에서 출발해 지금은 공식 주민단체로 발전했으며, 주민 교육과 홍보를 비롯해 참여예산제 운영과정 전반의 주역으로 활동하고 있다. 이 모임의 인터넷 카페(http://cafe.daum.net/sdmjys)는 누구나 자료를 볼 수 있도록 개방적으로 운영하고 있는 것이 특징이다.

국가는 내 돈을 어떻게 쓰는가

초판 1쇄 발행 2013년 2월 1일
초판 21쇄 발행 2025년 5월 7일

지은이 김태일

발행인 윤승현 단행본사업본부장 신동해 편집장 김예원
디자인 디자인붐 교정교열 윤은주 조판 권숙희
마케팅 최혜진 이인국 홍보 반여진 허지호 송임선
국제업무 김은정 김지민 제작 정석훈

브랜드 웅진지식하우스
주소 경기도 파주시 회동길 20
문의전화 031-956-7362(편집) 031-956-7089(마케팅)
홈페이지 www.wjbooks.co.kr
인스타그램 www.instagram.com/woongjin_readers
페이스북 https://www.facebook.com/woongjinreaders
블로그 blog.naver.com/wj_booking

발행처 ㈜웅진씽크빅
출판신고 1980년 3월 29일 제406-2007-000046호

© 김태일, 2013
ISBN 978-89-01-15400-8 (03320)

웅진지식하우스는 ㈜웅진씽크빅 단행본사업본부의 브랜드입니다.
이 책은 저작권법에 따라 보호받는 저작물이므로 무단전재와 무단복제를 금지하며,
이 책 내용의 전부 또는 일부를 이용하려면 반드시 저작권자와 ㈜웅진씽크빅의 서면 동의를 받아야 합니다.

• 책값은 뒤표지에 있습니다.
• 잘못된 책은 구입하신 곳에서 바꾸어 드립니다.